신약성경신학

KB192419

New Testament Biblical Theology

by Rev. Hyung Yong Park, Th.M., S.T.D.
Emeritus Professor of New Testament
Hapdong Theological Seminary.

Copyright © 2022 Park Hyung Yong
Published by Hapdong Theological Seminary Press
50 Gwanggyo Joongang-Ro, Yeongtong-Gu, Suwon, Korea 16517
All rights reserved.

신약성경신학

초판1쇄인쇄   2005년 7월 21일
초판1쇄발행   2005년 7월 26일
개정증보판1쇄   2022년 1월 20일

지 은 이   박형용
발 행 인   김학유
펴 낸 곳   합동신학대학원출판부
주   소   16517 수원시 영통구 광교중앙로 50 (원천동)
전   화   (031)217-0629
팩   스   (031)212-6204
홈 페 이 지   www.hapdong.ac.kr
출판등록번호   제22-1-2호
인 쇄 처   예원프린팅 (031)902-6550
총   판   (주)기독교출판유통 (031)906-9191

ISBN 978-89-97244-98-0 (93230)
값은 뒷표지에 있습니다
잘못된 책은 교환해 드립니다

본문 일부에 Mapo 금빛나루, 꽃섬 서체를 사용하였습니다

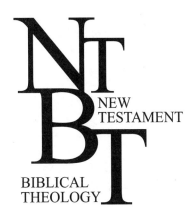

NEW
TESTAMENT

BIBLICAL
THEOLOGY

신약성경신학

박형용 지음

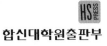

합신대학원출판부

신약성경신학이라는 명칭으로 책을 쓸 때 여러 가지 각도에서 신약을 접근할 수 있다. 어떤 이는 신약을 주제 중심적으로 접근하기도 하고, 독자 이해 중심적으로 접근하기도 하며, 역사적으로 접근하기도 한다. 또 어떤 이는 신약 각 책의 내용을 중심으로 신약성경신학을 쓰기도 하고, 구속 역사 중심적으로 신약을 접근하기도 한다. 그러나 우리가 신약성경신학을 연구하면서 가장 중요하게 생각해야 할 점은 신약으로 그 자체의 내용을 말하게 해야 한다는 사실이다.

예수님은 공생애를 시작하시면서 "회개하라 천국이 가까이 왔느니라"(마 4:17)라고 천국의 임박을 선포하신다. 그의 지상 생활은 천국이 어떤 곳이며 어떻게 설립되고 또 확장되는지를 보여 주는 삶이었다. 천국, 즉 하나님 나라는 하나님이 주인이신 나라이며, 하나님이 통치하시는 나라이고, 하나님의 뜻이 성취되는 나라이다. 예수님의 삶 전체는 그의 십자가 죽음과 부활을 포함하여 하나님의 나라가 어떤 특징을 가진 나라인지를 보여 준다.

그런데 부활하신 예수님은 승천하시기 전 40일 동안 지상에 계시면서 하나님 나라의 일을 말씀하셨다(행 1:3). 이 말씀은 예수님이 하나님 나라에 대한 관심을 지상에 계실 때에만 가지셨던 것이 아니요, 그가 부활하신 이후에도 하나님 나라에 대한 관심을 똑같이 가지고 계셨음을 증거한다. 사도행전의 기록은 승천하신 예수님께서 오순절을 기점으로 설립된 신약교회를 사용하셔서 하나님 나라를 계속 확장하고 계심을 보여 준다. 하나님 나라는 사도들의 복음 선포의 특징이었다. 복음이 예루살렘으로부터 시작하여 땅 끝까지 전파되는 과정에서 사도들의 선포 내용은 항상 하나님 나라와 예수 그리스도에 관한 것이었다(행 8:12; 19:8; 28:23; 28:30-31). 그러므로 신약교회는 예수 그리스도가 다시 재림하실 그 때까지 하나님께서 예수 그리스도를 통해 이루신 구속의 성취를 선포하고 하나님 나라를 확장해 나가야 한다.

역사가 예수님의 재림으로 그 마지막 장을 접을 때 하나님 나라는 완성의 단계에 들어갈 것이다. 하나님 나라의 최종 상태는 인간의 언어로 묘사할 수 없는 축복된 상태요, 사망의 권세가 자취를 감추고, 죄의 영향을 찾을 수 없는 완벽한 상태이다. 그 곳에서는 주인 되신 하나님 아버지를 찬양하는 음성만 들릴 뿐이다. 완성된 하나님 나라는 하나님을 중심으로 천사들과 구속받은 성도들이 하나님께 영원히 영광을 돌리게 될 것이다.

본서는 복음서로부터 시작하여 요한계시록에 이르기까지 하나님 나라의 설립과 확장을 주제로 삼고 필요한 본문들을 주해적으로 취급했다. 그리고 명칭이 '신약성경신학'이기 때문에 바울 서신도 다루는 것이 당연하지만 편의상 『바울 신학』(합신대학원출판부, 2005, 2008, 2016년 발행)을 따로 출판한 까닭에 다루지 아니했다. 독자의 이해를 구한다.

저자는 본서를 통해 예수 그리스도의 사역과 교훈이 더 밝히 드러나게 되기를 소망한다. 또 그리스도의 몸된 교회가 더욱 든든하게 서는 데 한몫 했으면 한다. 하나님의 나라는 시작이 있고 진행이 있고 끝이 있다. 하나님 나라의 주인이신 하나님께서 그 나라의 끝을 바라보며 신실하게 사는 모든 이에게 생명의 면류관을 주실 것이다.

2005년 6월
수원 원천 동산에서
박 형 용

『신약성경신학』은 2005년에 출판되어 독자들의 많은 사랑을 받아왔다. 본서는 하나님 나라의 설립과 확장이라는 주제를 중심으로 성경본문을 주해하는 방법으로 접근했기 때문에『신약성경신학』을 새롭게 접근할 수 있는 안목을 제공해 왔다. 그런데 한국교회 내에 한글 개역 번역의 시대가 종료되고 한글 개역개정 번역의 시대가 도래 하였다. 따라서 본 개정 증보판에서는 본서에 인용된 개역 번역을 **개역개정 번역**으로 바꾸고 2005년판에서 다루지 못했던 야고보서, 베드로전후서, 유다서의 내용을 역시 하나님나라 관점에서 정리하여 보완하였다. 그리고 이전에 출판했던『신약성경신학』의 내용 중에 불분명한 표현을 분명하게 정리하여 수정 보완하였다.

본 저자는 본서를 통해 하나님께서 더 많은 영광을 받으시고 한국교회 성도들이 하나님나라 안에서 사는 삶의 정체성을 회복하고 세상을 향해 겸손한 당당함을 회복할 수 있기를 소원한다. 끝으로 본서를 아름답게 디자인해 준 김민정 선생과 본서의 교열을 위해 많은 정성을 쏟아주신 강승주 목사에게 심심한 감사의 마음을 표한다.

2021년 12월
하늘을 받들며 사는 동네 봉천동(奉天洞)에서 63빌딩을 바라보면서
박 형 용

Ⅲ. 세례 요한을 통해 주신 계시

IV. 예수님의 명칭을 통해 나타난 계시

V. 예수님의 왕국 선포에 관한 배경적 연구

VI. 예수님과 하나님 나라의 실현

VII. 신약교회 설립과 하나님 나라 확장

VIII. 히브리서를 통해 계시된 대제사장이신 그리스도

IX. 야고보서, 베드로전후서, 유다서를 통해 계시된 하나님 나라와 그 나라 안에서의 삶

X. 사도 요한을 통해 계시된 하나님 나라

I

서론 :
신약성경신학의 개념

신약신학 분야에서 먼저 해야 할 일은 성경신학(Biblical Theology)의 개념을 정립하는 것이다. 그 이유 중의 하나는 오늘날 성경연구에 있어서 성경신학이라는 명칭으로 여러 가지 복잡한 분야가 포함되어 있을 뿐 아니라, 성경신학이라는 용어 자체를 사람마다 다른 뜻으로 이해하기 때문이다. 성경신학에 대한 여러 가지 개념이 있고 그 개념마다 성경에 관한 이해와 신학의 본질을 반영하기 때문에 그 중요성은 더욱 커졌다. 그 결과 성경해석의 방법론 문제가 긴급하고 구체적인 문제로 등장하기도 한다.

여기서 우리는 신약의 내용을 깊이 연구한다기보다 오히려 신약을 어떻게 연구해야 하느냐 하는 방법론의 방면에 더욱 관심을 기울일 것이다. 물론 신약성경신학을 연구하려면 신약의 내용을 취급할 수밖에 없지만 여기서 우리는 신약의 내용을 다루면서 신약 자료들을 어떻게 연구해야 하는지 보게 될 것이다. 올바른 연구 방법론의 관점에서 성경을 고찰하면 성경의 내용도 저자의 의도대로 이해할 수 있게 된다. 이는 바울 사도가 말한 대로 "진리의 말씀을 옳게 분별"($\dot{o}\rho\theta o\tau o\mu o\tilde{\nu}\nu\tau\alpha\ \tau\dot{o}\nu\ \lambda\dot{o}\gamma o\nu\ \tau\tilde{\eta}\varsigma\ \dot{\alpha}\lambda\eta\theta\epsilon\dot{\iota}\alpha\varsigma$)하는 것이다(딤후 2:15). 디모데후서 2:15의 "진리의 말씀"은 성경을 가리키며 오르도토메오($\dot{o}\rho\theta o\tau o\mu\dot{\epsilon}\omega$, right cutting or right handling)는 성경 내용을 올바르게 취급하는 태도를 말한다. 우리가 진리의 말씀, 곧 성경의 내용을 올바로 취급할 때에만 바울 사도가 문맥에서 언급하는 부끄러울 것이 없는 인정받은 일꾼으로 나타나게 될 것이다. 우리는 이렇게 해석학적인 관심을 가지고 성경신학을 이해해야 한다.

1. 성경신학의 개념[1]

성경신학이라는 용어를 사용하기 위해서는 그 한계부터 고찰해야 한다. 왜냐하면 신학 자체가 그 성격상 '성경적'(Biblical)이라고 불릴 수 있기 때문이다. 여기서 신학의 기본적인 개념을 명확하게 하기 위해서 간단히 용어를 풀이할 필요가 있다.

(1) 신학(Theology)이라는 용어해설

밴 하비(Van A. Harvey)에 따르면, "신학은 협의로는 신의 존재와 본질에 관한 학문이요, 광의로는 하나님과 인간의 관계 전반 분야를 포함한다."[2]라고 정의한다. 브로밀리(Geoffrey W. Bromiley)는 "엄격히 말해

---

1. 용어 문제에서 '성경신학'이냐 '성서신학'이냐 하는 이견이 있을 수 있으나 여기서는 같은 뜻으로 취급하되 정경의 의미가 명확한 '성경신학'을 사용하기로 한다.
2. Van A. Harvey, *A Handbook of Theological Terms* (New York: Macmillan, 1974). p.239:

서 신학은 하나님에 관해 사고(思考)하고 말한 것이다."[3]라고 정의한다. 래드(George E. Ladd)는, "성경신학은 하나님을 찾는 인간의 이야기가 아니며, 또한 종교 경험의 역사를 묘사한 것도 아니다. 성경신학은 신학(theology)이다. 즉 성경신학은 첫째로 하나님과 인간을 위한 하나님의 관심에 대한 이야기이다. 성경신학은 인간 구속을 목적으로 하여 일련의 신적인 행위 속에 실현화된 신적인 우선 행위(initiative) 때문에 존재한다. 그러므로 성경신학은 전적으로 혹은 우선적으로 추상적인 신학 진리의 체계가 아니다. 그것은 기본적으로 인간 역사의 무대 안에서 인간을 구원하시는 신적 활동의 묘사이며 해석이다."[4]라고 정의한다.

원래 우리말에서 신학(神學)은 신에 관한 학문, '신에 대한 학문'이다.[5] 영어의 신학(Theology)은 라틴어의 데올로기아(*theologia*)에서 유래한 용어이며, 데오로기아는 헬라어의 데올로기아(θεολογία)에서 왔다. 이 데오(θεο)/로기아(λογία)는 "하나님이 말씀하신다"(θεολόγος)이다. 이것을 인간 활동에 적용하면 신학은 하나님에 관해서 말하는 것이다 (Theology is speaking about God). 신학은 인간의 활동으로서 하나님을 대상으로, 혹은 주제로 생각한다.

그러나 여기서 하나님이 누구이며(Who God is?), 인간이 누구냐

"Narrowly considered, theology has to do only with the EXISTENCE and nature of the divine. Broadly considered, it covers the entire range of issues concerning man's relationship to God."

3. Geoffrey W. Bromiley, "Theology," *Baker's Dictionary of Theology*, ed. Everett F. Harrison (Grand Rapids: Baker Book House, 1975), p.518: "Strictly, theology is that which is thought and said concerning God."

4. G.E. Ladd, *A Theology of the New Testament* (Grand Rapids: Eerdmans, 1974), p.26.

5. 새국어사전 (이기문 감수, 서울: 동아출판사, 1997, p.1379)은 신학을 "기독교의 교리나 신앙에 대하여 체계적, 역사적, 실천적으로 연구하는 학문"이라고 정의한다.

(Who man is?)라는 문제를 고려하지 않을 수 없다. 신학은 창조주와 피조물의 관계를 다루어야 하고 그 상호간의 구별을 전제해야 한다. 인간의 죄로 인해 창조주와 피조물의 관계가 모든 면에서 왜곡되었기 때문에 인간이 먼저 하나님에 관한 지식을 올바로 터득할 수가 없다. 죄인인 인간이 스스로 하나님을 찾아 갈 수가 없다. 하나님의 행위로서 먼저 선행된 신학(an antecedent theology)이 있을 때에만 인간의 행위로서 신학이 가능하고 하나님을 올바로 이해할 수 있게 된다. 하나님의 "선행된 신학"은 바로 성경 66권인 하나님의 계시의 말씀이다. 인간은 하나님이 자신에 대해서 말씀하신 그 말씀 때문에 하나님에 대해서 비로소 말할 수 있게 되는 것이다.

인간이 신학 활동을 하려면 하나님이 자신을 먼저 계시하셔야 한다. 그러므로 하나님은 원래(naturally) 연구의 대상이 될 수 없지만, 그가 자신을 우리에게 알려줄 때에만 우리가 그를 연구할 수 있고 신학을 할 수 있다. 이처럼 자신을 나타내신 하나님을 대상으로 생각한다는 의미에서 신학은 목적격적 소유격(objective genitive)이다. 우리는 하나님이 자신을 계시해 주신 내용을 근거로 하나님이 누구이신지, 그리고 하나님이 과거에 무슨 일을 하셨고, 현재 무슨 일을 하고 계시며, 앞으로 무슨 일을 하실 것인지를 연구할 수 있게 된다. 엄밀히 말하자면 하나님이 먼저 말씀하시는 하나님의 행위가 없으면 인간의 행위로서 신학은 존립할 수 없다. 하나님의 계시가 인간의 신학에 선행한다. 하나님이 계시하신 말씀이 있었기 때문에 우리는 하나님에 관한 말씀을 논할 수 있다.

초기부터 교회가 인정하고 고백해 온 사실은 하나님이 단순한 인간의 연구대상이 아니라는 것이다. 인간의 손에서 성경을 빼앗아 가면 인간은 하나님에 관한 연구를 할 수가 없다. 하나님이 신학의 연구

대상이 된 것은 그가 주권적으로 신학의 주제를 말씀해 주셨기 때문이다. 신학의 위대한 전제는 하나님이 성경 속에서 자기 자신을 계시하셨고, 성경은 하나님의 말씀이라는 점이다. 그러므로 계시의존 사색(啓示依存 思索)은 신학활동을 하는데 매우 중요하다.

따라서 계시는 신학의 원리(*principium theologiae*)가 된다. 여기서 말하는 '원리'는 어떤 고정된 법칙을 가리킨다기보다 오히려 (라틴어에서 더 분명한 뜻을 찾을 수 있다) 기원, 자료, 시작이라는 뜻이며, 또 상대적으로는 기초(foundation)나 규범(norm)을 뜻한다.[6] 하나님의 계시가 하나님에 관한 우리의 지식의 자료와 규범이 된다는 뜻이다. 그러므로 성경은 하나님에 관해 우리가 이야기할 수 있는 자료와 규범인 것이다. 즉 성경계시는 신학의 자료요 규범이다. 우리는 이 사실을 받아들이든지 배척하든지 양자택일해야 한다. 하나님이 성경 안에서 우리에게 말씀하셨다는 것을 객관적으로 증명하기는 곤란하다. 성경이 신학의 원리가 된다고 중립적으로 논증할 수가 없다. 이런 확신은 단지 믿음으로 오는 것이다. 그리고 믿음은 하나님의 말씀을 들음으로 생기는 것이다(롬 10:17). 우리는 믿음의 영역 안에서 성경계시가 신학의 자료요 규범이라는 사실을 확실하게 말할 수 있다.

계시의 개념은 대단히 광범위하다. 계시의 한계는 넓은 지구만큼 높은 하늘만큼 광범하다. "하늘이 하나님의 영광을 선포하고 궁창이 그의 손으로 하신 일을 나타내는도다"(시 19:1)라는 말씀이 이를 증거

---

6. Richard A. Muller, *Dictionary of Latin and Greek Theological Terms* (Grand Rapids: Baker, 1985), p.246: " ⋯ *principium theologiae*, without which there could be no true knowledge of God and therefore no theological system; ⋯⋯ The *principium essendi*, the principle of being or essential foundation, is a term applied to God considered as the objective ground of theology without whom there could be neither divine revelation nor theology."

한다. 따라서 모든 참다운 인간 지식은 하나님의 창조질서에서 왔기 때문에 어떤 의미에서는 신학(Theology)이라고 부를 수 있다. 우리는 여기서 성경계시에 관심을 갖게 된다. 성경계시(biblical revela-tion)는 계시구조(organism of revelation)의 관점에서 볼 때 탁월한 우월성이 있다. 성경계시의 우월성은 구속적인 성격에 있을 뿐 아니라 계시의 형태가 문자적(verbal and lingual)인 성격에서 찾을 수 있다. 우리는 성경계시를 떠나서는 세상의 창조, 죄의 시작, 예수 그리스도의 죽음과 부활을 통한 죄 문제 해결, 교회의 설립과 사명, 세상의 종말에 대해 확실하게 알 수 없다. 성경계시는 언어로 기록되었기 때문에 객관적 신빙성을 확보하며 시간을 초월한 계시로서 역할을 감당한다.

계시의 구조에 있어서 성경은 계시로서, 하나님의 행위로서 신학의 가장 순수한 표본이라고 할 수 있다. 성경은 가장 적절하고 직접적인 의미에서 신학이라고 할 수 있다. 즉 성경은 다른 어느 문헌보다도 하나님에 관해서 풍부한 자료를 제공하고 있다. 그러나 성경계시가 진정한 하나님의 말씀이라고 인정하는 것은 믿음으로만 가능하다. 성경은 "우리가 믿음으로 행하고 보는 것으로 행하지 아니함이로라"(고후 5:7)라고 말한다. 우리가 성경 자체를 하나님의 말씀으로 받아들이는 것은 믿음을 통해서 가능하지 인간의 이성이나 이론을 통해 증명할 수 있는 주제가 아니다. 우리는 성경이 하나님의 말씀임을 믿을 때 그 성경이 제시하는 하나님을 알게 되는 것이다.

성경을 이처럼 중요하고 탁월하게 생각하는 것은 자연계시와 성경계시의 계시적 연결(revelational ties)을 파괴하거나 성경을 우상화하기 위한 것이 아니다. 신학은 성경을 취급하는 학문이다. 우리는 신학 활동을 하는 데 있어서 자연계시(natural revelation)와 특별계시(special revelation)를 구별할 필요가 없다. 두 분야를 양분시킬 필요도 없다. 오히려 두 분야는 강조점에 차이가 있을 뿐이다. 굳이 두 분야의 관계를 정리한다면 성경을 특별계시(special revelation)로 생각하고 자연계시를 부가계시(additional revelation)로 취급할 수 있다. 성경은 하나님을 소개하는 도구이지 경배의 대상이 아니다. 성경계시의 우월성을 인정하는 것은 하나님의 말씀인 성경을 가장 적절하게 취급하기 위한 것이다.

성경 계시만이 신학 활동의 기초가 된다. 여기에 성경 계시의 우월성이 있다. 우리의 신학 활동은 성경의 내용을 더 분명하게 밝히는 작업이다. 그러므로 신학은 성경을 중심 주제로 삼고 연구해야 한다. 하나님의 말씀으로서 성경과 하나님의 인격을 구태여 분리할 필요는 없다. 성경을 생각할 때 특별한 현상으로서 하나님을 저자로 생각하는 것이 정당하다. 하나님은 특별한 방법으로 성경에서 자신을 표현하신다. 성경은 하나의 창조요, 우리 경험의 일부이지만 특별한 기원(origin)이 있고 그 기원은 초자연적이다. 성경은 마지막 아담(the last Adam) 예수 그리스도 안에서 구속을 성취하신 새 창조 질서의 일부라고 할 수 있다. 성경은 기원에 있어서 초창조적(supercreational)이다.[7]

성경을 마지막 아담 안에서 성취된 구속적 새 창조의 일부분으로 생각하는 것은 성경을 일반 성도의 손에서 빼앗으려는 시도가 아니다. 또 역사신학이나 조직신학 등 다른 신학 분야의 권한을 침해하려는 것도 아니다. 그런데 교회 내에는 가르침을 받고 인도함을 받는 자가 있고 가르치는 자와 인도하는 자가 있다. 교회 내에서 가르치는 자와 목사와 보조목자는 가르치고 인도하는 역할을 한다. 특히 가르치거나 지도하는 과정은 두 그룹 모두 위대한 목자장에게 가르침을 받고 인도함을 받을 때 올바르게 될 수 있다. 이들 모두가 교회로서 그

---

7. 초창조적이란 용어는 처음 창조와 대조를 이루는 용어이다.

리스도의 주님 됨을 받드는 것이다. 만약 여기에서 균형을 상실할 때 교회 안에는 혼란이 발생하게 된다. 이 지도하는 기능 때문에 신학에 특권을 부여한다고 적극적으로 생각할 수 있다. 가르치는 자는 성경을 근거로 신학을 정립하여 가르침을 받는 자가 더 쉽게 성경을 이해할 수 있도록 가르쳐야 한다.

신학은 다른 분야의 학문과 비교할 때 지도적인 기능이 있다. 왜냐하면 성경은 인간 노력의 모든 분야를 지도해야 하기 때문이다. 그러므로 어떤 이는 신학을 학문의 여왕(The queen of the science)이라 부르기도 한다. 신학(Theology)의 정의를 내려 보면, 보스(Vos)는 신학을 하나님에 관한 학문(science concerning God)이라고 했고,[8] 머레이(John Murray)는 1963년에 "신학은 세상에서 하나님의 진리와 그의 관계들을 설명하는 것이다."[9]고 했다. 좀 더 좁혀서 조정하여 정의하면 신학은 성경을 중심으로 하나님을 설명하고, 하나님과 인간 그리고 하나님과 세상에 대한 관계를 설명하는 학문이라고 할 수 있다.

성경계시를 중심으로 한 신학

계시의 구조

위 그림은 신학이 성경계시를 중심으로 접근해야 함을 보여 준다. 하지만 성경계시를 중심으로 한 신학은 더 넓은 분야의 계시와 관련이 있다. 성경계시와 자연계시는 공히 그 기원을 하나님에게 두고 있

---

8. G. Vos, *Biblical Theology* (Grand Rapids: Eerdmans, 1968), p.11.

9. John Murray, *Collected Writings of John Murray*, Vol. 4. *Studies in Theology* (Carlisle: The Banner of Truth Trust, 1982), p. 1.

다. 여기서 신학을 할 때 강조해야 할 방법론은 두 가지로 나누어 생각해 볼 수 있다.

첫째, 성경계시의 우월성을 인정하는 것이다. 우리의 관심은 신학의 외부 한계를 제한하는 데 있지 않고 오히려 성경계시 분야에 확고히 서는 데 있다. 비록 외부 원(circle)에 관해서 중요한 문제들이 있지만 여기서 그 문제들을 다 다룰 수는 없다. 성경의 우월성을 인정할 수밖에 없다.

둘째, 신학 작업은 해석적인 방법을 따라야 한다는 사실이다. 우리는 성경을 해석하므로 세상을 전체적으로 해석하고 이해할 수 있다. 그러므로 성경에는 유일한 권위가 있다. 그러면 왜 성경적 전망 없이는 세상을(창조를) 이해할 수 없는가? 이 세상은 하나님과 관계가 있을 때만 의미가 있고 이해되기 때문이다. 그러므로 성경적인 전망 없이는 세상을 올바로 이해할 수 없다. 창조된 세계는 인간의 눈이 어두워진 사실을 올바로 말해줄 수 없다. 왜냐하면 창조된 세계는 타락 전의 자연적인 모습을 상실했기 때문이다.

(2) 성경신학(Biblical Theology)

신학(Theology)이라는 말과 성경(biblical)이라는 말을 합치면 어떻게 되는가? 성경신학의 뜻과 표현의 적절성은 분석적으로 역사를 더듬어 연구해 보면 명백해진다. 과거에 '성경신학'이라는 명칭으로 어떤 연구가 진행되었는지를 고찰하는 것은 우리에게 큰 유익을 준다.

① 용어의 역사적 고찰

불트만(Bultmann)은 '성경신학'이라는 용어를 18세기에 처음으로

독일의 경건주의자들이 사용했다고 주장한다.[10] 성경신학이라는 용어
가 이 시대에 이렇게 빨리 사용된 것은 의미심장한 일이다. 왜냐하면
이 용어는 그 당시의 반응을 설명하고 있기 때문이다. 17세기 정통주
의(orthodoxy)는 (17세기말 루터교 신학에 대한 반발로) 세련된 스콜라주의
적 표현과 다른 요인들을 결합하여 이 교리를 만들었다.

성경신학이라는 용어는 이런 형편 가운데서 정통 교리에 대한 반
발로 사용되었다. 사실상 정통 교리에 대한 반발의 이유는 충분히 납
득할 만하다. 오늘날도 그런 반발이 없는 것이 아니다. 그 당시 정통
교리를 반대한 학자들은 신학의 활동이 철학적이고 사색적인 데 너무
관심을 쏟고 성경의 내용에 많은 관심을 두지 않았기 때문에 반발한
것이었다. 그러므로 그 당시 '성경신학'을 주장한 사람들도 정통주의
자와 마찬가지로 성경의 신적 영감에 대해서는 의심을 하지 않았다.
그 당시 경건주의(pietism)는 적어도 성경의 권위에 대해서는 정통주의
와 뜻을 같이 하고 있었다.[11]

그러나 계몽주의(the Enlightenment)의 영향 하에 신학의 발전과 더
불어 성경신학은 그 개념과 방법에 큰 차이를 드러낸다. 계몽주의의
영향으로 성경신학이란 용어에 다른 특성이 부가된 것이다.[12] 비록 우
리가 계몽주의 시대에 성경신학이라는 용어를 정규적으로 사용한 이
유를 그 이전 시대에 대한 반발(reaction)이라고 표현할 수도 있지만,
17세기에 사용된 성경신학의 개념과 계몽주의 영향 하에 사용된 성경

---

10. Rudolf Bultmann, *Theology of the New Testament*, Vol. II (New York: Charles Scribner's Sons, 1955), p.242.

11. Ladd, *A Theology of the New Testament*, p.14.

12. Ladd, *Ibid.*, p.14: "scholarship was not to seek a theology in the Bible but only the history of religion."

신학의 개념 사이에는 큰 변화와 차이가 있다.

계몽주의 시대의 한 특징은 역사의식(historical consciousness)이며 성경신학이라는 용어의 사용에도 역사의식이 작용한다. 계몽주의는 성경 연구를 성경 내용에 통일성이 없다는 전제하에 시작한다. 계몽주의 출발점은 성경이 하나의 역사서(a historical book)라는 것이다. 이와 같은 연구 방법의 가장 중요한 문제는, 역사성을 너무 강조하는 계몽주의의 특징 때문에 결국 성경을 전적으로 인간의 작품이며, 인간 저자들이 쓴 것이라고 생각하는 것이다. 그러므로 계몽주의는 성경이 다른 역사책과 똑같은 취급을 받아야 한다고 주장한다.

그러므로 계몽주의 전망은 성경의 유일한 기원인 신적 기원을 부인하는 것이다. 결과적으로 계몽주의는 성경을 비평적(critical)으로 취급하며 성경의 통일성(Unity)과 무오성(Infallibility)을 인정하지 않는다. 계몽주의는 독단적인 방법으로 성경을 연구하며 성경의 자료들이 여러 견해로 조합되어 있고, 이 견해들이 서로 다르며 상충된다고 생각한다.

일반적인 예를 들자면 계몽주의의 영향을 받은 자유주의자들은 구약과 신약에 상충이 있고, 구약의 한 부분과 다른 부분이 상충이 있으며, 그 다음 신약분야로 넘어와서 신약 각 저자들 사이에 상충이 있다고 주장한다. 이들의 연구 태도는 성경 교훈에서 의문시되는 것과 상충되는 것을 보여주려는 것이다. 그리고 이와 같은 연구를 이들은 성경신학(Biblical theology)이라고 일컫는다.

정통주의에 반대했던 경건주의와는 달리 계몽주의 연구방법은 성경을 하나님의 말씀으로 인정하지 않을 뿐 아니라 성경에 복종하지도 않는다. 계몽주의 연구 방법은 역사의식만 연구에 적용하여 성경이 하나님의 말씀임을 인정하지 않는다. 이는 인간이 모든 것의 원천이며 판단자라는 확신에서 흘러나온 것이다. 즉 이들은 인간의 자율성을 성경 위에 둔다.

가블러(Johann P. Gabler, 1753-1826)[13]는 1787년 3월 30일 알트도르프 대학(University of Altdorf)에서 행한 연설에서 성경신학(Biblical theology)과 교의신학(Dogmatic theology)을 날카롭게 구분하였다. 그는 성경신학이 철저하게 역사적이어야 하며 교의신학에서 독립해야 하고 이스라엘에서 발생된 종교적 사상을 찾아내는 것이 주요 임무라고 생각했다. 그는 성경이 고대 셈족 역사를 보존하기 위해 기록한 고대 종교저술을 모아 놓은 것이기 때문에 성경을 연구하기 위해서는 같은 전제를 가지고 연구해야 한다고 주장했다.[14] 그는 주장하기를 성경신학은 성경 안의 다양성을 보여주는 것이며, 반대로 교의신학(Dogma-tic theology)은 자연종교의 진리나 특별한 도덕률을 설정함으로 표준적인 진술을 제공하는 것이라고 했다. 그가 말하는 교의신학은 어떤 특정한 신학자가 신적인 사건들을 그 당시의 요구와 전망에 맞도록 철학적으로 또 합리적으로 고찰하는 것이다.

가블러(Gabler)의 합리주의적인 성경신학 연구 태도는 그 후 50년간 성행하였고 그 영향을 받은 학자들은 카이저(Kaiser, 1813), 드 베테(De Wette, 1813), 바움가르텐-크루시우스(Baumgarten-Crusius, 1828) 그

---

13. Gabler는 myth 개념을 구약연구에 적용하였다. 이렇게 연구하면서 역사성 문제를 중요시하고 성경 내의 차이점을 연구하였다. 이처럼 성경연구자의 자율성을 주장하고 임의적인 비평 원리로 성경을 연구함으로 결국 성경의 정경성에 도전하게 되었다.

14. G.E. Ladd, *A Theology of the New Testament*, p.14. Gabler의 논문 [The Altdorf inaugural Address: "Oratio de justo discrimine theologiae biblicae et dogmaticae regundisque recte utriusque finibus" (on the proper distinction between biblical and dogmatic theology and the correct delimitation of their boundaries)]은 O. Merk의 독일어 번역이 있다. *Biblische Theologie des Neuen Testaments in ihrer Anfangszeit* (Marburg: N.G. Elwert, 1972). pp.273-284.

리고 본 쾰린(Von Cöllin, 1836) 등으로 이들은 계몽주의 사상을 근거로 하여 성경신학을 펴냈다. 이들의 저술은 대단히 합리주의적이어서 성경 내에서 초자연적인 요소를 배제하고 이성의 법칙과 일치하는 종교적 사상을 찾아냈다.

합리주의적 입장에서 본 종교는 이성에 의해 관장된 범신론적인 것이다. 이들의 주장과 원리는 성경에서 보장을 받지 못한다. 카이퍼(A. Kuyper)도 그의 『조직신학』(Sacred Theology) 제3권(Third Division)에서 이와 같은 성경신학의 경향을 지적한 바 있다.[15] 결국 성경신학은 믿지 않는 학자들의 손에 들려진 하나의 도구로서 정통주의를 파괴하며 정통주의 파괴가 끝나자마자 폐기시킬 수 있는 도구로 발전되었다.

이처럼 이성과 합리에 기초를 둔 성경신학은 진화론 철학의 영향을 받게 되었다. 이와 같은 영향은 두 가지 방면에서 관찰할 수 있다.

첫째, 세계가 진화론적인 가정에 의해 질적으로 향상된다는 사상은 종교적 진리를 산출하게 만들었다. 낮은 것에서부터 높은 것으로, 야만적인 것에서부터 문명적인 것으로, 거짓에서 진실로, 악에서 선으로 발전한다고 생각한 것이다. 계몽주의 사상을 수용하는 학자들은 같은 원리를 사용하여 종교도 처음에는 정령숭배론(Animism)에서 다신교(Polytheism)로, 그리고 일신숭배(monolatry)에서 일신교(monotheism)로 발전해 왔다고 주장한다. 이와 같은 견해는 올바른 의미의 계시 개념을 파괴하고 모든 것을 상대적으로 만들며 신적 요소의 절대성을 배격하는 것이다.

둘째, 진화론 철학은 실증철학(positivism)계에 속하는 것으로 현상

---

15. Abraham Kuyper, *Principles of Sacred Theology* (Grand Rapids: Eerdmans, 1968), pp. 228ff.

을 제외하고는 아무것도 알 수 없다고 주장한다. 그러므로 하나님, 영혼, 불멸, 영생과 같은 것은 인간의 지식의 범주에 들어올 수 없다고 주장한다. 따라서 객관적 진리(objective verity)는 신학의 영역 밖에 놓여 있다고 생각한다. 신학은 결국 종교현상학(phenomenology of religion)으로 전락하여 이들의 신학 활동은 성경자료에 기록된 종교현상의 논의에 불과한 것이다.[16]

계몽주의의 영향 아래서 시도되는 신학 활동과는 달리 바른 성경신학(Biblical Theology)은 다음 원리로 신학활동을 해야 한다.

첫째, 바른 성경신학은 계시의 무오성을 인정해야 한다. 만약 하나님이 인격적이고 양심적인 하나님이라면 그가 자신을 나타내실 때 자신의 성격과 목적을 거짓 없이 표현했을 것임에 틀림없다. 이것이 유일신론의 본질이다.

둘째, 바른 성경신학은 계시의 기초에 대한 객관성을 인정해야 한다. 이는 하나님이 인간에게 진실한 전달을 하셨다는 사실을 인정하는 것이다. 이와 같은 사실을 "기계적 영감설"(mechanical inspiration)[17]과 연관하여 모든 계시를 객관적인 면으로만 생각할 필요는 없다. 계시에는 주관적인 요소가 있는 것을 알아야 한다. 주관적인 계시(subjective revelation)란 "성령의 내적 역사가 인간의 하부의식 깊은 데서 작용하심으로 하나님이 뜻하는 사상이 그 마음 깊은데서 솟구쳐 나오는 것"을 뜻한다.[18]

---

16. Vos, *Biblical Theology*, pp.19ff.

17. Mechanical Inspiration은 대필 개념(Dictation view)과 같은 것으로 성경 저자들이 성령의 지시에 따른 필기자에 지나지 않는 것으로 생각한다. 이 견해는 성경 저자들의 정신 활동이 중지되어 성경 기록의 내용과 형태에 전혀 기여하지 못한 것으로 생각한다. 그러나 이 견해는 오히려 하나님을 낮게 평가하는 잘못을 범한다.

18. Vos, *Biblical Theology*, p.21: "By this (subjective revelation) is meant the inward activity

이처럼 계시(revelation)와 영감(inspiration)이 주관적인 형태에 있어서 연합하게 된다. 만약 하나님이 계시를 우리에게 주시기 위해 낮아지셨다면 무슨 형태로 주시든 이는 그의 권한에 속한 것이지 우리들의 권한에 속한 것이 아니다. 하나님의 존엄성에 대한 우리들의 태도는 적어도 주신 말씀을 신적인 가치가 있는 것으로 받는 것이다.

셋째, 바른 성경신학은 성경이 영감된 하나님의 말씀이라는 사실에 대해서 깊은 관심을 표명한다. 계몽주의 영향 하에서 성경신학은 과거의 사람들의 믿음과 행위가 참이건 허위이건 큰 문제로 여기지 않았다. 그들은 성경의 진실성에 별로 관심이 없었다. 오히려 그들은 과거 사람들이 어떻게 믿었으며 어떤 행동을 했는지를 찾아내는 것이 중요하다고 생각했다. 그러므로 이와 같은 성경신학은 역사신학 (Historical theology)과 일치하고 주경신학(Exegetical theology)과는 일치하지 않는다. 이와 같은 성경신학은 성경시대에 따른 교리의 역사를 연구하는 것이다. 그들은 이사야나 예레미야를 어거스틴(Augustine)이나 칼빈(Calvin)처럼 취급한다. 그들이 관심을 둔 유일한 질문은 "그 당시 사람들이 어떻게 믿었느냐"였다. 그들은 성경의 내용이 참이냐 허위냐에 대해서는 별로 관심이 없었다.

그러나 우리는 계시가 하나님에게서 온 것으로 생각한다. 우리가 다루고 있는 계시가 하나님의 권위에 의해 보장된 진리(The Truth)라는 것을 믿는다. 또 올바른 성경신학자는 만전영감을 믿는다. 신약이 구약의 영감을 말할 때는 언제나 절대적이고 포괄적인 의미로 말한다. 성경의 정신은 만전영감(Plenary inspiration)되었든지 아니면 전적으로

---

of the Spirit upon the depths of human sub-consciousness causing certain God-intended thoughts to well up there from." 예 (psalm)

영감 되지 않았다고 해야지 그 중간은 있을 수 없다고 한다. 또 계시는 말씀 계시뿐 아니라 사건도 포함한 것을 인정해야 한다. 그러므로 성경에 나타난 사건들의 역사성을 인정하지 않으면 계시 자체도 확실성을 상실하게 된다.[19]

② 성경신학(신약신학)에 대한 현대 비평적 개념

불트만(Rudolf Bultmann, 1884-1976)은 계몽주의 사상을 근거로 한 성경신학 개념을 주창한 신학자들 가운데 대표적인 인물이라 할 수 있다. 많은 신학자들이 그와 같은 사상적 궤도를 걷고 있다. 비록 많은 비평적 신학자들이 신약신학의 성격과 목적에 대해서 불트만과 완전히 일치하지는 않지만 불트만은 아직도 이들 많은 학자들의 대표자로 군림하고 있다. 불트만(Bultmann)은 이들의 대변자 역할을 하고 있는 것이다. 신학적인 견해에서 그와는 멀리 떨어져 있는 오스카 쿨만(Oscar Cullmann)까지도 이 부류에 속해 있다.

불트만은 그의 『신약신학』에서 "신약신학은 신약 기록에 나타난 신학적 사상을 정립하는 것이다."[20]고 말한다. 그는 신약에 나타난 신학적 진술의 정확한 성격을 찾아내는 것이 신학자들의 사명이라고 말한다. 불트만은 우리들이 해야 할 일은 "믿음의 진술"(The statement of faith)을 이해하는 것이라고 한다. 그는 계속해서 신약의 사상은 하나님에 대한 신앙적 이해를 말하는 것이며 세상에서 하나님과 인간의 관계를 신앙적으로 이해하는 것이라고 말한다.

즉 불트만은 "신학적 사상을 신앙의 사상으로 이해하고 설명해야

---

19. G. Vos. *Biblical Theology*. p.22.
20. Rudolf Bultmann, *Theology of the New Testament*, Vol.I (New York: Scribner's sons, 1955), p.237.

한다. 즉 하나님과 세상과 사람에 대한 사상을 신앙적으로 이해하는 것이 중요하다."[21]고 주장한다. 불트만은 계속해서 "수세기를 통한 신학적 연속성은 한때 형성된 명제(신조, 信條)를 그대로 꼭 붙들고 있는 것이 아니라 그 기원에서 공급된 신앙이 변함없이 생동력 있게 연속되는 새로운 역사적 환경을 이해할 수 있도록 주장하는 것이다."[22]라고 말했다.

불트만은 여기서 신앙 내용의 객관성에는 별로 관심을 기울이지 않는다. 그의 관심은 신약이 신앙의 표현이기 때문에 그 신앙이 그 시대의 역사적 환경에 어떻게 반응을 보였는지 연구하는 것이다. 불트만은 계속해서 말하기를 우리의 임무는 신약에 포함된 이 신앙의 자체 해석을 분석하는 것이라고 한다. 이 임무의 가장 중요한 것은 성경의 신학적인 진술이 신앙이나 고백의 진술이기 때문에 결국 성경의 내용은 신앙의 대상(object)이 결코 될 수 없다는 것을 인식하는 것이라고 한다. 그는 신약의 명제들이 결코 신앙의 대상이 될 수 없고 오로지 신앙 자체 안에 고유적으로 존재하는 이해를 설명하는 것이기 때문에, 그리고 이 설명(explication)이 신자의 형편에 따라 결정되기 때문에 신약의 명제들은 불완전한 것이라고 말한다.[23]

그들은 신약의 명제(신조)들이 신앙의 표현이기 때문에 객관적인 신앙의 대상과 내용이 될 수 없다고 말한다. 불트만은 "신약에 나타난 신학적 사상들은 그것들이 신자로 하여금 자신의 구체적인 형편 가운데서 하나님과 세상과 인간에 대한 이해를 그의 신앙 가운데서부터

21. Rudolf Bultmann, *Theology of the New Testament*, Vol.Ⅱ (1955), p. 237.

22. *Ibid.*

23. *Ibid.*, p.238.

개발하도록 인도할 때에만 표준적이 될 수 있다."²⁴라고 말한다. 결국 여기서 불트만이 제시하는 것은 행위로서의 신앙과 신앙의 내용을 날 카롭게 분리하는 것이다. 불트만에게 있어서는 신약은 신앙의 행위의 표현이지 결코 신앙의 내용이 될 수 없는 것이다. 불트만은 신약성경 이 신앙의 내용을 말하고 있지 않다고 주장한다. 불트만은 신약을 신 앙 행위의 표현으로 인정할 때 신약신학의 문제가 바로 정립된다고 말한다. 신약에서의 신앙은 인간 실존에서 자발적으로 발생하는 자아 이해로 생각할 수 없고, 하나님에 의해 가능하게 된 하나의 이해로서 하나님이 인간과 관계를 가질 때 생긴 것이라고 한다.²⁵

불트만의 이와 같은 입장은 신약에 나타나 있는 신학적 진술이 인 간 자신의 존재와는 하등의 상관이 없고, 오로지 하나님의 말씀 선포 에 대한 인간의 반응이라는 것이다. 불트만에 의하면 신앙은 하나님 의 말씀이 예수 그리스도의 선포로 인간에게 부딪힐 때 하나님의 말 씀에 대한 인간의 반응인 것이다.²⁶ 현대 신학의 특이한 표현을 빌리 자면 "신앙은 선포에 있어서의 신앙이다."²⁷라고 불트만의 입장을 정 리할 수 있다. 따라서 신약신학은 신앙의 표현인 신약의 진술과 말씀 선포에 대한 신앙적 반응을 구분하는 역할을 해야 하는 것으로 불트 만은 이해한다.

불트만의 문제는 성경 계시를 실존적인 관점에서만 접근하는 것

24. Bultmann, *Theology of the New Testament*, Vol.II (1955), p. 238: "The theological thoughts of the New Testament can be normative only insofar as they lead the believer to develop out of his faith an understanding of God, the world and man in his own concrete situation."

25. Bultmann, *Theology of the New Testament*, Vol.II, p.239.

26. *Ibid.*

27. *Ibid.*, "Faith is faith in the kerygma."

이다. 여기에 그의 약점이 있다. 왜냐하면 성경의 내용을 관찰하면 말씀선포(kerygma) 속에 신앙의 내용이 함께 표현되어 있기 때문이다. 예를 들어 고린도후서 4:5의 "예수 그리스도를 주로 전파한다."(κηρύσσομεν ἀλλὰ Ἰησοῦν Χριστὸν κύριον)의 말씀 중 "주"(κύριος)는 특별한 의미를 전제로 하고 사용된 것이다. 그러므로 신학과 선포적 진술을 그렇게 단순하게 또 날카롭게 구별하기는 불가능하다. 신앙 자체와 신앙을 불러일으키는 것을 구별하기가 쉬운 일이 아니다. 불트만의 입장에서는 이 둘을 구별하는 것은 결국 불가능한 일이다. 결국 불트만의 입장을 연구하면 계몽주의적 신학개념의 근본요소가 그의 신학을 지배하고 있는 것을 알 수 있다.

이와 같은 현대적인 신학 입장은 결국 신약이 하나님의 말씀임을 부인하고 신약이 하나님의 계시인 것과 하나님이 그 저자인 것을 부인하는 것이다. 이들은 신약이 전적으로 인간의 권위에 의존되었다고 주장한다. 그러므로 현대 신학자들은 신약이 잠정적이고 제한된 타당성밖에 없다는 것이다. 이와 같은 입장은 신약을 "주관적 믿음"(fides qua)과 "객관적 믿음"(fides quae)으로 이분하는 형태로 나타나게 만들었다.[28]

성경을 올바로 이해할 때 우리는 신약이 신앙의 기원을 가진 문서라는 사실을 반대하지 않는다. 즉 신약은 "주관적 믿음"(fides qua)이라는 특징을 지닌다. 신약은 주관적 믿음의 중요성을 인정한다. 그리고 신약 내에 기록된 예수 그리스도의 진술도 주관적 믿음의 표현으로

---

28. fides qua creditur는 "an act of believing in contact with the Spirit," 즉 "the subjective act of trust"라고 할 수 있으며, fides quae creditur는 "faith grounded in a revealed knowledge of the object of faith." 즉 "the body of doctrine which the believer holds to be true." 라고 할 수 있다. cf. Richard A. Muller, *Dictionary of Latin and Greek Theological Terms* (Grand Rapids: Baker, 1985), p.117.

생각할 수 있다. 그러나 성경의 진술들이 회상이나 요약으로서 기록된 방법을 생각하면 그것들은 "객관적 믿음"(fides quae)이라고 불릴 수 있다. 예수님께서 "내가 땅의 일을 말하여도 너희가 믿지 아니하거든 하물며 하늘 일을 말하면 어떻게 믿겠느냐"(요 3:12)라고 말씀하신 내용이나 "너희가 성경에서 영생을 얻는 줄 생각하고 성경을 연구하거니와 이 성경이 곧 내게 대하여 증언하는 것이니라"(요 5:39)고 말씀하신 내용은 예수님의 주관적 믿음을 증거한다고 볼 수 있다. 그런데 요한 사도(다른 저자 포함)가 예수님의 이런 말씀들을 회상하여 언어로 기록한 것은 그 내용의 객관성을 인정받은 것이다. 즉 주관적 믿음의 내용이 객관화된 것이다. 성경에서 "주관적 믿음"과 "객관적 믿음"을 분리시켜 생각하는 것은 성경이 정확무오한 하나님의 말씀의 기록이라는 것을 부인하는 것이다. 배척해야 할 것은 "주관적 믿음"(fides qua)과 "객관적 믿음"(fides quae)의 분리이다. 이 분리는 하나님의 권위를 부인하는 데서 기인된 것이다. 즉 성경(신약)이 신앙의 표현은 제공하지만 신앙의 내용은 제공하지 않는다고 생각한다. 더구나 바로 이 분리의 문제가 (act and content) 실존주의 신학의 내재적 연약성이며 전체 개념을 마비시키는 것이다. 왜냐하면 "주관적 믿음"(fides qua)과 "객관적 믿음"(fides quae)을 분리함으로 불트만은 이 요소들을 어떤 종류의 적극적인 방법으로 정돈해야 하기 때문이다. 그렇지 않으면 신약의 신앙은 기초가 없는 것이 되어버리며 그 유일성도 잃고 마는 것이다. 그렇게 되면 신약의 신앙은 특별한 특징이나 타당성을 상실하게 된다. 그리고 구원은 다른 이름을 통해서도 발견할 수 있게 된다.

만약 어떤 이가 신앙의 행위와 신앙의 내용과의 연속성을 제거한다면 신앙은 지지해 주는 터전(기반)을 잃게 되고 다른 많은 행위 중 하나의 행위로 전락하게 된다. 신앙의 행위와 내용의 구별을 유지하려면 불트만은 연합해주는 개념(unifying concept) 즉 선포(kerygma)를 재건설해야 한다.

선포(kerygma)가 무엇인지에 대해 불트만은 어떤 주제나 내용으로 대답하지 않는다. 그러나 선포(kerygma)는 신약의 진술에서 기독교 신앙을 불러일으키는 것이라고 한다. 그리고 만남-해후(Encounter)는 그리스도의 역사적인 지식에 대해서 관심이 없다. 예를 들면 복음서 기록들은 그것들이 육체 부활을 기록했기 때문이라는 이유로는 중요하지 않지만 그것들이 원시 시대의 고백들이기 때문에 오늘날 중요하다. 즉 그것들은 초대교회의 방법으로 그리스도가 나에게 어떤 의미가 있는지를 표현해 둔 것이기 때문에 오늘날 중요한 것이라고 한다.[29]

불트만이 사용한 선포(kerygma)라는 용어는 분명히 신약에서 사용된 선포라는 뜻으로 사용된 것은 아니다. 그러므로 불트만의 "선포"는 신약 성경에서 사용된 "선포"와 다른 개념으로 사용된 것이다. 오히려 불트만의 "선포"는 전문적인 의미를 함축하고 있다. 불트만이 "신약이 선포이다"라고 말할 때 일반적으로 그 뜻은 저자들에게 나타난 그리스도의 의미를 저자들이 신약성경 속에 유오하게 표현해 둔 것이라는 뜻이다. 즉 그리스도가 그들에게 준 인상을 유오하게 표현한 것이라고 한다.

현대신학의 개념상 신약이 선포적(kerygmatic)이라는 말은 표현할 수 없는 것을 표현하려 하고 규명 지을 수 없는 것을 규명하려고 하는 시도라고 한다. 이처럼 불트만에 의하면 신앙은 확인될 수 없다. 불트

---

29. R. Bultmann, *Theology of the New Testament*, Vol.II, p. 240: "This very fact confirms its kerygmatic character; for it makes clear that the statements of the kerygma are not universal truths but are personal address in a concrete situation."

만은 이것을 적극적인 덕목(positive virtue)이라고 생각하지만 사실상 이것은 모호한 것 외에는 아무것도 아니다. 어떤 이는 불트만이 비신화화(demythologize)뿐 아니라 비케리그마(dekerygmatize) 해야 한다고 말한다. 사람들은 불트만이 그리스도를 인간 신앙의 일련의 실현 중의 하나로 본다고 비평해 왔다. 즉 불트만에 의하면 신앙은 인본주의(humanism)의 한 형태로 축소되는 것이다. 현대신학의 이와 같은 개념은 선포(kerygma)개념에 명시된 대로 계몽주의의 전제에 의해 조성되고 있다. 그 개념은 현대신학의 계시 개념에 반영된다.[30]

현대신학은 계시를 위한 매개체인 행위(act)에 의해 지배되고 있다. 그리고 그 행위는 그 자체가 계시적(revelatory)이 아니다(변증법적 성격에 주의하라). 그들은 하나님의 말씀과 이에 연관된 것들 사이에 틈을 만드는 것이다. 그들은 그리스도의 임무가 실존을 불러일으키는 데 있다고 주장한다. 불트만은 실존(The dass, thatness=existence)을 강조하기를 원하지 그리스도가 어떤 사람에게 무슨 의미가 있느냐 하는 무엇(the was, whatness)을 강조하려 하지 않는다. 즉 신약의 각 저자들은 서로 일치하지 않으며 상충하기까지 한다고 생각하는 것이다.

이와 같은 연구 태도는 튀빙겐(Tübingen)의 케제만(Ernst Käse-mann)에게서 그 예를 찾을 수 있다. 그는 교회 연합 써클(ecumenical circle)[31]에서 주장하기를 신약은 교회 연합의 기초(basis)로 사용될 수 없다고 말했다. 왜냐하면 신약의 문서가 그 성격상(as canon) 교회 연합의 기초를 놓지 못하고 반대로 신약 교훈은 고백의 다양성을 제시하고 있기 때문이다. 즉 고백적인 다양성이 신약에 뿌리를 깊이 내리고 있기

---

30. Bultmann, *Theology of the New Testament*, Vol.II, p.240.
31. Käsemann은 한때 이 써클의 대표자적인 역할을 했다.

때문에 신약은 교회 연합의 기초가 될 수 없다고 주장한다.

현대 신학의 영향 하에 있는 성경신학의 긴급한 과제는 신학적 다양성 가운데 암시된 선포적 통일(kerygmatic unity)이나 조화(harmony)를 보여 주는 데 있다. 케제만은 신약에 나타난 교리적 상충을 들어 신약의 어떤 중심 주제가 있을 수 없다고 주장한다. 그러나 그들의 노력은 명시될 수 없는, 그리고 설명될 수 없는 선포적 통일(kerygmatic unity)을 찾는 것이다. 결국 이들은 기본적인 딜레마에 다시 빠지게 된다.

이와 같은 현대 신학 개념으로 연구한 결과 신약이 얼마만큼 서로 다른가 하는 정도 문제에 여러 가지 다른 평가를 한다. 불트만은 그 차이가 아주 현저하여 사도행전과 요한복음은 같은 문맥으로 존재할 수 없다는 극단적인 주장을 하는가 하면, 오스카 쿨만은 그 차이들이 아주 적어서 그 성격상 지엽적인 것이라고 말한다. 복음서 기록의 역사적 신빙성에 관해서도 불트만은 실제 사건의 보고로서 거의 가치가 없다고 하는 반면, 쿨만은 그들은 대단히 신빙성이 있다고 주장한다. 현대 신학자들의 차이가 이렇게 현저할지라도 우리들은 그들의 공통의 근거를 올바로 인식해야 한다. 그들은 신약이 인간 기원을 가진 인간의 유오한 자료의 수집이라고 생각한다.

지금까지의 신학적 발전을 관찰해 보면 지난 50년간의 신학 활동은 성경신학의 부흥을 가져왔다. 부흥의 이유는 성경 자료를 현대화한 자유주의(Liberalism)의 경향에 대한 반응과 또 성경 저자들과 우리들 사이의 역사적인 거리감을 인식하게 하는 노력이 있었기 때문이다. 그리고 성경신학의 부흥은 성경 저자들의 특성이나 개성을 더 정당하게 취급한 데서도 찾아 볼 수 있다.

흥미 있는 사실은 정통신학에 역행적인 자유주의 신학의 경향은 성경연구에 있어서 정통주의에 대한 자극제 역할을 했다는 점에 있어서 칭찬할 만하며, 불트만의 성경주해가 정통 노선을 따르는 성경 학도에게까지도 도움이 될 수 있고 이용 가치가 있다는 것을 증명해 주는 것이다. 비록 불트만은 신학적으로 과격하지만 성경 저자의 특성이나 개성을 인정하는 면에서 정통 신학자들에게 자극제가 된 것이다. 그러나 비정통 성경신학자들은 성경에 대한 계몽주의의 견해를 비판 없이 받으며 그대로 유지하고 있다. 따라서 성경신학의 부흥은 정통주의나 자유주의나 성경을 근거로 사용한다는 점에서 그 궤를 같이 하고 있는 것이다. 그러므로 올바른 성경신학을 정립하기 위해서는 잘못된 계몽주의적인 성경관에 입각한 성경신학을 잘 분별할 수 있는 지혜와 주의가 필요하다.

③ 성경신학의 성경적 개념

18세기 이래 성경신학이라는 이름으로 연구된 내용을 고찰할 때 성경신학에 대한 정통신학의 증오와 불인정을 이해할 만하다. 왜냐하면 계몽주의(the Enlightenment)의 영향을 받은 학자들이 "성경신학"이라는 명칭 하에 성경을 파괴하고 성경의 권위를 떨어뜨렸기 때문이다. 그래서 카이퍼(A. Kuyper)나 벌카우워(G.C. Berkouwer) 이전에 바빙크(H. Bavinck)를 계승했던 발렌타인 헤프(Valentine Hepp)까지도 성경신학이 정통주의가 주장했던 성경의 통일성을 파괴한다는 이유로 성경신학을 배격했다. 1894년까지는 올바른 성경신학의 분야를 책임 맡은 사람이 아무도 없었다. 1894년에 비로소 보스(Geerhardus Vos)가 프린스턴 신학대학원(Princeton Seminary)의 성경신학 분야를 맡게 되었다.[32] 비록 보스가 성경신학의 위치를 논증하고 성경신학을 신학적인 한 분야로 이끌어 올리는 데 심혈을 기울였지만 그 당시 성경신학에 대한 불신은 계속되었다. 그러나 점점 이 불신의 그림자는 지워지기 시작했다.

여기서 성경신학이라는 용어를 변호하기보다 오히려 보스의 노력으로 개혁주의적인 입장에서 성경신학이 어떻게 발전되어 왔는지를 연구하는 것이 더 효과가 있으리라 생각한다. 이런 노력을 통해 성경신학의 분야가 어떤 것인지 구별될 뿐 아니라 성경신학의 필요성과 적절성이 나타나게 될 것이다. 가장 좋은 방법은 역사적인 고찰이다.

17세기에 개혁주의와 루터교 신학의 본문(The text) 연구방법이 거부 반응을 일으키게 되었다. 즉 정통주의가 사용한 신학적 방법에 거부반응이 나타난 것이다. 정통주의는 교리적인 개념을 정립하기 위한 노력으로 성경을 하나의 교리 안내서(hand-book)로 취급했다. 그래서 성경을 형이상학적이고 우주적인 진리의 지침서(catalog)처럼 다루는 경향이 생겨나게 되었다. 마치 도덕적인 가치를 수록한 교과서처럼 생각한 것이다. 즉 교리의 구성을 위해서 성경을 증빙자료를 수록한 하나의 수집서로서 사용했다. 그러므로 우리는 여기서 성경을 인정된 어록으로서 취급하는 특징을 찾을 수 있는 것이다. 이와 같은 접근 방법은 성경 자료들을 구분하여 그들의 교리를 구성하는데 사용하는 방법이 되었다.

다른 말로 표현하면 정통 교리학에서는 성경의 역사적인 성격을 무시하는 경향이 있으며 성경의 역사성을 정당하게 취급하지 못했다. 즉 성경계시의 역사적인 특징을 올바로 취급하지 못한 것이다. 역사

---

32. Vos의 Inaugural address는 1894년 5월 8일 행한 것으로 그 제목은 "The Idea of Biblical theology as a Science and as a theological Discipline"이었다. 이 연설에서 Vos는 개혁주의적인 입장에서 성경신학의 위치와 그 필요성을 논증하고 있다. 본 연설은 Richard B. Gaffin, Jr.가 편집한 *Redemptive History and Biblical Interpretation* (Phillipsburg: Presbyterian and Reformed Publishing Co., 1980), pp.3-24에 실려 있다.

적(historical)이라는 말은 "어떤 문서가 역사를 가지고 있다"라는 뜻과 "어떤 주제가 역사적이다"라는 두 가지 뜻으로 이해할 수 있다. 그러므로 우리는 성경에 기초가 되는 역사적인 특징을 정당하게 취급하지 못했다고 말할 수 있다. 계시로서 성경의 중심 내용은 하나님의 구속적 행위의 역사적 과정을 기록한 것이다. 성경은 역사책은 아니지만 역사적인 책이다. 보스의 노력은 성경의 역사성을 간과하는 정통적인 입장의 이 약점을 보충하고 성경 계시의 역사적 특징에 주의를 불러 일으킨 것이다. 사실상 아무도 성경의 역사적 특징을 부인하지 않을 것이며 성경이 하늘에서 떨어져 내려 왔다고 믿지 않겠지만 성경을 증빙자료를 위한 책으로 생각하고 성경을 비역사화하려는 경향이 있음은 부인할 수 없다.

올바른 성경신학을 하기 위해 특별한 관심을 기울여야 할 것은 역사이다. 즉 우리는 계시역사(the history of revelation)에 관심을 두어야 한다. 계시역사에 관심을 가지면 구속역사는 자동적으로 고려될 수밖에 없다. 성경신학은 특히 역사적인 과정으로서 계시에 관심을 둔 역사적인 연구 분야이다. 다른 말로 표현하면 성경신학은 계시의 역사적인 특수성에 관심을 두고 연구하는 것이다.

이 사실은 성경신학이 통일성보다는 다양성에 관심을 둔다는 뜻은 아니다. 오히려 성경신학은 다양성 속에 존재하는 성경계시의 통일성에 관심을 둔다. 성경신학은 성경의 통일성(단일성)이 역사적인 과정 속에서 부분들의 유기적인 통일로 나타나는 것을 보여준다. 보스는 이를 씨와 나무(seed, tree)의 예로 설명한다.[33] 성경신학은 계시를 역사적인 과정(process)으로 보며 각 성경 저자들과 그들이 기록한 계시의 특질과 특이성에 관심을 쏟는다. 성경신학의 이와 같은 강조는 하나님께서 계시를 주실 때 인간적인 요소를 정당하게 취급하셨음을 인정하는 것이다. 인간적인 요소를 이해하기 위해 노력한다는 뜻은 성경의 인간적인 요소를 강조한다는 뜻이 아니다. 사실상 성경의 인간적인 요소는 가치가 없다. 그러나 진정으로 중요한 것은 하나님께서 계시를 주실 때 인간을 도구로 사용한 사실을 간과하지 않는 성경신학의 관심에 있다. 바로 이와 같은 방법은 하나님이 계시하시는 과정을 더 정확하게 설명할 수 있게 한다. 이처럼 성경계시의 구조는 더 예리한 초점에 맞추어지게 된다.

성경신학은 구속역사와 함께 계시의 역사에 관심을 둔다. 즉 성경신학은 역사적인 전개 안에서 역사적인 과정으로서 하나님이 자신을 계시하신 것에 관심을 둔다. 이 역사적 과정이 중립적일 수 없고 오히려 하나님의 뜻대로 결정되며 조종된다는 사상이 포함된다. 성경신학은 하나님의 계시를 다룰 때 완성된 작품으로 다루는 것이 아니요 하나님의 활동으로 다룬다. 성경신학의 특이성을 두 가지 요소로 정리할 수 있다. 첫째, 성경계시는 점진적이라는 사실이다. 성경계시는 성경 속에서 점진적으로 나타난다. 둘째, 그 계시의 점진성은 유기적이며 시대에 따라(epochal) 나타난다. 그 점진적인 발전은 씨에서 완전히 자란 나무에로의 발전과 같다. 우리는 씨의 단계를 불완전하다고 말하지 않는다. 계시의 씨의 단계는 나무의 단계에 비해 덜 펼쳐진 상태이지만 그 자체로는 완전하다.

---

33. G. Vos, *Biblical Theology* (1968), p.15.

2. 성경신학과 성경주석

성경신학과 성경주석의 바른 관계를 정립하는 것이 신학 작업을 하는 데 중요하다. 올바른 성경주석은 성경본문의 역사성에 관심을 둔다. 따라서 성경신학과 성경주석은 역사성을 중심으로 밀접하게 연관되어 있다. 성경주석은 본문을 구체적으로 해석하는 것이다. 성경의 경우에는 본문이 과거에 이루어진 것이다. 그러므로 성경주석은 역사적인 연구 분야가 될 수밖에 없다.

그러면 성경신학과 성경주석의 차이는 무엇인가? 성경신학과 성경주석은 같은 것이 아닌가? 성경신학이 하나의 주석적인 연구 분야요 그 과정이 주석적이라는 점에서 서로 같다는 말을 할 수는 있다. 성경신학은 성경본문을 주석한 그 내용을 근거로 세워지는 것이다. 그러나 전통적으로 성경주석은 제한된 본문을 해석하는 것으로 이해했다. 따라서 성경신학과 성경주석은 서로 구분하여 다루어야 할 분야이다. 성경주석은 특별한 본문의 요점을 찾아내는 데 관심을 둔 세밀한 면이 있다. 그리고 근본적인 본문의 단위 즉 절, 구절, 역사적인 대화들에 관심이 있다. 성경주석의 관심은 본문 자체에 대한 것이다.

그러나 성경신학은 성경자료의 단위에 관심을 두지만 그들이 서로 어떤 관계인지에 관심을 두고 연구한다. 성경신학은 경향(trend)이나 과정(process)을 보여주기 위해 주석을 한다. 성경신학은 유기적 연합을 펼쳐내는 데 관심이 있다. 즉 성경신학은 역사적 진전을 펼쳐내는 것이며 하나님이 계시하시는 행위의 전체적인 패턴(pattern)에 관심을 두고 있다.

우리는 성경신학과 성경주석을 구분할 수는 있지만 성경신학과 성경주석을 임의로 분리해서는 안 된다는 사실을 강조해야 한다. 더 구체적으로 이야기하면 성경주석은 성경신학을 전혀 염두에 두지 않고 독립적으로 존재할 수 없다. 하젤(Hasel)은 "신약신학은 건전한 원리와 과정에 근거한 조심스런 주석적 작업을 전제로 한다. 반면 주석에는 신약신학이 필요하다. 어느 것도 다른 것 없이 존재할 수 없다. 신약신학이 없는 주석적 해석은 개별 본문이나 단위를 전체에서부터 분리하므로 쉽사리 위험에 빠질 수 있다."[34]라고 성경신학과 성경주석의 관계를 정리한다.

실제로 특정한 구절의 주석은 다른 구절과 분리되어 시행될 수 없다. 성경의 모든 단위는 문맥에 쌓여 있다. 모든 단어와 구절은 직접적이건 떨어져 있건 문맥을 떠나서 이해될 수 없다. 모든 단위는 문맥에 의해 이해해야 한다. 마치 큰 원이 작은 원을 포함하는 것처럼 해당 본문과 문맥은 떼려야 뗄 수 없는 관계이다.

본문과 문맥의 관계는 상관적이다. 본문은 문맥의 이해를 돕고 문맥은 본문의 이해를 돕는다. 성경주석일 경우 문맥을 규제하는 요소는 철학적 사고나 조직신학이 아니라 오히려 성경신학의 구속 역사적인 전망에 의해 성립되어야 한다. 따라서 제한된 의미로 생각할 때 모든 성경주석은 성경신학의 원리에 비추어 진행되어야 한다. 즉 모든 주석은 성경신학에 의해 조종을 받아야 한다.

---

34. Gerhard Hasel, *New Testament Theology: Basic Issues in the Current Debate* (Grand Rapids: Eerdmans, 1978), p.207.

3. 성경신학과 조직신학

성경신학과 조직신학의 관계는 오늘날 많은 논란의 대상이 된다. 그리고 신학의 여러 종류의 개념에 의해 더욱 복잡하게 되었다. 여기서는 비평적인 면을 다루기보다 긍정적인 부분을 연구하기로 한다.

두 연구 분야에서 공통된 것은 두 분야 모두 계시를 전체적으로 보려고 하는 것이다. 두 연구 분야는 성경계시의 유기적인 조직 전체에 관심을 두고 있다. 즉 두 연구 분야는 성경계시의 통일성, 구조적인 면, 결합성(coherence) 등을 보여주는 것에 관심이 있다는 점이다. 성경신학과 조직신학이 모두 주석적으로 진행되어야 한다는 점도 공통된 것이다. 성경신학과 조직신학은 구조를 만들고 서로 연관하고 종합하는 점에서 공통점이 있다. 간단히 말해서 성경신학과 조직신학 모두 성경 내에 불분명하게 나타난 구조를 분명하게 하려고 노력한다. 즉 여러 가지 역사적 사건의 기록이나 교훈 사이에서 얻을 수 있는 관계의 패턴을 더 선명하게 하는 작업을 한다. 보스(G. Vos)는 "성경신학도 조직신학과 마찬가지로 취급되는 자료를 사용하여 논리적으로 구조를 형성한다(transforming)."[35]고 말한다.

성경신학과 조직신학 분야의 서로 다른 점은 무엇인가? 다른 점의 핵심은 두 분야가 체계를 세우는 데 서로 다른 원리를 사용한다는 점이다. 성경신학은 역사적으로 체계를 세우는 반면 조직신학은 조직적으로 체계를 세우고 명확하게 한다.[36] 여기서 '조직적으로'라는 말보다

---

35. G. Vos, *Biblical Theology* (1968), p.23: 원래 보스는 "transforming"이라는 용어를 사용했으나 transforming을 한국어로 번역할 경우 "변형"의 뜻을, 취급하는 자료의 본질의 변화로 받을 수 있기 때문에 여기서는 취급하는 자료에 역사성에 근거하여 논리적으로 구조를 형성한다고 풀어 설명했다.

는 '주제적으로(topically)'라는 말이 더 적절한 표현일 것이다. 성경신학은 계시의 역사에 있어서 그 본문이 어떤 위치를 차지하고 있는지에 관심을 둔다. 그리고 그 본문이 그 역사의 이해에 어떤 공헌을 하는지에 대해 관심을 둔다. 반면 조직신학은 포괄적인 주제 즉 하나님, 사람, 죄, 구속, 은혜, 교회, 내세 등에 관심을 둔다.

우리들은 성경신학과 조직신학의 공통점과 차이점을 다루면서 논리적(logical)이라는 말을 사용하지 않았다. 그 이유는 성경신학이나 조직신학이나 모두 논리적이어야 하기 때문이다. 성경이 대답하지 않은 분야에 대해 우리가 질문을 할 수 있는지 없는지를 주석을 통해서 그 타당성을 명확히 해야 한다. 두 분야의 관계 면에 있어서 중요한 것은 두 분야 모두 성경을 취급할 때 한 분야가 다른 분야를 배격하지 않는다는 것이다. 한 분야가 다른 분야의 타당성을 부인하지 않는다. 왜냐하면 성경계시는 역사적인 성격 안에서 유기적으로 교훈적 통일성을 가지고 있기 때문이다. 그러므로 성경은 서로 상충되지 않는다. 계시의 역사는 진리를 유기적으로 펼치는 역사요, 진리가 꽃이 피는 것처럼 나타나는 역사이다. 계시의 역사는 계속되는 수정의 과정이 아니다. 그리고 새 것이 옛 것을 계속적으로 논박하는 과정도 아니다.

우리는 성경신학과 조직신학이 서로 분리될 수 없다는 사실을 강조해야 한다. 한 분야는 다른 분야에게서 독립하여 성취될 수 없다. 그러나 두 사이의 관계를 정립하는데 결정적으로 우월한 것은 성경신학이다. 성경신학의 성격 자체가 조직신학의 방향을 제시해 주어야 하게끔 되어 있다.[37]

---

36. G. Vos, *Biblical Theology* (1968), p.25.

37. Vos는 『성경신학』(*Biblical Theology*)과 『바울의 종말론』(*The Pauline Eschatology*)을 집필했을 뿐만 아니라 『개혁교의학』(*Reformed Dogmatics*, Vol. 1-5)을 집필하여 성경신학과

　　보스(Vos)와 머레이(Murray)는 성경신학과 조직신학을 다음과 같이 구분했다. 성경신학은 과정으로서의 계시에 관심이 있는 분야요, 조직신학은 완성된 산물로서의 계시에 관심이 있는 분야이다.[38] 웨인 그루뎀(Wayne Grudem)은, "조직신학은 '전체 성경이 해당 주제에 대해 오늘날 우리에게 무엇을 가르치고 있느냐'라는 질문에 대한 해답을 얻는 연구이다."라고 정의한다.[39] 그루뎀(Grudem)은 계속해서, "성경신학은 교리의 역사적 발전을 추적하고 그 역사적 발전 안에 어떤 한 시점에 처한 사람의 위치가 구체적 교리의 이해와 적용에 영향을 미친 방법을 추적하는 것이다. 성경신학은 성경저자들과 최초의 청자나 독자들이 소유했던 각각의 교리의 이해에 초점을 맞춘다. 반면 조직신학은 성경신학의 자료를 사용하고 성경신학의 결과를 근거로 세우곤 한다."[40]라고 말한다. 이와 같은 구분의 요점은 과정(process)과 산물(product)의 구분이라고 할 수 있다. 그러나 이와 같은 구분은 정확한 표현이라고 할 수 없다. 왜냐하면 성경계시는 완성된 산물(fini-shed product)이지만 이는 교리적인 신조나 도덕적 원리를 말해주는 하나의 지침서로서 완성된 산물이 아니기 때문이다. 오히려 성경계시는 역사적 계시로서 완성된 산물이다. 성경신학이 계시의 과정에 관심의 초점을 두는 것은 이미 성경계시를 완성된 산물로서 생각한다는 것이다. 반대로 성경계시를 완성된 역사적 과정으로 인정하지 않고는 성경계시를 생각조차 할 수 없는 것이다. 여기서 우리는 성경신학이 조

조직신학의 뗄 수 없는 관계를 입증하였다.

38. John Murray, "Systematic Theology," *Westminster Theological Journal*, Vol.26 (1963-64), p.45.

39. Wayne Grudem, *Systematic Theology* (Grand Rapids: Zondervan, 1994), p.21.

40. *Ibid.*, p.23.

직신학을 조종하는 이유를 찾을 수 있게 된다. 성경신학은 조직신학이 추상적인 경향으로 흐르는 것을 제어하며 비역사화하는 것과 특히 비종말론적으로 되는 것을 조종하는 것이다. 성경신학이 주제에 관심을 갖고 있는 조직신학의 이런 경향을 노출시킴으로 성경신학이 조직신학을 돕게 된다.[41]

워필드(B.B. Warfield)는 성경신학, 조직신학, 성경주석, 이 세 요소를 피라미드 형태로 표현했다.

조직신학

성경신학

성경주석

조직신학, 성경신학, 성경주석 이 세 요소 사이에 상관관계가 인정되면 이와 같은 표현도 가능하다. 더 정확하게 표현한다면 성경신학이 조직신학, 성경주석을 조종하는 한 이것은 가능한 표현인 것이다.

조직신학은 주제의 형태로 역사적인 사역의 드라마(Drama)를 분해함으로 성경교훈의 종합적인 안목을 제시해야 한다. 성경주석은 성경신학 안에서 이루어질 때 통일성을 나타내게 된다. 머레이(Murray)가 지적한 대로 조직신학이 성경신학과는 무관하게 살짝 돌아서 성경주석을 근거로만 하여 발전하려는 경향이 있음을 인식하고 있어야 한다. 사실상 설교자로서 우리는 성경주석을 할 때 계속적으로 성경신학과 조직신학의 자문을 받아야 한다.

---

41. John Murray, "Systematic Theology," *WTJ*, Vol.26. pp.44ff.

4. 신약계시와 구속역사

성경신학의 특별한 관심은 구속역사와 계시역사의 구조에 있다. 따라서 신약성경신학은 신약의 계시에 관심이 있는 것이다. 구속역사와 계시역사의 상관관계를 이해하기 위해 구조적인 측면에서 신약성경을 관찰해야 한다. 성경 속의 어떤 개념을 명백히 하기 위해서는 성경을 어떤 전망으로 보는 것이 필요한지를 알아야 한다.

신약의 근본적인 관심은 신약 그 자체가 아니라 구속 행위 즉 역사에 있다. 다른 말로 표현하면 신약은 그 의도나 구조에 있어서 교리적인 원리를 가르치는 교과서도 아니요, 어떤 도덕적 교훈을 가르치는 교본도 아니다. 오히려 신약은 역사적인 기록으로 예수 그리스도의 인격과 사역 안에서 하나님의 구속 행위가 절정에 이른 것을 해석한 것이다. 그러므로 계시로서의 신약은 항상 그 자체를 넘어 구속역사 즉 하나님의 행위를 가리키며 그 하나님의 행위를 확증하거나 해석하고 있는 것이다.

따라서 구속역사와 성경계시의 상관관계를 이해할 때에만 신약 전체 계시에 대한 올바른 견해를 가질 수 있다. 더 구체적으로 말한다면 구속행위와 계시적 말씀 사이의 관계를 이해할 때만 성경 본문의 이해가 가능한 것이다. 이 상관관계를 설명하기 위해 구속이라는 용어를 생각해 보자.

우리는 구속(redemption)을 두 개의 전문적인 신학용어로 설명할 수 있다. 이는 헬라어 아포뤼트로시스(ἀπολύτρωσις)와 소테리아(σωτηρία)이다. 소테리아는 일반적으로 구원 받은 상태를 묘사할 때 사용한다. 소테리아는 구원을 개인 성도에게 적용하는 경우 즉 개인 성도들의 경험에 실현된 구원을 설명할 때 사용한다.[42] 반면 아포뤼트로시스는 구속사건 자체를 묘사할 때 사용한다. 아포뤼트로시스는 개인 성도의 구원을 성취하기 위해 무엇이 행해졌는지를 설명하는 용어이다. 아포뤼트로시스의 개념으로 구속을 생각할 때 그 초점은 예수님의 사역에 있다.[43] 그런데 아포뤼트로시스(구속) 개념이나 소테리아(구원) 개념 모두 역사와 무관하지 않다. 그런 이유로 둘은 긴밀한 관계로 맺어져 있다. 그러므로 아포뤼트로시스(구속)의 역사적 성격을 지적하기 위해 구속 역사를 말하는 것은 타당한 것이다. 여기서의 관심은 구속 성취(accomplishment)에 있다. 그런데 아포뤼트로시스를 근거로 소테리아의 구속 역사가 진행되고 있는 것이다.

구속역사는 여자의 씨를 선택한 것으로 시작된다(창 3:15). 하나님은 인간이 범죄 할 때 "여자의 후손"을 약속하셨다. 성경계시는 점진적인 방법으로 "여자의 후손"의 역할을 설명한다. 그리고 성경계시는 구속역사가 그리스도의 성육신, 수난, 죽음, 부활, 승천에서 그 절정을 이루고 이제는 그의 재림 때에 완성될 것임을 분명히 한다. 그러므로 구원받은 성도는 예수님의 재림을 소망하며 기다리는 것이다.

구속역사는 하나의 교리일 뿐 생활과는 관계가 없다고 말할 수 없다. 구속역사는 기독교 교리를 제공할 뿐만 아니라 생활의 근거가 된다. 왜냐하면 그리스도가 역사 안에서 갖는 삶의 의미를 볼 때 그는 한 사람의 개인이 아니기 때문이다. 교회로 볼 때 예수님은 마지막 아담이며 그의 모든 생활 경험 속에서 그는 그의 백성과 하나가 되었고 그의 백성과 연합된 것이다. 바울 사도는 여기서 부활을 구속 역사적

---

42. C. Brown, "σώζω, σωτηρία," *The New International Dictionary of New Testament Theology*, Vol. 3 (Grand Rapids: Zondervan, 1979), p. 213.

43. K. Kertelge, "ἀπολύτρωσις," *Exegetical Dictionary of the New Testament*, Vol. 1 (Grand Rapids: Eerdmans, 1990), p. 138.

으로 발전시킨다. 구속역사 안에서 계시 역사는 엉켜지고 분리될 수 없는 요소로 위치를 확보하고 있다. 우리는 별개의 두 역사를 말하고 있는 것이 아니다. 이 구분은 그렇게 어려운 것이 아니다. 하나님의 행위가 역사 안에 있을 때 하나님은 자신에 대해 무엇인가를 계시하신다. 신학적으로 말한다면 신약 자체가 천명하는 바와 같이 예수님의 역사적 죽음과 부활이 예수님의 구속적 성취인 것처럼 성경 (γραφή)의 형성도 예수님의 구속 성취라고 할 수 있다. 예수님의 역사적 죽음과 부활 그리고 성경의 형성이 똑같은 의미로 예수님의 구속적 성취라고는 말할 수 없지만 예수님의 구속사역의 순서로서 구속적 성취라고 말할 수 있다. 구속적 사역과 계시적 말씀의 상관관계는 가장 단순하고 기초적인 차원의 관계 즉 행위와 말씀의 관계에 초점을 맞추면 이해할 수 있다. 계시적 말씀은 결코 스스로 설 수 없다. 계시적 말씀은 구속역사를 떠나서 존재할 수 없다. 계시적 말씀은 항상 함축적으로나 명백하게나 구속적 행위에 관심이 있다. 구속적 행위가 계시적 말씀의 존재 이유가 되는 것이다. 말씀 계시는 항상 구속적 행위에 대해서 묘사적 기능을 하거나 해석적 기능을 한다. 계시는 구속과 엉켜있기 때문에 후자를 고려하지 않는다면 계시는 공중에 매달린 격이 된다.[44]

성경계시를 관찰할 때 나타나는 형성된 모형은 선포나 계시, 사건 발생, 해석으로 나타난다. 예수님의 탄생 사건을 예로 들어보자.

① 천사들이 마리아와 사가랴에게 선포

② 누가복음 2장의 탄생기사

③ 뒤따라 나온 사건의 해석

---

44. G. Vos, *Biblical Theology* (1968), p.24.

이렇게 볼 때 행위(사건)가 말씀의 핵을 이루고 있다. 여기서 중요한 것은 행위와 말씀이 분리될 수 없다는 점이다. 사실상 행위와 말씀은 분리할 수 없을 정도로 서로 엉켜있다.[45] 이런 구속적 계시적 역사가 전체적으로 성경에 기록되어 있다. 성경전체 역시 예수님의 탄생 사건의 모형과 일치한다.

(1) 해석 이전의 계시

전체 구약의 역사와 계시는 근본적으로 예언적이다. 그리고 그 양식에 있어서 앞을 바라보는 것이다. 예수님이 부활 후 승천하시기 전에 가르치신 것도 이와 잘 일치하고 있다. 누가복음 24:44에서 "너희에게 말한 바 곧 모세의 율법과 선지자의 글과 시편에 나를 가리켜 기록된 모든 것이 이루어져야 하리라"하신 것은 구약 역사와 계시의 초점은 바로 그리스도였다는 뜻이다.

(2) 사건-행위

구속사건은 성육신, 시험(수난), 죽음, 부활, 승천을 모두 포함한다. 이 문제와 연관하여 정경의 문제를 생각할 수 있다. 즉 그리스도의 사건과 계시가 관련되어 있고 바로 그 계시가 정경을 이루고 있기 때문에 정경의 문제가 대두되는 것이다.

---

45. Morton H. Smith, *Systematic Theology*, vol.1 (Greenville: Greenville Seminary Press, 1994), p.39: "It is the historical record of what God has done ... his redemptive acts, and also of what he has said. In other words, we find in the Bible not only the mighty acts of God, but also his own interpretation of those acts."

정경의 본질과 그리스도 사건의 본질은 이미 발생했을 뿐 아니라 앞으로 발생하게 될 것이다. 예수님의 재림 때에 우리들은 쏟아주실 새로운 계시를 기대한다. 이때에 주실 새로운 계시와 현재 정경의 완결성은 상충되지 않는다. 왜냐하면 예수님의 재림 때는 특별계시가 더 이상 필요하지 않기 때문이다. 여기서 말하는 계시의 개념은 개인적인 경험과는 전적으로 구별되는 것이다. 특별계시는 그리스도의 경험에 초점이 있고 더욱더 객관적이다. 그러므로 우리는 하나님께서 구속 행위를 확증하시고 해석해 주신 방향으로 계시를 생각하는 것이다.[46]

(3) 재해석

신약에서 우리는 사도적 교회가 그리스도의 사건(사건들)을 해석하고 있는 것을 찾을 수 있다. 이 해석은 사건의 성질상 미래적인 특성(dimension)이 있고 예언적이며 앞을 내다보는 요소가 내포되어 있다. 그리스도의 성육신 사건을 초점으로 한 그리스도 사건(사건들)을 중심으로 성경적 계시가 집중된다. 이 그리스도의 사건을 핵심으로 모든 성경적 계시가 기록된다.

구약과 신약의 근본적 구분은 두 언약을 구분하게 하는 기독론적 초점 때문이다. 구약과 신약의 관계를 말씀(word: Old Testament), 사건(act: Jesus), 말씀(word: New Testament)으로 고찰해 볼 수 있다.[47] 이 관계는 유기적이며 자연적으로 발생되었다. 그 이유는 구약이 아직 발생

---

46. G. Vos, *Biblical Theology* (1968), pp.14-15.

47. G. Vos, *Biblical Theology* (1968), p.15: "The usual order is: first word, then the fact, then again the interpretative word."

하지 않은 미래로서 오실 것(The coming)에 초점을 두고, 신약은 이미 발생한 역사적 실재인 바로 그 오심에 초점을 두고 있기 때문이다. 그러나 예수님의 초림의 역사적인 실재는 미래의 요소인 재림(parou-sia)을 내포하고 있는 것이다.

신약 내에서 계시의 근본적 구조는 이중의 관심으로 되어 있다. 한편으로는 확증하거나 증언하는 것으로 그리스도의 구속사역이 이미 성취된 실재요 이미 일어났다는 사실을 묘사하는 것이요, 다른 편으로는 그 구속 사역의 의미를 해석하고 설명하며 그리고 나타내는 것이다. 여기서 신약계시 내에서의 확증과 해석의 구분을 찾을 수 있다.

확증과 해석의 구분은 분명한 선을 그어 나눌 수 없다. 우선 어떤 사건을 묘사하는 자체가 그 사건을 해석하는 행위이기 때문이다. 묘사하는 것은 그 성격상 항상 해석적인 선택을 통해서 이루어진다. 그러나 묘사하는 것과 해석하는 것이 서로 혼합되었을지라도 그것을 동일한 것이라고는 말할 수 없다. 묘사(description or narration)에는 선행되는 요소가 있다. 묘사는 모든 역사적 사건이 있음을 함축적으로 전제하는 것이다.

우리는 어떤 사건의 앞뒤 관계를 잘 이해한 연후에야 그 사건을 해석할 수 있다. 이런 순서를 밟지 않는다면 시간 안에서 발생되는 사건들은 의미를 상실하거나 왜곡된다. 불트만(R. Bultmann)은 이 선적인 흐름이 그 자체로는 의미 없는 것이라고 주장한다. 그 사건들이 계시하는 실존적인 뜻만 중요하기 때문이라고 말한다.

그러나 불트만의 주장과는 달리 역사의 선적인 흐름은 중요하며 의미심장한 것이다. 이 선적인 흐름은 완성을 향해 움직이고 있기 때문이다. 이와 같은 사상이 신약 정경에서 이중적 구조로 나타나는데 그것은 복음서(사도행전)와 서신들이다.

복음서와 사도행전은 근본적으로 확증하는 역할을 한다. 그리고 서신들은 근본적으로 해석하는 역할을 한다. 복음서나 서신들이나 공통된 초점은 그리스도가 성취하신 구원사역, 진행하고 계신 구원사역, 그리고 앞으로 성취하실 구속 사건이다.

보스(G. Vos)는, 그리스도가 사도들과 관련된 것은 구속 사건이 해석과 관련된 것과 같다고 했다. 그리스도는 구속 사건을 성취하셨고 사도들은 구속 사건을 해석한 것이다. 중요한 것은 구속 사건이 그리스도의 교훈을 포함한다는 사실이다. 즉 그리스도께서 스스로 확증하신 것이 사도들에 의해(통하여) 해석될 일부가 되는 것이다.[48] 그러므로 신약을 연구할 때 예수님의 교훈이나 다른 성경 기자의 교훈이 하나의 완전한 단위로서 그 단위들이 기계적인 방법으로 서로 보완한다고 생각하는 것은 성경을 잘못 이해하는 것이다.

도표를 그리면 다음과 같다.

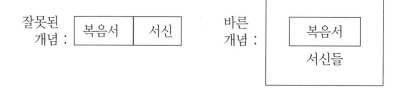

서신서는 복음서를 더 충분히 설명해 준다. 이런 관점에서 리델보스(Ridderbos)는 『하나님 나라』(The Coming of the Kingdom)를 서신에서 분리하지 않고 바울과 그의 서신들을 통해서 해석한 것이다.

계시의 역사를 생각할 때 신약의 주된 특징은 유기적이라는 것이

---

48. G. Vos, *Biblical Theology* (1968), p. 325.

다. 그러므로 신약의 한 부분을 다른 부분과 분리하여 생각하는 것은 잘못된 것이요, 내용을 왜곡하게 되는 것이다. 그리스도의 인격의 유일성 때문에 그리스도의 설교와 가르침이 다른 부분의 설교보다 중요하다고 생각할 수 없다. 그리스도의 설교가 신약의 다른 부분에 기록된 설교보다 탁월하다고도 말할 수 없다. 오히려 구속역사의 정점이 되는 그의 죽음과 부활 이전에 있었던 교훈의 본질은 사도들의 해석과 예수님에 대한 증거를 요구하고 있는 것이다. 그리스도의 교훈과 사도들과의 관계는 씨가 충분히 성장하여 자란 유기적 조직과 비교할 수 있다.(복음서 → 서신들)

방법론적인 면에서 신약을 주제별로 연구할 때 그리스도의 진술과 서신들의 진술을 나란히 놓고 연구하는 태도는 신약계시의 성격을 감안하지 않는 연구 태도이다. 우리들의 연구 태도는 신약계시 자체가 제공하는 구조에 의한 것이어야 한다. 우리는 바울의 진술이 예수님의 진술을 해석하고 있는 것으로 생각하며 예수님의 진술 가운데 함축적인 것을 바울이 명백하게 설명해 준 것으로 생각해야한다. 따라서 구속역사 전체는 복음적인 설교의 핵심이 되고 근거가 된다. 성경 계시의 전체적인 통일이(복음서-서신들) 예수님에 대한 확증이 되는 것이요, 더 직설적인 표현을 빌린다면 예수님 자신이 확증하신 것이다.

성경은 "구세대"와 "새로운 세대"가 병존함을 증거하고 있다. "구세대"와 "새로운 세대"의 구분은 우연적인 것이 아니요 성경의 근본적인 구조가 증거하고 있는 것이다. 두 세대의 병존은 기본적인 역사가 이를 반영하고 있다. 역사는 텅 빈 상태들의 연속이 아니다. 성경은 진보와 발전을 인정한다. 성경은 한 세대에서 다른 세대로 움직이는 것을 인정한다. 전체 역사의 과정을 생각할 때 성경은 오로지 "구세대"와 "새로운 세대"를 말할 뿐이다. 두 세대의 비교는 불완전과 완전, 준비적인 것과 결정적인 것, 약속과 성취, 예상과 완성으로 설명할 수 있으며, 성경적인 용어로는 "이 세상"과 "오는 세상"으로 설명할 수 있고, 신학적으로 표현하면 "종말 전"과 "종말"이 있다고 말할 수 있다.

우리의 관심은 신약 계시이다. 우리는 새로운 것, 완성된 것, 오는 시대를 확증하는 국면에 관심을 가지고 있다. 신약 메시지를 이해하는 깊은 통찰력을 갖기 위해서는 종말론적인 안목이 반드시 필요하다. 우리는 신약 전체를 종말론적인 안목으로 바라보아야 한다. 신약 전체에 종말론적인 분위기가 팽배하다. 바로 그 사실이 신약을 새로운 언약으로 만들며 종말론적인 언약으로 만든다. 이런 방법으로 신약을 보는 방법은 많은 사람들에게 생소할 것이다. 그리고 신약을 "구세대"와 "새로운 세대"의 종말론적인 안목으로 이해하기 위해서는 새로운 조정이 필요하다. 왜냐하면 종말론적인 메시지는 주님의 재림 때에 있을 불과 유황을 가리키는 구절 이상의 뜻을 내포하고 있기 때문이다. 종말은 예수님의 초림으로부터 이미 시작되었다.

올바른 신약성경신학은 성경계시 66권을 영감된 정확무오한 하나님의 말씀이라는 믿음에서 출발해야 한다. 그리고 신약성경신학은 성경 말씀의 계시성과 역사성의 병존을 인정해야한다. 성경 말씀의 계시성과 역사성은 서로 배타적인 관계에 있지 않다. 성경은 공중에서 뚝 떨어진 산물이 아니기 때문에 계시의 역사성을 인정해야 한다. 성경은 오랜 기간 동안 역사의 진전과 함께 하나님이 하신 일, 하고 계신 일, 그리고 앞으로 하실 일을 확증하거나 해석해 둔 책이다.

신약성경신학은 다른 신학 분야와 협력 관계에 있다. 특히 신약성경신학은 조직신학과 상충하지 않고 서로 보완하는 위치에 있다. 신약성경신학과 조직신학 중 어느 쪽이 더 우월하다고 말할 수 없다. 조직신학이 추상적으로 되지 않기 위해서는 성경 본문의 주석을 통해 정립되어야 한다. 마찬가지로 신약성경신학도 성경 본문의 주석을 근거로 그 체계를 세워야 한다. 그러므로 신약성경신학과 조직신학은 성경주석이라는 공통분모를 가지고 있다. 신약성경신학이 본문적이어야 한다는 사실 자체가 주석적이어야 함을 증거한다. 신약성경신학은 성경본문의 주석을 근거로 세워지지 않으면 추상적이 될 위험을 안고 있다.

5. 성경신학의 유용성

여기서 보스(Vos) 박사가 제시한 성경신학의 유용성을 요약 정리하는 것이 유익하리라 사료된다. 보스가 제시한 성경신학의 유용성을 열거하고 간단한 설명을 붙인다.[49]

(1) 성경신학은 특별계시의 유기적 구조를 통해 특별계시의 유기적 점진성을 보여준다. 성경신학은 성경의 기록 특성을 그대로 인정하며 접근하므로 성경의 내용을 더 잘 밝힐 수 있다.

(2) 성경신학은 성경에 대한 합리주의적인 비판을 적절하게 대응할 수 있는 유용한 교정수단을 제공한다. 비판 학자들이 제시한 인위적 구조보다도 성경에 내재한 유기적 구조를 통해 성경을 연구함으로 비판 학자들의 잘못을 더 잘 지적할 수 있다.

---

49. Vos, *Biblical Theology* (1968), pp. 26-27.

(3) 성경신학은 성경이 기록된 원래의 역사적 배경을 근거로 진리를 제시함으로 진리 이해에 참신성을 부여한다. 성경은 역사책은 아니지만 역사적인 책임으로 성경의 역사성을 인정하고 접근하는 성경신학이 우월성을 유지한다.

(4) 성경신학은 감정에 치우쳐 교리에 대한 거부반응을 보이는 상황에서 교리에 대한 중요성을 부각시킨다. 주관적 경험은 사람에게 큰 영향을 미친다. 그래서 성도들은 성경을 주관적 경험 차원에서 접근하려 한다. 그런데 성경신학은 주관적 경험도 중요하게 생각하지만 성경의 교리도 중요하게 생각한다.

(5) 성경신학은 성경을 단순히 증거 구절로 전락시키는 신학활동에 대한 유용한 교정 방법이 된다. 사람은 사변적으로 인위적인 구조를 만들고 성경을 증거 구절로만 사용하려는 유혹을 받는다. 그러나 성경신학은 성경 전체의 유기적인 통일을 고려해서 접근하기 때문에 성경을 더 정당하게 취급한다.

(6) 성경신학은 종국적으로 하나님의 영광을 드러내는 것을 가장 큰 유용성으로 삼는다. 성경이 기록된 근본 특성을 연구함으로 하나님을 새롭게 인식하게 한다.

신약성경신학의
제 방법론

신학의 현대적 동향을 알기 위해서는 신약성경신학의 방법론을 연구하지 않으면 안 된다. 신약성경신학의 방법론을 연구함에 있어서 어떤 신학자의 입장을 획일적으로 평가할 수만은 없다. 같은 신학 방법론을 사용하여 신학 활동을 하는 신학자들이라도 근본 문제까지 서로 의견을 달리할 수 있기 때문이다. 신약성경신학이라는 명칭은 18세기부터 사용되었고 그 이전에는 오직 교의학으로만 알려졌을 뿐이다.

1. 주제를 중심으로 연구하는 방법

성경에 나타난 주제들을 골라 그 주제에 관해 설명하는 방법이다. 이 방법은 전통적인 교의학이 성경의 주제를 골라 조직적으로 체계를 세우는 것과 비슷한 방법이다. 그러나 주제를 중심으로 연구하는 신약신학은 옛 언약과 새 언약의 관계에서 구약과의 관계를 분명히 하며 교의학의 방법론보다 성경본문의 주해에 더 의존한다는 점에서 교의학과의 차이점을 드러낸다. 주제를 중심으로 신약신학을 연구한 학자들에 대해서 구체적으로 생각해 보자.

(1) 알란 리처드슨(Alan Richardson)

리처드슨은 해링턴이 "우리가 소유한 가장 위대한 신약신학"[1]이라고 극구 칭찬한 『신약신학입문』[2]을 썼다. 이 책에서 리처드슨이 주장한 것은, "신약에 나타난 대로 구약의 구원계획을 탁월하게 재해석한 저자가 예수님 자신"[3]이라는 것이다. 리처드슨은 예수님의 선포나 초대교회의 선포라는 주제보다 믿음이라는 주제가 신약신학을 시작하는데 더 적절하다고 말하지만 그 이유는 언급하지 않는다.[4] 하버드 대학교(Harvard U.) 신학부 학장을 역임한 스텐달(K. Stendahl)이 이 학문분야의 서술적 방법(descriptive approach)을 주장하면서 신자나 불신자를 막론하고 신약신학의 서술적 연구를 수행할 수 있다고 말한 반면[5] 리처드슨은 "신앙이 없이는 신약성경의 내적 의미를 깨달을 수 없다"[6]라

---

1. W.J. Harrington, *The Path of Biblical Theology* (Dublin, 1973), p.186.

2. Alan Richardson, *An Introduction to the Theology of the New Testament* (London: SCM, 1958).

3. Richardson, *op. cit.*, p.12.

4. Richardson, *op. cit.*, p.19.

5. K. Stendahl, "Biblical Theology, Contemporary," *The Interpreter's Dictionary of the Bible*, Vol. I (Nashville: Abingdon Press, 1962),pp.418-432 : 스텐달의 서술적 방법은 역사적 비평적 성경연구의 결과로 생성된 것이다. 그 결과 성경에 있는 홍해를 건너는 사건이나 예수님의 부활사건이 실제로 역사상에서 발생했느냐 하는 점에는 별로 관심이 없고 그 사건들의 기능과 의의에 더 많은 관심을 갖게 되었다(pp. 418-419).

6. Richardson, *An Introduction to the Theology of the New Testament*, p.19.

고 스텐달의 입장을 단호하게 배격했다. 리처드슨은 신약성경신학을
위해 신앙의 전제가 반드시 필요하다고 역설했다. 따라서 리처드슨의
방법은 "고백적 방법론"(Confessional Method)이라고 해도 잘못이 없는
줄 안다. 리처드슨이 이처럼 고백적 방법으로 신약을 연구했기 때문
에 그의 『신약신학입문』은 지나치게 신약의 역사적 배경을 경시했다
는 비난을 면치 못하며, 신약 각 저자들의 차이를 분별하지 못했다는
평을 받았다.[7]

리처드슨의 『신약신학입문』은 16장으로 구성되어 있는데 그 내용
은 다음과 같다. 1. 믿음과 들음(Faith and Hearing), 2. 지식과 계시
(Knowledge and Revelation), 3. 구원을 위한 하나님의 능력(The Power of
God unto Salvation), 4. 하나님의 왕국(The Kingdom of God), 5. 성령(The
Holy Spirit), 6. 재해석된 메시아(The Reinterpreted Messiahship), 7. 사도
시대 교회의 기독론(The Christology of the Apostolic Church), 8. 그리스도
의 생애(The Life of Christ), 9. 부활, 승천과 그리스도의 승리(The
Resurrection, Ascension and Victory of Christ), 10. 그리스도에 의해 성취된
구속(The Atonement wrought by Christ), 11. 전체 그리스도(The Whole
Christ), 12. 하나님의 이스라엘(The Israel of God), 13. 사도적 사제적 사
역(The Apostolic and Priestly Ministry), 14. 교회 안에서의 사역(Ministries
within the Church), 15. 세례의 신학(The Theology of Baptism), 16. 신약의
성찬론(The Eucharistic Theology of the N.T.)

이상의 목차를 볼 때 리처드슨은 주제를 임의로 선택했다. 모든
신학자가 주제 선택에서 주관적일 수밖에 없지만 리처드슨의 경우는
신약 내에서 구조를 발견한 것이 아니라 신약 밖에서 구조를 구성하

---

7. cf. R. Morgan, *The Nature of New Testament Theology* (London: SCM, 1973), p.58.

여 신약의 내용을 외적 구조에 맞춘 것이다. 리처드슨의『신약신학입문』의 약점은 첫째로 장과 장 사이의 관계가 빈약하며, 다음으로 큄멜(Kümmel)이 지적한 것처럼 창조, 인간, 율법, 윤리와 같은 중요한 주제가 빠졌다는 것이다.[8]

(2) 랄프 눗센(Ralph E. Knudsen)

눗센은『신약신학』을 자신의 계시관과 영감론에 근거하여 전개한다. 눗센은 말하기를, 계시는 인간의 인식이나 사고를 통해 얻어지는 진리가 아니요 오로지 하나님으로부터 주어진 진리라고 말한다.[9] 그는 성경의 영감은 저자의 자유가 인정되면서도 하나님의 사용하심을 받았기 때문에 기록될 당시의 내용은 정확무오하다고 말한다.[10] 눗센은 이와 같은 계시개념과 영감개념을 근거로 신약신학을 주제별로 다룬다. 그의『신약신학』의 목차를 보면 다음과 같다. 1. 계시와 영감, 2. 하나님, 3. 예수 그리스도, 4. 성령, 5. 삼위일체, 6. 인간(창조의 영광), 7. 죄(창조의 비극), 8. 구원(그리스도의 사역), 9. 교회, 10. 종말론이다. 이처럼 눗센은 신약의 내용을 주제별로 나누어 다루고 있다. 눗센의 『신약신학』은 리처드슨의『신약신학입문』보다 주제와 주제 사이의 연관성이 좀 더 성경의 구조에 근거하고 있지만 역시 주제의 선택을 임의적으로 했다는 비평을 면할 수는 없다.

---

8. W. G. Kümmel, "Review of A. Richardson," *Theologische Literaturzeitung* 85 (1960), p.922.

9. R.E. Knudsen, *Theology in the New Testament* (Valley Forge: The Judson Press, 1964), p.22.

10. *Ibid.*, p.42.

(3) 칼 쉘크레(Karl H. Schelkle)

쉘크레는 로마 가톨릭에 속하는 신약신학자로 1968년부터 1974년 사이에 전 4권으로 된 신약신학을 썼다.[11] 쉘크레는 통일된 신약성경신학을 제시하려고 했다.[12] 그러나 쉘크레 역시 신약 자체의 구조 속에 나타난 역사적 발전을 자신의 방법론에 사용하지 않고 개념이나 주제를 중심으로 신약신학을 썼다. 쉘크레는, "신약신학은 신약의 기록을 서술할 뿐 아니라 해석하는 것이다."[13]라고 말했다. 즉 쉘크레의 방법은 서술과 해석이라는 이중적인 것이다. 가블러-바우에르-브레더(Gabler-Bauer-Wrede)의 전통을 따른 스텐달이 신약성경신학의 방법론을 서술적인 것이라고 한 반면 쉘크레는 서술과 해석을 강조하므로 차이를 나타낸다. 쉘크레에 따르면 서술적인 요소는 우리에게 익숙하지 않은 선포 양식의 내용이나 목적을 조사하는 것이며,[14] 해석적인 요소는 신약의 선포를 현대의 질문이나 우리 시대와 연관시키는 것이다.[15]

쉘크레는 신약신학을 교의신학의 한 준비로 보았다. 그의 『신약신학』의 주제는 다음과 같다.

Ⅰ권, 창조(세상, 시간, 인간), Ⅱ권, 구원역사-계시(예수 그리스도와 구

---

11. Karl H. Schelkle, *Theology of the New Testament*, Ⅰ:Creation: World-Time-Man (Collegeville, Minn., 1971); *Theology of the New Testament*, Ⅱ: Salvation History-Revelation (Collegeville, Minn., 1976); *Theology of the New Testament*, Ⅲ: Morality (Collegeville, Minn., 1973); *Theology of the New Testament*, Ⅳ:The Rule of God-Church-Eschatology (Collegeville, Minn., 1978).

12. Schelkle, *Theology of the New Testament*, III, p.v.

13. *Ibid.*, III, p.17.

14. *Ibid.*, p.17.

15. Schelkle, *Theology of the New Testament*, III, p. 17.

속, 하나님, 성령, 삼위일체), III권, 기독교 생활(신약의 도덕), IV권, 하나님의 통치, 교회, 완성(종말론).

쉘크레가 구분한 이상의 내용은 전통적인 교의학의 방법을 모방한 것이지만 신약의 사상과 주제를 시간적인 순서에 따라 배열했다는 점에서 주목할 만하다.

(4) 도날드 것스리(Donald Guthrie)

것스리는 1981년에 1,064쪽에 달하는 『신약신학』[16]을 주제별로 배열하여 펴냈다. 것스리가 이 책의 내용을 현재의 모양대로 펴낸 이유로 두 가지를 든다. 그는 먼저 다루는 주제가 하나님의 계시이지 인간의 작품이 아니라는 확신과 다음으로 이 책을 사용하는 사람의 필요를 충족시키기 위해 그렇게 배열했음을 밝힌다.

그래서 것스리는 1. "하나님"이라는 주제를 선두로 하여, 2. 인간과 세상, 3. 기독론, 4. 그리스도의 사명, 5. 성령, 6. 기독교인의 생활, 7. 교회, 8. 미래, 9. 윤리에 관한 신약의 방법, 10. 성경이라는 주제의 순으로 설명한다.

것스리의 방법론 역시 조직신학의 배열에서 영향을 받았다. 한 가지 특이한 점은 "성경"에 관한 내용을 가장 마지막에 두었다는 것이다. 이는 것스리도 성경에서 찾을 수 있는 주제들을 임의로 배열하여 다루었다는 비평을 면하기 어렵게 한다. 인간이 신학을 할 수 있는 근거는 하나님이 그 자신과 그의 사역을 계시해 주셨기 때문에 가능함으로 신학을 하는 사람은 주제 중심의 방법을 사용할지라도 성경을

---

16. D. Guthrie, *New Testament Theology* (Downers Grove: IVP, 1981).

가장 먼저 다루는 것이 옳다.

2. 실존주의적 방법

(1) 루돌프 불트만(Rudolf Bultmann)

불트만은 실존주의 학자들 중 대표적인 학자이다. 많은 후기 학자들이 불트만의 신학방법에 의존하여 그들의 신학활동을 전개한다. 그러면 불트만이 어떤 영향을 받았는지, 그리고 어떤 영향을 미쳤는지 간단히 고찰하려고 한다.

첫째로, 불트만은 "순수한 역사적" 연구방법을 따르며 종교사학파에 깊이 뿌리를 내리고 있다. 따라서 불트만은 역사적−비평적 연구방법을 기초로 신학활동을 한다. **둘째로**, 1920년대에 키엘케골(S. Kierkegaard)의 사상에 영향을 받은 하이데거(M. Heidegger)의 실존주의 철학을 접하게 된다. 따라서 불트만의 신학체계는 실존주의 사상 체계를 벗어나지 못한다. **셋째로**, 발트(K. Barth)에게 영향을 받아 불트만은 신약이 인간의 종교성을 전달하기 원하는 것으로 보지 않고, 하나님의 말씀(address of God)을 전달하기 원하는 것으로 보았다.

불트만은 이 세 요소를 어떻게 결합시켰는가? **첫째**, 불트만은 성경 본문을 순수한 역사적 방법으로 분석한다. **둘째**, 불트만은 신약이 단순한 역사적 현상을 묘사하는 것으로 만족하지 않고 신약의 진술 속에 내재한 실존적인 해석을 추구한다. **셋째**, 불트만은 분석(analysis)과 해석(interpretation)에서 결론을 구한다. 그는 예수님의 선포의 중심이 결단을 하게 하는 것이라고 말한다.

실존주의적 해석은 비신화화의 프로그램과 밀접한 연관이 있다. 비신화화는 하나의 해석방법이다. 해석의 방법으로 비신화화가 필요한 것은 신약에 묘사된 우주가 성격상 신화적이기 때문이라는 것이다. 신약은 세상이 3층으로 되어 있어 지구를 중심으로 위로 하늘과 아래로 지하가 있다고 묘사하는데 이런 세계관은 현대인에게 용납될 수 없는 것이라고 주장한다. 그러므로 불트만은 두 가지 방향을 제시한다. 하나는 현대인이 복음의 메시지를 그대로 받고 그 "신화적 세계관"도 그대로 받는 길이요, 또 하나는 신화적 구조 속에 묻혀 있는 선포를 비신화화의 작업을 통해 현대에 맞게 재해석하는 것이다. 불트만의 비신화화는 선포(kerygma)에서 신화적 요소를 제거하는 작업을 말하지 않고 비신화화의 비평 방법을 이용하여 그것을 실존적으로 해석하는 것을 뜻한다. 불트만은 신약을 자신의 실존주의 사상에 근거하여 재구성하고 재구성한 내용을 현대에 맞게 재해석한다. 불트만은 신약의 자료를 재구성(reconstruction)하고 해석(interpretation)하는 것이 신약신학을 이해하는 열쇠라고 설명한다. 이 말은 성경 본문을 객관적 하나님의 말씀으로 인정하지 않고 실존적으로 접근해야 한다는 것이다.

참고로, 불트만의『신약신학』의 목록은 다음과 같다.

제1부 신약신학의 전제와 동기
　　제1장 예수님의 메시지
　　제2장 초대교회의 선포
　　제3장 바울을 제외한 헬라교회의 선포
　제2부 바울신학

불트만의 이런 방법론적 제시는 브레더(W. Wrede)에게 영향을 받았다는 사실을 나타내며, 더욱 직접적으로는 부셋(W. Bousset)의 큐리오스 크리스토스(Kyrios Christos)의 영향을 받았음을 나타낸다.[17] 불트만은 예수님의 메시지가 신약신학 자체의 일부라기보다는 신약신학을 위한 전제에 지나지 않는다고 주장한다.[18] 불트만이 이렇게 주장하는 이유는 공관복음서에 기록된 예수님의 메시지가 진정한 것이 아니라고 생각하기 때문이다. 그런데 이와는 반대로 닐(Stephen Neill)은 "신약의 모든 신학이 예수님의 신학이 되어야 하며 그렇지 않게 되면 무용

---

17. W. Bousset, *Kyrios Christos* (Nashville: Abingdon Press, 1970).

18. R. Bultmann, *Theology of the New Testament* Vol. I (New York: Charles Scribner's Sons, 1951), p.3.

한 것이다."[19]라고 말한다. 불트만의 실존주의적 해석에 의하면, 바울의 개종(conversion)은 바울이 자신에 대한 이전의 이해를 포기한 것이며, 따라서 바울의 개종은 회개로 인한 변화가 아니요 자신에 대한 새로운 이해라고 보아야 한다는 것이다.

(2) 한스 콘젤만(Hans Conzelmann)

콘젤만은 그의 『신약신학의 개요』[20]를 1967년(독어판)에 펴냈다. 그의 방법론은 불트만의 것과 대동소이하다. 콘젤만은 성경을 접근할 때 실존주의적인 입장에서 해석한다. 콘젤만의 『신약신학의 개요』의 목차는 다음과 같다.

제1부 초대교회와 헬라교회의 선포
제2부 공관복음 선포
제3부 바울신학
제4부 바울 이후의 발전을 다루고 다음으로 요한의 신학을 다룬다.

우리는 콘젤만의 『신약신학의 개요』에서 불트만과 다른 점 몇 가지를 찾을 수 있다.

첫째로, 불트만은 예수님의 메시지가 신약신학 자체의 일부라기보다는 신약신학의 전제라고 한 반면, 콘젤만은 예수님의 메시지를 완전히 생략해 버렸다. 콘젤만은 역사적 예수가 신약신학의 주제가

---

19. Stephen Neill, *Jesus Through Many Eyes: Introduction to The Theology of The New Testament* (Philadelphia: Fortress Press, 1976), p.10.

20. Hans Conzelmann, *An Outline of the Theology of the New Testament* (New York, 1969).

될 수 없다고 주장한 점에서 불트만과 견해를 같이 하지만 역사적 예수를 전제로도 다루지 않은 것은 불트만과 다른 점이다.

둘째로, 콘젤만은 예수님의 메시지를 그의『신약신학의 개요』에서 생략했지만, 예수님의 메시지가 담겨있는 공관복음을 신약신학의 일부로 다룬 점에서 불트만과 다르다. 이는 그가 편집 비평의 선구자로서 복음서를 연구한 결과라고 생각된다.

콘젤만이 이처럼 몇 가지 점에서 불트만과 다르지만 근본 입장은 불트만과 다를 바 없다. 콘젤만은 신학이 하나님과 세상에 대해 객관적으로 말하지 않는다고 하며 신학은 인간학이라고 생각한다. 콘젤만은 신앙은 새로운 자아 이해를 가져오는 것이라고 말한다.

3. 역사적 연구방법

(1) 예레미아스(J. Jeremias)

예레미아스는 불트만이 신약신학을 선포신학으로 만든다고 신랄하게 비평했다. 예레미아스는 1971년에 출판한『신약신학: 예수님의 선포』[21]에서 우리는 복음서 연구를 통해 예수님 자신의 음성을 찾을 수 있다고 말한다. 예레미아스는 역사적 예수의 문제에서, "우리는 끊임없이 역사적 예수와 그의 메시지로 돌아가야 한다. 자료들이 그것을 요구하고 있다. … 성육신이 그것을 함축하고 있다."[22]라고 주장한다.

---

21. J. Jeremias, *New Testament Theology: The Proclamation of Jesus* (New York: Charles Scribner's Sons, 1971).

22. J. Jeremias, *The Problem of the Historical Jesus* (Philadelphia, 1964), p.14.

예레미아스는 예수 전통의 역사적 신빙성과 종교사학적 유일성을 설립하기 위해 노력했다.

예레미아스의 신약신학의 목적은 다음과 같다.

예수님의 선포

1. 예수님의 어록 전통은 얼마나 신빙성이 있는가? 예레미아스는 여기서 불트만 학파가 인정하려고 하는 이상으로 복음서에서 순수한 예수님의 말씀의 전통을 찾을 수 있다고 주장한다.[23] 예레미아스는 공관복음서에서 예수님의 어록, 예수님이 선호한 화법, 그리고 예수님의 실제 음성(*ipsissima vox Jesu*) 등을 통해 예수님의 어록을 발견할 수 있다고 정리한다.

2. 예수님의 사명

예레미아스는 예수님이 자신과 세례 요한과의 관계를 통해 자신의 사명이 무엇인지 확인하는 것을 추적하며, 예수님이 전파한 계시의 내용을 통해 예수님의 사명을 규명한다. 세례 요한은 "심판"이 가까이 왔으니 '회개 하라'라고 선포한 반면, 예수님은 '하나님의 통치'가 가까이 왔다고 선포한다.

3. 구원의 때의 시작

예레미아스는 예수님이 사탄의 통치를 정복하고 악의 세력을 몰아냄으로 하나님이 통치하신 하나님 나라가 시작되었다고 말한다. 예레이아스는 "사람들이 예수를 믿는 곳에서는 전체 신약에 흐르고 있는 기쁨의 외침이 울려 퍼진다. 사탄의 권세가 깨어졌다!"[24]라고 설명

---

23. Jeremias, *New Testament Theology*, pp.1-37.

24. 요아킴 예레미아스, 『신약신학』 정충하 역 (서울: 새순출판사, 1990), p. 149.

한다.

4. 은혜의 시대

예레미아스는 은혜의 시대에는 예수님이 제자들을 부르셔서 그들을 통해 하나님의 백성들을 고향으로 돌아오게 하는 기간이라고 정리한다. 그러므로 은혜의 시대 안에서 "예수님의 공적 선포의 중심주제는 하나님의 왕적인 통치이다."[25]라고 설명한다.

5. 하나님의 새로운 백성

예레미아스는 믿음으로 하나님의 백성이 될 수 있으며 믿음을 소유한 백성은 하나님 아버지의 자녀로서 제자의 삶을 살게 되는 것이라고 설명한다. 예레미아스는 "예수께서 모은 하나님의 새로운 백성의 주요한 성격은 그들이 하나님 은혜의 무한성을 인식하는 것이다."[26] 라고 설명한다.

6. 자신의 사명에 대한 예수님의 증거

예레미아스는 예수님이 구원을 가져오는 자라고 스스로 믿고 있었다고 한다. 예레미아스는 예수님이 고난을 통해 구원을 성취할 것임을 알고 있었다고 주장한다. 예레미아스는 예수님이 강세형의 '에고'(ἐγώ)를 사용함으로 자신이 하나님을 대표한 자임을 분명히 한다고 정리한다.[27]

7. 부활의 날

예레미아스는 예수님의 부활에 관해서는 비교적 짧게 설명한다. 예레미아스는 예수님이 부활하심으로 예수님께서 왕적 통치에로 들

---

25. Jeremias, *New Testament Theology*, p. 96.

26. 예레미아스, 『신약신학』 정충하 역 (1990), pp. 262-263.

27. Jeremias, *New Testament Theology*, pp. 254f.

어가는 시작을 하셨다고 정리한다. 하지만 예레미아스가 부활절 전승을 강조하고 예수님의 역사적 부활을 강조하기보다는 제자들의 부활 신앙을 강조한 것은 많은 아쉬움을 남긴다.

(2) 큄멜(Werner G. Kümmel)

큄멜은 불트만 학파에 속하지 않는다. 불트만이 예수님의 선포를 유대교 안에서 취급한 반면 큄멜은 예수님의 선포를 자신의 신약신학에 포함시킨다. 큄멜이 "예수님의 인격과 선포는 부활하신 분에 대한 신앙고백의 전제이며 그의 아들 예수 그리스도 안에 나타난 하나님의 계시에 관한 공동체의 설교의 전제이다. 그러므로 신약성경의 메시지를 연구하는 그리스도인은 또한 그의 신앙을 정당화시켜 주는 예수님에 대해서도 물어야만 한다. 그러므로 역사적 예수에 대한 물음이 신약성경신학을 연구하는 시초에 속한다는 사실은 전혀 의심할 수 없다."[28]고 말한 것은 그가 역사적 관점에서 신약성경을 접근하고 있음을 확인하고 있다. 큄멜(W. G. Kümmel)의 다음 말은 그가 성경을 역사적 관점에서 연구해야 한다는 입장을 잘 요약해 준다. "신약성경 안에 수집된 문헌들은 그들의 역사적 특성에 따른 고대 종교사의 문헌들이다. 이 문헌들은 죽은 언어로 그리고 우리에게 더 이상 즉각적으로 이해되지 아니하는 개념들과 개념의 세계(a conceptual world) 안에서 기록되었다. 그러므로 그것들은 역사적 연구의 방법으로만 이해될 수 있으며, 이러한 방법으로만 저자들이 의도한 이해에 근접할 수 있게 된

---

28. W.G. Kümmel, *The Theology of the New Testament According to its Major Witnesses*: *Jesus-Paul-John*, trans. John E. Steely (Nashville: Abingdon Press, 1973), p. 25.

다. "[29]

퀴멜은『주요 증인 예수-바울-요한에 의한 신약신학』[30]을 썼다. 다음은 퀴멜의 신약신학의 간략한 요약이다.

제1장은 '첫 세 복음서에 따른 예수의 선포'를 다룬다. 여기서 퀴멜은 선포자가 어떻게 선포의 내용이 되었는지 보여준다.

제2장은 '초대기독교회의 신앙'으로 예수의 부활 사건을 다루는데 초대기독교회가 부활 사건으로 인해 사물들을 어떻게 새롭게 볼 수 있었는지를 서술한다.

제3장은 '바울의 신학'을 다루는데 "바울신학"은 팔레스틴 지역의 사도적 공동체에서 후기 이방 기독교 공동체로의 전환점에 있다고 설명한다. 바울은 이방 기독교의 최초 신학자였다. 퀴멜은 바울을 예수님에 대한 건전한 증인이요 해석가라고 한다.

제4장은 '넷째 복음서와 서신에 나타난 그리스도에 대한 요한의 메시지를 다룬다.' 요한서신은 원시 기독교의 후기 신앙의 전망에 따라 예수 그리스도의 행위와 선포를 의도적으로 또 일관성 있게 그렸다고 본다.

제5장 '예수-바울-요한'이라는 제목 하에 예수, 바울, 요한의 메시지의 통일성에 관해 기술한다. 퀴멜은 여기서 사상의 발전이 있다고 말한다.

---

29. W.G. Kümmel, *The Theology of the New Testament According to its Major Witnesses*, p. 15.

30. W.G. Kümmel, *The Theology of the New Testament* (1973).

4. 구원역사적 연구방법

(1) 오스카 쿨만(Oscar Cullmann)

쿨만은 신약신학이라는 명칭으로 책을 직접 쓰지는 않았다. 그러나 쿨만이 쓴『신약의 기독론』[31]은 다른 학자가 쓴 신약신학과 견줄 만한 책이다.

쿨만은 구원역사적 연구방법을 그리스도와 시간,[32] 구원역사[33]에서 제시했다. 쿨만은 1945-1970년 사이에 신약의 구원역사적 성격을 옹호하면서 불트만은 자신의 신약연구를 통해 역사 없는 실존의 역사성과 소망 없는 종말론(the historicity of existence without history and "eschatology without hope")에 빠지게 되었다고 비평한다. 쿨만은 "이미"와 "아직"(already and not yet)이라는 긴장 속에 놓인 초대 기독교인들의 시간 개념과 그 이해를 재구성하여 신약의 구원역사 개요를 설명한다. 그리스도는 시간의 중심 혹은 시간의 중심점("the center of time" or the mid-point of time)[34]이 된다. 시간은 선적인 개념으로 이해해야 하며 이 선은 직선이 아니라 많은 변동을 보이는 동요하는 선(fluctuating line)이라고 한다.

쿨만의 대표적인『구원역사』의 구조는 다음과 같다.

---

31. Oscar Cullmann, *The Christology of the New Testament*, 2nd ed. (Philadelphia, The Westminster Press, 1955).

32. Oscar Cullmann, *Christ and Time* (Revised Edition)(Philadelphia: The Westminster Press, 1964).

33. Oscar Cullmann, *Salvation in History* (New York and Evanston: Harper and Row, Publishers, 1967)

34. Oscar Cullmann, *Christ and Time* (1964), pp. 121-174.

제1부 서언 – 쿨만은 서언에서 기독교의 메시지에는 구원역사의 개념이 있음을 확인하고 2세기의 영지주의, 20세기의 종말론, 그리고 구원역사와 연관된 해석학적 원리 등을 개요한다.

제2부 구원역사 방법의 기원 – 성경에 사건과 해석의 상관관계가 존재함을 확인하고, 성경 기록의 과정에서 구원 역사적 계시의 점진적 발전이 있었음을 다룬다.

제3부 현상학적 특징들 – 역사와 신화의 관계를 설명하고 역사는 조종할 수 있으나 신화는 조종이 불가능함을 밝힌다. 그리고 구속 역사와 역사 그리고 "이미"와 "아직"이라는 긴장을 다룬다.

제4부 주요한 신약의 모형 – 이 책의 주요 골자가 4부에서 전개된다. 여기서 그는 예수님과 함께 시작된 구원역사를 다루며, 초대기독교회의 역할과 바울과 구원역사, 그리고 요한복음과 구원역사를 다룬다.

제5부 조직신학과 교의 역사의 개요 – 쿨만은 여기서 구원역사가 신약의 근본 구조라고 천명한다. 쿨만은 구원역사와 예배, 구원역사와 믿음, 그리고 구원역사와 윤리 등을 다룬다. 그리고 불트만과 그의 추종자들이 내세운 신약신학의 실존론적 연구방법에 도전을 한다.

쿨만은 "구원역사는 일반역사와 병존하는 역사가 아니다. 구원역사는 역사 안에 나타나 있다. 이런 의미로 생각할 때 구원역사는 일반역사에 속해 있다."[35]라고 말한다. 그러나 쿨만은 구원역사와 일반역사를 동일시하지 않지만 구원역사를 구성하는 사건들은 일반역사의

---

35. Cullmann, *Salvation in History*, p. 153.

사건들처럼 연대기적인 순서가 있다고 말한다. 그런데 일반역사는 일반적으로 연대기적인 순서나 역사적인 순서가 공백 기간 없이 연속적으로 전개되는 반면, 성경적인 구원역사는 그 전개에 있어서 많은 공백 기간(gaps)을 내포하고 있다고 한다. 서로 관계없는 사건들이 전체 역사 과정 중에서, 일반 역사적으로 말하자면, 임의적인 방법으로 구별되고 선별된다. 그럼에도 불구하고 그것들 사이에 관련이 존재하는 것이다.[36] 쿨만은 비록 구원역사가 일반역사와 대단히 다르지만 구원역사와 일반역사를 관련시켜 설명하지 않으면 안 된다고 말한다.[37] 쿨만은 폰 라드(von Rad)의 영향을 받았다. 폰 라드의 전통적 역사적 방법을 기초로 자신의 구원 역사적 방법을 재구성했다.

쿨만은 일반역사와 구원역사 문제에 대해 분명한 해결을 주었다고 생각할 수 없다. 불트만은 신약선포의 시간성을 배제하므로 신약 내용의 풍요함을 상실하고 신약을 실존적으로만 이해하려고 한 반면 쿨만은 "이미"와 "아직"이라는 구원역사의 긴장이 신약을 이해하는 열쇠라고 주장한다. 쿨만은 하나님 나라가 예수님의 구속 사건을 통해 이미 실현되었고, 앞으로 완성되게 될 것임을 확실히 한다.[38] 하지만 쿨만은 "구원역사와 구원역사적 계시의 진보는 변화와 교정을 뜻한다. 그러나 그럼에도 불구하고 하나님의 신실성은 보장된다. 이는 역시 역사적 우발 사건도 구원역사의 한 부분이라는 뜻이다. 그러므

---

36. *Ibid.*, pp. 153,154.

37. Cullmann, *Salvation in History*, p. 159. "The *analogy* between salvation history and history must also be seen. The two are not identical, but there is an analogy between them." (p. 78)

38. Cullmann, *Salvation in History*, p. 128.: "Even where attention is directed to the future coming of the Kingdom of God expected in the most immediate future, for the first Christians the necessity of binding the proclamation of this coming with the past saving process of the Old Testament arises."

로 우리는 마땅히 이 사실을 우리들의 역사에서 충분히 설명해야만
한다."[39]라고 말함으로 기독교 정경에 대한 견해가 약간 유동적임을
드러낸다.

(2) 래드(George E. Ladd)

래드는 1974년에 『신약신학』[40]에서 구원역사적인 입장으로 자신의 신
학을 전개한다. 래드는 사람의 전제가 신학 연구 방법에 영향을 미친
다고 생각하고 성경은 하나님께서 일반 역사적 사건을 통해 사역하시
지만 하나님은 일반역사에서 활동하시지 않는 방법으로 역사의 한 흐
름에서 구속적으로 활동하고 계심을 증거한다고 한다. 래드는 "이스
라엘의 역사는 다른 모든 역사와 구별된다. 하나님이 전체 역사의 주
(Lord)가 되시지만, 하나님은 일련의 사건들 속에서 다른 어느 곳에서
도 하지 않으신 방법으로 자신을 계시해 주신다."[41]라고 말한다. 성경
은 또한 일반 역사적 경험을 초월한 사건을 하나님이 일반역사의 어
떤 시점에서 발생하게 하심으로 하나님이 사역하고 계심을 증거한다.
그 예로 래드는 예수 그리스도의 부활을 든다. 래드가 일반역사와 구
속역사를 구분하는 사실은 다음의 말에서도 명백히 드러난다. "계시
가 역사 속에서 발생했을지라도 계시적 역사는 '단순한 역사'(bare
history)가 아니다. 하나님은 역사적 사건들이 그 자체들로 분명하게
나타나는 그런 방식으로 역사 속에서 사역하시지 않았다. 이런 경우

---

39. Cullmann, *Salvation in History*, pp. 123f.

40. George E. Ladd, *A Theology of the New Testament* (Grand Rapids: Eerdmans, 1974).

41. *Ibid.*, p. 27.

의 가장 생생한 예증은 그리스도의 죽음이다. 그리스도는 죽으셨다. 이것은 세속 역사적 비평에 의해서도 충분히 입증될 수 있는 단순한 역사적 사실이다. 그러나 그리스도는 우리의 죄를 위해 죽으셨다. 그리스도는 하나님의 사랑을 나타내시기 위해 죽으셨다. 이러한 것은 '단순한 역사적 사실이 아니다.'"[42] 래드와 쿨만이 다른 점은 쿨만이 구원역사를 전통역사와 연관시킨 반면 래드는 하나님이 자신을 계시하신 일련의 사건으로 구성된 구속역사 혹은 거룩한 역사가 자신이 주장하는 구원역사라고 한다.

래드는 자신의 『신약신학』을 다음과 같이 전개한다.

제1부 공관복음서 ─ 역사와 신약신학의 성격을 서론적으로 설명한다. 그리고 왕국의 필요성, 하나님 나라와 교회의 관계, 예수님의 메시아 되심, 하나님의 아들 되심, 인자되심을 다룬다.

제2부 요한복음 ─ 공관복음과 비교하면서 같은 점 및 다른 점을 다룬다. 래드는 요한의 이원론, 기독론, 영생, 성령, 종말론을 탁월하게 다루었다.

제3부 초대교회 ─ 사도행전의 역사적 신빙성을 다룬다. 그리고 사도행전에 대한 비평적 견해들을 설명하고 그 답을 제시하며 종말론적 선포가 예수님의 부활임을 다룬다.

제4부 바울신학 ─ 요한복음을 다루는 제2부와 함께 이 부분은 이 책의 탁월성을 보여준다. 래드는 바울이 그리스도의 죽음과 부활을 바로 인식하므로 그리스도의 부활로 새로운 시대가 도래한 것으로 믿었다고 주장한다.

---

42. *Ibid.*, p. 30.

제5부 일반서신 – 히브리서, 야고보서, 베드로전·후서, 유다서, 요한서신을 다룬다. 한 가지 의문이 드는 점은 래드가 왜 요한서신을 요한의 신학으로 함께 다루지 않았는가 하는 점이다.

제6부 계시록 – 래드는 예수님 재림 후 천년(1,000) 통치를 지지한다. 래드는 "하나님의 왕국의 임함의 긍정적인 요소는 하나의 큰 사건으로 발생하는 것이 아니요 단계들(stages)로 발생한다는 것이다. 첫째는 부활한 성도들이 그리스도와 함께 통치할 때(계 20:4) 있게 될 천년 동안의 시간적인 왕국이다. 천년 다음으로 우리가 영원한 왕국이라 부르는 신천신지가 뒤따를 것이다."[43]라고 설명한다. 래드는 신약에 나타난 개념적 통일을 찾기 위해 노력했고, 그의 신약신학에서 신약성경의 모든 책을 다 다루었다. 그는 또한 신약신학과 구약신학을 연관시켜 성경의 통일성을 강조하였다.

이상의 연구 방법론들을 고찰해 볼 때 학자들마다 자신의 전제에 따라 그들이 신약에 대한 견해를 전개한 사실을 볼 수 있다. 비평적 방법을 택한 학자들은 성경을 순전히 역사적인 차원에서 다루었고 초자연을 인정하는 학자들은 역사 속에 계시하신 하나님의 구원사역을 성경에서 찾았다. 그러면 이제 신약신학 연구를 위해 몇 가지 제안을 제시하는 것이 유익하리라 사료된다.

1. 성경 66권이 정확무오한 하나님의 말씀임을 믿고 신약성경신학을 해야 한다. 이 전제가 무너지면 신학은 하나의 인문학에 지나지 않는다. 하나님이 성경을 통해 자신을 정확무오하게 계시해 주셨기 때문에 인간은 하나님에 관한 연구를 시작할 수 있다.

---

43. George E. Ladd, *A Theology of the New Testament* (1974), p. 628.

2. 신약성경신학은 신학적 역사적 연구 분야임을 인식해야 한다. 신약성경신학은 본문의 뜻을 역사적인 연구를 통해 찾아내고 그 내용을 신학적으로 오늘의 형편에 적용시켜야 한다. 성경 계시는 역사와 깊은 관계가운데서 기록되었다.

3. 신약성경신학의 주제들은 신약 밖에서 찾을 것이 아니요 신약 내에 있는 주제를 역사적으로 전개시키는 것이 바람직하다.

4. 신약성경신학의 시작은 예수님의 메시지부터 시작하는 것이 좋다. 불트만은 예수님의 메시지를 신약신학을 위한 전제라고 하지만 이는 잘못된 것이다. 예수님의 메시지가 진정한 메시지가 아니라면 다른 모든 자료들이 진정일 수 없다.

5. 신약성경신학은 항상 성경 전체의 조명을 인식해야 한다. 즉 신약성경신학은 구약신학과 밀접한 연관을 가져야 한다. 구약과 신약은 따로 존재할 수 없고 한 정경이다.

Ⅲ

세례 요한을 통해 주신 계시

공관복음(마 3:1-6; 막 1:1-3; 눅 3:1-6)은 세례 요한이 갑자기 출현하여 "죄 사함을 받게 하는 회개의 세례를 전파"(막 1:4)하는 것으로 시작한다. 세 복음서 모두 세례 요한의 출현을 이사야 선지자의 예언 성취로 설명한다(마 3:3; 막 1:2-3; 눅 3:4-6). 마가가 이사야서를 인용하면서(사 40:3) 구약의 마지막 예언서인 말라기서와 함께 인용(말 3:1)한 것은 의미심장하다.

> 보라 내가 내 사자를 보내리니 그가 내 앞에서 길을 준비할 것이요
> (말 3:1)
> 너희는 광야에서 여호와의 길을 예비하라 사막에서 우리 하나님의
> 대로를 평탄하게 하라(사 40:3)

수세기 동안 예언의 음성은 그치고 하나님의 뜻이 인간의 음성을 통해 이스라엘에게 직접적으로 전달되지 않았었다. 이런 가운데 세례

요한이 등장했다. 세례 요한의 사역은 주의 길을 예비하는 것이었다.

1. 신적 계시의 선구자 세례 요한

세례 요한을 통해 주신 계시를 고찰할 때 회개를 선포한 요한의 메시지나 예수 그리스도를 세상에 소개한 요한의 사역을 연구하지 않으면 안 된다. 그러나 세례 요한의 사역과 메시지를 생각하기 이전에 그의 인격을 통해 나타난 계시를 고찰하는 것이 타당한 줄로 안다. 왜냐하면 메시아가 오시기 직전 요한 자신의 출현이 계시이기 때문이다. 세례 요한의 출현은 하나님의 계시가 역사선 상에 임하게 되었다는 증표이다.

(1) 세례 요한의 출생

세례 요한의 출생은 하나님의 특별한 능력과 섭리로 나타난 계시이다. 요한의 부모는 제사장 사가랴(Zechariah)와 엘리사벳(Elizabeth)이었다. 사가랴와 엘리사벳은 둘 다 아론(Aaron)의 자손이며 레위지파의 제사장 가문에 속한 후손들이었다. 사가랴는 직무에 따라 다윗이 구분하여 놓은(대상 24:3ff.) 제사장 24반열 가운데 하나였으며, 이 구분에 따라 각 반열은 대략 1년에 두 번씩 제사를 집례했다. 그들은 하나님 앞에 의인으로 주의 모든 계명과 규례대로 흠이 없었던 사람들이었다 (눅 1:5-7). 그러나 사가랴와 엘리사벳은 무자한 상태로 나이가 많았다 (눅 1:7).[1] 사가랴가 제사장의 직무를 하나님 앞에 행할 때 하나님은 사자를 그에게 보내어 특별한 아들이 그들에게서 태어날 것이며 그의 이름은 요한(John)이 되어야 한다고 알린다(눅 1:8-13). 요한은 "모태로부터 성령의 충만함을"(눅 1:15) 받아 하나님의 특별한 사자 역할을 하게 될 것이다. 누가는 세례 요한의 역할을 다음과 같이 설명한다. "그가 또 엘리야의 심령과 능력으로 주 앞에 먼저 와서 아버지의 마음을 자식에게, 거스르는 자를 의인의 슬기에 돌아오게 하고 주를 위하여 세운 백성을 준비하리라"(눅 1:17; 참조. 말 4:5). 이처럼 세례 요한의 출생은 새로운 시대의 시작을 바라보게 하며 성령의 새로운 시대가 임박한 것을 증거하고 있다.[2] 하나님의 직접적인 간섭으로 수태를 할 수 없는 부부를 통해 세례 요한을 출생하게 하신 것은 하나님이 정하신 때가 차가고 있음을 알리는 표증이다(참조. 갈 4:4).

(2) 사가랴의 예언

사가랴의 예언을 일명 베네딕투스 찬가(Benedictus)라고 한다. 그 이유는 이 찬송시의 처음 구절이 라틴어로 *Benedictus esto Dominus Deus Israelis* (Blessed be the Lord, The God of Israel)이기 때문에 그 첫 단어를 사용하여 이름을 붙였기 때문이다.

사가랴의 예언은 두 부분으로 나뉜다. 첫째 부분(눅 1:68-75)과 둘째

---

1. 사가랴와 엘리사벳의 경우는 구약의 나이 많은 아브라함과 사라의 경우와 비슷하며 야곱과 라헬, 삼손의 부모, 사무엘의 부모의 경우와 비슷하다. 사가랴와 엘리사벳이 무자한 것은 그들의 죄의 결과로 인한 것이 아니요 하나님의 사역이 그들을 통해 계시되도록 하시기 위함이었다. 참조. I. Howard Marshall, *Commentary on Luke* (NIGTC, Grand Rapids: Eerdmans, 1978), p.53.

2. Chester K. Lehman, *Biblical Theology*, Vol.2 (Scottdale: Herald Press, 1974), p.86; "The prophetic perspective of both Isaiah and Malachi placed John at the inauguration of the great messianic era spoken of by all the Old Testament prophets. In the unfolding of God's plan for the world this was to be the greatest era of human history, that to which all eschatological predictions looked and served as a preparation."

부분(눅 1:76-79) 모두 한 문장씩으로 구성된다.[3] 이 예언은 성격상 구약의 최후 예언이라고 할 수 있으며 또한 신약의 최초 예언이라고도 할 수 있다. 구약의 최후 예언이라 함은 예수님 탄생 이전 아직도 옛 시대에 속한 세례 요한을 중심으로 나타난 예언으로 구약시대로 봐서는 가장 마지막 예언이기 때문이며, 신약의 최초 예언이라 함은 신약에 처음으로 기록된 예언이기 때문이다.

사가랴의 찬송은 세례 요한의 출생에 대한 즐거운 화답이다. 이 예언시의 첫 번째 부분(눅 1:68-75)에서는 경건한 아버지가 자기 아들이 하나님의 왕국 도래를 위해 특별한 도구로 사용될 것이라는 계시에 대한 즐거운 응답이다. 그러나 사가랴는 개인적인 차원에서 멈추지 않는다. 사가랴는 이 찬송시의 첫 부분에서 자기 백성을 위해 구원을 마련하신 하나님께 찬송을 드리며 "거룩한 언약"(눅 1:72)을 기억하사 예언을 성취해 주신 하나님께 찬송을 드린다. 그는 경건한 이스라엘의 대변자로서 특별한 방법으로 언약을 새롭게 하시고 자기 백성을 위해 구원을 준비하신 하나님께 감사와 찬송을 드리고 있다. 사가랴는 오래전부터 내려오는 특별한 예언들을 기억하며 하나님이 여러 가지 방법으로 이루신 구원을 생각하고 감사한다.

사가랴는 이 찬송시의 두 번째 부분(눅 1:76-79)에서 방금 태어난 아들에 대해 언급한다. "이 아이여 네가 지극히 높으신 이의 선지자라 일컬음을"(눅 1:76)받을 것이라고 말한다. 사가랴는 이사야 40:3과 말라기 3:1을 조화시켜 아들의 사명이 메시아를 위해 길을 준비하는 것이라고 천명한다.[4]

---

3. United Bible Society판 *The Greek New Testament* (3nd edition)과 Nestle-Aland판 *NOVUM TESTAMENTUM GRAECE* (27판, 1993)의 눅 1:68-79 참조.

4. William Hendriksen, *The Gospel of Luke* (*New Testament Commentary*, Grand Rapids:

　　세례 요한의 출생 사건으로 나타난 진리는 세례 요한 자신이 왕국의 도래 이전에 있을 하나님의 특별하신 간섭과 계시의 일부임을 가리키고 있다. 그러므로 세례 요한의 사역의 특징은 준비적이요 예언적이다. 세례 요한은 메시아의 길을 예비하는 자로서, 천국 도래를 알리는 자로서 "회개하라 천국이 가까이 왔느니라"(마 3:2)고 선포한다.

2. 세례 요한의 인격을 통해 나타난 계시

세례 요한은 어떤 인격의 소유자인가? 성경의 자료들을 기초로 하고 또 성경 이외의 자료들을 참고로 어떤 모습의 세례 요한을 그릴 수 있는가? 독자 자신이 처한 시대적 형편과 전제에 따라 여러 가지 모양으로 이 질문에 답을 할 수 있다. 세례 요한의 모습은 시간의 흐름에 따라 많은 변화를 가져왔다. 가장 오래된 자료인 복음서들은 세례 요한을 묵시록적 인물(apocalyptic figure)로, 헬라의 요세푸스(Greek Josephus)는 도덕주의자(moralist)로, 슬라브적인 요세푸스(Slavonic Josephus)는 정치적인 인물(political figure)로, 비잔틴 예술(Byzantine art)은 금욕주의자(ascetic)로, 맨다야 사상(Mandaean speculation)은 신화적 인물(mythological figure)로 묘사한다.[5] 현대의 연구는 이처럼 여러 가지 모습으로 세례 요한을 묘사한다. 그러면 우리는 어디에서 세례자 요

Baker, 1978), p.122; Ray Summers, *Commentary on Luke* (Waco: Word Books, 1972), p.34: "Zechariah's words related both to the past action of God in Israel (vv.68-75) and the future action of God through the ministry of John (vv.76-79)."

5. 맨다야 사상은 노스틱주의(Gnosticism)의 한 분파로서 여러 가지 혼합된 사상으로 구성되어 있다. 맨다야 사상은 영혼의 구원은 지식을 통해 얻을 수 있다고 주장한다.

한에 관한 진리를 발견할 수 있겠는가?[6] 이 질문에 대한 답은 성경이 묘사하는 세례 요한을 찾는 것이다.

(1) 분파주의자인가?

어떤 이는 세례 요한을 분파주의자로 생각하고 그 배경을 에세네파 (the Essenes)[7]에서 찾으려고 한다. 또 어떤 이는 세례 요한의 제자들이 저급한 기독교 분파를 형성하여 그 분파가 사도시대 기독교회의 강한 적수 역할을 한 것으로 생각한다. 예레미아스(Jeremias)는 세례 요한이 에세네파의 영향을 받았을 것으로 생각한다. 예레미아스는 "에세네파 의 영향이 있었다고 생각하는 것이 가장 그럴듯하다. 세례를 베푼 장소가 쿰란에서 가까웠다는 사실 자체가 두 사이의 관계를 그럴듯하게 한다."[8]라고 설명한다.

그러나 세례 요한이 에세네파의 영향을 받았을 것으로 생각하여 분파주의로 낙인찍기에는 그 자료가 너무나 빈약하다. 오히려 세례 요한은 처음부터 하나의 분파를 만들 생각을 하지 않고 분파를 초월 하여 메시아를 위해 사람들을 준비시켰다(마 3:11-12).[9] 세례 요한의 인격과 사역이 언뜻 보기에 분파주의자로 보인다. 그의 인격과 생활 모습에 특이한 점이 있는 것은 사실이다. 그의 사역상 강한 도전의 말씀

---

6. E. Stauffer, *New Testament Theology* (London: SCM, 1955), p.21.

7. 에세네파는 유대주의 한 분파로 정결의식과 공동생활을 강조하는 고행주의자들이었다. 신약에는 에세네파에 대한 언급이 없지만 Josephus (*Antiquities*, XVIII.V. 2)나 다른 저자에 의해 언급된다. 에세네파는 주전 200년부터 주후 200년 사이에 성행한 분파였다.

8. J. Jeremias, *New Testament Theology: The Proclamation of Jesus*, p.43.

9. W. Wink, *John the Baptist in the Gospel Tradition* (Cambridge: CUP, 1968), p.107.

은 그를 다른 사람과 분리하여 생각하게 만들었다. 세례 요한은 제자들을 모아 금식과 고행과 기도를 자신들의 생활 방식으로 삼았고 헤롯 안디바의 부도덕한 행동에 대한 그의 굽힐 줄 모르는 법과 정의의 적용은 결국 그를 죽음으로 빨리 몰아갔으며 요한의 제자들은 그의 죽음을 순교로 평가했을 수도 있다. 세례 요한의 제자들이 그룹을 이루어 계속 존재했을 것이라는 유일한 성경적 증거는 사도행전 19:1-7에서 발견할 수 있다. 에베소에서 열 두 사람이나 되는 무리가 요한의 세례만 받고 성령을 받지 못한 경우가 있었다. 바울 사도가 에베소에 왔을 때 예수님의 이름으로 그들에게 세례를 베풀자 방언도 하고 예언도 하게 되었다. 설혹 세례 요한의 세례를 받은 열 두 사람의 무리가 그의 뒤를 이은 하나의 분파적인 단체라고 할지라도 이 당시 바울에 의해 모두 기독교인이 된 것은 그 이상 그들이 분파적으로 존재하지 않았다는 것을 증거한다. 신약성경은 세례 요한의 분파가 사도적 기독교회를 대항하면서 존재했다는 기록은 전혀 제공하지 않고 있다. 세례 요한은 메시아를 위해 봉사하는 존재였지, 분파를 형성한 분파주의자가 아니었다.

(2) 그리스도인가

세례 요한은 자신이 그리스도가 아니라고 명확히 밝힌다. 누가는 세례 요한과 백성들 간의 대화를 통해 세례 요한 스스로 자신이 메시아가 아니라고 밝힌 사실을 명백하게 설명한다. 백성들은 메시아를 기다리고 있었고 그들은 심중에 혹시 요한이 메시아가 아닌가라고 생각했다. 요한은 백성들의 마음을 알아차리고 자신은 메시아가 아니며 백성들이 대망하는 메시아는 곧 임하게 될 것이라고 대답한다. "요한이 모든 사람에게 대답하여 이르되 나는 물로 너희에게 세례를 베풀거니와 나보다 능력이 많은 이가 오시나니 나는 그의 신발 끈을 풀기도 감당하지 못하겠노라. 그는 성령과 불로 너희에게 세례를 베푸실 것이요 손에 키를 들고 자기의 타작마당을 정하게 하사 알곡은 모아 곳간에 들이고 쭉정이는 꺼지지 않는 불에 태우시리라"(눅 3:16-17). 세례 요한은 자신과 오실 메시아의 차이가 너무 크기 때문에 자신은 신발 끈을 푸는 노예 신분의 봉사조차 메시아에게 할 수 없는 존재라고 고백한다.[10] 마태복음과 마가복음은 세례 요한이 누구인지를 묻는 당시의 상황은 기록하지 않는다. 그러나 요한복음은 세례 요한의 신분에 대한 기록을 충분히 전하고 있다(요 1:19-28). 유대인들이 제사장들과 레위인들을 세례 요한에게 보내어 "네가 누구냐"(요 1:19)라고 물었다. 유대인들의 마음을 아는 세례 요한은 단호하게 "나는 그리스도가 아니라"(요 1:20)고 대답한다. 요한의 대답에 만족을 얻지 못한 그들은 "그러면 누구냐 네가 엘리야냐"(요 1:21)라고 묻는다. 그 질문에도 요한은 "나는 아니라"(요 1:21)고 대답한다. 예루살렘에서 유대인들의 파송을 받은 제사장들과 레위인들은 집요하게 계속 질문을 한다. 그들은 세례 요한에게 "네가 그 선지자냐"(요 1:21)라고 묻는다. 요한의 대답은 간단명료하게 "아니라"(요 1:21)였다. 그때에 제사장들과 레위인들은 그러면 너는 "누구냐 우리를 보낸 이들에게 대답하게 하라 너는 네게 대하여 무엇이라 하느냐"(요 1:22)라고 묻는다. 바로 이 때 요한은 자신의 신분에 대해 명확하게 대답한다. "나는 선지자 이사야의 말과 같이 주의 길을 곧게 하라고 광야에서 외치는 자의 소리로라"(요 1:23). 요한은 확고한 태도로 제사장들과 레위인들의 질문에 대해 자신은 메시아

---

10. Hendriksen, *op. cit.*, p.210.

가 아니요 메시아의 길을 예비하는 선구자라고 대답한다.[11]

바리새인들의 조직적인 질문은 메시아의 선구자에 대한 예언과 성취에 대해 깊은 신학적 논의를 보여준다. 세례 요한은 메시아가 아니요 단순한 선구자라는 것이 이들의 질문을 통해 명확히 드러났다. 세례 요한은 메시아를 통해 신약 세대(the New Testament dispensation)가 시작된 것과 하나님의 나라가 시작될 것임을 처음으로 소개한 사람이다. "하나님께로부터 보내심을 받은 사람이 있으니 그의 이름은 요한이라 그가 증언하러 왔으니 곧 빛에 대하여 증언하고 모든 사람이 자기로 말미암아 믿게 하려 함이라. 그는 이 빛이 아니요 이 빛에 대하여 증언하러 온 자라"(요 1:6-8). 세례 요한은 명명백백하게 자신은 메시아가 아니요 메시아의 길을 평탄하게 하기 위해 온 준비자임을 밝힌다.

(3) 세례 베푸는 자 요한

요한을 생각할 때 세례 요한이라는 이름에 함축된 의미를 망각해서는 안 된다. 요한은 세례 베푸는 자로서 메시지를 선포하고 세례를 베풀었다. 그는 "죄 사함을 받게 하는 회개의 세례를 전파"(막 1:4)했다. 누가는 세례 받으러 나오는 무리들에게 세례 요한이 "독사의 자식들아 누가 너희에게 일러 장차 올 진노를 피하라 하더냐 그러므로 회개에 합당한 열매를 맺고 속으로 아브라함이 우리 조상이라 말하지 말라"(눅 3:7-8)는 엄한 책망을 한 것으로 전한다. 세례 요한이 회개하지 않은 이들 모두에게 세례를 베풀었다고 생각할 수는 없다. 하지만 마

---

11. E.F. Harrison, *Jesus and His Contemporaries* (Grand Rapids: Baker, 1970), p.21.

가는 예루살렘 사람이 다 나아가 자기 죄를 자복하고 세례를 요단강에서 받은 것으로 전한다(막 1:4-5). 이 사실은 많은 사람들이 그들의 죄를 고백하고 세례 요한으로부터 세례를 받았음을 증거하는 것이다.

요한의 세례와 같은 관습은 당시 팔레스틴에서 흔히 찾아 볼 수 있었다. 보스(Vos)는 요한 당시와 그 이후에 많은 그룹들이 세례 의식을 시행했으나 당시 세례 의식의 특징은 반복적인 반면 요한의 세례는 단회적이었다고 한다(참조. 마 28:19; 행 19:3; 히 6:2).[12] 세례 베푸는 자로서 요한은 구약의 전통에 서 있었다고 할 수 있다. 구약에서 몸과 옷을 정결하게 하는 의식이 정화와 영적 재생을 상징하는 것으로 행해졌다(레 15:11,13; 민 19:18-19; 왕하 5:14). 특히 정화와 영적 재생의 정결 의식은 종말시대 바로 전에 있을 것이라고 선지자들이 예언했다(사 1:16; 4:4; 미 7:19; 겔 36:25-33; 슥 13:1). 이방인이 개종할 때에 받는 유대주의적인 세례 의식에서 요한의 세례의 배경을 찾기보다는 구약에서 그 배경을 찾는 것이 타당하다.[13] 세례자로서 세례 요한은 구약의 의식과 기독교의 세례 의식 중간에 처해 있다고 생각할 수 있다.

(4) 광야의 소리 요한

세례 요한은 자신의 신분에 대한 질문을 받고 "나는 선지자 이사야의 말과 같이 주의 길을 곧게 하라고 광야에서 외치는 자의 소리로라"(요 1:23)고 말함으로 자신이 구약 예언을 성취하고 있다는(사 40:3) 것을 명백히 밝힌다. 요한은 이사야 40:3의 예언이 자신 안에서 성취되었

---

12. G. Vos, *Biblical Theology: Old and New Testaments* (Grand Rapids: Eerdmans, 1968), p. 340.

13. Vos, *Biblical Theology*, p. 340.

다고 말함으로 자신은 하나님의 음성으로서 메시아의 길을 준비하는 선구자임을 천명한다. 그러므로 요한을 통해 나타난 계시는 하나님의 아들 메시아를 통해 나타날 완전한 계시 이전에 있을 하나님의 계시 이다. 세례 요한은 하나님의 살아있는 음성(*viva vox*)이다. 요한이 하나님의 살아있는 음성이라는 사실은 깊은 뜻을 내포한다. 이 사실은 요한이 예언자로서 하나님의 말씀을 예언하는 예언자 역할(fore-teller)뿐만 아니라 하나님의 말씀을 전달하는 선포자 역할(forth-teller)을 하게 되어 있음을 함축하고 있다. 여기서 대망의 시대인 구시대와 성취의 시대인 새로운 시대 사이에 처한 요한의 모습을 발견할 수 있다.

예수님은 세례 요한을 가리켜 "선지자보다도 나은 자"(περισσότερον προφήτου)라고 말씀하신다. "너희가 어찌 하여 나갔더냐 선지자를 보기 위함이었더냐 옳다 내가 너희에게 이르노니 선지자보다 더 나은 자니라"(마 11:9) 그러면 예수님이 요한을 가리켜 "선지자보다 더 나은 자"라고 하신 말씀의 뜻은 무엇인가?

첫째로, 세례 요한은 스스로 예언자이면서 동시에 예언의 대상이었다는 점을 들 수 있다. 요한은 메시아의 강림과 사역에 대해 예언하였다(마 3:7-12; 눅 3:15-17). 더욱이 요한은 구약 예언의 성취로 나타났다. 요한은 말라기 3:1에 기록된 예언의 성취로 예언의 대상이 된다.[14]

둘째로, 세례 요한은 구약 예언자의 계통에 속한 사람으로 예언의 은사를 받아 하나님의 말씀을 선포했을 뿐만 아니라 자신의 인격과 메시지에서 구약 예언자들을 능가했다는 점이다. 요한은 주의 앞에

---

14. William Hendriksen, *The Gospel of Matthew* (*N.T.C.* Grand Rapids: Baker, 1973), pp. 486-487; R.C.H. Lenski, *The Interpretation of st. Matthew's Gospel* (Minneapolis: Augsburg Publishing House,1964), p. 434: "John is the one prophet who himself was prophesied."

보냄을 받은 사자였다. 렌스키(Lenski)는, "요한은 사자로서 다른 선지자들처럼 그리스도의 강림을 선포했을 뿐만 아니라 실제적으로 그리스도의 길을 예비하고 그리스도 바로 앞에 왔다. 이 점 역시 요한을 '선지자보다 더 나은 자'로 만든다."[15]라고 말한다. 세례 요한의 메시지는 구약 예언 중 마지막 예언이며 신약복음의 첫 말씀이다. 이처럼 세례 요한은 구약시대와 신약시대를 연결하며 새로운 시대의 문턱에 선 예언자로서 오실 메시아를 선포하는 광야의 소리이다.

셋째로, 세례 요한은 신약의 엘리야(Elijah)라는 점이다. 친히 예수님께서 "오리라 한 엘리야가 곧 이 사람이니라"(마 11:14)고 지칭한 것처럼 세례 요한이 "오리라 한 엘리야"임이 명백하다. 예수님은 문자적으로 세례 요한을 엘리야와 동일시한 것이 아니다. 세례 요한의 인격과 사역과 메시지의 성격이 구약의 엘리야와 비슷하기 때문에 이렇게 말씀하신 것뿐이다. 또 예수님은 구약 예언의 성취로 이렇게 말씀하셨다.

> 보라 여호와의 크고 두려운 날이 이르기 전에 내가 선지자 엘리야를 너희에게 보내리니 그가 아버지의 마음을 자녀에게로 돌이키게 하고 자녀들의 마음을 그들의 아버지에게로 돌이키게 하리라 돌이키지 아니하면 두렵건대 내가 와서 저주로 그 땅을 칠까 하노라(말 4:5,6)

말라기의 이 마지막 구절 말씀의 성취로 예수님은 다음과 같이 말씀하신다.

---

15. Lenski, *op. cit.*, p.434.

모든 선지자와 율법이 예언한 것은 요한까지니 만일 너희가 즐겨
받을진대 오리라 한 엘리야가 곧 이 사람이니라(마 11:13,14)

"따라서 회개와 믿음의 설교자, 이 세례 요한은 오실 엘리야였다.
구약의 엘리야처럼 요한 역시 회개의 설교자였다. 두 사람은 갑작스
러운 출현, 메시지의 예리성, 생활의 단순성에서 서로 닮은 점이 있
다. …… 참으로 요한은 문자적 엘리야는 아니었다(요 1:21). 그러나 내
적으로 그는 엘리야였다. 왜냐하면 그가 또 엘리야의 심령과 능력으
로 주 앞에 앞서(눅 1:17) 간 사람이었고 따라서 예수님 자신에 의해 엘
리야로 불리어졌기 때문이다(마 17:12)".[16]

이처럼 세례 요한은 오실 메시아의 선구자로서 메시아의 오심을
준비하고 외치는 광야의 소리이다.

(5) 선구자, 세례 요한

마가복음 1:2은 세례 요한이 말라기 3:1의 성취로 출현하게 되었다고
기록한다. 세례 요한은 메시아의 길을 예비하는 역할을 하도록 예언
되고 바로 그 일을 위해 하나님의 보내심을 받았다. 마가복음 1:2의

---

16. Hendriksen, *The Gospel of Matthew*, pp. 490-491. 예수님이 마 11:14에서 세례 요한을 가
리켜 "오리라 한 엘리야가 곧 이 사람이니라"고 하신 말씀과 세례 요한 자신이 요 1:20-22
에서 "네가 엘리야냐"라는 유대인들의 질문에 "나는 아니다"라고 대답한 말씀이 서로 상
충되는 것처럼 보인다. 그러나 이 문제는 유대주의 신학의 배경을 알면 자연스럽게 해결
된다. Talmud나 Midrash가 증거하는 것처럼 유대인들은 엘리야가 문자적으로 부활하여
나타날 것을 기대하고 있었다. 그들은 말 4:5의 말씀을 잘못 이해하였다. 그러므로 세례
요한은 유대인들의 사상적 배경을 잘 알고 있었기 때문에 자신은 유대인들이 기대하는 의
미에서의 엘리야가 아니요 "광야에서 외치는 자의 소리"(요 1:23)라고 말한다. 요한복음
의 내용과 마태복음의 내용이 서로 상충되지 않고 세례 요한은 구약 예언의 성취로서 상
징적 의미의 엘리야임을 더 확실히 해주고 있다.

내용은 왕보다 앞서 가면서 왕의 오심을 널리 선포하는 사자의 모습을 생각나게 한다. 동양의 군주가 위엄에 찬 모습으로 행진하면 먼저 그의 사자를 앞서 보내 군주의 입성을 알리고, 방해되는 것을 제거하게 하여 자기 백성들에게 존경과 경외심을 가지고 군주를 영접하도록 선포하는 선구자의 모습을 생각나게 한다. 세례 요한의 사역은 선구자의 모습을 보여준다. 세례 요한은 회개를 선포하고 정결하게 하는 세례를 베푼다.

회개의 선포와 정결하게 하는 세례를 베푸는 일은 임박한 메시아의 강림을 위해 적절한 준비라고 할 수 있다. 세례 요한의 선포는 두 가지 효과를 나타낸다. 그의 선포를 듣고 회개하지 않으면 왕의 진노를 받게 된다. "이미 도끼가 나무뿌리에 놓였으니 좋은 열매 맺지 아니하는 나무마다 찍혀 불에 던져지리라"(마 3:10) 선구자의 선포를 듣고 긍정적인 반응을 보이면 메시아의 심판을 면제받을 수 있다는 개념이 들어 있다. 왜냐하면 회개한 자에게는 찍혀 불에 던져지는 심판이 없을 것이기 때문이다.[17]

마태복음 11:13은 "모든 선지자와 율법이 예언한 것은 요한까지니"라고 기록한다. 누가복음 16:16은 "율법과 선지자는 요한의 때까지요 그 후부터는 하나님 나라의 복음이 전파되어 사람마다 그리로 침입하느니라"로 나온다. 마태복음 11:13의 "요한까지"(ἕως Ἰωάννου)와 누가복음 16:16의 "요한의 때까지"(μέχρι Ἰωάννου)를 해석할 때 요한을 포함시키느냐 또는 배제하느냐에 따라 요한의 위치에 변화가 온다. 리델보스(Ridderbos)는 "요한의 의의는 대망의 때로 제한되어 있

---

17. Meredith G. Kline, *By Oath Consigned* (Grand Rapids: Eerdmans, Press 1968), pp. 50-62.

다. 약속의 성취와 하늘나라의 강림에 있어서 요한은 아무런 역할도 할 것이 없다."[18]라고 설명함으로 요한을 구시대에 포함시킨다. 닐 (Neill) 역시 같은 어조로 "모든 선지자들은 요한의 때까지 예언했다. 요한 자신도 예언적 과거시대 즉 준비의 기간에 속한다."[19]라고 설명한다.

그러나 예레미아스(Jeremias)는 누가복음 16:16의 "때까지"($\mu\acute{\epsilon}\chi\rho\iota$)를 포함 개념으로 생각하여 요한을 율법과 선지자의 기간에 속한 것으로 해석하며, 마태복음 11:13의 "까지"($\acute{\epsilon}\omega\varsigma$)는 배타적으로 생각하여 요한을 새 시대의 참여자로 혹은 새 시대의 서막을 알리는 중간기를 소개하는 자로 해석한다.[20] 예레미아스의 이런 엇갈린 해석은 문맥에 비추어 본문을 생각할 때 큰 어려움을 만나게 된다. 마태복음 11:9-14의 내용은 요한을 선구자로 명백하게 제시하기 때문이다. 예레미아스의 견해대로 마태가 세례 요한을 새 시대의 참여자로 생각했다면 이는 세례 요한이 메시아의 강림으로 이룩된 새 시대의 시작에 근접해 있었기 때문이라고 생각할 수 있다. 바벨론 포로 이전과 이후 시대에 사역한 대·소선지자들은 새로운 메시지를 전한다. 그것은 하나님 나라의 오심, 메시아의 통치, 유대인과 이방인이 함께 주님을 섬길 수 있는 새로운 시대의 도래, 마음의 변화, 언약의 갱신, 하나님의 임재에 관한 것들이었다. 당시 선지자들은 옛것에서 새것으로 재창조될 새로운 시대(new age)를 전달하는 전령이었다. 그런 메시지를 전하는 마지막 선지자가 세례 요한이었다. 말라기는 주님의 날이 오기 전에

---

18. Herman Ridderbos, *The Coming of the Kingdom* (Grand Rapids: Eerdmans, 1969), p. 53.

19. Stephen Neill, *Jesus Through Many Eyes* (Philadelphia: Fortress, 1976), p. 129.

20. Jeremias, *New Testament Theology*, p. 47.

나타날 세례 요한의 준비의 사역에 대해 예언한다(말 3:1; 4:5). 요한은 구약의 선지자들과 신약의 사도들 사이의 과도기적 인물이었다. 그는 메시아를 지시하기도 했지만 직접 보기도 했다(요 1:29). 그는 하나님의 심판과 그의 구원을 선포했다(마 3:12; 눅 1:76).[21] 해리슨(Harrison)의 말이 여기에 적절한 줄 안다. "릴레이 선수가 다음 주자에게 배턴을 넘겨 줄 때, 비록 모든 관심이 다음 주자에게로 넘어갈지라도 그는 잠시 동안 계속 움직인다. 요한은 새로운 운동에 포함될 수가 없다. 그는 본질적으로 구질서에 속했다. (세례 요한보다) 더 큰 이가 일어남이 없지만 천국에서는 극히 작은 자라도 그보다 크다."[22]

세례 요한과 예수님 사이의 명백한 구분은 세례 요한과 예수님의 자신들에 대한 생각에서 나타난다. 세례 요한은 항상 자신이 주인공이 아니요, 자신은 자기보다 "능력이 많으신 분"의 선구자에 지나지 않는다고 말한다(마 3:11; 눅 3:16; 요 1:26-27). 반면 예수님은 변함없이 자신과 자신의 사역이 최종 계시라고 강조한다. 그래서 예수님이 쓰신 "내가 와서"라는 표현이나 "인자는 와서"라는 표현뿐만 아니라(마 11:19; 막 2:17; 눅 7:34; 12:49) "나는 너희에게 이르노니"와 같은 표현(마 5:20, 22, 28, 32 등)도 사용하실 수 있다. 이처럼 예수님은 자신과 자신의 사역을 통해 최종의 계시와 마지막 때가 왔음을 인식하고 계셨던 것으로 볼 수 있다. 우리는 세례 요한과 예수님의 자의식 속에서 큰 차이가 있음을 발견하게 된다.

에드워즈(Edwards)는, "이와 같은 하나님 나라를 충만히 가져오고 그리고 실제적으로 설립한 사람은 세례 요한이 아니요 그리스도였다.

---

21. Willem VanGemeren, *The Progress of Redemption* (Grand Rapids: Academie Books, 1988), p. 450.

22. Harrison, *op. cit.*, pp. 17-18.

그러나 그리스도가 오시기 전 그리스도의 길을 준비해야 할 그리스도의 선구자로서 세례 요한은 하나님 나라를 소개하기 위해 필요한 처음 일을 실행에 옮겼다."[23]라고 바로 설명한다. 세례 요한은 새 시대의 참여자이기보다 메시아의 선구자로서 새 시대를 바라보는 위치에 있었다. 세례 요한은 왕의 길을 평탄하게 하는 선구자였다.

3. 세례 요한의 메시지를 통해 나타난 계시

세례 요한의 인격과 메시지는 서로 뗄 수 없는 관계이다. 마치 예수님의 인격과 메시지를 분리해서 생각할 수 없는 것처럼 요한의 경우도 마찬가지이다. 그러므로 지금까지 세례 요한의 인격을 통해 나타난 계시를 다룰 때 그의 메시지에 대한 언급을 할 수밖에 없다. 요한의 메시지에 대해 더 구체적으로 다루고자 한다. 보스(Vos)는 요한의 메시지에 있어서 두 단계가 있다고 지적한다. 첫째 단계는 공관복음서에 나타난 메시지로 메시아의 심판을 강조하는 단계요, 둘째 단계는 요한복음에 나타난 메시지로 메시아의 속죄사역을 강조하는 단계이다.[24]

(1) 심판자로서 메시아 강조

심판자로서 메시아는 공관복음에 기록된 세례 요한의 메시지에서 강

---

23. Jonathan Edwards, *Jonathan Edwards on Knowing Christ* (Carlisle: The Banner of Truth Trust, 1990), p. 80.

24. Vos, *Biblical Theology*, pp. 339-351.

조되고 있다. 첫째 단계의 특징은 오실 자의 심판과 심판의 기능을 강조하는 점이다.[25] 메시아가 심판자로 나타나서 회개하지 않은 사람들을 심판하게 된다(마 3:11-12; 눅 3:16-17). 세례 요한은 메시아가 성령과 불로 세례를 베풀 것이라고 선포한다. 메시아는 손에 키를 들고 자기의 타작마당을 정하게 하사 알곡은 모아 곳간에 들이고 쭉정이는 꺼지지 않는 불에 태우실 것이다(마 3:11, 12; 눅 3:16,17). 여기서 세례 요한은 자신의 사역과 메시아의 사역을 대칭시키고 자신의 사역은 물로 세례(ἐν ὕδατι)를 베푸는 것인 반면 메시아는 성령과 불(ἐν πνεύματι ἁγίῳ καὶ πυρὶ)로 세례를 베풀 것이라고 말한다.

그러면 메시아가 베푸실 성령과 불세례는 어떤 세례인가? 문맥에 비추어 볼 때 성령과 불의 세례는 두 가지의 세례를 의미한다고 생각하기보다 한 세례로 생각하는 것이 더 타당하다. 첫째로, 세례 요한이 자신의 사역을 예수님의 사역과 대칭한 데서 한 세례로 나타난다. 세례 요한의 물세례와 예수님의 성령과 불의 세례가 대칭을 이룬다. 이 대칭은 세례 요한의 사역이 한 세례의 사역인 것처럼 예수님의 사역인 성령과 불의 세례도 한 세례임을 함축한다. 둘째로, 본문에서 전치사 엔(ἐν)이 성령과 불을 함께 받고 있다는 사실이 한 세례임을 가리킨다. 성령과 불의 세례가 별개의 세례였다면 두 개의 전치사를 사용하는 것이 옳다.[26] 그러므로 성령과 불의 세례는 한 세례로 두 국면을 가리킨다고 생각하는 것이 타당하다. 두 국면은 오순절 때의 성령을 부어주심과 재림 때의 심판을 가리킨다. 렌스키(Lenski)는 성령과 불

---

25. *Ibid.*, p. 339.

26. R.C.H. Lenski, *op. cit.*, p. 117: "One ἐν combines the Spirit and fire: ἐν πνεύματι ἁγίῳ καὶ πυρὶ, and thus regards them as one concept which is also placed over against the one water."

의 세례가 한 세례라는 견해에는 동의를 표하나 불이 정결을 상징하는 것으로 생각하여 성령과 불 모두 은혜의 범주에 속한 것으로 주장한다.[27] 반대로 브루스(A.B. Bruce)는 성령과 불이 모두 심판의 범주에 속한다고 주장한다. 브루스는 "엔 프뉴마티 하기오 카이 퓌리(ἐν πνεύματι ἁγίῳ καὶ πυρί). 여기 엔 프뉴마티 하기오(ἐν πνεύματι ἁγίῳ)를 주의해 보라. 이 구절은 마땅히 세례 요한의 입장과 일치하게 해석해야 하지 예수님이 증명하게 될 입장이나 성화의 내재적 근원으로서 성령에 관한 바울의 교훈에 비추어 해석해서는 안 된다. 요한이 생각하는 대로 메시아의 전체 세례는 심판의 세례이다. 일반적으로 여기 성령은 그리스도의 은혜를 설명하고 불은 심판의 기능을 설명하는 것으로 생각되어 왔다. 적지 않은 사람이 불을 정화의 요소로 생각하여 은혜의 범주로 예속시킨다. 나는 그리스도의 은혜의 요소가 여기에 전혀 없다고 생각한다. 성령은 심판의 격렬한 바람이다. 백성 중 가볍고 가치 없는 모든 것을 쓸어 없애는 거룩한 바람이다. … 불은 바람이 남긴 것을 파괴시킨다."[28]라고 설명한다.

이처럼 성령과 불의 세례를 은혜의 범주로나 또는 심판의 범주로만 해석하는 견해가 있다. 그러나 세례 요한의 증언에 대한 예수님 자신의 해석은 성령과 불의 세례가 확실히 메시아의 사역의 이중적 요소를 가리키고 있다고 말한다. 예수님은 부활하신 후 사십 일 동안 지상에 계시면서 "요한은 물로 세례를 베풀었으나 너희는 몇 날이 못 되

---

27. R.C.H. Lenski, *The Interpretation of St. Luke's Gospel* (Minneapolis: Augsburg Publishing House, 1961), p. 201; cf. Lenski, *The Interpretation of St. Matthew's Gospel*, pp. 117-118; R.C.H. Lenski, *The Interpretation of the Acts of the Apostles* (Minneapolis: Augsburg Publishing House, 1961), p. 59.

28. Alexander Balmain Bruce, *The Expositor's Greek Testament*, Vol. I: *The Synoptic Gospels*, ed. W. Robertson Nicoll (Grand Rapids: Eerdmans, 1980), p. 84.

어 성령으로 세례를 받으리라"(행 1:5)고 가르친다. 이 말씀은 예수님이 오순절 성령세례 사건을 내다보고 제자들에게 하신 말씀이다. 그런데 오순절 사건을 심판의 사건, 파괴의 사건으로 생각하는 사람은 아무도 없다. 오순절 사건은 은혜의 사건이요 축복의 사건이다. 보스(Vos)는 "오실 자가 베풀 세례의 두 요소 중 하나로 명시된 불은 의심할 바 없이 심판의 불이기 때문에 따라서 성령과 동의어로 생각할 수 없고 성령과 반대되는 것으로 생각해야 한다(참조. 마 3:10-12; 눅 3:16,17)."[29]라고 설명함으로 성령과 불을 구분시켜 두 요소로 생각한다. 그러면 왜 예수님이 사도행전 1:5에서 불을 언급하지 않았는가? 불의 요소, 심판의 요소는 어떻게 되었는가? 심판은 죄와 관련이 있다. 예수님이 성육신하신 이유도 죄 문제를 해결하시기 위해서였다. 십자가의 사건은 예수님이 인간들의 죄 문제를 해결하시기 위한 사건이었다. 예수님은 십자가상에서 믿는 자들의 대표로서 심판의 세례를 받았다(눅 12:50; 막 10:38). 그러므로 예수님께 접붙임 받은 자들은 심판의 두려움이 없어졌다. 메시아의 심판 세례는 그와 관계없는 자들에게 내려지게 된다.

여기서 세례 요한의 구속 역사적인 입장이 본문 이해에 큰 역할을 담당한다. 십자가와 오순절 사건 이전에 메시아의 사역을 예언한 세례 요한은 메시아의 선구자로서, 메시아의 길을 평탄하게 하는 자로서 심판의 요소를 강조할 수밖에 없다. 평화와 화목과 은혜를 선포할 이는 세례 요한이 아니요 메시아 자신이기 때문이다.[30]

---

29. G. Vos, *Biblical Theology*, p. 339; Hendriksen (*The Gospel of Luke*, pp. 210-211)은 불을 예언적 원근축소(Prophetic foreshortening)의 방법으로 이해하여 불이 오순절("불의 혀처럼 갈라지는 것" 참조)과 재림 때의 심판을 같이 가리키는 것으로 설명한다.
30. 박형용 『사도행전 주해』(수원: 합동신학대학원 출판부, 2017), pp. 324-326 참조.

공관복음은 메시아가 죄인을 심판하는 심판주로 오셔서 불세례로 심판하실 것을 강조한다. 메시아의 사역은 죄를 다루며, 어두움의 왕국을 파괴하고 사탄의 사역을 저지시킬 것이다. 메시아는 사탄과 투쟁할 것이며 사탄에게 충성을 보이는 사람들을 심판하실 것이다. 메시아는 인간의 죄 문제를 해결하기 위해 십자가상에서 죄인들을 대신하여 심판의 세례를 스스로 받으셨기 때문에 이제 그에게 속한 성도들에게는 축복의 세례만 베푸시는 것이다(눅 12:49-53; 행 1:5). 그에게 속하지 않은 사람들에 대한 심판은 유예(猶豫)된 상태이다.

(2) 속죄의 주 메시아 강조

둘째 단계의 특징인 속죄의 주 메시아는 요한복음에 기록된 세례 요한의 메시지에 강조되어 나타난다. 요한복음은 메시아를 죄 값을 치를 분으로 묘사한다. 세례 요한은 예수님을 소개하면서 "보라 세상 죄를 지고 가는 하나님의 어린 양이로다"(요 1:29)라고 말한다. 사도 요한은 요한복음에서 세례 요한의 메시지의 다른 한 면을 보여주고 있다. 즉 심판주와 구세주가 같은 분이라고 천명한다.

"하나님의 어린 양"(ὁ ἀμνὸς τοῦ θεοῦ)[31]에 대한 해석은 여러 가지 견해가 있다. 모리스(Leon Morris)는 아홉 가지의 견해를 소개한다. 첫째, 유월절 양; 둘째, 도수장으로 끌려가는 어린 양(사 53:7); 셋째, 주의 종; 넷째, 매일 희생에 바치는 양; 다섯째, 순한 어린 양(렘 11:19);

---

31. 어린 양을 헬라어 ἀρνίον(요 21:15; 계 5:6,8,12,13; 6:1,16; 7:9,10,14,17; 12:11; 13:8,11; 14:1,4,10; 15:3; 17:14; 19:7,9; 21:9,14,22,23,27; 22:1,3)으로 표현하기도 하며 ἀμνὸς(요 1:29,36; 행 8:32; 벧전 1:19)로 표현하기도 한다. 그런데 ἀρνίον과 ἀμνὸς사이에 개념적인 차이가 있다고 생각할 수는 없다.

여섯째, 속죄 염소; 일곱째, 승리의 양; 여덟째, 하나님이 준비하신 어린 양(창 22:8); 아홉째, 속건제로 드리는 어린 양(레 14:12-20; 민 6:12)으로 해석할 수 있다.[32] 그러나 여기서 일치된 견해를 찾을 수 없다. 가장 적절한 해석은 하나님의 어린 양을 희생에 대한 일반적인 언급이라고 생각하는 견해이다. 메시아를 양의 모습으로 표현한 것은 이상에서 언급한 여러 가지 견해의 일부 혹은 전부를 포함하는 개념으로 생각할 수 있다. 옛 희생이 의미하고 있는 모든 것이 그리스도의 희생에서 완전히 성취되었기 때문이다.[33]

헨드릭센(Hendriksen)은 다음과 같은 말로 이 문제를 설명한다. "일반적으로 제시되는 질문은 '세례자가 유월절 양을 생각하고 있었는가(출 12-13장; 참조. 요 19:36; 고전 5:7; 벧전 1:19) 혹은 매일 제사에 드리는 양을 생각하고 있었는가(민 28:4) 혹은 이사야 53:6, 7에 언급된 양을 생각하고 있었는가?' 좋은 이유들이 이들 견해를 위해 제시되었다. 첫째 견해를 위해서는 유월절이 다가오고 있었다는 것이요, 둘째 견해를 위해서는 이런 양들을 잡는 일이 매일 있었던 일로 요한의 말을 듣고 있는 사람들에게 잘 알려진 사건이었다는 것이며, 셋째 견해를 위해서는 세례자가 바로 전날 자신과 자신의 사역을 설명하면서 이사야서(40장)의 말씀을 인용했다는 점이 그 이유이다. 마태 역시 이사야 53장(마 8:17을 보라)을 익히 알고 있었다. 베드로도 이사야 53장을 익히 알고 있었으며(벧전 2:22), 전도자 빌립은 물론(행 8:32) 히브리서의 저자도 그 말씀을 익히 알고 있었다(히 9:28). 그런데 선택을 해야 할 이유가 무엇인가? 이 모든 모형들이 그리스도 안에서 성취되지 않았는

---

32. Leon Morris, *Commentary on the Gospel of John* (NICNT, Grand Rapids: Eerdmans, 1971), pp. 144-147.

33. Morris, *Commentary on the Gospel of John*, pp. 147-148.

가? 그리스도는 이 모든 것이 가리키는 실재(Antitype)가 아닌가(참조 벧전 1:19; 2:22)?"[34]

헨드릭센(Hendriksen)의 해석이 타당한 것은 문맥에 비추어 "하나님의 어린 양"의 표현을 고찰할 때 세례 요한이 어느 특정한 견해를 생각하고 이 말씀을 사용했다고 생각할 수 없으며 또한 다른 신약성경에서 예수 그리스도가 희생제물의 양이라는 충분한 증거를 찾을 수 있기 때문이다.

유월절 양은 속죄의 제물이었다. 이 양의 피는 하나님 앞에서 죄를 속하기 위해 바쳐졌으며 애굽의 첫 태생이 죽는 하나님의 저주에서 이스라엘을 구출했다. 출애굽기 12:46은 유월절 양의 뼈를 꺾지 말아야 한다고 전한다. 요한복음 19:36은 "그 뼈가 하나도 꺾이지 아니하리라"한 말씀이 예수님에게 응해졌다고 설명한다. 이 사실은 예수님의 십자가상의 죽음이 유월절 양 희생의 성취임을 증거한다.

유대주의 의식에서 아침저녁으로 하루에 두 번 드리는 양 역시 속죄를 위해 바쳐진 희생이다. 이 희생은 주님께 대한 성별을 상징하며 모든 제물을 불이 다 태우기 때문에 우리의 생명을 주님께 바친다는 뜻이다. 이 희생은 먼저 양을 잡아 인간의 죄를 위해 그 피를 뿌린다. 이런 희생이 매일 두 번씩 성전 예배에서 행해졌기 때문에 유대인들의 마음에 중요한 제사로 부각되었을 것이며, 따라서 세례 요한이 "보라 세상 죄를 지고 가는 하나님의 어린 양이로다"(요 1:29)라고 말했을 때 유대인들은 이 희생을 생각했을 것으로 보인다.

또한 이사야 53:6-7의 "도수장으로 끌려가는 어린 양"(7절)은 어떤 희생을 가리키는지 분명하지 않지만 그리스도의 십자가 사건을 가리

34. William Hendriksen, *The Gospel of John*, Vol. 1 (*NTC*, Grand Rapids: Baker,1975), p. 98.

키는 것만은 틀림없다. 신약의 여러 저자가 이 구절을 익히 알고 있었다(마 8:17; 벧전 2:22; 행 8:32; 히 9:28).

이상에서 보는 대로 예수님이 하나님의 어린 양이라는 신약의 개념은 구약적인 여러 배경을 가지고 있기 때문에 요한복음에 나온 "하나님의 어린 양"이라는 말씀의 뜻을 어느 한 개념에 국한할 수는 없다. 오히려 구약의 모형과 예언이 예수 그리스도 안에서 완전히 성취되었기 때문에 구약의 여러 희생의 개념도 그리스도의 인격 안에서 성취된 것으로 생각해야 한다. 이런 의미에서 모리스(Morris)나 헨드릭센(Hendriksen)의 해석이 옳다. 이처럼 요한복음에 기록된 세례 요한의 예수님에 대한 메시지는 메시아의 속죄 사역을 강조하고 있다.

4. 세례 요한의 세례에 나타난 계시

여기서는 요한의 세례에 관한 일반적인 뜻을 고찰하고자 한다. 세례 요한이 예수님에게 베푼 세례의 의미를 이해하려면 요한의 세례의 일반적인 의미를 알아야 한다. "요한의 일반 세례와 요한이 예수님께 베푼 구체적인 세례를 분리하면 안 된다."[35]

(1) 요한의 세례의 일반적 특성

요한이 세례를 베풀 당시의 세례 의식은 통상적인 의식이었다. 그리고 그 의식은 반복적으로 시행되었다. 당시의 이런 배경과는 달리 세

---

35. G. Vos, *Biblical Theology*, p. 340.

례 요한의 세례는 단회적이었다는 것이 특색으로 나타난다.[36] 복음서
의 기록이 보여주는 대로 세례 요한은 선례의 방법을 따르지 않고 자
기 자신의 특수한 방법으로 자신의 물세례를 베풀었다. 공관복음서의
기록은(마 3:1-12; 막 1:1-8; 눅 3:1-18) 요한이 죄 용서함 받는 회개의 세례
를 선포한 것으로 전한다.[37] 요한의 세례가 그 당시 유대주의의 정결
의식과는 달리 단회적이라는 뜻은 정결의 의식은 반복적으로 시행되
었지만 요한의 세례는 반복하여 시행하지 않았다는 뜻이다. 그러나
요한의 세례를 받은 사람이 기독교의 세례를 받을 필요가 없다는 뜻
은 아니다. 사도행전 19:3-5은 요한의 세례를 받은 사람들이 주 예수
의 이름으로 다시 세례 받은 사실을 확증하고 있다. 요한의 세례는 준
비적인 세례이지만 예수님의 이름으로 받는 세례는 예수님이 성취하
신 구속의 축복에 참여하는 뜻이 내포되어 있다.

그러면 요한의 세례의 구약적인 배경은 무엇인가?

첫째로, 요한의 세례의 구약적 배경은 언약을 맺기 전 준비적인
성결 의식(출 19:10,14)에서 찾아야 한다. 하나님은 모세에게 자신이 이
스라엘과 언약을 맺겠다고 선포하시고 "너희가 내 말을 잘 듣고 내 언
약을 지키면 너희는 모든 민족 중에서 내 소유가 되겠고 너희가 내게
대하여 제사장 나라가 되며 거룩한 백성이 되리라"(출 19:5,6)라고 말씀
하셨다. 그리고 하나님은 모세에게 "너는 백성에게로 가서 오늘과 내
일 그들을 성결하게 하며 그들에게 옷을 빨게 하고 준비하게 하여 셋
째 날을 기다리게 하라"(출 19:10,11)고 명하셨다. 여기서 성결하게 하
여 옷을 깨끗하게 하는 행위는 언약을 맺기 전 하나님께 대한 정결과

---

36. Vos, *Biblical Theology*, p. 340.

37. C.K. Lehman, *Biblical Theology*, Vol. 2, p. 90.

성별의 뜻을 상징하는 것으로 이해된다.

둘째로, 요한의 세례의 또 다른 구약적 배경은 선지자들이 선포한 것처럼 종말 시대 이전에 있을 정결 의식(사 1:16; 4:4; 겔 36:25-33; 슥 13:1)에서 찾아야 한다.[38] 이사야 선지자는 이스라엘의 회개를 촉구하는 하나님의 엄한 말씀을 선포한다. "너희는 스스로 씻으며 스스로 깨끗하게 하여 내 목전에서 너희 악한 행실을 버리며 행악을 그치고 선행을 배우며 정의를 구하며 학대받는 자를 도와주며 고아를 위하여 신원하며 과부를 위하여 변호하라"(사 1:16,17; 참조. 사 4:4). 이런 준엄한 이사야 선지자의 말씀은 세례 요한의 말씀과 비슷한 점이 많다. 후에 에스겔 선지자를 통해 하나님은 "맑은 물로 너희에게 뿌려서 너희로 정결하게 하되 곧 너희 모든 더러운 것에서와 모든 우상 숭배에서 너희를 정결하게 할 것이며"(겔 36:25)라고 말씀하신 후 정결하게 하는 것과 관련하여 "새 영을 너희 속에 두고 새 마음을 너희에게 주겠다"(겔 36:26)라고 말씀하신다. 여기서 정결하게 하는 의식은 새 영을 주심에 대한 준비적인 의식이다.

예수 그리스도의 오심과 더불어 새로운 종말의 시대가 시작되는 것을 준비하는 요한은 예수님의 선구자로서 이런 구절들의 예언의 말씀에 나타난 위대한 정결 의식을 소개하는 역할을 하고 있다. "물" 자체는 한편으로 성령의 재생시키며 새롭게 하는 역할을 상징하고 다른 편으로는 속죄로 죄 씻음 받는 것을 상징한다. 그러므로 요한의 세례

---

38. G. Vos, *Biblical Theology*, p. 340: "Its precedents and analogies will have to be sought in the Old Testament, not so much in the ceremonial lustrations of the Law, for these also required repetition, but rather, on the one hand in the washings preparatory to the making of the Old Covenant (Ex.19:10,14) and on the other in the great outpouring of water which the prophets announce will precede the eschatological era(Isa. 1:16; 4:4; Mic. 7:19; Ez. 36:25-33; Zech. 13:1)."

는 단순한 정결 의식 이상의 뜻이 있다.

요한의 세례는 구약의 이런 배경을 가지고 있지만 하나님의 나라가 그리스도 안에서 가까이 오고 있다는 사실을 역사적으로 증거한 점에서는 전혀 새로운 점을 보여준다. 요한의 물세례는 새로운 시대가 이미 시작되었다는 것을 증거하고 있다.[39] 이런 뜻에서 요한 자신이 그리스도의 선구자인 것처럼 요한의 세례는 기독교 세례의 선구라고 할 수 있다.

(2) 회개를 강조한 요한의 세례

세례 요한의 첫 선포는 "회개하라 천국이 가까이 왔느니라"(마 3:2)였다. 요한의 첫 선포는 회개를 강조했다. 마태복음은 요한이 "회개하게 하기 위하여"(마 3:11) 물로 세례를 베푼다고 기록하고 있다. 마가는 "죄 사함을 받게 하는 회개의 세례"(막 1:4)를 세례 요한이 전파한 것으로 기록한다. 누가 역시 요한이 "죄 사함을 받게 하는 회개의 세례"(눅 3:3)를 전파했다고 말한다. 공관복음서의 이 모든 기록은 요한의 세례가 회개를 강조한 세례라고 전한다. 또한 마태복음과 마가복음은 요한에게 세례를 받으러 나아온 사람들이 자기 죄를 자복하고 세례를 받았다고 전한다(마 3:6; 막 1:5).

세례 요한의 세례를 받을 수 있는 필수적 요건은 회개와 죄 고백

---

39. Albrecht Oepke, "βαπτίζω," *Theological Dictionary of The New Testament*, Vol. I (Grand Rapids: Eerdmans,1972), p. 537: "His concern is not to defer the destruction of the world, but prepare the people for the imminent coming of Yahweh. The baptism of John is an initiatory rite for the gathering Messianic community. Linking up with prophetic passages like Is. 1:15f; Ez. 36:25(cf. Is. 4:4; Jer. 2:22; 4:14; Zech. 13:1; Ps. 51:7), it is to be regarded as a new development."

이었다. 그러나 회개와 죄 고백이 요한의 세례를 받은 이후에는 더 이상 필요하지 않다는 뜻은 아니다. 세례 요한은 세례를 받기 원하는 자들에게 외적인 형식이 중요하지 않고 회개와 죄 고백이 있어야 한다는 사실을 명백히 한다(눅 3:10,12,14). 요한의 세례는 회개와 죄 고백을 통해 용서와 깨끗함을 산출하게 된다. 그러나 요한의 세례의 준비적인 성격은 요한의 세례를 상징적 의미의 용서와 깨끗함으로 이해하게 한다. 요한의 세례는 죄를 고백하는 자들에게 용서받은 사실을 상징적으로 인치는 역할을 한다.

요한의 세례의 종말론적인 성격은 하나님의 임박한 심판을 강조하는 데서 찾을 수 있다. 요한의 세례는 이 임박한 심판을 위해 준비하는 역할을 한다(눅 3:15-17). 더 넓은 예언적 전망으로 볼 때 요한의 세례는 메시아의 오심과 관련하여 종말론적인 의미가 있다. 예수님의 오심으로 요한이 선포한 심판은 완전히 끝난 것이 아니다. 세례 요한의 심판은 메시아 시대의 종말에 있을 메시아 심판의 시작에 불과하다.[40]

회개를 강조하는 요한의 세례에는 준비적인 특징이 있다. 요한은 자신이 물로 세례를 베풀지만 예수 그리스도는 성령과 불로 세례를 베풀 것이라고 증거한다(눅 3:16). 보스(Vos)는 요한의 세례가 앞으로 있을 기독교 세례를 표상하는 기능만 갖는 것으로 생각하는 것은 잘못이라고 지적한다. 보스는 "요한의 세례는 구약의 모든 의식과 함께 그 의식에 관련된 진정한 은혜를 가지고 있지만 단지 은혜의 정도와 질에 있어서 구약의 기준에 머무를 뿐이다. 요한의 세례가 갖지 못한 것은 진정한 기독교 개념의 성령이었다. 왜냐하면 그 성령의 부어주

---

40. Lehman, *Biblical Theology*, p. 92.

심과 세례와의 연관은 오순절 성령세례 사건에 의존되어 있기 때문이다."[41]라고 설명한다. 요한의 세례는 기독교 세례를 예상하게 하는 준비적인 것이었다.

5. 세례 요한에게 받은 예수님의 세례에 나타난 계시

예수님이 요한에게 받으신 세례와 요한의 일반적인 세례를 구분할 필요가 없다. 예수님은 죄가 없고 회개할 필요가 없기 때문에 예수님이 요한에게 받으신 세례를 죄 있는 일반 백성들이 받은 세례와 구분하려는 시도가 있을 수 있다. 그러나 그런 구분은 성경의 지지를 받지 못한다. 마태복음 3:13-15의 내용은 요한이 예수님의 무죄성을 인정한 것으로 기술한다. 마태가 "요한이 말려 이르되 내가 당신에게서 세례를 받아야 할 터인데 당신이 내게로 오시나이까"(마 3:14)라고 말한 내용이 이를 증거한다. 그리고 요한은 자기가 왜 예수님께 세례를 베풀어야 하는지 가르침을 받은 후에야 예수님께 세례를 베풀었다. 세례 요한이 이때 예수님께 세례를 베푼 이유는 예수님께서 깊은 종교적 체험을 통해 자신의 신적 사명과 권능을 인식했기 때문이라고는 생각할 수 없다. 또한 예수님께서 하나님의 아들이 되셨기 때문에 요한이 세례를 베풀었다고도 생각할 수 없다. 오히려 예수님이 요한에게 받으신 세례는 예수님이 자기 백성을 대표하는 메시아로서 대속적

---

41. G. Vos, *Biblical Theology*, p. 342. Vos는 오순절 사건 이전에 있었던 예수님의 제자들이 베푼 세례도 이런 의미에서 준비적이요 구약의식의 계속으로 생각한다.

인 방법으로 회개와 죄 고백 그리고 죄 용서함을 경험하시기 위해서
였다고 생각하는 것이 바른 이해이다.

(1) 예수님의 복종

예수님이 받으신 세례를 이해하는 열쇠는 예수님께서 메시아로서 자
기 백성을 대표해서 대속적으로 행동하셨다고 생각하는 데 있다. 예
수님이 세례 받기 위해 요한에게 나아갈 때 요한은 예수님께 회개의
세례를 베풀 수 없다고 거절했다. 요한의 이런 태도는 예수님을 메시
아로 인정한 것이다. 요한은 오히려 "내가 당신에게서 세례를 받아야
할 터인데"라고 말한다. 그러면 여기서 요한이 예수님께 받아야 할 세
례는 어떤 세례인가? 단순한 물세례라고 생각할 수 있는가? 문맥에
비추어 보면 요한이 받기를 소원한 세례는 자신이 방금 전 예수님의
사역을 설명할 때 언급한 것처럼 메시아가 베풀 성령과 불세례를 가
리킨다(마 3:11). 요한이 예수님께 회개의 물세례 베풀기를 주저한 것
은 그가 예수님을 메시아로 인정했기 때문이다. 그리고 예수님께서
"이제 허락하라 우리가 이와 같이 하여 모든 의를 이루는 것이 합당하
니라"(마 3:15)고 말씀하실 때 예수님의 말씀에 순종한 것도 역시 메시
아의 권위를 인정했기 때문이다.

　　보스(Vos)는 세례 요한이 예수님께 세례 베풀기를 거절한 것은 예
수님이 죄가 없고 회개의 필요가 없다는 주관적인 필요성의 결여에
그 이유가 있었지만 예수님은 세례를 받아야 할 객관적인 이유를 들
어 세례를 베풀어야 함을 가르쳤다고 설명한다.[42] 객관적인 이유는 항

---

42. Vos, *Biblical Theology*, p. 343.

상 적용되는 이유가 아니요 당시로 봐서는 "모든 의를 이루는 것"(마 3:15)이었다. 그러면 "모든 의를 이루어야 한다"는 뜻이 무엇인가? 보스(Vos)는 "'모든 의를 이루는 것'은 율법을 지키는 데 있어서 우리를 대신한 그리스도의 속죄의 원리를 적절하게 잘 표현하고 있는 대속교리의 고정된 형식과 동일하지 않다. 그 표현은 덜 전문적이요 통상적인 의미로 고찰되어야 한다. '의'는 항상 율법이나 다른 것을 통해 여호와께서 이스라엘에게 요구했다. 본문의 경우 의는 요한의 세례를 받는 것을 뜻한다. 왜냐하면 이 경우는 개인적인 선택의 문제가 아니요, 민족적인 의무였기 때문이다. 예수님과 요한('우리')에게 이 의가 부과되었다. 그리고 예수님은 그것을 지키는 것이 의무라고 선포하신다"[43]라고 설명한다. 여기서 민족적 의무의 의는 하나님의 백성에 대한 예수님의 대속적 관계 가운데서 설명될 수 있는 신학적 의를 가리킨다. 예수님이 요한의 세례를 받으신 것은 민족적 의무를 지켜야 한다는 단순한 의미가 아니라 선택된 백성의 대표자로서 그들과 동일시되는 심오한 의미와 메시아로서 그들을 대신하여 서 있다는 소명감에서 받으신 것을 뜻한다. 메시아이신 예수님은 백성들을 대신해서 회개하며 죄를 고백하고 그들을 위해 대속적인 용서를 확보하셨다. 보스(Vos)는 이에 대해 예수님이 죄를 대속적으로 지시고 용서를 대속적으로 받으셨다면 원리적으로 예수님이 백성을 위해 대속적으로 회개를 했다고 말해서 잘못이 없는 줄 안다고 말한다.[44]

---

43. *Ibid.*, pp. 343-344.

44. Vos, *Biblical Theology*, p. 344: "We should say that Jesus' identification with the people in their baptism had the proximate end of securing for them vicariously what the sacrament aimed at, the forgiveness of sin. Even with regard to repentance we may reason analogously; for if Jesus bore sin vicariously, and received forgiveness vicariously, then there can be no objection on principle to saying that He repented for the people vicar-

이 점에 있어서 리처드슨(Richardson)의 해석이 본문 이해에 큰 도움을 준다. 그는 "예수님이 요한에게 세례 받기 위해 무리들과 함께 나아갈 때 메시아—종으로서 그의 사명을 이미 받으셨다고 생각하는 것은 정당한 추정이다. 그는 강포를 행하지 아니하였고 그 입에 거짓이 없었지만 자기 백성의 허물을 위해 고난을 당하신(사 53:8) 고난의 종의 역할을 이미 받으셨다. 그는 많은 사람을 의롭게 하고 그들의 죄악을 담당할(사 53:11) 종이었다(ὁ διακονῶν, 눅 22:27 참조). 이것이 그가 세례 받은 이유이다. 죄 없는 자가 우리 모두의 죄악을 친히 담당하시기 위해(사 53:6) 죽으신 것과 같이 요한에게 '죄 사함을 받게 하는 회개의 세례'(막 1:4)도 받으셨다. 대표자로서 그는 후에 십자가의 세례에서 세상의 죄들을 담당하신 것처럼 회개의 세례에서도 세상의 죄를 담당하셨다."[45]라고 설명한다.

예수님의 세례는 그의 죽음을 예표한다. 바울은 성도들의 세례와 예수님의 세례 간의 연합 개념을 명백히 한다. 바울은 "그리스도 예수와 합하여 세례를 받은 우리는 그의 죽으심과 합하여 세례를 받은 줄을 알지 못하느냐 그러므로 우리가 그의 죽으심과 합하여 세례를 받음으로 그와 함께 장사되었나니"(롬 6:3,4)라고 세례에서 예수님과 성도들의 연합을 분명히 한다.

그러므로 예수님이 받은 세례는 기독교 세례가 의미하는 것과 똑같은 뜻을 가지고 있다. 예수님이 받은 세례는 기독교 세례의 모형이었다. 그것은 죄에 대한 죽음이요 의에 대한 부활이었다(롬 6:1-11 참조). 우리의 대속주로서 예수님은 세례를 통해 경험할 수 있는 은혜를

iously."

45. Alan Richardson, *An Introduction to the Theology of the New Testament* (London: SCM press, 1958), pp. 179-180.

경험하시고 성도들에게도 그 은혜를 나누어주신다. 그 은혜는 성도들이 세례를 받음으로 하나님의 아들들이요 성령의 소유자들이 되었다고 선포한다. 예수님이 요한의 물세례를 받으신 것은 성도들이 새 생명에로의 부활을 그리스도 안에서 소유하게 됨을 의미한다. 이런 심오한 의미에서 예수님이 요한에게 받으신 세례는 의를 이루는 행위였다.

예수님이 세례 요한에게 받으신 세례의 의미를 요약하면 ① 예수님께서 우리와 동일시 되셨음을 뜻하고, ② 예수님께서 메시아로 공표되셨다는 뜻이며, ③ 예수님이 성령의 능력을 덧입고 왕국 사업을 위임 받으셨다는 뜻이다.

(2) 요한의 세례와 예수님의 인격

예수님이 세례 요한에게 세례 받으실 때 예수님과 세례 요한의 대화는 예수님이 메시아이심을 명백히 밝힌다. 뿐만 아니라 예수님이 메시아이시라는 사실은 성령이 비둘기 같이 그의 위에 임한 사건과 "이는 내 사랑하는 아들이요 내 기뻐하는 자라"(마 3:16,17)는 하늘의 음성이 더욱 더 확실하게 증거하고 있다.

첫째, 성령이 비둘기같이 예수님께 임한 사실은 공관복음서 모두 기록하고 있다. 마태복음은 "예수께서 세례를 받으시고 곧 물에서 올라오실 새 하늘이 열리고 하나님의 성령이 비둘기같이 내려"(마 3:16)라고 기록하고 있고, 마가복음은 "곧 물에서 올라오실새 하늘이 갈라짐과 성령이 비둘기같이 자기에게 내려오심을 보시더니"(막 1:10)라고 기록하고 있으며, 누가복음은 "예수도 세례를 받으시고 기도하실 때에 하늘이 열리며 성령이 비둘기 같은 형체로 그의 위에 강림하시더니"(눅 3:22)라고 기록하고 있다.

마태복음과 마가복음은 하늘이 열리고 성령이 비둘기같이 내려오는 것을 예수님 혼자만 본 것처럼 기술한 반면 누가복음은 "형체로"($\sigma\omega\mu\alpha\tau\iota\kappa\tilde{\omega}$)라는 말을 사용하므로 예수님과 세례 요한이 같이 볼 수 있었던 것처럼 전한다. 요한복음은 세례 요한이 성령의 임함을 목격한 것으로 설명한다(요 1:32). 이런 구절의 말씀은 성령이 예수님께 내려온 사실이 공개적인 의의를 지닌 것으로 증거하고 있다.

예수님의 생애에 있어서 성령의 특별한 사역은 세 가지 경우에 나타난다. 첫째는 동정녀 탄생과 연관되어 나타났고(마 1:18; 눅 1:35), 둘째는 세례 요한에 의해 세례를 받을 때 나타났으며(눅 3:22), 셋째는 예수님의 부활 때에 나타났다(롬 1:4; 고전 15:45). 보스(Vos)는 첫 번째 성령 부어 주심은 예수님의 인성의 기원과 구성을 위한 것이었고, 세 번째 성령 부어 주심은 예수님의 천상의 사역과 연관되며, 요한에 의해 세례 받을 때인 두 번째 성령 부어 주심은 예수님의 공생애 사역과 관련된다고 설명한다.[46] 이 말씀은 예수님이 두 번째로 성령을 받기 이전에는 영적이 아니었다는 뜻은 아니다. 오히려 성령이 임하심은 예수님이 메시아로서 자기 백성과 구속적인 관계에 들어감을 공적으로 확인하는 것뿐이다. 예수님은 죄가 없기 때문에 성화시키는 영으로서 성령을 필요로 한 것이 아니요 그의 메시아 직을 위한 영적인 은사로, 우리의 세례의 예표로, 그의 대속적인 사역의 인침으로 성령을 받으셨다.[47] 예수님에게는 성령의 임하심이 자신의 메시아적 인격과 사역에 대한 하나님 아버지의 인정이었고 메시아의 사역을 실행할 수 있도록 예수님의 인성을 무장시킨 것이었다. 그러므로 공생애 사역 시

---

46. G. Vos, *Biblical Theology*, p. 345.

47. Vos, *Biblical Theology*, p. 345.

예수님은 자신의 모든 능력과 은혜, 구원하는 행위를 성령의 행위로 돌리신다(마 12:28; 눅 4:18; 행 10:36~38).[48]

둘째, "너는 내 사랑하는 아들이라 내가 너를 기뻐하노라"(막 1:11; 눅 3:22)고 하늘로부터 들린 음성이 예수님께서 요한에게 세례를 받을 때 들려왔다. 마태복음은 "이는(οὗτος) 내 사랑하는 아들이요 내 기뻐하는 자라"(마 3:17,개역개정).[49]고 더 공개적인 선언의 말씀을 기록한다.

여기서 규명해야 할 문제는 "내 사랑하는 아들이요" 할 때 아들의 개념을 어떤 의미로 사용했느냐 하는 점이다. 보스(Vos)는 하나님의 아들의 개념이 네 가지 의미로 사용되었다고 말한다. 첫째로 도덕적이고 종교적 의미, 둘째로 공적이며 메시아적 의미, 셋째로 출생적 의미, 넷째로 본체론적 의미이다.[50] 공관복음서의 "이는 내 사랑하는 아들이요 내 기뻐하는 자라"는 구절이 시편 2:7에서 인용된 사실은 의미심장하다. 시편 2:7은 "너는 내 아들이라 오늘 내가 너를 낳았도다"라고 말씀한다. 이 시편의 말씀은 아버지가 아들을 낳은 영원한 때를 바라보게 한다. 이렇게 볼 때 "내 사랑하는 아들이요"(마 3:17)에서 아들의 개념은 본체론적인 아들의 의미라는 것이다. 요한복음은 예수님의 본체론적 아들의 신분을 좀 더 명확히 설명한다. 세례 요한은 예수님을 가리켜 "그가 나보다 먼저 계심이라"(요 1:30)[51]고 말함으로 예수님이 영원 전부터 하나님의 아들이었음을 명백히 한다. 보스(Vos)는 이 구절에 대해 논평하면서 "미완료 시상과 함께 사용된 프로토스(Protos)

---

48. G. Vos, *Biblical Theology*, p. 345.

49. 예수님이 변화되실 때 들린 하늘의 음성 역시 "너희는 그의 말을 들으라"를 제외하고는 요한에 의해 세례 받을 때의 내용과 본질적으로 차이점이 없다(마 17:5; 막 9:7; 눅 9:35).

50. G. Vos, *The Self-Disclosure of Jesus* (New York: George H. Doran Co., 1926), pp. 140-141.

51. ὅτι πρῶτος μου ἦν. 개역한글판도 예수님의 본체론적 아들의 신분을 잘 나타내주고 있다.

는 존재의 형태에 있어서 절대적인 선재(anteriority)를 의미한다. 그것은 일반적으로 선재(preexistence)라고 불리는 주님의 영원한 존재와 관련이 있다.(참조. 요 1:1,18)"[52]고 말한다. 이처럼 "내 사랑하는 아들이요"라고 할 때의 아들의 신분은 본체론적 아들을 뜻한다.

그러나 본문에는 그 이상의 뜻이 있다. 본문에는 본체론적 아들의 의미뿐 아니라 메시아적 아들의 의미도 내포되어 있다. 물론 예수님의 본체론적 아들의 신분은 메시아적 아들의 신분을 근거로 하여 설명되어야 한다. 마태복음과 마가복음에는 메시아적 아들의 신분이 더 구체적으로 나타난다. 하나님께서 본체론적인 아들에게 메시아의 사역을 맡기는 사실을 기뻐하여 "내 기뻐하는 자라"(마 3:17; 막 1:11)라고 선언하신다. 보스(Vos)는 "그 음성은 두 가지 일을 선포한다. 먼저 예수님은 특별한 의미로 그리고 그의 소명 이전에 하나님의 아들이요. 다음으로 하나님의 선하신 기쁨이 그를 메시아로 임명하는 데 나타났다."[53]라고 설명한다.

이상에서 보는 대로 예수님이 요한에게 세례를 받을 때 본체론적인 아들의 신분뿐 아니라 메시아적인 아들의 신분도 공개적으로 선포되었다. 영원 전부터 하나님의 아들이신 예수 그리스도가 요한의 세례를 통해 메시아의 일을 감당하실 분으로 온 천하에 공포되었다.

---

52. G. Vos, *Biblical Theology*, p. 347.

53. G. Vos, *The Self-Disclosure of Jesus*, p. 187; Vos는 계속해서 "The passage belongs in a small group of statements which give us a glimpse of the relation existing between our Lord's Deity and his redemptive function in the incarnate state."(pp.187,188)라고 하여 본체론적 아들의 신분과 메시아적 아들의 신분의 관계를 설명한다.

(3) 요한의 세례와 예수님의 사역

공관복음은 예수님이 성령과 불로 세례를 베풀 자라고 예수님의 사역을 설명한다(마 3:11). 요한복음은 하나님의 어린 양으로 메시아의 대속적 성격을 강조한다. 사도행전 1:5에 나온 예수님 자신의 언급으로 보아 세례 요한이 예수님을 성령과 불로 세례 베풀 자라고 했을 때 오순절 사건을 생각한 것이 틀림없지만 예수님의 십자가와 부활을 배제했다고는 생각할 수 없다. 예수님 자신이 인간의 죄를 대신하여 심판의 세례를 받지 아니하면 성도들에게 축복의 세례, 성령의 세례를 베풀 수 없기 때문이다. 요한복음은 이 점에 있어서 더 구체적으로 진술한다. 요한은 "보라 세상 죄를 지고 가는 하나님의 어린 양이로다"(요 1:29)라고 예수님의 메시아이심을 확실히 한다. 세례 요한이 "하나님의 어린 양"이라는 용어를 사용했을 때 청중들은 무엇을 생각했겠는가? 그들이 "도수장으로 끌려가는 어린 양과 털 깎는 자 앞에 잠잠한 양"(사 53:7)을 생각했건, 유월절 양(출 12장)을 생각했건, 매일 제사 드리는 양(출 29:38-42; 민 28:3-10)을 생각했건 그들의 마음속에 대속의 개념은 지워버릴 수 없었을 것이다. 리처드슨(Richardson)의 주장대로 모리아의 한 산 아브라함의 제단 위에 이삭 대신 바쳐진 희생의 양을 생각했을지라도[54] 그들은 대속적인 희생을 생각한 것이 틀림없다.

그러므로 예수님이 받으신 세례는 십자가의 사건을 내다보게 하는 것이다. 보스(Vos)는, "예수님의 세례에서 이루신 것은 죄를 실제적으로 제거한 것이 아니요 자신이 죄를 담당하신 것이다."[55]라고 말

---

54. Richardson, *op. cit.*, p. 180.

55. G. Vos, *Biblical Theology*, p. 350.

했다. 예수님은 공생애를 시작할 때부터 "하나님의 어린 양"으로 십
자가의 길을 가고 있었던 것이다. 예수님은 공생애 시초부터 희생과
속죄를 생각하고 있었음이 틀림없다. 리처드슨(Richardson)은, "희생에
관한 전체 신약신학이 '죄사함을 받게 하는' 세례를 받으러 나아가시
는 예수님의 행위에 이미 함축되어 있다."[56]라고 바로 설명했다. 예수
님이 받으신 물세례는 십자가의 사건을 향한 공적인 첫 발걸음이었
고, 예수님의 구속사역을 집약해서 보여주는 예표적인 사건이었다.

　세례 요한을 통해 주신 계시는 예수님의 전체 사역을 바로 이해하
는 데 기초적인 역할을 한다. 세례 요한은 구약의 마지막 예언자요 신
약의 첫 예언자로 태어나 메시아의 선구자였기 때문에 메시아이신 예
수님이 "여자가 낳은 자 중에 가장 큰 자"(눅 7:28)라고 할 만큼 메시아
의 인격과 사역에 밀접한 관계가 있었다. 요한은 태어남부터 그의 사
역에 이르기까지 메시아를 중심으로 존재하고 사역했다고 성경은 명
백히 증거한다. 그는 선구자로서, 광야의 소리로서 메시아의 길을 평
탄하게 하고 메시아가 등장하자 그 배후로 물러난다. 요한이 예수님
께 세례를 베푼 사실도 예수님이 세례를 받아야할 필요가 있었기 때
문이 아니요 메시아 사역의 시작을 세상에 공표하는 준비 역할을 감
당한 것이다.

---

56. Richardson, *op. cit.*, p. 181.

예수님의 명칭을 통해
나타난 계시

성경은 여러 명칭을 사용하여 예수님을 호칭한다. 예수님에게 적용된 여러 명칭을 연구하는 것은 중요하다. 그 이유는 명칭과 함께 예수님이 어떤 분이며 또 어떤 권세를 가지고 계신지를 알 수 있기 때문이다. 복음서에서 예수님에게 자주 적용되는 명칭들은 메시아(그리스도), 주, 하나님의 아들, 인자 등이다. 이제 더 구체적으로 이 명칭들과 연계된 의미가 무엇인지 연구하고자 한다.

1. "메시아(그리스도)"의 명칭을 통한
예수님의 자기 계시

구약에서 메시아라는 명칭은 마샤흐(מָשַׁח)라는 동사에서 나왔다. 그 의미는 "어떤 것 위에 손을 얹는다"이다. 이 의미가 종교적 의식에서는 "기름을 부어 거룩하게 하다"로 발전되었으며 결국 직분을 시작할

때나 직분을 위임 받을 때 머리에 기름을 부어 거룩하게 했다.[1]

구약에서 제사장을 세울 때(출 28:41)와 선지자를 세울 때(왕상 19:16), 또 왕을 세울 때(삼상 10:1) 기름을 부어 거룩하게 구별했다고 증거한다. 메시아(מָשִׁיחַ)라는 용어는 명사인 제사장을 수식하는 형용사의 기능으로 사용되었다. 예를 들면 레위기 4:3의 "기름 부음을 받은 제사장"(הַכֹּהֵן הַמָּשִׁיחַ)이라고 할 때 "기름 부음을 받은" 자 메시아라는 용어이다. 여기서 명사형인 메시아가 발전되어 "기름 부음을 받은 자"(מָשִׁיחַ)로 사용되었다(삼상 2:10,35; 삼하 1:14; 시 2:2). 70인경(LXX)은 이런 구절들을 그리스도(Χρίστος)로 번역했다.

(1) 예수님이 스스로 메시아임을 알고 계셨는가?

예수님은 신약의 다음 구절에서 "그리스도"라는 명칭을 자신에게 적용하여 사용했다. 마태복음 16:16-20은 시몬 베드로가 "주는 그리스도시요 살아 계신 하나님의 아들이시니이다"(마 16:16)라고 하여 그리스도를 예수님에게 적용시켰다고 증거한다. 이런 베드로의 고백에 대해 예수님은 "네가 복이 있도다"라고 칭찬하고 "제자들에게 경고(개역:경계)하사 자기가 그리스도인 것을 아무에게도 이르지 말라"(마 16:20)라고 엄히 명하셨다.

마가복음 9:41은 "누구든지 너희가 그리스도에게 속한 자라 하여 물 한 그릇이라도 주면 내가 진실로 너희에게 이르노니 그가 결코 상을 잃지 않으리라"고 기록한다. 이 말씀은 예수님이 자신에게 속한 자

---

1. William Gesenius, *A Hebrew and English Lexicon of the Old Testament*, Trans by F. Brown, S.R. Driver and C.A. Briggs (Oxford: Clarendon Press, 1976), p. 603: "*anoint*, as consecration, solemn setting apart to an office, always by the use of oil poured on the head."

에게 사랑을 베푸는 사람을 기억하고 자신(내가)이 메시아로서 상을 베푸시겠다는 암시이다. 누가복음 24:26의 "그리스도가 이런 고난을 받고 자기의 영광에 들어가야 할 것이 아니냐" 하신 말씀이나 누가복음 24:46의 "이같이 그리스도가 고난을 받고 제 삼일에 죽은 자 가운데서 살아날 것"이라고 하신 내용은 예수님이 자신을 그리스도로 생각하고 계신다는 강한 암시이다. 신약성경에서 메시아($\mu\epsilon\sigma\sigma\iota\alpha\varsigma$)가 사용된 곳은 단지 두 곳에 지나지 않는다(요 1:41; 4:25).[2]

우리는 예수님이 자신을 어떻게 가르치고 있느냐에 관심이 있다. 하지만 예수님이 그리스도이심을 고찰할 때 간과해서는 안 될 자료가 예수님의 탄생에 관한 언급들이다. 마태복음과 누가복음의 기록을 보면 예수님이 태어날 때부터 메시아로 태어났음을 볼 수 있다. 마태복음 2:2은 "유대인의 왕으로 나신 이가 어디 계시냐"라는 동방박사들의 질문에 헤롯왕은 "그리스도가 어디서 나겠느냐"(마 2:4)라고 모든 대제사장과 서기관들에게 되물었다. 이는 유대인의 왕이 예수님이요 예수님이 그리스도임을 확증한다. 또 누가복음 1:31~33은 예수님의 탄생을 설명하면서 예수님이 "지극히 높으신 이의 아들"이요 "다윗의 왕위"를 받을 자라고 설명한다. 이도 예수님이 메시아임을 가리키는 내용이다. 누가복음 2:11에 "오늘 다윗의 동네에 너희를 위하여 구주가 나셨으니 곧 그리스도 주시니라"고 말한 내용이 이를 확증하며 누가복음 2:26에 "그가 주의 그리스도를 보기 전에는 죽지 아니하리라"고 말씀한 내용도 이를 증거한다.

예수님 자신의 교훈 가운데서 자신이 메시아요 그리스도이심을

---

2. J.B. Smith, *Greek-English Concordance to the New Testament* (Scottdale: Herald Press, 1974), p. 227(sec. 3223).

나타내는 방법은 직접 선언하는 방식보다는 간접적으로 암시하는 방식으로 계시된다. 예수님은 여러 계층의 사람들이 자신이 메시아임을 발견할 때 그들의 고백을 기꺼이 용납하는 방법으로 자신이 메시아임을 나타낸다. "베드로가 주는 그리스도시요 살아계신 하나님의 아들이시니이다"(마 16:16)라고 고백할 때 예수님은 베드로의 고백을 인정하고 제자들을 경계하면서 "자기가 그리스도인 것을 아무에게도 이르지 말라"(마 16:20)고 암시적인 방식으로 자신이 메시아(그리스도)이심을 나타낸다. 마태복음 22:42에서 예수님은 바리새인들에게 "너희는 그리스도에 대하여 어떻게 생각하느냐 누구의 자손이냐"라고 물으신다. 그리고 마태복음 23:10에서 예수님은 "또한 지도자라 칭함을 받지 말라 너희의 지도자는 한 분이시니 곧 그리스도시니라"고 제자들을 가르치신다. 요한복음 4:25에서는 사마리아 여인이 "메시아 곧 그리스도라 하는 이가 오실 줄을 내가 아노니 그가 오시면 모든 것을 우리에게 알려 주시리이다"라고 말한데 대해 예수님의 답변은 "네게 말하는 내가 그라"(요 4:26)였다. 예수님은 요한복음 17:3에서 "영생은 곧 유일하신 참 하나님과 그가 보내신 자 예수 그리스도를 아는 것이니이다"라고 기도하신다. 이상의 구절은 예수님이 직접적으로 자신을 메시아로 나타내지는 않았지만 간접적인 방법으로 자신이 메시아임을 증거하고 있다.

예수님이 메시아라는 교훈은 예수님이 재판 받은 과정에서도 드러난다. 예수님은 심문 받는 중에 대제사장이 "내가 너로 살아 계신 하나님께 맹세하게 하노니 네가 하나님의 아들 그리스도인지 우리에게 말하라"(마 26:63)는 질문을 받는다. 이 질문은 하나님께 맹세하게 하는 엄숙한 질문이었다. 대제사장은 "내가 너로 살아계신 하나님께 맹세하게 하노니"(마 26:63)라고 엄숙하게 말함으로 예수님의 신중한 답변을 기대하면서 질문한다.[3] 이 질문에 대해 예수님은 "네가 말하였느니라"(눅 26:64)고 답변하여 대제사장의 질문 내용을 인정한다. 비록 메시아를 직접적으로 언급한 것은 아니지만 문맥으로 보아 예수님 자신이 메시아임을 증거하고 있다. 해그너(Hagner)는, "예수님이 대제사장의 직접적인 질문에 답을 하신다. 그것은 가장 의미심장한 대답이다. 예수님은 다른 어느 곳에서도 여기서 자신을 나타내신 것만큼 나타내시지 않았다."[4]고 해석한다. 예수님은 "네가 말하였느니라 그러나 내가 너희에게 이르노니 이 후에 인자가 권능의 우편에 앉아 있는 것과 하늘 구름을 타고 오는 것을 너희가 보리라"(마 26:64)고 대답하심으로 자신의 고백을 통해 자신이 메시아임을 인정한다. 더 나아가 예수님은 메시아가 다니엘서 7:13에 언급된 인자와 같은 분이요 시편 110:1에 언급된 주와 같은 분이라고 천명하신다.[5] 예수님은 여기서 다니엘 7:13과 시편 110:1을 인용하심으로 인자나 하나님의 아들이 메시아에게 적용되는 명칭임을 분명히 밝히신다.

빌라도가 예수님에게 "네가 유대인의 왕이냐"(마 27:11)라고 물을 때 예수님은 "네 말이 옳도다"(마 27:11)라는 짧은 대답만 하신다. 예수님이 이렇게 간략하게 대답하신 이유는 빌라도 총독이 가지고 있는 메시아에 관한 개념을 포괄적으로 인정하실 수 없었기 때문이다. 요한복음에 나타난 예수님과 빌라도의 대화도 이를 분명히 밝힌다. 요한복음 18:33-38에서 예수님은 자신의 왕국이 이 세상에 속하지 않았

---

3. "내가 맹세하게 한다"(ἐξορχίζω)는 신약에서 이곳에만 사용된 용어이다. ὁρχίζω는 막 5:7에서 사용된다.

4. Donald A. Hagner, *Matthew 14-28: Word Biblical Commentary*, Vol.33b (Dallas: Word Books, 1995), p. 799.

5. Hagner, *Matthew 14-28*, p. 801.

으며 자신의 왕권은 세상적인 왕권도 아니라고 분명히 한다. 예수님은 자신이 의와 진리를 원리로 한 영적 영역의 왕이시라고 말씀하신다. 이 부분에서도 예수님은 자신을 드러내어 메시아라 밝히시지 않고 암시적으로 말할 뿐이다.

예수님이 메시아라는 사실을 암시적으로 나타내는 다른 자료는 안드레가 시몬에게 "우리가 메시아를 만났다"(요 1:41)라는 기록이나, 나다나엘이 "랍비여 당신은 하나님의 아들이시요 당신은 이스라엘의 임금이로소이다"(요 1:49)라고 한 고백이나, 마르다가 "주는 그리스도시요 세상에 오시는 하나님의 아들이신 줄 내가 믿나이다"(요 11:27)라는 고백에서 찾을 수 있고, 예수님께서 대제사장적인 기도를 드리실 때 "영생은 곧 유일하신 참 하나님과 그가 보내신 자 예수 그리스도를 아는 것이니이다"(요 17:3)라고 말씀하신 내용에서도 찾을 수 있다. 또 예수님이 예루살렘으로 입성하실 때 무리들이 "호산나 다윗의 자손이여 찬송하리로다"(참조. 마 21:9,15; 막 11:10; 눅 19:38; 요 12:13)라고 외친 노래에서도 메시아를 암시하는 용어가 나온다. 그리고 예수님이 십자가 상에 달리셨을 때 유대인들과 군병들의 조롱의 말이나 십자가 틀에 붙인 명패에 쓰인 메시아적인 용어도 예수님이 메시아이심을 암시적으로 설명한다(마 27:29,37; 막 15:29-32; 눅 23:35-38; 요 19:19).

이러한 자료를 근거로 판단할 때 예수님께서는 자신이 메시아이심을 소극적으로 혹은 수동적으로 발표하신 것을 알 수 있다. 하지만 예수님은 사역 초기부터 자신이 메시아이심을 의식하고 계셨다. 오직 예수님은 자신이 메시아 직을 드러내어야 할 적당한 때까지는 적극적으로 발표하지 않은 것뿐이다. 데이비스(Davies)는 예수님에게 메시아 직을 적용하는 것은 처음부터 예수님이 우주적인 의의를 소유한 분임을 함축하고 기독교인들에게는 그의 오심이 새로운 창조임을 뜻하는 것이라고 설명한다.[6] 예수님은 하나님의 뜻을 이루기 위해 오셨다. 그는 사람들을 강제로 믿게 하는 행동주의자로서 일하시는 것을 원치 않으셨다.

예수님이 자신을 메시아로서 증거하는 자료는 지금까지 다룬 내용에 국한되지 않는다. 사실 마태복음 16:16 이하에서 베드로가 "주는 그리스도시요 살아 계신 하나님의 아들이시니이다"라고 한 고백 이전에도 베드로가 그런 고백을 할 수 있었던 상황이 전제되어야 하기 때문이다. 다시 말하면 이런 고백이 있기 전에도 예수님을 메시아라고 칭하는 지식이 제자들에게 이미 있었다는 것이다. 따라서 베드로의 고백은 이전 증거들을 근거로 한 결론에 지나지 않는다. 예수님께서 "사람들이 인자를 누구라 하느냐"(마 16:13), "너희는 나를 누구라 하느냐"(마 16:15)라고 물은 질문의 배경에는 제자들이 예수님의 메시아 직을 이미 알고 있었으리라는 예수님의 의중이 담겨 있다는 것이다.

그러면 어떻게 제자들이 예수님의 메시아 되심을 알 수 있었을까? 그것은 예수님의 사역이 메시아의 사역이었기 때문에 제자들은 예수님이 메시아이심을 알 수 있었다. 그러므로 예수님이 자신을 메시아로 인식하고 있었느냐 하는 문제를 연구할 때 단지 복음서에 사용된 메시아 명칭에만 국한하여 결론을 내릴 수는 없다.

---

6. W. D. Davies, *Paul and Rabbinic Judaism* (New York: Harper & Row, Publishers, 1948), p. 41.

(2) 메시아직의 특성

우리는 예수님의 메시아 직을 두 가지 방향으로 고찰할 수 있다. 첫째는 메시아의 하나님을 향한 특징으로 메시아와 하나님의 관계를 고찰하는 것이요, 둘째는 메시아의 역사적 특성 혹은 인간을 향한 특성으로 메시아의 기능을 고찰하는 것이다.

① 메시아의 하나님을 향한 특성

첫째로, 메시아 직은 특별한 하나님의 섭리에 의해서만 성립된다. 구약에서 선지자, 제사장, 왕은 메시아적인 특성을 가진 직무로 항상 하나님의 종으로 하나님에 의해 임명을 받는다. 이런 임명은 특히 이스라엘의 왕들을 임명할 때 현저하게 드러난다. 이스라엘의 왕들은 혁명을 통해서나 자연적인 계승을 통해서 세움을 받지 않고 하나님의 임명에 의해서만 세움을 받는다. 왕마다 개인적으로 기름 부어 세움을 받았다. 따라서 이스라엘의 왕은 하나님의 임명과 기름 부어 세우심 때문에 왕 직의 권한을 즐길 수 있었다. 따라서 왕은 하나님과 특별한 관계를 가지고 있었다.

왕은 권위와 책임을 함께 소유한다. 먼저 왕으로 임명받은 것은 신적인 권위가 부여되었음을 뜻한다. 왕은 하나님의 대리자로서 하나님의 권위와 하나님의 이름으로 행동할 수 있는 자격이 있다. 실제로 왕은 하나님 자신을 대리한다. 다윗이 사울 왕을 해치지 않은 이유가 바로 사울 왕이 하나님의 기름부음을 입어 세움 받았기 때문이다(삼상 24:6). 왕으로 임명받았을 때 뒤따라오는 다른 요소는 하나님의 뜻에 전폭적으로 복종해야 한다는 것이다. 기름부음 받은 왕은 하나님의 보내심을 받았으므로 하나님의 뜻을 이루어야 한다. 왕은 자신의 권위로 통치하지 않는다. 왕은 하나님의 뜻에 복종한다는 의미에서 수동적으로 통치한다. 왕의 권위는 자기 스스로 세운 권위가 아니다. 그가 가진 권위는 하나님이 주신 권위이다. 왕은 그에게 권위를 주신 하나님의 뜻에 항상 복종해야만 한다.

이 두 요소, 즉 왕이 신적 권위를 부여받은 것과 하나님의 뜻에 전폭적으로 복종해야 하는 것은 신구약에 언급된 메시아 직에서 발견된다. 예수님의 사역과 연관하여 고찰할 때 이 두 요소는 예수님의 세례에서 밝히 드러난다. 예수님은 신적 권위로 자신의 직무를 성취하시지만 반면 그는 하나님의 뜻에 따라 행동하셨다. 예수님은 아버지 하나님께서 자신을 위해 정해 놓으신 코스를 따라 가시지만 그 길을 자신이 원해서도 가신다.[7]

둘째로, 하나님과 관련된 메시아 직은 메시아가 성령을 받는 데서도 나타난다. 구약의 배경을 바로 이해하면 하나님이 선지자에게 명하여 어떤 사람을 왕으로 기름 부어 세우라고 요구하실 때 기름부음의 행위는 왕에게 어떤 것이 주어져 왕이 자기 직책을 감당할 자격이 있다는 것을 보증한다. 기름부음을 받아 왕으로 임명될 때 하나님의 성령이 그에게 임한다. 이는 하나님 자신이 왕과 함께 하셔서 왕이 주님을 위해 봉사할 수 있도록 하신다는 뜻이다(참조. 삼상 16:3,13).

복음서에 보면 그리스도께서 세례를 받을 때 성령도 받으신다. 기름부음 받은 특징과 성령의 능력이 함께 나타나곤 한다. 복음서는 예수님의 성육신부터 승천하실 때까지의 기간에 예수님 이외의 다른 사

---

7. 조직신학에서는 예수님의 이런 순종을 능동적 순종과 수동적 순종으로 설명한다. 능동적 순종은 예수님이 친히 원해서 걸어가신 것을 뜻하며, 수동적 순종은 하나님이 정해 놓으신 길을 기쁨으로 걸어가신다는 뜻이다. see, John Murray, *Redemption Accomplished and Applied* (Grand Rapids: Eerdmans, 1968), pp. 19-24; Charles Hodge, *Systematic Theology*, Vol. Ⅱ (London: James Clarke and Co., Ltd., 1960), pp. 612-613.

람에게 성령이 충만하게 임한 기록을 전하지 않는다. 누가복음 4:18 은 "주의 성령이 내게 임하셨으니 이는 가난한 자에게 복음을 전하게 하시려고 내게 기름을 부으시고"라고 읽는다. 이처럼 성령은 그리스 도가 메시아의 모든 사역을 감당할 수 있도록 그에게 능력을 부여하 신다. 이런 특징은 예수님이 사탄의 왕국을 정복하는 데서 특별하게 드러난다. 마태복음 12:28에서 예수님은 "내가 하나님의 성령을 힘입 어 귀신을 쫓아내는 것이면 하나님의 나라가 이미 너희에게 임하였느 니라"고 말씀하신다. 그리스도는 성령을 통해 그의 사역을 성취하고, 하나님의 통치를 시행하시며, 하나님의 나라를 임하게 하신다. 따라 서 이 구절은 "메시아"라는 용어는 사용하지 않지만, 메시아 구절임 에 틀림없다.

오늘날 많은 해석자들이 예수님은 단순히 사람이었으나 사역기간 동안에 하나님의 성령이 그에게 임함으로 능력을 받아 특별한 이적들 을 행할 수 있었다고 주장한다. 이런 해석자들은 복음서의 기록으로 부터 예수님의 본체론적 선재 사상을 모두 제거하며 그와 같은 선재 사상은 후대의 교회가 창안해 낸 기독론이라고 주장한다.[8] 그러나 이 와 같은 주장은 복음서의 기록을 정당하게 취급하지 못한 것이다. 복 음서의 기록은 역사와 상관 없이 또 역사 이전에 본체론적인 아들이 있었으며 그가 바로 예수님으로 선재하고 계셨음을 증거한다.

우리는 예수님의 본체론적인 아들의 신분과 메시아적인 아들의 신분이 서로 상충되지 않고 보완적이라는 점을 주목해야 한다. 이 사 실은 이 주제가 많은 자유주의 신학자들이 생각하는 것 이상으로 심

---

8. Willi Marxsen, *The Beginnings of Christology* (Philadelphia: Fortress Press, 1979), p. 89. Marxsen은 초대교회가 인자, 하나님의 아들 등과 함께 그리스도(메시아)라는 칭호를 예 수님에게 적용시켰다고 주장한다.

오함을 뜻한다. 기독교인은 그리스도의 신성이 자신의 신앙의 중심이라고 생각하지만 또한 그리스도의 신성과 구별해서 하나님의 아들로서 메시아적인 아들의 신분만을 생각하지 않는다. 그리스도의 신성과 그리스도가 메시아적인 아들이라는 진리는 성도들의 신앙의 핵심이다. 그리스도는 성육신 이전에 신성을 소유하고 계셨고 그의 지상사역 초기에 메시아 직을 감당하도록 기름부음을 받으셨다. 성경은 예수님이 신성을 가지신 분으로 메시아(혹은 중보자)로 임명받았음을 가르친다. 예수님의 인격과 직무 사이에 상충이 없다. 하나님의 아들은 메시아의 직무를 맡기 위해 세상에 오셨고, 따라서 하나님의 계획을 성취하시기 위해 세상에 오셨다.

셋째로, 하나님과 관련된 메시아 직은 기름부음 받은 사람의 거룩하심에서 나타난다. 기름부음은 기름부음 받은 자에게 특별한 위치를 부여한다. 기름부음 받은 자는 특별한 목적을 위해 구별된 거룩한 사람으로 간주된다. 예수님은 메시아직의 특권을 누리며 신적인 보호를 받는다. 기름부음 받은 자에 대한 인간의 책임은 하나님에 대한 인간의 책임과 비슷하다. 예를 들면, 어떤 사람이 왕을 저주하거나 해치는 것은 흉악한 범죄가 된다. 왜냐하면 기름부음 받은 자는 주님이 임명한 직무 수행자로 거룩한 사람이기 때문이다. 왕을 공경하는 것은 하나님을 공경하는 것과 같다. 왕을 학대하는 것은 하나님을 학대하는 것이다(삼상 24:6; 26:9; 삼하 1:14). 메시아가 하나님의 임명을 받고 성령으로 덧입혀졌기 때문에 그의 거룩하심은 더욱 두드러지게 나타난다. 그는 하나님의 임명을 받은 자이기 때문에 하나님 자신에게 속한 존경을 누릴 수 있다. 다윗이 하나님의 기름부음 받은 자를 살해했을까봐 두려워하는 이유가 바로 여기에 있다.

신약의 어떤 구절도 예수님이 메시아의 거룩하심의 개념을 구체적으로 이어 받았다고 설명하는 구절은 없다. 그러나 그 개념이 신약 전반에 함축적으로 펼쳐져 있다. 예를 들면 게네사렛 호수에서 많은 고기를 잡을 수 있도록 이적을 베푸신 예수님의 초자연적인 메시아의 능력 앞에서 베드로는 "주여 나를 떠나소서 나는 죄인이로소이다"(눅 5:8)라고 고백한다. 보스(G. Vos)는 이 문제와 관련하여 예수님을 감싸고 있는 신비한 분위기가 있다고 지적한다.[9] 이와 관련된 가장 명백한 예수님의 진술은 배반자 유다에 관한 것이다. 예수님은 "인자는 자기에 대하여 기록된 대로 가거니와 인자를 파는 그 사람에게는 화가 있으리로다 그 사람은 차라리 태어나지 아니하였더라면 제게 좋을 뻔하였느니라"(마 26:24)고 선언하신다. 예수님은 자신은 죄가 없으나 하나님의 계획대로 죽음의 길을 가지만 유다가 나를 배반한 것은 영원한 저주의 죄 값을 받게 된다고 말한다. 그래서 예수님은 유다에게 "차라리 태어나지 아니하였더라면 제게 좋을 뻔하였느니라"고 말씀하시는 것이다. 베드로는 오순절 설교에서 "이스라엘 사람들아 이 말을 들으라 너희도 아는 바와 같이 하나님께서 나사렛 예수로 큰 권능과 기사와 표적을 너희 가운데서 베푸사 너희 앞에서 그를 증언하셨느니라"(행 2:22)고 예수님에 대하여 설명한다. 또 "주의 거룩한 자로 썩음을 당하지 않게 하실 것임이로다"(행 2:27), "주께서 내 주에게 말씀하시기를"(행 2:34), "이스라엘 온 집은 확실히 알지니 너희가 십자가에 못 박은 이 예수를 하나님이 주와 그리스도가 되게 하셨느니라"(행 2:36)고 한 말씀을 통해서 메시아의 거룩하심과 메시아를 핍박하는 것이 얼마나 흉악한 범죄인지를 설명한다. 예수님은 거룩하시지만 메시아이시기에 아버지의 계획대로 고난의 길, 죽음의 길을 가셔야만 했다.

---

9. G. Vos, *The Self-Disclosure of Jesus* (New York: George H. Doran Company, 1926), p. 109.

② 메시아의 역사적 특성 혹은 인간을 향한 특성

예수님이 메시아로 기름부음 받으신 것은 역사적 맥락에서 메시아직의 기능을 사용하실 수 있도록 하기 위함이다. 예수님이 메시아직을 행사하실 때 예수님은 하나님에게서 유래한 메시아직의 특정한 위엄을 받으신다. 예수 그리스도의 경우 이런 영예는 그가 신성을 소유하신 분이기 때문에 더욱 더 분명하게 나타난다. 메시아는 메시아직에 임명을 받고, 성령에 의해 메시아 직에 합당한 자로 인정을 받으며, 메시아 직이 요구하는 봉사를 하게 된다. 그래서 메시아의 생애는 성령을 소유하는 특징을 띠고 자신의 직무를 이루게 된다. 이런 까닭에 메시아가 사람들과 접촉할 때 그들의 반응은 그의 신분과 직무를 두려워하고 경외하는 마음으로 나타난다. 누가복음 5:1-11은 메시아의 위엄을 나타내 보이는 좋은 예이다. 예수님께서 많은 양의 고기를 이적적으로 잡게 하시자 베드로는 "주여 나를 떠나소서 나는 죄인이로소이다"(눅 5:8)라는 반응을 보인다. 여기서 우리는 예수님께서 메시아 직을 성취해 나가실 때 그것을 목격한 사람들이 두려움과 경외심을 나타낸 사실을 볼 수 있다.

메시아로서 예수님은 어떤 직무를 성취하셨는가? 구약에서는 선지자, 제사장, 왕에게 기름을 부어 그 세 직책을 따로 구별한다. 기름부음이 예수님의 왕 직과 관련된 사실은 "메시아의 하나님을 향한 특성"을 다룰 때 이미 언급했다. 그렇다면 복음서에서 선지자와 제사장의 기능이 왕 직과 마찬가지로 메시아직과 연관되어 설명될 수 있는가? 또한 구약의 선지자 직, 제사장직, 왕 직이라는 이 세 직책이 한 분 그리스도의 인격에 집중되는가? 구약의 기록은 왕들이 기름 부어 세움을 받는다고 전한다. 그러므로 메시아 직은 왕 직과 가장 밀접하게 관련된다. 제사장들도 기름부음을 받는다(레 4:3-5). 구약에서 선지자들은 일반적으로 기름부음을 받지 않는 것으로 나타난다. 그러나 열왕기상 19:16은 엘리야가 엘리사에게 기름을 부어 선지자가 된 것으로 기록한다. 구약에서 왕 직, 선지자 직, 제사장 직이 한 사람에게 집중되는 분명한 기록은 없다. 다윗과 솔로몬은 때때로 제사장의 직무를 행했다. 그러므로 제사장직과 왕 직이 한 사람에게 집중되는 경우는 있다. 예언에서는 두 개의 직무가 한 사람에게 집중되는 개념은 찾을 수 있다. 특히 멜기세덱 예언에서 제사장직과 왕 직이 한 사람에게 집중된다(창 14:18; 히 7:1). 제사장직과 왕 직의 집중은 스가랴서의 예언에도 나타난다(슥 4:3,14 참조). 그러나 이 두 예언적 특징은 그리스도를 가리키고 있다. 구약 역사의 상황을 볼 때 한 직책으로 기름부음 받은 사람이 어떤 특별한 경우에 다른 직책의 활동도 할 수 있는 것으로 나타난다. 예를 들면 사무엘이 선지자 직책과 제사장 직책을 함께 실행했다(삼상 3:20; 7:9-10). 그런데 어떤 경우는 한 직책으로 임명받은 사람이 다른 직책을 행하는 것이 합당하지 않다고 설명한다. 즉 왕 직에 있던 사울(Saul)이 제사를 드렸을 때 크게 책망을 받은 사건(삼상 13:8-15)과 웃시야(Uzziah) 왕이 여호와의 전에서 여호와께 분향하려 할 때에 제사장 아사랴가 "웃시야여 여호와께 분향하는 일은 왕이 할 바가 아니요 오직 분향하기 위하여 구별함을 받은 아론의 자손 제사장들이 할 바니 성소에서 나가소서"(대하 26:18)라고 웃시야 왕을 크게 책망한 사건(대하 26:16-19)이 그런 증거이다. 구약에서 한 직책으로 기름부음 받은 사람이 다른 직책의 일을 행한 경우는 있으나 한 사람이 두 직책이나 세 직책으로 기름부음을 받은 경우는 없다. 이런 경우는 예수님에 관한 구약 예언에서만 발견되는데 특히 고난의 종 예언에서 세 기능이 한 사람에게 집중된다(참조. 사 42:1-4; 49:1-7; 50:4-11; 52:13-53:12).

신약의 경우는 세 기능이 예수 그리스도 안에서 집중된다. 이 사실은 예수님 자신의 교훈과 복음서 기자들의 묘사를 통해 나타난다.

예수님의 선지자 직 기능에 관하여는 모든 복음서들이 예수님이 위대한 선지자요 위대한 선생이시라고 명백하게 묘사한다. 예수님은 랍비와 주님으로 인정받는다. 더 구체적인 예를 들면 사마리아 여인이 "주여 내가 보니 선지자로소이다"(요 4:19), "내가 행한 모든 일을 내게 말한 사람을 와서 보라 이는 그리스도가 아니냐"(요 4:29)라고 말한 데서 찾을 수 있다.

예수님의 왕 직 기능에 관하여는 많은 구절들이 예수님을 왕으로 묘사한다. 특히 의미심장한 구절은 예수님의 승리의 입성을 묘사하는 구절과 예수님이 자신을 하늘나라의 주인이신 왕으로 제시하는 구절이다(마 21:4-9; 눅 19:11-27). 예수님은 바리새인들과 토의하는 가운데 자신을 시편 110편에 근거하여 메시아-왕으로 제시한다(마 22:41-46). 예수님은 "주께서 내 주께 이르시되 내가 네 원수를 네 발아래에 둘 때까지 내 우편에 앉아 있으라"(마 22:44)라고 말하심으로 시편 110:1을 자신에게 적용하신다.[10]

예수님의 제사장 직 기능에 관하여는 예수님이 여호와의 종을 묘사하는 구약의 구절을 자신에게 적용한 데서 찾을 수 있다. 예수님은 이사야서 53장에 묘사된 여호와의 종에 관한 교훈을 자신과 연관시킨다. 예수님은 "내가 너희에게 말하노니 기록된 바 그는 불법자의 동류로 여김을 받았다 한 말이 내게 이루어져야 하리니 내게 관한 일이 이

---

10. 시 110:1-3은 왕이신 그리스도를 묘사하고, 시 110:4-7은 제사장이신 그리스도를 묘사한다. 이 시의 주제는 왕이요 제사장이신 그리스도에 관한 것이다. 이 시는 다윗의 시로 신약에 많이 인용되었다(마 22:42-5; 막 12:35-37; 눅 20:41-44; 행 2:34-36; 고전 15:25; 히 1:13; 5:6; 7:17; 10:12-13). 신약에 인용된 모든 구절이 예수 그리스도를 묘사하고 있다.

루어져 감이니라"(눅 22:37)고 가르친다. 이사야 53장은 고난의 종을 묘사한다. 그런데 예수님은 자신이 십자가상에서 죽는 것이 고난의 종의 길을 가는 것이라고 말한다. 예수님은 자신의 삶과 죽음을 하나님의 종이 실행해야 할 사역으로 설명하신다. 예수님은 "인자가 많은 고난을 받고 장로들과 대제사장들과 서기관들에게 버린바 되어 죽임을 당하고 사흘 만에 살아나야 할 것을 비로소 그들에게 가르치시되"(막 8:31)라고 말씀하시므로 자신이 고난의 종임을 밝힌다. 여기서도 예수님은 인자가 고난의 길을 가야만 할 것을 분명히 한다.[11]

그러나 구약의 선지자 직, 제사장 직, 왕 직이 예수님에게 집중된다는 사실을 신약의 몇 구절에만 근거하여 연구하는 것은 충분하지 않다. 사실 신약 전체가 예수 그리스도께서 선지자와 제사장과 왕의 기능을 발휘하심으로 구약의 삼직을 성취하는 분으로 보여주고 있다. 속죄를 언급한 위대한 구절인 마가복음 10:45은 예수님의 수난 전체가 하나님의 계획에 따라 예수님이 삼직을 이루는 분으로 보여준다. 마가복음 10:45은 35절부터 이어지는 논의의 결론이다. 구약의 삼직이 예수님의 수난과 부활을 통한 구속사역의 성취와 함께 이루어진다. 세베대의 아들 야고보와 요한이 주님께 "주의 영광 중에서 우리를 하나는 주의 우편에, 하나는 좌편에 앉게 하여 주옵소서"(막 10:37)라고 간청하는 것은 그들이 주님을 종말론적 주님으로 다윗의 왕권의 영광을 회복하실 분으로 생각했기 때문이다. 여기서 구속사역의 성취와 함께 **주님의 왕직**이 묘사된다. 그리고 예수님께서 야고보와 요한에게 "너희는 내가 마시는 잔을 마시며 내가 받는 세례를 받으려니와 내 좌

---

11. Oscar Cullmann, *The Christology of the New Testament* (Philadelphia: The Westminster Press, 1963), pp. 160-161.

우편에 앉는 것은 내가 줄 것이 아니라 누구를 위하여 준비되었든지 그들이 얻을 것이니라"(막 10:39-40)고 말씀하신 것은 그의 죽음 이후까지 내다보신 **주님의 선지자 직**을 묘사하고 있다. 그리고 "인자가 온 것은 섬김을 받으려 함이 아니라 도리어 섬기려 하고 자기 목숨을 많은 사람의 대속물로 주려 함이니라"(막 10:45)라는 말씀은 그가 메시아로서 단번에 자기를 드리는 **제사장 직분**을 감당하시기 위해 오셨음을 확인하는 것이다(히 7:27; 9:26). 이처럼 구약의 삼직이 하나님을 향한 예수님의 메시아직의 특성과 사람을 향한 메시아 직의 특성에서 예수님에게 모두 적용됨을 볼 수 있다. 메시아이신 예수 그리스도 안에서 구약의 삼직이 성취되었다는 증거는 네 복음서의 모든 증거에서 충분히 찾을 수 있다.

지금까지는 예수님의 직책과 기능에 대해 비교적 추상적인 용어로 논의를 전개했다. 이제 우리는 기름부음 받은 이 사람(예수 그리스도)이 누구냐 하는 질문을 해야 한다. 추상적으로 생각할 때 메시아직과 삼직을 소유할 수 있는 사람이 단순한 사람일 수도 있다. 그러나 이런 사상은 추상적으로 생각할 때에만 가능하다. 왜냐하면 세 가지 직책의 본질이 단순한 사람이 성취하기에는 너무나 초월적인 것이기 때문이다. 기름부음 받은 메시아는 그에게 기름을 부은 존재와 영원한 관계를 가져야 하며 또 본체론적인 관계도 유지해야 한다. 메시아는 여호와의 기름부음을 받은 자이다. 복음서는 여호와의 기름부음 받은 자는 바로 영광의 주님 자신이라고 증언한다(눅 24:26). 이 결론은 신학적인 추상에서 나온 것이 아니요 신약 기록의 증거에서 나온 것이다.

그러나 우리는 메시아 직과 예수님의 신성을 동일시해서는 안 된다. 메시아 직은 직무를 의미하는 것이지 신적인 속성을 가리키는 것이 아니다. 물론 인격은 그 사람이 맡은 직무와 떼어 생각할 수는 없다. 그럼에도 불구하고 우리는 메시아 직을 위해 기름부음 받은 것을 예수님의 신성과 동일하게 생각할 수는 없다. 그것들은 서로 떼어놓을 수는 없는 것이지만 동일한 것은 아니다.

예수님이 하나님의 아들이라는 신분에도 같은 결론을 내릴 수 있다. 역사와 무관하게 그리스도가 하나님의 아들이라는 신분을 말할 수 있다. 이 아들 직은 본체론적인 아들을 의미한다. 그러나 역사적 아들의 신분은 메시아적 아들의 신분으로 설명할 수 있다. 물론 예수 그리스도와 관련된 모든 예언을 종합적인 의미에서 "메시아적 예언"으로 생각할 수 있다. 그러나 구약 예언은 대부분 예수님의 인격(His person)을 설명하기보다는 예언된 메시아의 메시아적 기능을 설명하는 데 초점을 맞춘다.

그리고 메시아는 자신의 직무를 실천함에서 하늘에 계신 아버지께 복종한다. 그러나 아들은 아버지와의 본체론적인 관계에서 아버지에게 복종한다고 말하지 않는다.

2. "주"(ὁ κύριος)라는 명칭을 통한 예수님의 자기 계시

오스카 쿨만(Oscar Cullmann)은 주님이라는 칭호가 그리스도의 승귀를 가리킨다고 지적함으로 주님(ὁ κύριος)에 관한 자신의 연구를 시작한다. 그는 초대교회 성도들이 예수를 주로 지칭함으로 예수님이 과거, 현재, 미래를 통해 그들의 주님이심을 고백하는 선언이었다고 말한다.[12] 초대교회 성도들이 "예수님은 주님이시다"라고 고백한 이유는 예수님이 하나님의 우편에 앉아 영화롭게 되시고 현재도 성도들을 위해 중재자로 계시기 때문이라고 서신서들은 묘사한다. 그래서 베드로가 오순절 때 설교하면서 하나님이 십자가에 못 박힌 예수님을 부활시키심으로 "주와 그리스도가 되게 하셨느니라"(행 2:36)고 선언할 수 있었다. 바울은 예수님의 비하 상태를 설명하고 나서 "하나님이 그를 지극히 높여 모든 이름 위에 뛰어난 이름을 주셨다"(빌 2:9)라고 말한다. 예수님이 이렇게 높임을 받았기 때문에 그 결과 모든 무릎이 예수 그리스도 앞에 무릎 꿇게 되었고 모든 입이 예수 그리스도를 주라 시인하여 하나님 아버지께 영광을 돌리게 되었다(빌 2:9-11). 바울은 로마서에서 "이를 위하여 그리스도께서 죽었다가 다시 살아 나셨으니 곧 죽은 자와 산 자의 주가 되려 하심이라"(롬 14:9)라고 말함으로 성도들의 삶이 주를 위해 살아야 할 근거라고 제시한다. 계시록은 황제를 가리켜 주(κύριος)라고 부르는 데 대해서 즉 "가이사는 주이시다"(κύριος καῖσαρ)라는 황제 숭배에 반대하여 교회가 예수님을 주님이시라고 강하게 천명해야 함을 제시하고 있다. 요한 사도는 어린 양 예수를 가리켜 "만주의 주시요 만왕의 왕"(κύριος κυρίων ἐστίν καὶ βασιλεὺς βασιλέων)이시라고 선언한다(계 17:14). 성경의 여러 구절들은 초대교회가 예수 그리스도를 주로 인정하고 있음을 보여 준다(행 2:36; 롬 1:4; 고전 11:26; 참조. 벧전 3:22; 딤전 3:16). 이제 예수님의 계시가 어떻게 예수님이 주님이시라는 신앙의 근거가 되었는지를 살펴보고자 한다.

성경은 예수님이 주(κύριος)라는 명칭을 사용하여 자신이 높아지신 메시아임을 나타내고 또 다른 사람들이 자신을 경외하고 숭배할 때 그 명칭을 사용하도록 허락했다고 증거한다. 그런데 이런 주장은 부셋(Bousset)이 '큐리오스 크리스토스'(Kyrios Christos)라는 책에서 제시한

---

12. Oscar Cullmann, *The Christology of the New Testament*, pp. 195,201.

내용과 상반되는 주장이다. 부셋은, 예수님에게 적용된 주라는 명칭은 예수님의 지상 생애 이후에 헬라 기독교 공동체가 이방 종교들의 관습을 전용하여 예수님에게 적용했을 뿐이라고 주장한다.[13] 부셋은, 예수님이 이 명칭을 자신에게 적용하여 사용하지 않았으며 누군가 그 명칭을 예수님에게 적용했다면 예수님은 그것을 받아들이지 않았을 것이라고 주장한다. 부셋의 세 가지 명제는 다음과 같다. 첫째로, 주라는 명칭은 예수님이 자신에게 적용하지 않았으며 예루살렘의 초대교회도 예수님을 가리켜 주라고 부르지 않았다. 둘째로, 수리아의 헬라적인 안디옥 교회에서 주라는 명칭을 예수님에게 적용하여 기독교 종파(Cult)의 예배 대상으로 생각하게 되었다. 셋째로, 나중에 바울이 이 명칭을 예수님에게 적용하여 자신의 신학을 구성했다(참조. 고후 3:17).[14]

그러나 부셋의 이런 입장은 설득력이 없다. 메이첸(Machen)은 부셋의 이런 입장을 평하면서 당시 예루살렘의 기독교와 안디옥의 기독교는 본질적으로 차이가 없고 안디옥 교회는 예루살렘에 거주했던 유대인들에 의해 설립되었기 때문에 부셋의 입장은 유지될 수 없다고 옳게 지적했다.[15] 우리의 목적은 부셋의 입장을 자세히 다루는 것이 아니다. 오히려 우리는 예수님의 주되심이 예수님의 메시아직과 어떻게 연계되어 있고 또 어떤 방향으로 이해해야 하는지 연구할 따름이다. 예수님의 메시아 직은 선지자의 기능과 제사장의 기능과 왕의 기

---

13. Wilhelm Bousset, *Kyrios Christos* (Nashville: Abingdon Press, 1970), p. 151.

14. Bousset, *op. cit.*, pp. 147-153.

15. J.G. Machen, *The Origin of Paul's Religion* (Grand Rapids: Eerdmans, 1965), p. 259; G. Vos, *The Self-Disclosure of Jesus*, pp. 137f.; Cullmann, *The Christology of the New Testament*, pp. 202f.

능과 관련이 있다. 예수님의 주님 되심은 특히 메시아의 왕적인 기능과 밀접히 연관된다. 왕의 기능은 예수님의 주님 되심의 뜻과 연계된 계시이다. 따라서 주(χύριος)라는 명칭 사용은 넓은 의미의 메시아 직 안에서 왕 직 성취와 관련되어 나타난다.

신약에서 사용된 "큐리오스"(Kyrios)의 일반적 용도를 개관해 보면 어떤 구절은 우리의 연구의 방향과는 상관없이 사용된 구절들이 있다.

첫째, "큐리오스"가 사람을 가리킬 때 사용되는 구절들이 있다. 마치 우리가 보통 다른 사람을 가리킬 때 "선생님", 혹은 "주인님"이라고 하듯 "큐리오스"가 그런 의미로 사용되었다. 대제사장들과 바리새인들이 빌라도를 가리켜 "큐리오스"라고 할 때도 그런 의미를 가진 예이다(마 27:63).

둘째, "큐리오스"가 신(神)을 가리킬 때 사용되는 구절들이 있다. 이 경우 "큐리오스"는 한 분 하나님을 의식하고 사용되거나 하늘에 계신 아버지 하나님을 가리키는 뜻으로 사용된다. 예를 들면 마태복음 11:25에서 예수님이 "천지의 주재(χύριος)이신 아버지여"라고 기도할 때 이런 용도로 사용되었다.

셋째, "큐리오스"가 예수님이 주님이 되신다는 것을 증거할 때 사용되었다. 예를 들면 "주께서 과부를 보시고 불쌍히 여기사 울지 말라 하시고"(눅 7:13)의 경우나 "대답하되 주께서 쓰시겠다 하고"(눅 19:34)의 경우는 그 당시 예수님을 "주"라고 부르는 관습에 따른 것이었다. 여기서 "큐리오스"는 "우리가 지금 주라고 부르는 그 분"이라는 의미이다.[16] 이 사실은 당시 사람들이 예수님을 "주"로 불렀고 복음서 기자들

---

16. Geerhardus Vos, *The Self-Disclosure of Jesus*, p. 118; cf. I.H. Marshall, "Jesus as Lord: The Development of the concept," *Eschatology and the New Testament*, ed. W. Hulitt Gloer (Peabody, MA.: Hendrickson Publishers, 1988), pp. 129-145.

은 이 관습을 예수님에게 그대로 적용한 것으로 추정된다.

누가복음은 예수님이 자신을 주님으로 나타내기 전에도 예수님을 주님이라고 부르는 구절을 제공한다. 이와 같은 경우는 예언적인 용도에서 나타난다. 누가복음의 강조는 예수님의 탄생 이야기에서 당시의 예언과 계시를 나타내 보여주는 것이다. 누가는 예수님이 주님이심을 천사들의 공표를 통해 나타내 보여주며(눅 2:11), 또 말구유에 태어나신 예수 그리스도를 환영하는 개인들이 성령의 역사로 예수님을 주님으로 인정하는 고백을 통해 나타내 보여준다(눅 1:43,76). 이런 구절들은 예수님이 메시아로서의 주님이심을 강조한다. 이 구절들은 아기 예수를 영접하는 믿음의 공동체가 예수님을 그들의 주님으로 받았다고 증거한다. 이 사실은 예수님의 공생애 사역에서 예수님이 메시아 의식을 가졌는지 설명하는 데 큰 의미가 있다. 예수님의 메시아 의식을 부인하는 자유주의 비평가들은 이런 구절들이 후기 교회가 헬라의 영향을 받아 첨가한 구절들이라고 주장한다. 이와 같은 주장은 예수님의 신성을 부인하기 위한 것으로 설득력이 약하다.

이제 누가복음의 기록을 더 구체적으로 연구해 보자. 누가복음 1:43에서 엘리사벳은 "내 주의 어머니가 내게 나아오니 이 어찌된 일인가"라고 말함으로 마리아의 태중에 있는 아이 예수를 가리켜 "주"(Kyrios)라고 부른다. 그리고 누가복음 2:11은 천사의 선포를 통해 예수님을 "주"(Kyrios)로 밝힌다. 누가는 "오늘 다윗의 동네에 너희를 위하여 구주가 나셨으니 곧 그리스도 주시니라"(눅 2:11)[17]고 선포한다.

---

17. 본문의 "곧 그리스도 주시니라"(ὅς ἐστιν Χριστὸς κύριος)는 표현은 본문 비평의 문제가 있다. Nestle-Aland 27판(1993)은 소문자 χριστὸς κύριος를 택하여 그 뜻은 "기름 부음 받은 주"이며, United Bible Societies의 3rd edition은 대문자 Χριστὸς κύριος를 택하여 고유 명사인 "그리스도 주"라는 의미이다. 개역한글판은 "그리스도 주"라고 번역하여 고유명사를 본문으로 받았다. 본문 표현에 Χριστὸς κύριος, κύριος Χριστὸς, Χριστὸς κυρίου, Χριστὸς

누가는 천사의 선포를 통해 예수님께서 탄생하실 때 이미
"주"(Kyrios)로서 불림을 받았다고 증거한다. 보스(Vos)는 "만약 일반적
으로 받아들여지는 본문이 그대로 유지된다면[즉 '주의 그리스도'(the
Lord's Christ)가 아니요 '그리스도, 주'(Christ, the Lord)가 유지된다면], 천사들
이 목자들에게 한 말은 함께 사용된 '그리스도'(Christ)라는 명칭과 같
은 선상에서 '주'(the Lord)를 공식 명칭으로 취급한 것이다. 만약 우리
가 크리스토스(Χριστός)라는 말을 형용사적인 의미로 생각하여 그 뜻
을 '기름 부음 받은 주'로 받지 않는 이상, '주'와 '그리스도'를 같은 선
상에서 공식 명칭으로 받을 수밖에 없다. 본문을 '기름 부음 받은 주'
로 받을지라도 '주'는 메시아적인 명칭 이외의 다른 뜻으로 해석할 수
가 없다. 여기서 예수님이 탄생 때에 '주'라는 특별한 명칭으로 불린
점을 피하려면 앞에 시사한 것처럼 본문을 수정하는 거짓말을 할 수
밖에 없다."[18]라고 설명한다.

여기서 시므온의 찬송과 관계된 누가복음 2:26을 연구하면 누가복
음 2:11의 내용을 확인하게 된다. 누가복음 2:26은 "그가 주의 그리스
도를 보기 전에는 죽지 아니하리라 하는 성령의 지시를 받았더니"라
고 읽는다. 우리의 관심은 "주의 그리스도"(τὸν Χριστὸν κυρίου)라는 표
현이다. "주의 그리스도"(눅 2:26)라는 표현은 그리스도를 대격(τὸν
Χριστόν)으로 사용했고, 주를 소유격(κυρίου)으로 사용했다. 그런데 누
가복음 2:11은 주격(Χριστὸς κύριος)으로 사용했다. 따라서 누가복음
2:11의 "그리스도 주"는 예수님을 가리키는 메시아적 명칭인 반면, 누
가복음 2:26의 "주의 그리스도"는 주님으로부터 즉 하늘 아버지로부

Ἰησοῦς, Χριστὸς σωτήρ 라는 사본 상의 차이가 있으나 Χριστὸς κύριος가 월등한 사본들(א,
A, B, Dᵍʳ, K, L, P 등)의 지지를 받고 있다.

18. G. Vos, *The Self-Disclosure of Jesus*, p. 124.

터 임명받은 그리스도라는 뜻으로서 메시아이신 예수님이 바로 그런 분이라는 의미이다. 이 두 구절을 연관시켜 고찰하면 누가복음 2:11의 주(κύριος)는 예수님을 가리키고, 누가복음 2:26의 주(κυρίου)는 하나님을 가리킨다. 이 말씀은 주(κύριος)를 교대로 사용하여 하나님도 가리키고 또 예수님을 가리킬 수 있다는 뜻이 아니다. 오히려 주(κύριος)가 하나님도 가리키고 예수님도 가리킴으로 예수님에게 주어진 이 명칭이 최상의 의미와 초월적인 의미를 내포한다는 뜻이다. 누가는 주(κύριος)라는 명칭이 최고의 신을 가리키는 명칭이라고 증거한다.[19] 따라서 누가복음이나 다른 복음서에 사용된 주(κύριος)를 단순히 "선생님" 혹은 "주인님"이라는 뜻을 가진 용어로 축소시켜 이해할 수는 없다. 계시의 점진적 특성을 감안할 때 예수님께서 공생애도 시작하시기 전에 탄생 기사 가운데서 이미 예수님이 주로서 불린 사실은 의미심장한 것이다. 누가는 이 높아지심의 명칭을 예수님이 높아지실 때까지 기다리지 않고 그 이전에 예수님에게 먼저 적용한 것이다. 하나님께서 그의 기름부음 받은 자 즉 그리스도를 "그리스도 주"라는 명칭으로 계시하신 것은 놀랄만한 사건이다.

이제 예수님께서 자기 자신을 가리키면서 "주"(κύριος)를 주격으로 사용한 구절을 고찰해 보자.

---

19. William Hendriksen, *Exposition of the Gospel According to Luke (NTC)* (Grand Rapids: Baker, 1978), p. 153.: "He is the One anointed by the Holy Spirit to be his people's Great Prophet, Sympathetic Highpriest, and Eternal King."

(1) 마가복음 2:27-28; 마태복음 12:8; 누가복음 6:5

또 이르시되 안식일이 사람을 위하여 있는 것이요 사람이 안식일을
위하여 있는 것이 아니니 이러므로 인자는 안식일에도 주인이니라
(막 2:27-28)

예수님은 이 본문에서 안식일에 관한 교훈을 말씀하시면서 "인자는
안식일에도 주인이니라"(막 2:28)[20]고 가르치신다. 여기서 "주
인"(κύριος)은 예수님의 명칭이라기보다는 주어를 설명하는 역할을 한
다. 이 본문의 구조는 인자가 안식일의 주인이라는 뜻이지, 인자가
"안식일의 주"(the Lord of the sabbath)라는 명칭으로 불려야 한다는 뜻은
아니다. 본문에서 "주"가 주어인 "인자"(ὁ υἱὸς τοῦ ἀνθρώπου)를 설명한
다는 것은 대단히 중요하다. 그 이유는 예수님이 인자로서 안식일에
대한 권세를 가진 주인이라는 뜻이기 때문이다. 안식일은 하나님께서
세상을 창조하실 때 일곱째 날을 구별하여 안식일로 정하시고 이를
하나님의 율법에 계시해 두셨다. 따라서 안식일의 주인이 되신다는
뜻은 예수님께서 신적인 주권을 주장하고 계심을 의미한다. 예수님이
그런 주권을 행사하시기 위해서는 자신이 하나님이실 수밖에 없다.
하나님께서 창조하실 때 안식일을 제정하시면서 행사하신 주권과 예
수님께서 역사 선상에서 공생애의 사역 기간 동안에 "인자인 내가 안
식일의 주인이다"라고 선언하신 주권 사이에는 밀접한 관련이 있다.
특히 본문에서 "인자는 안식일에도 주인"이라고 말함으로 예수님의
주권이 단순히 안식일에만 국한하지 않고 광범위하게 적용되는 것임

---

20. ὥστε κύριος ἐστιν ὁ υἱὸς τοῦ ἀνθρώπου καὶ τοῦ σαββάτου (막 2:28)

을 암시하고 있다.[21]

(2) 마가복음 11:1-10; 마태복음 21:1-11; 누가복음 19:28-40

그들이 예루살렘에 가까이 와서 감람 산 벳바게와 베다니에 이르렀을 때에 예수께서 제자 중 둘을 보내시며 이르시되 너희는 맞은편 마을로 가라 그리로 들어가면 곧 아직 아무도 타 보지 않은 나귀 새끼가 매여 있는 것을 보리니 풀어 끌고 오라 만일 누가 너희에게 왜 이렇게 하느냐 묻거든 주가 쓰시겠다 하라 그리하면 즉시 이리로 보내리라 하시니 제자들이 가서 본즉 나귀 새끼가 문 앞거리에 매여 있는지라 그것을 푸니 거기 서 있는 사람 중 어떤 이들이 이르되 나귀 새끼를 풀어 무엇 하려느냐 하매 제자들이 예수께서 이르신 대로 말한대 이에 허락하는지라 나귀 새끼를 예수께로 끌고 와서 자기들의 겉옷을 그 위에 얹어 놓으매 예수께서 타시니 많은 사람들은 자기들의 겉옷을, 또 다른 이들은 들에서 벤 나뭇가지를 길에 펴며 앞에서 가고 뒤에서 따르는 자들이 소리 지르되 호산나 찬송하리로다 주의 이름으로 오시는 이여 찬송하리로다 오는 우리 조상 다윗의 나라여 가장 높은 곳에서 호산나 하더라(막 11:1-10)

예수님의 예루살렘 입성에 관한 이야기가 이 구절의 주요 내용이다. 본문은 예수님께서 제자들에게 맞은 편 마을에 가서 매어 있는 나귀 새끼를 풀어 끌고 오라고 말씀하시면서 누가 왜 이렇게 하느냐고 반대하거든 "주가 쓰시겠다 하라"(마 21:3; 막 11:3; 눅 19:31)고 대답하도록

---

21. 마가는 본문의 표현을 "καὶ τοῦ σαββάτου" (even of the sabbath)로 하고 있다.

가르치신다.[22] 당시의 상황은 예수님께서 메시아-왕으로 예루살렘에 입성할 때 타고 들어갈 나귀가 필요했다. 본문에서는 예수님의 예루살렘 입성을 구약 예언의 성취로 설명한다(마 21:5; 눅 19:38; 요 12:13,15). 여기 인용된 구약성경은 스가랴 9:9, 이사야 62:11, 시편 118:25-26이다. 의미심장한 것은 이런 구절들에서 "왕"(ὁ βασιλεύς)이 "겸손하여 나귀, 곧 멍에 메는 짐승의 새끼"(마 21:5)를 탔다고 설명하고 있는 점이다. 예수님이 나귀를 타고 예루살렘으로 입성한 사건을 구약에서 왕이 나귀를 탄 예언의 성취라고 증거하고 있다. 이와 같은 맥락에서 예수님이 자신을 "주"(κύριος)라고 지칭한 것은 구약 예언의 대상인 왕임을 증거하는 것이다. 예수님은 구약 예언의 대상인 왕이시기 때문에 "주"라는 명칭을 받아 마땅하다. "큐리오스"(Kyrios)는 왕의 존엄을 묘사하는 데 사용된다. "큐리오스"가 그리스도에게 적용된 것은 그리스도의 왕직을 묘사하는 것이다. "큐리오스"는 통치자를 뜻한다. 바로 이런 의미로 예수님의 공생애 기간 중에도 예수님이 "주"로 호칭되었다.[23]

본문은 예수님이 동네 사람들에 의해 "주"로 인정받고 있었음을 증거한다. 그렇지 않다면 예수님이 "주가 쓰시겠다고 하라"고 명령한 내용이 아무런 의미를 갖지 못한다. 예수님은 그 지역의 일반 백성들에 의해 "주"로 인정받고 있었다. 예루살렘 입성의 이야기에서 예수님이 주로 인정받은 사실은 두 가지 중요한 의미를 가르친다. 첫째,

---

22. 마태복음은 "나귀와 나귀 새끼"(마 21:2)를 언급하고 있으며 다른 복음서들은 "나귀 새끼"(막 11:2; 눅 19:30)만을 언급하고 있다. 마태가 두 마리의 나귀를 언급한 것은 두 마리의 나귀가 사용되었다는 목격자의 전통을 알고 있었다고 생각된다. cf. Donald A. Hagner, *Matthew 14-28: Word Biblical Commentary*, Vol. 33b (Dallas: Word Books, 1995), p. 594.

23. Ethelbert Stauffer, *New Testament Theology* (London: SCM Press, 1955), p. 114.

예수님은 비록 그 나귀를 소유하시지는 않았지만 그 나귀를 마음대로 사용하실 수 있는 권한을 가지고 계셨다. 이는 나귀의 주인이 예수님의 "주" 되심을 인정하고 자신의 나귀를 사용하실 수 있는 권한이 예수님에게 있음을 인정한 것이다. 특히 예수님의 명령에 나귀 주인이 "즉시"(마 21:3) 반응을 보일 것이라는 말씀은 예수님의 주권을 부각시켜 준다. 둘째, 예수님께서 "아직 아무도 타보지 않은 나귀 새끼"(막 11:2; 눅 19:30)를 타고 예루살렘에 입성하신 사실은 예수님이 길들이지 않은 동물에 대해서 특별한 주권(special Lordship)이 있다는 것을 증거한다. 이는 예수님께서 자연 세계에 대해서도 주권을 가지고 있다는 증거이다.

(3) 마태복음 22:41-46

바리새인들이 모였을 때에 예수께서 그들에게 물으시되 너희는 그리스도에 대하여 어떻게 생각하느냐 누구의 자손이냐 대답하되 다윗의 자손이니이다 이르시되 그러면 다윗이 성령에 감동되어 어찌 그리스도를 주라 칭하여 말하되 주께서 내 주께 이르시되 내가 네 원수를 네 발 아래에 둘 때까지 내 우편에 앉아 있으라 하셨도다 하였느냐 다윗이 그리스도를 주라 칭하였은즉 어찌 그의 자손이 되겠느냐 하시니 한 마디도 능히 대답하는 자가 없고 그날부터 감히 그에게 묻는 자도 없더라(마 22:41-46)

이 구절은 예수님께서 바리새인들과 질의 응답한 구절이다. 예수님은 바리새인들과 변론하는 가운데 자신을 가리켜 주(κύριος)라고 부르고 있다. 본문에서 "주"라는 용어의 사용은 임의적인 것이 아니요 메시아 직에 관한 변론 가운데 나타난 것이다. 예수님께서 바리새인들에게 "너희는 그리스도에 대하여 어떻게 생각하느냐 누구의 자손이냐"(마 22:42)라고 물으신다. 예수님의 질문은 "메시아에 관한 너희의 교리는 무엇이냐"와 같은 것이다. 이 구절에 사용된 그리스도 (Χριστός), 다윗의 자손(τοῦ Δαυίδ), 주(κύριος)가 모두 메시아적 명칭이라는 사실은 의미심장하다. 예수님의 질문에 바리새인들은 그리스도가 다윗의 자손(τοῦ Δαυίδ)이라고 답변한다(마 22:42). 이 대답에 대해서 예수님은 "그러면 다윗이 성령에 감동되어 어찌 그리스도를 주라 칭하였느냐"(마 22:43)라고 반문하시면서 시편 110:1을 인용하시고 그 해석과 적용을 말씀하신다. 즉 "만약 다윗이 그리스도를 주라 칭하였다면, 그리스도가 어떻게 그의 자손이 되겠느냐"라는 자신의 질문에 대한 설명을 하신다. 본문에서 예수님이 지적하기를 원한 것은 그리스도가 단순히 다윗의 자손이 아니요 오히려 다윗 자신의 주가 되신다는 것이다. 왜냐하면 다윗이 성령의 계시로 그리스도를 "나의 주"(κυρίῳ μου)라고 칭했기 때문이다(마 22:43; 시 110:4-5).

"주"에 관한 자료들은 "주"의 개념이 고정되어 있지 않고 유연한 용어인 것을 확인해 주고 있지만, 같은 자료들은 예수님이 자신을 초월적인 주님으로 나타내는 것도 부인하지 않는다. 부셋(Bousset)이나 불트만(Bultmann)조차도 이 구절이 메시아적 주권 또는 메시아적 신성을 나타내고 있다고 인정한다. 불트만은 이 구절이 아들의 선재를 가르치는 것이 확실하며 이는 단순히 다윗 왕국의 어린 가지로서만이 아니라 다윗의 주로서 나타나 있다고 말한다. 그러나 불트만은 이를 교회의 신학으로 돌려버린다.[24]

---

24. Rudolf Bultmann, *Theology of the New Testament*, Vol. Ⅰ (New York: Charles Scribner's

그러나 다윗은 영감된 상태에서 시편 110편을 쓸 때 오실 그분을 가리켜 "주"로 부를 수 있었다. 다윗은 예언적으로 자기 자신보다 더 큰 이가 태어날 때를 바라보면서 말하고 있다. 또한 다윗은 여호와께서 "주의 권능의 규"(시 110:2)를 내보내신다고 말함으로 메시아가 왕이심을 확인한다. 그런데 그보다 더 중요한 의미는 다윗이 자신의 때에 "주님"을 고백하고 있다는 사실이다. 그러므로 "주님"은 다윗과 동시대에 살고 계신 초월적인 분이었다. 요점은 예수님이 다윗의 주님이시라는 사실이다(참고. 요 8:58). 이 구절의 의미는 메시아가 다윗의 혈통을 통해 오신다는 사실을 부인하는 것이 아니라, 오히려 "'다윗의 자손'이라는 명칭에 서기관들이 부여한 현세 중심의 개념에 반대하여, 메시아는 분명히 초월적인 주권의 자리에 있다는 것이다."[25]

예수님을 주님으로 부를 때 호격을 사용한 몇 구절의 예와 비유에 자주 나타나는 "주님"의 이야기는 우리의 관심의 대상이다.

첫째, 주님을 호격으로 부르는 자료들은 예수님이 지상 사역 기간 중 "주님"으로 알려졌다는 것을 확인시켜 준다. 우리는 이런 구절들을 읽으면서 초대교회가 예수님에게 "주님"이라는 명칭을 붙여 주었기 때문에 복음서에 기록된 것뿐이지 예수님이 자신을 "주"로 사용하지 않았다고 주장하는 그런 입장에 동의할 수 없다.

"주"를 호격(χύριε)으로 사용하는 구절들은 사람들이 예수님을 가리켜 "주"라고 부름으로 그들의 생각에 예수님에 대한 경외심이 어느 정도인지를 나타내 보여 준다. 사람들이 예수님을 "주"로 부르는 이유를 단순히 "선생님" 정도의 점잖은 표현으로 사용했다고 설명하기

Sons, 1951), p. 26.

25. G. Vos, *The Self-Disclosure of Jesus*, p. 123.

힘들다. 복음서에서 예수님을 "선생님"으로 부른 예를 연구해 보면 복음서 저자들이 "주"라는 명칭을 사용한 특별한 의미가 부여된 것이다. 예수님을 배반하는 유다는 예수님을 "주여"라고 부르지 않고 "랍비여"(ῥαββί)라고 부른다(마 26:49). 최후의 만찬석상에서 예수님이 "너희 중에 한 사람이 나를 팔리라"(마 26:21)고 말씀하시자 제자들은 각각 "주여"(κύριε)라고 예수님을 불렀는데(마 26:22), 가룟 유다는 "랍비여"(ῥαββί)라고 불렀다. 한 서기관은 예수님을 부를 때 "선생님이여"(διδάσκαλε)라고 불렀다(마 8:19). 이처럼 참 제자가 아닌 사람이 예수님을 부를 때 그들은 예수님을 가리켜 "랍비" 혹은 "선생"으로 불렀다. 이 사실은 복음서 기자들이 "주"를 사용할 때 특별한 원리를 적용하여 사용했다는 증거이다. 따라서 "주"라는 명칭은 "점잖은 표현"이상의 의미로 종교적인 색채가 가미된 경외심의 표현임을 알 수 있다. 사람들은 예수님에게서 볼 수 있는 어떤 특별한 존엄성을 인정해서 메시아적 의미가 내포된 "주"라고 예수님을 불렀다.[26]

둘째, 예수님의 공생애 말기에 사용된 비유를 보면 예수님께서 "주"(κύριος)라는 명칭을 사용하여 비유를 설명하신다. "충성되고 지혜로운 종의 비유"(마 24:45-51), "달란트 비유"(마 25:14-30), "그리스도의 재림 때에 관한 비유"(막 13:34-37), "경성하고 있는 종의 비유"(눅 12:35-40), "충성스러운 종과 불의한 종의 비유"(눅 12:41-48), "좁은 문의 비유"(눅 13:24-30)가 그런 비유들이다. 예수님은 이런 비유에서 "주"(κύριος, 마 24:45-46; 25:21,23; 눅 12:37,46; 13:25), "집 주인"(ὁ κύριος τῆς

---

26. G. Vos, *The Self-Disclosure of Jesus*, p. 124: Vos는 마리아가 엘리사벳을 방문한 기록에서 엘리사벳이 사용한 "내 주의 모친"이라는 표현을 설명하면서 "The feeling expressed here is not that of politeness, but that of reverence, and the cause for the reverence must lie in the unborn child, and therefore can not concern the child as such, but its destiny and dignity."(p.124)라고 해석한다.

οἰχίας, 막 13:35) 등을 사용했다. 그런데 이런 구절들은 종말론적 교훈을 가르치는 비유로 예수님이 "주"로서 그의 제자들을 보상하기 위해 재림하셔서 세상을 심판하실 것을 말씀하신다. 이런 비유에서 "주님 되심"(Lordship)은 단순한 "점잖은 표현" 이상의 초월적인 의미를 갖는다. 예수님은 하나님 나라의 "주"로서 재림 때에 다시 나타나셔서 자신의 종들에게 보상하실 것이다.

셋째, 부활 후의 예수님을 가리켜 "주"라고 부르는 것은 특별히 의미심장하다. 사도행전 2:36은 "너희가 십자가에 못 박은 이 예수를 하나님이 주와 그리스도가 되게 하셨느니라"고 기록한다. 누가복음 24:34은 "주께서 과연 살아나시고"라고 표현했으며, 요한복음 20:2에서는 마리아가 베드로와 요한에게 "사람들이 주님을 무덤에서 가져다가 어디 두었는지 우리가 알지 못하겠다"(참조. 요 20:13)라고 말했으며, 마리아가 부활하신 예수님을 만난 이후에는 "내가 주를 보았다"(요 20:18)라고 말했다. 이와 같은 구절들은 예수님을 "주"라고 부를 때 특별한 경외심이 그 호칭에 함축되어 있으며 또 그 경외심이 부활 이전의 예수님에게도 적용되었다는 것을 가리킨다.[27] 부활 이야기에서 예수님을 "주"로 호칭하는 것은 예수님께서 공생애 기간 동안 활동하실 때도 제자들이 예수님을 "주"로 생각하고 있었다는 증거이다.[28] 예수님의 부활을 근거로 제자들은 예수님이 오실 인자(the coming Son of

---

27. 부활 후에 예수님을 "주"라고 호칭하는 구절 가운데 마 28:6이 사용되곤 하지만 이 구절은 사본 상의 문제가 있다. 비교적 좋은 사본들(א, B, Q, 33)은 ὁ κύριος를 본문에 넣지 않는다 (δεῦτε ἴδετε τὸν τόπον ὅπου ἔκειτο). 그러나 비교적 신빙성이 떨어지는 사본들(A, C, D, K, L, W등)은 ὁ κύριος를 본문에 삽입시켜 "와서 주님이 누우셨던 곳을 보라"(δεῦτε ἴδετε τὸν τόπον ὅπου ἔκειτο ὁ κύριος)라고 읽는다. 사본들의 우열을 근거로 볼 때 부활 후에 예수님을 "주"로 호칭한 근거 구절로 마 28:6을 사용하는 것은 신빙성이 떨어진다.

28. I. Howard Marshall, *The Origins of New Testament Christology* (Downers Grove: IVP, 1976), p. 100.

Man)이심을 확실하게 믿었고 따라서 예수님이 높아지신 주님이심을 의심하지 않았다. 즉 예수님은 높아지신 주님이시기 때문에 그분이 오실 주님이요 인자가 틀림없다고 생각하여 "주"를 예수님에게 적용한 것이다.[29]

지금까지 연구한 성경 구절들은 예수님의 제자들이 "주"를 예수님에게 적용하여 메시아적 명칭으로 사용했으며 또한 예수님 자신도 그 명칭을 자신에게 적용시켰음을 보여 준다.[30] "주"라는 명칭은 예수님의 신성을 가리키며 신적인 특권이 함축되어 사용된 명칭이다. 예수님은 "주"로서 경외와 경배의 대상이 되며 신적인 능력과 권세를 소유하신 분이다. 때때로 예수님의 "주님 되심"은 그의 메시아적 왕 직과 밀접하게 관계되어 사용된다. 다른 경우는 "주"라는 명칭이 예수님의 성육신 이전의 본성을 가리킬 때도 사용되어 예수님을 신(神)으로 고백하는 데 사용되곤 한다. 예수님이 친히 자신을 가리켜 "주"라고 호칭한 것이 근거가 되어 초대교회는 "주"를 예수님을 가리키는 표준 호칭으로 사용하게 된다. 예수님이 "주 되심"에는 중요한 두 가지 의미가 있다. 첫째는 예수님이 "주"(the Lord)로서 소유주라는 사실이며, 둘째는 소유주로서 자신의 소유에 대한 권세를 가지고 계신다는 사실이다.

---

29. Marshall, *The Origins of New Testament Christology*, p. 103.

30. Fitzmyer (Joseph A. Fitzmyer, S. J.)는 κύριος라는 명칭이 신약에서 부활하신 예수님과 높아지신 예수님과, 재림하실 예수님에게는 적용되었지만, 공생애 기간의 예수님에게는 적용되지 않았다고 주장한다. see "A Wandering Aramean," *The Semitic Background of the New Testament* (Grand Rapids: Eerdmans, 1997), pp. 127-129: "In sum, there is no real evidence pointing to the application of the religious title ὁ κύριος to the earthly Jesus."(p. 128) Fitzmyer의 이런 주장은 성경의 근거로 볼 때 수용하기 어렵다.

3. "하나님의 아들"이라는 명칭을 통한 예수님의 자기 계시

그리스도의 인격과 사역은 메시아의 명칭과 깊은 관계가 있다. 메시아의 명칭들은 하나님 나라에서 성취될 예수님의 구속 사역을 계시하고 있다. 예수님은 자신을 메시아와 주로 계시하셨고, 그 명칭들은 왕국을 이루는 그의 사역과 관련된다. 그는 메시아이기 때문에 또한 주님이시다. 그러나 예수님이 메시아와 주가 되시는 근거는 본래 하나님의 아들이시기 때문이다. '하나님의 아들'이라는 명칭은 네 가지로 나누어 생각해 볼 수 있다.

"하나님의 아들"이라는 명칭을 본체론적 의미의 아들의 신분, 메시아적 의미의 아들의 신분, 출생적 의미의 아들의 신분과 도덕적이고 종교적 의미의 아들의 신분으로 나누어 생각할 수 있다.

먼저 명백히 해두어야 할 것은 우리가 네 종류의 하나님의 아들을 다루지 않고 있다는 사실이다. 그것들은 서로 분리될 수 없고 밀접한 관련이 있다. 이 네 가지 의미 중 어느 하나도 다른 의미와 분리되어 사용될 수 없다. 마치 예수님의 인성과 신성을 분리하여 생각할 수 없듯이 예수님의 네 가지 아들의 신분은 서로 분리할 수 없다. 우리는 네 가지 다른 아들의 신분을 다루는 것이 아니요 한 아들의 네 가지 면을 복음서에 나타난 대로 연구하는 것이다. 다른 표현으로 설명한다면 아들의 신분이라는 네 가지 면을 종합하여 생각하는 것이 하나님의 아들인 예수님에 대한 더 완전한 모습을 그릴 수 있다는 것이다.

우리는 이런 구체적인 연구를 통해 더 풍요한 예수님을 대하게 된다. 예수님은 본래 하나님의 아들이시지만 우리에게 계시될 때는 다른 여러 면을 보여 주신다. 그러므로 논리적인 순서는 본체론적인 아들이 먼저요, 그 후에 메시아적 의미의 아들, 출생적 의미의 아들, 그리고 도덕적 종교적 의미의 아들이 그 뒤를 따라야 한다.

(1) 본체론적 의미의 아들

예수님이 본체론적으로 하나님의 아들이란 뜻은 예수님이 처음부터 본래 하나님의 아들이라는 뜻이다. 예수님은 지상의 메시아 사역과 관계없이 원래 삼위일체 하나님의 제2위로서 하나님의 아들이셨다. 그러므로 본체론적 의미의 아들은 가장 기본적인 아들의 신분이다. 바로 이 본체론적인 아들에 근거하여 다른 세 가지 의미의 아들의 신분을 생각할 수 있다.

메시아적 의미의 아들, 출생적 의미의 아들, 도덕적이고 종교적 의미의 아들은 예수님의 지상 생애와 깊은 관계가 있다. 그러나 예수님의 지상 생애 이전에 예수님은 본래적으로 하나님의 아들이었고 삼위일체적으로 하나님의 아들이었다. 예수님이 본체론적으로 하나님의 아들이라는 개념은 예수님의 신성을 증거하는 데 본질적인 것이다. 왜냐하면 본체론적인 아들의 신분은 예수님을 하나님과 동등한 위치에 두며 또한 모든 피조물의 상대성을 벗어나 절대자의 위치를 차지하기 때문이다. 이런 의미로 보스(Vos)는 본체론적 아들의 신분은 세상과 사람과 종교와 구속과 메시아 직이 전혀 없었을지라도 존재했을 것이라고 말했다.[31] 이처럼 본체론적 아들의 신분은 다른 모든 의미의 아들직의 근본이 된다.

---

31. G. Vos, *The Self-Disclosure of Jesus*, p. 190.

① 마태복음 11:27

마태복음 11:27은 예수님의 본체론적인 아들의 신분을 잘 나타내는 구절이다. "내 아버지께서 모든 것을 내게 주셨으니 아버지 외에는 아들을 아는 자가 없고 아들과 또 아들의 소원대로 계시를 받는 자 외에는 아버지를 아는 자가 없느니라"(마 11:27; 참조. 눅 10:22).

이 구절은 예수님이 직접 자신의 본체론적 아들의 신분을 나타내신 말씀이다. 예수님은 아들이 아버지에 대한 영원한 지식을 가지고 있으며 아버지가 아들에 대한 영원한 지식을 가지고 있다고 가르친다. 근대 비평적 해석자들은 본문의 '아는'(ἐπιγινώσκει)을 후천적으로 노력해서 얻은 지식으로 생각하며 아버지와 아들 간의 영원한 교제를 통해 얻어진 것이 아니라고 주장한다. 비평학자들은 이 구절의 기독론이 너무 고차원적인 것이어서 예수님께서 직접 말씀한 것이 아니라 요한 사도의 후대 창작이 마태복음에 끼어든 것이라고 주장한다. 그러나 본문의 내용이 마태복음 11:27과 누가복음 10:22에 똑같이 언급된다는 사실은 비평학자들을 곤경에 빠지게 한다. 그 이유는 그들도 마태와 누가의 이중 전통의 타당성을 인정하고 있기 때문이다.

예를 들어 하르낙(Harnack)은 이 구절에서 설명하는 아들의 신분이 아버지와 아들 간의 도덕적이며 종교적인 고상한 관계를 나타내며 결국 예수님의 메시아 의식으로 발전되게 되었다고 주장한다. 하르낙은, 이 구절이 탁월한 종교적 경험만을 가리키는데 이런 경험이 예수님으로 하여금 하나님에 대한 특별한 지식을 갖고 있는 것처럼 생각하게 만들었다고 한다. 즉 예수님이 하나님의 아들이라고 생각하는 것은 예수님이 하나님에 대한 특별한 지식을 가지고 있다는 뜻이라고 주장한다. 하르낙은 "하나님의 아들 되는 의식은 하나님을 아버지 곧 그의 아버지로 아는 실제적인 결과에 지나지 않는다. 올바로 이해한다면 아들이라는 이름의 뜻은 하나님의 지식에 지나지 않는다."[32]고 말한다. 하르낙은 아무도 예수와 같은 방법으로 하나님을 아는 자가 없었다고 한다. 즉 "아무도 예수가 아버지 하나님을 아는 방법으로 아버지를 안 사람은 없었다."[33] 하르낙은 자유주의 견해의 대표자에 걸맞게 이 점에 있어서도 예수님을 인간의 모범으로 전락시키고 예수님이 하나님 아버지와 유일한 관계를 성취함으로써 결국 하나님의 아들이라는 의식을 갖게 되었다고 주장한다. 즉 하르낙에 의하면 이 구절의 교훈은 예수님이 다른 사람에 비해 하나님에 대한 더 나은 지식을 가지고 있었기 때문에 예수님이 사람들에게 아버지에 대해 더 좋게 계시할 수 있었을 뿐이라고 한다.

그러나 이 구절은 "내 아버지께서 모든 것을 내게 주셨으니"로 시작한다. 문맥에 비추어 생각할 때 '모든 것'은 하나님에 관한 모든 지식, 하나님께서 메시아에게 주신 모든 권세, 예수님이 메시아로서 자기 백성에게 제공하신 구원의 방법을 포함한 것으로 이해해야 한다. 이렇게 생각할 수 있는 근거는 앞에 나온 구절인 마태복음 11:25에서 예수님은 하나님 아버지께 기도하시는 중에 "천지의 주재이신 아버지여 이것을 지혜롭고 슬기 있는 자들에게는 숨기시고 어린아이들에게는 나타내심을 감사하나이다"라고 했기 때문이다. 또한 이전 구절에 나타나듯이 예수님은 하나님으로부터 사탄에 대한 권세(마 4:1-11), 바람과 파도에 대한 권세(마 8:23-27), 마귀에 대한 권세(마 8:28-32), 몸과

32. Adolf Harnack, *What is Christianity* (New York: Harper and Row, Publishers, 1957), p. 128: "The consciousness which he possessed of being *the Son of God* is, therefore, nothing but the practical consequence of knowing God as the Father and as his Father. Rightly understood, the name of Son means nothing but the knowledge of God."

33. *Ibid.*, p. 144.

영혼에 대한 권세(마 9:1-8), 생명과 죽음에 대한 권세(마 9:18-19, 23-26), 인간의 병에 대한 권세(마 9:20-22) 등을 받으셨다(참조. 마 28:18). 예수님은 이상과 같은 메시아의 권세를 받으셨기 때문에 "내 아버지께서 모든 것을 내게 주셨다"고 말씀하신 것이다. 예수님은 아버지를 대신한 메시아로서 모든 능력과 권세를 위임받았다.

마태복음 11:27의 '주셨으니'라는 말도 하르낙은 어떤 것을 전수한다는 의미로 예수님이 하나님의 지식을 전수받은 것으로 해석한다. 이렇게 해석함으로 하르낙은 본문이 도덕적이고 종교적 아들의 신분을 가리키는 것으로 설명하고자 한다. 물론 하나님의 아들이 성육신하신 메시아이기 때문에 이 구절이 역사와 무관한 것은 아니다. 그러나 예수님은 계속해서 아버지의 아들에 대한 독점적인 지식과 아들의 아버지에 대한 독점적인 지식을 병행시킴으로 아버지와 아들 간의 삼위일체적 관계가 메시아적 권세를 받을 수 있는 전제 조건이었다는 것을 명백히 한다. "아버지 외에는 아들을 아는 자가 없고(아버지의 아들에 대한 독점적 지식) 아들과 또 아들의 소원대로 계시를 받는 자 외에는 아버지를 아는 자가 없다"(아들의 아버지에 대한 독점적 지식)는 말씀이 이를 뒷받침한다.

본문에서 아버지가 아들을 안다 할 때의 '안다'와 아들이 아버지를 안다 할 때의 '안다'를 현재 시상으로[34] 사용한 것도 아들의 아버지에 대한 지식이 결코 부차적인 것이 아님을 증거한다. "안다"(ἐπιγινώσκειν)라는 동사가 에피(ἐπί)라는 전치사와 함께 사용된 것은 의도적으로 그 뜻을 강조하기 원해서이다. 그 뜻은 "정확하고, 완전하고, 철저하게

---

34. οὐδεὶς ἐπιγινώσκει τὸν υἱὸν εἰ μὴ ὁ πατήρ.

안다"라는 뜻이다.[35] "에피기노스케인"이라는 말이 뜻하는 만큼 서로를 알 수 있는 관계란 삼위일체 내에서 아버지와 아들의 관계를 떠나서 있을 수 없는 일이다. 그러므로 본문의 아들의 신분은 삼위일체 관계 내에서 본체론적 아들의 신분을 가리킨다. 이 본체론적 아들의 신분은 예수님이 메시아적 아들의 신분과 같은 다른 아들의 신분을 수행할 수 있는 전제가 된다. 이처럼 성경은 예수님이 본래적으로 영원한 하나님의 아들이었다고 증거한다.

② 마태복음 21:33-46(막 12:1-12; 눅 20:9-18)

본문은 불의한 농부의 비유이다. 이 비유는 메시아적 아들의 신분을 두드러지게 강조하고 있으나 본체론적 아들의 신분을 전제하지 않으면 설명이 불가능하다. 비유의 교훈은 다음과 같다. 포도원의 주인이 농부들에게 포도원을 세로 빌려주고 거기에서 거둬들인 소출의 일부를 받기 위해 종들을 농부들에게 계속 보내지만 농부들이 그들을 모두 죽이기 때문에 결국에 가서는 자기 아들을 보낸다. 아들은 포도원의 주인이 농부들에게 보낼 수 있는 최상의 대표자이다. 그러나 농부들은 아들도 배척하고 그를 죽여 버린다. 마침내 포도원의 주인은 농부들을 심판하게 된다.

불의한 농부의 비유는 구약의 배경을 떠나서는 이해할 수 없다. 이사야 5:1-7은 이스라엘을 친히 다스리시는 여호와 하나님이 이스라엘에 대해 오래 참으시는 은혜를 베푸신다는 사실을 보여준다(사 5:4 참조). 불의한 농부의 비유는 예수님이 하나님 나라의 아들로 마지막

---

35. Donald A. Hagner, *Matthew 1-13: Word Biblical Commentary*, Vol. 33A (Dallas: Word Books, Publisher, 1993), p. 320.

대표자이며 하나님의 백성으로부터 배척받을 것이요, 결국 의로운 재판관으로 그 백성을 판단하시게 될 것이라고 가르친다. 그리고 예수님은 이 비유를 말한 후에 시편 118:22을 인용하심으로 자신을 "건축자들이 버린 돌"(마 21:42)과 동일시하신다.[36] 문제의 결론은 "하나님의 나라를 너희는 빼앗기고 그 나라의 열매 맺는 백성이 받으리라"(마 21:43)이다.

불의한 농부의 비유는 분명히 이스라엘이 예수님의 메시아적 아들의 신분을 배척했다고 설명한다. 메시아적 아들의 신분을 배척하는 것은 하나님께서 자기 언약 백성에게 멸망을 내리실 정도로 심각한 것이다. 그러나 본문의 아들의 신분은 메시아적 아들의 신분 이상이다. 본문에서 아들이 보냄을 받은 것은 그가 메시아이기 때문이다. 그러나 바로 그 아들을 보내야 하는 이유는 그가 포도원의 주인을 가장 잘 대표하고, 포도원의 주인이 가장 사랑하는 자이기 때문이다. 포도원의 주인은 "그들이 내 아들은 존대하리라"(마 21:37)고 말함으로 아들과의 관계를 시사한다. 그러므로 아들은 메시아적 사명을 위해 보냄 받기 전부터 이미 하나님의 아들로 존재했다. 이 사실을 인정하지 않으면 불의한 농부의 비유를 정당하게 이해할 수 없다. 아들은 하나님의 아들로서 본체론적인 아들이기 때문에 메시아적 아들로 보냄을 받아 하나님의 백성들에게 하나님 아버지의 요청을 선포하신 것이다. 우리는 불의한 농부의 비유에서 예수님의 메시아적 아들의 신분이 어떻게 본체론적 아들의 신분에 근거를 두고 있는지 보게 된다.

---

36. Donald A. Hagner, *Matthew 14-28: Word Biblical Commentary*, Vol. 33b, p. 622.

(2) 메시아적 의미의 아들

메시아적 의미의 아들은 예수님의 본성을 묘사하는 것이 아니요, 예수님의 직책을 묘사한다. 하나님의 임명에 의해 예수님은 메시아로 택정되셨다. 하나님은 삼위일체 하나님의 제1위로서 제2위이신 예수님을 메시아로 임명하시고 메시아의 직책을 그에게 부여하셨다. 그러므로 이 구분은 아버지와 아들 간의 본체론적인 관계가 아닌 언약적인 관계를 말하고 있다. 아버지는 언약 관계에서 자기 아들을 메시아로 세우신다. 그런데 메시아 직책은 성경에서 아들로 묘사되어 있다.

예수님의 영원한 아들의 신분은 메시아 직책을 감당하게 하는 자격 요건이다. 메시아는 하나님과 밀접한 관계 가운데서 하나님의 절대적인 대표자로서 행동하신다. 메시아는 그의 삶과 목적에서 하나님과 깊은 교제관계에 있다. 그러므로 사실상 아들만이 이 메시아 직을 감당할 수 있다.

여기서 우리는 아들과 메시아 직의 관계를 찾아볼 수 있다. 아들이기 때문에 가장 고상한 메시아 직을 감당할 수 있고 또 가장 고상한 메시아 직이기 때문에 아들이어야 한다. 이처럼 예수님의 영원한 아들의 신분과 메시아적 의미의 아들의 신분은 떼려야 뗄 수 없는 관계이다. 메시아적 의미의 아들은 영원한 아들이 구체적인 역사적 형편 가운데 나타난 것을 뜻한다.

이제 성경에서 메시아적 의미의 아들 직을 설명하는 구절을 생각해 보고자 한다. 예수님께서 종말에 관해 말씀하시는 중 자신의 메시아적 아들의 신분에 대해 언급하신다.

① 마태복음 24:36

본 구절은 복음서의 내용 중 난해한 구절 중의 하나이다. 하나님 이신 예수님이 모르는 일도 있다는 사실이 성도들의 마음을 혼란스럽게 만든다.

> 그러나 그 날과 그 때는 아무도 모르나니 하늘의 천사들도, 아들도
> 모르고 오직 아버지만 아시느니라(마 24:36).

분명히 이 구절은 예수님의 아들의 신분을 설명하고 있다. 그런데 아들의 지식에는 한계가 있다고 말한다. 예수님의 지식의 한계는 두 번째 강림의 때에 관한 것이다. 본 절의 제한은 예수님이 메시아의 직책을 수행함에 있어서 하나님과의 관계 가운데서 있을 수 있는 것이다. 메시아 직책을 수행하시는 예수님은 전지(全知)하시다고 말할 수 없다. 본 절은 예수님의 지식이 천사들의 지식보다 더 높은 차원의 것이지만 아버지와 비교하면 그의 재림의 때에 관한 지식은 제한을 받고 있다고 말한다.[37] 본체론적인 아들은 모든 것을 알아야 하지만 메시아적 아들은 그의 사역의 성격상 하나님이 아직 그에게 계시하지 않은 사항이 있을 수 있다. 본문에서 예수님의 재림의 때를 아는 지식을 설명하면서 예수님의 지식과 천사들의 지식을 비교하여 언급하지만 예수님의 지식은 천사들의 지식보다 더 높은 차원일 수밖에 없다. 그 이유는 천사들이 본질적으로 낮은 피조물이기 때문이다. 그러므로 천사들은 예수님이 알 수 없는 것을 안다고 할 수 없다.

마태복음 11:27에서 이미 설명했듯이 본체론적인 아들은 아버지

---

37. G. Vos, *The Self-Disclosure of Jesus*, p. 166.

처럼 완전한 지식을 소유하고 계신다. 그러므로 본 절은 예수님의 메시아적 아들의 신분의 관점에서 이해해야 한다. 본 절은 예수님이 존재적으로 낮은 위치에 있기 때문에 지식에 제한이 있다는 뜻이 아니요 메시아에게 그 지식이 전달되지 않았다는 의미에서 제한을 말하고 있다.[38]

예수님은 여기서 메시아적 아들로서 말씀하시는 중 재림의 때에 관한 계시는 하나님 아버지로부터 아직 받지 못했다고 시인하신다. 여기서 우리는 무한과 유한이 공존하는 본질적인 문제에 부닥치게 된다. 다시 말해서 본체론적인 아들의 신분과 메시아적 아들의 신분의 관계를 보고 있다. 우리는 신약의 가르침을 본체론적 아들의 신분과 메시아적 아들의 신분 관계라는 차원에서 이해할 때 잘 조화가 되는 것을 볼 수 있다. 만약 우리가 이 부분을 명백히 하지 않으면 이 구절에서 발생한 문제에 답을 할 수가 없게 된다. 그러므로 본 절에서 예수님은 자신의 메시아적 아들의 신분을 언급하고 있으며 메시아로서 자신은 재림시기를 알지 못한다고 말씀하고 계신다.

② 마태복음 7:21-23; 25:34; 26:29; 누가복음 22:29

본 구절은 예수님의 본체론적 아들의 신분을 근거로 메시아적 아들이심을 증거하는 구절이다.

---

38. 참고로 Hagner(Donald A. Hagner, *Matthew 14-28: Word Biblical Commentary*, Vol. 33ʙ (Dallas: Word Books, Publisher, 1995), p. 716)는 마 24:36을 케노시스 이론(Kenotic Theory)으로 정리한다. 그는 예수님이 성육신하실 때 신적 특권을 모두 내려놓고 완전한 인성을 가지셨기 때문에(빌 2:6-8) 마태가 편안한 마음으로 그렇게 기록했다고 정리한다. 그러나 이와 같은 접근은 예수님의 성육신 기간 동안 예수님이 100% 하나님이시오, 100% 인간이시라는 이론에 이의를 제기할 수 있는 여지를 남기게 된다.

나더러 주여 주여 하는 자마다 다 천국에 들어갈 것이 아니요 다만 하늘에 계신 내 아버지의 뜻대로 행하는 자라야 들어가리라 그 날에 많은 사람이 나더러 이르되 주여 주여 우리가 주의 이름으로 선지자 노릇하며 주의 이름으로 귀신을 쫓아내며 주의 이름으로 많은 권능을 행하지 아니하였나이까 하리니 그 때에 내가 그들에게 밝히 말하되 내가 너희를 도무지 알지 못하니 불법을 행하는 자들아 내게서 떠나가라 하리라(마 7:21-23).

우리는 예수님이 하나님의 아들이라는 뜻을 담고 있는 구절들을 접근할 때 그 구절의 주석을 통해 예수님 자신이 어떤 아들의 신분을 강조하고 있는지 밝혀야 한다. 복음서에서 예수님의 아들의 신분이 설명될 때 많은 구절은 예수님의 메시아적 아들의 신분을 강조하는 반면 예수님의 본체론적 아들의 신분은 배경 역할을 하는 것으로 나타난다. 마태복음 7:21-23의 경우는 예수님의 메시아적 아들의 신분을 강조한다. 예수님은 "하늘에 계신 내 아버지"(마 7:21)라고 말함으로 자신이 하늘에 계신 하나님 아버지의 아들이라고 밝힌다. 이 말씀에는 예수님의 "본체론적 아들의 신분"이 함축되어 있지만 천국에 들어갈 사람을 심판하는 일과 연계시켜 고려할 때 예수님은 천국의 주님으로 또 메시아적 심판자로 말씀하시는 것이 확실하다. 그렇다면 이 구절은 예수님의 본체론적 아들의 신분을 배경으로 예수님의 메시아적 아들의 신분을 전면에 내세워 강조하는 것으로 보아야 한다.

누가복음 22:29에서 예수님은 "내 아버지께서 나라를 내게 맡기신 것 같이"라고 말씀하신다. 이 말씀은 하늘에 계신 아버지 하나님이 아들인 예수님에게 "하나님 나라"를 맡기셨다는 뜻이다. 그래서 예수님은 공생애를 시작하실 때 첫 마디의 말씀으로 "회개하라 천국이 가까이 왔느니라"(마 4:17)라고 말씀하셨고, 그의 공생애 기간 내내 "하나님 나라"에 대해 가르치셨으며, 부활하신 이후 40일 동안 이 세상에 계시면서도 "하나님 나라의 일"(행 1:5)을 말씀하셨다. 하나님은 예수님에게 "하나님 나라"를 회복하시도록 그에게 메시아 직을 맡기셨다는 뜻이다(고전 15:24-26 참조). 예수님은 하나님의 임명을 받은 메시아적 아들이시다.

마태복음 25:34과 마태복음 26:29도 예수님의 메시아적 아들의 신분을 강조한 구절이다. 마태복음 25:34은 예수님께서 마지막 심판하시는 날에 "그때에 임금이 그 오른편에 있는 자들에게 이르시되 내 아버지께 복 받을 자들이여 나아와 창세로부터 너희를 위하여 예비된 나라를 상속받으라"고 말씀하신다. 이는 예수님이 종말에 왕으로서 또 심판자로서 활동하실 모습을 보여주고 있다. 예수님은 메시아적 아들로서 구속을 성취하시고 그에게 속한 자들이 아버지로부터 복을 받게 될 것을 말씀하신다. 그리고 마태복음 26:29에서는 예수님께서 성만찬을 제정하시면서 "내 아버지의 나라"에서 새로운 포도즙을 제자들과 함께 먹게 될 때까지 더 이상 포도즙을 먹지 않겠다고 약속하신다. 이 말씀도 예수님이 그의 죽음으로 죄 문제를 해결하신 것을 기념하는 성만찬을 제정해 주시면서(눅 22:14-20 참조) "내 아버지의 나라"를 언급한 것은 예수님이 메시아적 아들이심을 증거하고 있는 것으로 이해할 수 있다. "내 아버지의 나라"는 바로 완성된 "하나님 나라"를 가리킨다.

(3) 출생적 의미의 아들

메시아의 인성의 기원은 출생적 의미의 아들의 신분에서 강조된다.

예수님은 하나님의 직접적이고 초월적인 간섭으로 인간의 몸을 입고
태어나신다.

> 아들을 낳으리니 이름을 예수라 하라. 이는 그가 자기 백성을 그들
> 의 죄에서 구원할 자이심이라(마 1:21).
> 보라 네가 잉태하여 아들을 낳으리니 그 이름을 예수라 하라
> (눅 1:31).

마태복음 1장이나 누가복음 1장의 기사는 예수님의 초자연적인
출생을 적절하게 묘사하고 있다. 예수님은 성령 하나님의 직접적인
간섭으로 인간의 몸을 입고 동정녀에게서 태어났다. 예수님은 이런
사실을 근거로 할 때 하나님의 아들임에 틀림없다.

구속자(Redeemer)라는 히브리어는 고엘(גֹּאֵל)로서 그 뜻은 "친족으
로서 구속자"(kinsman-Redeemer)라는 뜻이다. 그러므로 구속자는 구속
받은 사람과 혈연관계가 있어야 한다. 그를 노예에서부터 사든지(레
25:48), 팔아넘긴 재산을 무를 경우든지(레 25:25), 무자한 과부를 보호
하든지(룻 3:13) 모든 경우에 구속자와 구속받은 자는 혈연관계여야
한다.

그런데 하나님께서는 이스라엘 백성에게 자신을 언약 백성의 고
엘(גֹּאֵל)로 계시하셨다(출 6:6; 15:13; 사 43:1; 시 19:14[MT 15]). 그러나 언약
백성들은 어떻게 하나님이 자신들의 "친족으로서 구속자"가 될 것인
지에 대해 신비스럽게 생각했다. 이 신비스러운 계시는 하나님이 처
녀의 몸을 통해 성육신 하신 이적으로 밝혀졌다. 창조의 관점에서 아
버지 되신 하나님이 이제는 확실히 언약 백성과 혈연관계로서 구속주
가 되신 것이다. 이처럼 하나님은 우리의 죄를 속량하시고 우리를 구

속하시기 위해 우리와 동류가 되셔서 진정한 하나님이시면서 진정한 인간이 되신 것이다. 즉 그리스도는 진정한 神-人(God-man)이 되신 것이다.

바울은 예수님의 성육신 사건을 "때가 차매 하나님이 그 아들을 보내사 여자에게서 나게 하시고 율법 아래에 나게 하셨다"(갈 4:4)라고 설명한다. 그러나 성경 다른 곳에서 바울은 예수님의 초자연적인 출생으로 말미암은 무죄를 증명하려고 "자기 아들을 죄 있는 육신으로 보내어"라고 하지 않고 "자기 아들을 죄 있는 육신의 모양으로 보내어"(롬 8:3)라는 조심스런 표현을 쓰고 있다.

메시아 직은 메시아로 하여금 인성을 취하게 하신다. 만약 이 예수님이 하나님의 영원한 아들이 아니고 메시아적 아들이 아니었다면 하나님이 초자연적인 간섭으로 자기 아들을 다른 형태로 태어나게 하셨을 수도 있다. 그러나 예수님이 영원한 하나님의 아들이요 아버지의 아들로서 메시아로 임명받았기 때문에, 예수님이 인간의 육체를 입고 태어난 것은 그의 메시아적 성격에 아주 적절한 것이다. 출생적 의미의 아들은 제3의 아들의 신분을 말하는 것이 아니요 본체론적 아들과 메시아적 아들을 성육신이라는 구체적인 상황에서 설명하고 있다.

(4) 도덕적이고 종교적 의미의 아들

도덕적이고 종교적 의미의 아들은 일반적으로 예수를 주님으로 영접한 하나님의 자녀들에게 적용된다. 우리는 하나님과의 관계에서 진정한 도덕적 관계를 유지해야 한다. 그런데 하나님과의 이런 관계는 구속을 통해서만 유지할 수 있다. 우리는 이런 아들 관계를 구속을 통해서만 획득할 수 있는 반면 예수님은 죄 없으신 유일한 참인간으로 하나님의 뜻을 행한다는 의미에서 우리와 같은 도덕적이고 종교적인 아들 관계를 하나님과의 사이에 유지하고 있다고 생각할 수 있다.

성육신 하신 메시아는 진정으로 인간과 똑같은 생활을 하신다. 그런 생활 속에서는 하나님과의 사이에 도덕적이고 종교적인 관계가 필연적으로 대두된다. 인간으로서 예수님은 낙원 이래 지상에서 완전한 종교를 가지셨고 또한 완전한 도덕적 생활을 실천하신 분이다.

① 마태복음 17:24-27

본 구절은 예수님이 베드로를 통해 특별한 이적을 행하시는 내용이지만 또한 예수님이 자신의 아들직을 성도들의 아들 됨과 동일시하는 내용을 함축하고 있다.

> 가버나움에 이르니 반 세겔 받는 자들이 베드로에게 나아와 이르되 너의 선생은 반 세겔을 내지 아니하느냐 이르되 내신다 하고 집에 들어가니 예수께서 먼저 이르시되 시몬아 네 생각은 어떠하냐 세상 임금들이 누구에게 관세와 국세를 받느냐 자기 아들에게냐 타인에게냐 베드로가 이르되 타인에게니이다 예수께서 이르시되 그렇다면 아들들은 세를 면하리라 그러나 우리가 그들이 실족하지 않게 하기 위하여 네가 바다에 가서 낚시를 던져 먼저 오르는 고기를 가져 입을 열면 돈 한 세겔을 얻을 것이니 가져다가 나와 너를 위하여 주라 하시니라(마 17:24-27)

본문은 예수님의 도덕적이고 종교적인 아들의 신분을 설명하는 중요한 구절이다. 성전세 받는 자가 베드로에게 "너의 선생은 반 세겔을 내지 아니하느냐"(마 17:24)라고 도전한다. 본문의 세금이 성전을 위한 세금이기 때문에 하나님이 다스리는 왕국의 맥락에서 본문을 이해해야 한다. 성전세 면제 대상은 하나님 왕국의 아들들이다. 즉 "그렇다면 아들들은 세를 면하리라"(마 17:26)는 예수님의 결론이 이를 뒷받침한다. 예수님은 천국의 아들로서 자신은 성전세에서 면제된다고 가르치신다. 그러나 예수님은 성전세를 내셨다.

그러면 본문에 나타난 예수님의 아들의 신분이란 어떤 것인가? 본문의 아들의 신분이 본체론적 아들인지, 메시아적 아들인지, 도덕적이고 종교적인 아들인지 밝힐 필요가 있다. 본문에서 베드로는 면세되지 않았고 예수님만 면세되었다면 예수님의 아들의 신분을 메시아적 아들이나 본체론적 아들로 생각할 수도 있다. 그러나 본문은 면세 대상을 복수형으로 아들들(οἱ υἱοί)이라고 표현했고 베드로도 면세 대상에 포함시켰다. 베드로가 면세 받은 것은 물론 그가 메시아적 아들이나 본체론적인 아들이었기 때문은 아니다. 베드로는 하나님과의 관계에서 도덕적이고 종교적인 의미로서의 아들에 불과했다. 그러므로 본문에 나타난 예수님의 아들의 신분은 메시아적 아들의 신분을 근거로 한 도덕적이고 종교적인 의미를 포함한다.[39] 그래서 예수님은 "우리가 그들이 실족하지 않게 하기 위하여 네가 바다에 가서 낚시를 던져 먼저 오르는 고기를 가져 입을 열면 돈 한 세겔을 얻을 것이니 가져다가 나와 너를 위하여 주라"(마 17:27)고 하셨다.

본문에서 베드로의 아들의 신분은 메시아적 아들이나 본체론적인 아들일 수는 없다. 원래 베드로는 구속받은 피조물로서 도덕적이고 종교적인 아들일 수밖에 없다. 그런데 예수님께서 자신의 아들의 신

---

39. Vos, *The Self-Disclosure of Jesus*, pp. 160-161.

분을 베드로의 아들의 신분과 동일시해서 사용한 것으로 보아 본문은
예수님의 도덕적이고 종교적인 아들의 신분을 설명하는 것임에 틀림
없다.

② 마태복음 12:46-50

예수님은 가정을 중요하게 생각하신다. 단지 본문의 교훈은 성육
신하신 예수님이 자신을 믿는 형제자매들과 동일시하신 교훈을 담고
있다.

> 예수께서 무리에게 말씀하실 때에 그의 어머니와 동생들이 예수께
> 말하려고 밖에 섰더니 한 사람이 예수께 여짜오되 보소서 당신의
> 어머니와 동생들이 당신께 말하려고 밖에 서 있나이다 하니 말하던
> 사람에게 대답하여 이르시되 누가 내 어머니이며 내 동생들이냐 하
> 시고 손을 내밀어 제자들을 가리켜 이르시되 나의 어머니와 나의 동
> 생들을 보라 누구든지 하늘에 계신 내 아버지의 뜻대로 하는 자가
> 내 형제요 자매요 어머니이니라 하시더라(마 12:46-50)

본문은 예수님의 모친과 동생들이 예수님을 만나기 위해 찾아 왔
을 때 그 소식을 듣고 예수님께서 반응을 보이신 내용이다. 예수님은
"누가 내 어머니이며 내 동생들이냐"(마 12:48)라고 질문하신 다음 제
자들을 가리키면서 "누구든지 하늘에 계신 내 아버지의 뜻대로 하는
자가 내 형제요 자매요 어머니이니라"(마 12:50)고 말씀하신다. 예수님
은 자신을 하늘에 계신 하나님 아버지의 뜻대로 행하는 자들과 동일
시하신다. 본문에 묘사된 예수님은 메시아적 의미의 아들도 될 수 없
으며 또 출생적 의미의 하나님의 아들이 될 수도 없다. 예수님은 "하

나님 아버지의 뜻대로 행하는 것"을 근거로 자신을 제자들과 동일시 하셨다. 따라서 제자들은 예수님처럼 하나님 아버지의 뜻을 행함으로 아들이라 불릴 수 있다. 예수님은 "하늘에 계신 내 아버지의 뜻대로 하는 자가 내 형제요 자매요 어머니이니라"(마 12:50)고 말함으로 제자 들에게 요구하고자 하는 순종을(마 10:37-39 참조) 스스로 본으로 제시하 신다.[40] 이처럼 예수님이 하나님 아버지의 뜻을 행하는 형제들 및 자 매들과 동일시하심으로 자신을 하나님 아버지와의 관계에 있어서 도 덕적이고 종교적인 아들로 설명하고 있다.

지금까지 복음서의 표현을 근거로 예수님의 아들의 신분을 본체 론적 의미의 아들, 메시아적 의미의 아들, 출생적 의미의 아들, 도덕 적이고 종교적 의미의 아들로 구분하여 고찰했다. 이렇게 넷으로 구 분하여 고찰하는 것은 하나님의 아들에 대한 성경의 묘사가 그렇게 나타나기 때문이다. 성경은 결코 네 종류의 하나님의 아들을 말하지 않는다. 하나님의 아들은 예수 그리스도 한 분뿐이시다. 성경은 영원 한 본체론적인 하나님의 아들 예수가 성육신하여 메시아로 사역하신 것과 관련하여 여러 표현으로 묘사한 것뿐이다. 그러므로 성경의 다 양한 표현은 예수님의 신성과 인성이 한 인격 안에서 조화를 이루듯 한 하나님의 아들 안에서 조화를 이루고 있다.

---

40. H.N. Ridderbos, *Matthew* (*Bible Student's Commentary*, Grand Rapids: Zondervan, 1987), p. 250.

4. "인자(人子)"의 명칭을 통한 예수님의 자기 계시

예수님은 여러 가지 명칭으로 불리셨다. 메시아, 주, 하나님의 아들, 구세주, 인자 등 여러 명칭이 예수님께 적용되었다. 이 중에서 인자는 복음서에 84회 나타난다.[41] 이 명칭은 예수님의 다른 메시아적 명칭보다 훨씬 자주 나타난다. 인자는 예수님께서 항상 자신을 가리킬 때 사용한 명칭이다. 인자는 제자들이 예수님에게 붙여준 명칭이 아니라 예수님 자신이 자신을 가리켜 사용한 명칭이다.[42] 인자가 '사람의 아들'이라는 의미를 함축하기 때문에 사실 예수님의 다른 명칭보다 더 많은 오해를 낳게 한다. 과격한 해석자들은 인자라는 명칭이 단순히 예수님의 인성만을 가리키기 위해 사용되었고 거기에 메시아적 의미는 전혀 없다고 주장한다. 어떤 이는 인자라는 칭호가 연약한 인간성을 가리킨다고 주장하는 반면, 다른 이는 예수님이 주변 상황의 진전에 따라 인자라는 칭호를 자신에게 적용시켜 사용했다고 주장하기도 한다. 부셋(W. Bousset)은 복음서에 나타난 모든 인자의 칭호가 예수님으로부터 나오지 않았고 대부분 초대 기독교 공동체의 산물이라고 한다.[43] 아무튼 인자라는 칭호는 많은 오해를 불러일으킬 뿐 아니라 우리에게도 칭호 자체로서는 선명한 개념을 전달하지 못하는 것이 사실이다.

---

41. 예수님은 마 8:20에서 처음으로 자신을 인자라고 칭했다. 예수님이 자신을 인자로 호칭한 경우가 마태복음에는 32회, 마가복음에는 14회, 누가복음에는 26회, 그리고 요한복음에 12회이다. cf. J.B. Smith, *Greek-English Concordance to the New Testament*, p. 354

42. C. F. D. Moule, *The Origin of Christology* (London: Cambridge University Press, 1978), p. 22.: "The early Church, pondering on the traditions of his sayings, began to see the significance of these for their own role: there was development of insight. But I see no sign of the phrase's having 'evolved' away from Jesus' own usage."

43. W. Bousset, *Kyrios Christos* (Nashville: Abingdon press, 1970), p. 42.

(1) 배경적 연구

언어적인 측면에서 볼 때 인자(ὁ υἱὸς τοῦ ἀνθρώπου)는 당시 통용된 아람어(אֲנָשָׁא בַּר bar nāsha)에 해당하는 표현이다. 히브리어의 벤(בֵּן)과 아람어의 바르(בַּר)는 동의어이며 그 뜻은 "아들"이다. 이런 의미를 포함하는 성경에 나타난 이름은 바나바(Barnabas, 행 4:36)와 바사바(Barsabbas, 행 1:23) 같은 것들이다. 바르 나샤(bar nāsha)의 후반부 나샤(nasha)는 셈어에 뿌리를 두고 있는데 히브리어 형태는 이쉬('îsh, אִישׁ, 창 2:23)와 복수형 아나쉼('ănāshîm, אֲנָשִׁים, 창 12:20)이다. 그런데 당시의 아람어 용례는 단순히 거짓말쟁이를 가리켜 "거짓의 아들," 죄인들을 가리켜 "죄의 아들들," 부자를 가리켜 "부의 아들"로 표현했다. 따라서 바르 나샤는 단순히 어떤 사람의 아들 즉 "사람"이라는 의미로 사용될 수 있다. 그리고 이 용어의 헬라어 번역은 사람(ἄνθρωπος)으로 표현할 수 있다. 결국 언어적인 연구는 우리 앞에 있는 문제를 해결하지 못한다.[44]

그러면 복음서에 사용된 인자의 칭호를 어떻게 이해할 것인가? 신약에 나타나는 가르침의 배경은 구약에서 찾아야 하므로 우선 시편 8:4에 나오는 인자라는 칭호를 살펴보자. "사람이 무엇이기에 주께서 그를 생각하시며 인자가 무엇이기에 주께서 그를 돌보시나이까?"(시 8:4). 이 구절은 복음서에 나타난 인자 개념을 이해하는 데 큰 도움을 주지 못한다. 왜냐하면 시편 8:4에 나오는 '인자'는 바로 앞의 '사람'과 시적인 대칭을 이루어 하나님의 피조물로서 일반 사람을 뜻하기 때문이다. 따라서 이 구절의 인자는 메시아를 나타내는 말로 사용되었다

---

44. Oscar Cullmann, *The Christology of the New Testament*, p. 138.

고 생각할 수 없다. 시편 8:4이 신약의 히브리서 2:6에서 인용되었는데 히브리서의 문맥으로 보아 그 구절이 그리스도를 가리키는 것은 사실이나 그리스도 안에서 성취된 구약의 예언으로는 인용되지 않았다. 오히려 히브리서 2:6은 시편 8:4에 나타난 사람 전반에 관한 것이 그리스도 안에서 실현되었음을 보여준다. 인간의 참다운 의미와 목적이 그리스도 안에서 성취되었다. 따라서 시편 8:4의 인자도 복음서에 나타난 인자의 칭호와 직접적인 관계가 없다.[45]

인자라는 칭호는 구약 에스겔서에 여러 번 나타난다(겔 2:1, 3, 6, 8; 3:1, 3, 4, 10, 17; 4:1, 16). 그러나 에스겔서에 나타난 인자의 칭호는 에스겔 선지자 자신을 가리키므로 복음서의 인자 칭호를 이해하는 데 큰 도움을 주지 못한다. 이렇게 볼 때, 시편 8:4이나 에스겔서에 나타난 인자 구절들은 복음서의 인자 구절을 이해하는 배경 역할을 하지 못한다.[46]

그러면 복음서의 인자 칭호에 대한 배경 역할을 하는 구약성경 구절은 어느 것인가? 여기서 우리는 다니엘의 묵시를 생각하지 않으면 안 된다. "내가 또 밤 환상 중에 보니 인자 같은 이가 하늘 구름을 타고 와서 옛적부터 항상 계신 이에게 나아가 그 앞으로 인도되매 그에게 권세와 영광과 나라를 주고 모든 백성과 나라들과 다른 언어를 말하는 모든 자들이 그를 섬기게 하였으니 그의 권세는 소멸되지 아니하는 영원한 권세요 그의 나라는 멸망하지 아니할 것이니라"(단 7:13,14).

다니엘서 7:13,14에 나타난 인자 개념을 연구하는 가운데 어떤 이

---

45. C. H. Spurgeon, *The Treasury of David*, Vol. 1 (Welwyn: Evangelical Press, 1978), pp. 98-100.

46. 민수기 23:19의 "하나님은 …. 인자 (υἰὸς ἀνθρώπου)가 아니시니 후회가 없으시도다"의 인자도 복음서의 인자 칭호의 개념과는 거리가 멀다.

는 다니엘서 7:13,14의 인자 개념은 사실 메시아적 특성을 갖고 있지 않았다고 주장한다. 리츠만(H. Lietzmann)은 다니엘 7:13에 나타난 '인자'가 처음에는 메시아적 특성을 갖지 않았는데 초대교회가 그 용어에 메시아적 의의를 첨가하여 예수님이 자신을 가리킬 때 그 명칭을 사용한 것처럼 창안해 냈다고 주장한다. 리츠만은 '인자'가 유대주의에서 메시아적 명칭으로 사용되지 않았다고 말한다. 그는 예수님 당시의 유대주의가 '인자'라는 명칭으로 메시아를 부를 수 없었다고 결론짓는다.[47]

일부 비평 학자들의 이런 주장에도 불구하고 다니엘서의 이 구절들은 복음서의 인자 개념의 배경 역할을 한다. 피츠마이어(Joseph A. Fitzmyer)는 인자(Son of Man)에 관한 언어학적인 배경을 철저하게 연구한 후 내린 결론에서 복음서에 관사가 있는 형태($\acute{o}$ $\upsilon\acute{\iota}\grave{o}\varsigma$ $\tau o \widehat{\upsilon}$ $\mathring{\alpha}\nu\theta\rho\acute{\omega}\pi o\upsilon$)로 사용된 인자는 예수님의 명칭으로 받아 들여야 하며[48] 다니엘 7:13에서는 비록 인자가 명칭으로는 사용되지 않았을지라도 신약에서 인자가 예수님의 명칭으로 사용되었는지를 연구하는 데는 다니엘 7:13이 가장 그럴듯한 출발점이 된다고 말한다.[49] 그러면 다니엘서는 예수님이 사용한 "인자" 명칭 이해에 어떤 기여를 하고 있는가?

---

47. H. Lietzmann, *Der Menschensohn: Ein Beitrag zur neutestamentlichen Theologie* (Freiburg im B. /Leipzig: Mohr, 1896), p. 85: "Jesus hat sich selbst nie den Titel 'Menschensohn' beigelegt, weil derselbe im Aramäischen nicht existierte und aus sprachlichen Gründen nicht existieren kann."(Jesus never applied to Himself the title 'Son of Man,' for this term does not exist in Aramaic, and for linguistic reasons it is an impossible term. 참고, Oscar Cullmann, *The Christology of the New Testament*, pp. 138-139.

48. Joseph A. Fitzmyer, "The New Testament Title 'Son of Man' Philologically Considered, (Chapter 6)" of "A Wandering Aramean," *The Semitic Background of the New Testament* (Grand Rapids: Eerdmans, 1997), p. 154.

49. *Ibid*, p. 155; C.F.D. Moule, *The Origin of Christology* (Cambridge: Cambridge University Press, 1978), p. 22.

첫째로, 다니엘서의 "인자"는 공동체 개념, 즉 하나님의 성도들을 상징하는 개념이라는 주장이 있다. 이런 주장이 제기되는 이유는 다니엘 7:18에 "성도들이 나라를 얻을 것"이라는 표현 때문이다. 실제로 다니엘 7:14은 인자가 "권세와 영광과 나라를" 받는다고 하지만 다니엘 7:18은 "성도들이 나라를 얻을 것"으로 묘사한다. 다니엘서의 내용을 살펴볼 때 다니엘 7:14은 개인을 가리키고 다니엘 7:18은 사람들로 형성된 공동체를 가리키는 것이 확실하다. 그러나 "지극히 높으신 이의 성도들이 나라를 얻는"(단 7:18) 것은 나라가 먼저 인자에게 주어졌기 때문에 가능하다. 인자에게 주어진 나라는 지극히 높은 자의 나라이다. 다니엘 7:18의 공동체 개념은 다니엘 7:14이 대표하는 개인에게 연결되는 방법으로 이해된다. 그리고 다니엘 7:13에 언급된 "인자 같은 이"가 "옛적부터 항상 계신 자"와 직접 연관이 있다는 사실을 부인할 수 없다. 더 나아가 "인자 같은 이가 하늘 구름을 타고 와서"(단 7:13)라는 표현은 본질적으로 신현(theophany)의 모습을 뜻한다. 그러므로 인자는 공동체를 상징하지 않고 신적 존재를 가리킨다.

둘째로, "인자"가 "옛적부터 항상 계신 이"와 메시아적 관계를 가지고 있는지 또 본체론적 관계를 가지고 있는지 밝힐 필요가 있다. 사실 문맥에서 이를 확증하기란 쉬운 일이 아니다. 그러나 본 문맥이 "인자 같은 이"(단 7:13)가 옛적부터 항상 계신 이로부터 "권세와 영광과 나라"(단 7:14)를 받은 사실을 언급함으로 인자와 옛적부터 항상 계신 자 사이의 관계를 강조하고 있다. 인자와 옛적부터 항상 계신 자 사이의 긴밀한 연관을 고려할 때 양자 사이의 본체론적 관계가 존재함을 알 수 있고 또한 인자의 메시아적 직분이 함축되었다고 말할 수 있다.

셋째로, 다니엘 7:13-14에 나타난 모습이 사람인지 아닌지를 밝힐 필요가 있다. "인자 같은 이"는 명칭이 아니요 설명하는 구절이다.

"인자 같은 이"(כְּבַר אֱנָשׁ)는 "인자"와 비교되어 설명된다. 즉 본문의 인물은 다른 인물이 아닌 "인자와 같은 이"를 가리킨다. "같은"이라는 표현이 본문의 인물을 사람과 비교하고 있으며, 적어도 사람의 특성을 가진 존재와 비교하고 있다. 그러나 본문은 "인자 같은 이"를 단순한 사람이라고 말하지 않는다. 네 짐승을 묘사할 때 "사자 같은"(כְּאַרְיֵה)이라고 표현한 것처럼(단 7:4-6), 본문의 인물도 "인자 같은 이"로 묘사된다. 본문의 인물은 단순한 인간으로나 인간의 공동체로 묘사되지 않는다. 왜냐하면 본문의 인물은 단순한 사람이 아니요 본질적으로 신적인 인물이기 때문이다.[50] 그러므로 우리는 본문에서 "같은"(כ)이라는 전치사를 사용한 다니엘의 의도를 이해해야 한다. 다니엘은 특별한 존재를 소개하기 위해 "인자 같은 이"라는 표현을 쓴 것이다.

넷째로, 다니엘 7:13-14이 하나님 아버지께서 자기 아들과의 메시아적 관계를 묘사하는 것이라면, 왕국과 왕국 도래에 관해 어느 단계를 염두에 두었는지를 알 필요가 있다. 다니엘서와 구약만 근거로 하면 이 문제의 답을 찾기가 어렵다. 구약에는 하나님 나라 도래의 단계가 명백하게 구분되어 있지 않다. 다니엘 7:13-14은 왕국 도래에 대해 관심을 가지고 있으며 더 나아가 이 구절은 인자의 오심과 밀접히 연관된다. 구약의 한계 내에서는 이렇게 일반적인 관찰 이상을 벗어날 수 없다.

신약의 교훈에 비추어 보면 훨씬 더 구체적인 설명이 가능하다. 다니엘 7:13-14은 예수님께서 왕국의 도래에 대해 가르치실 때 "인자"라는 명칭을 사용하신 배경으로 설명하신 것이 확실하다. 예수님은 인자와 왕국 도래의 어떤 특정한 국면을 연관시키신다. 그렇다면 예

---

50. Leonhard Goppelt, *Typos* (Grand Rapids: Eerdmans, 1982), p. 94.

수님의 메시아 생애의 한 특별한 국면과 연관시켜 다니엘 7:13-14, 18
을 이해하는 것이 타당한지 밝힐 필요가 있다.

먼저 "인자"를 예수님의 초림과 연관시키는 것은 설득력이 없다.
왜냐하면 "인자 같은 이가 하늘 구름을 타고 와서 옛적부터 항상 계신
이에게 나아와 그 앞으로 인도되매"(단 7:13)는 예수님의 초림을 묘사
한다고 생각할 수 없기 때문이다. "하늘 구름을 타고 왔다"는 표현이
나 "옛적부터 항상 계신 이에게 나아와 그 앞으로 인도되매"라는 표현
은 예수님의 성육신(Incarnation)을 묘사한다고 생각할 수 없다. 이처럼
인자를 성육신과 연관시키는 것이나 구름과 함께 나타난 신현을 성육
신과 연관시킨 증거를 신약에서 찾을 수 없다.

그러면 다니엘 7:13-14, 18에 언급된 "인자"를 예수님의 생애의 어
떤 국면과 연결시켜 이해야 하는가? 다니엘 7:13-14, 18은 마땅히 인
자로서 하나님 우편에 앉으신 예수님의 높아지심의 단계와 연결시켜
이해해야 한다. 마태복음 26:64은 예수님께서 "이 후에 인자가 권능
의 우편에 앉아 있는 것과 하늘 구름을 타고 오는 것을 너희가 보리라"
고 예언하신다. 인자가 "하늘 구름을 타고 오는 것"은 예수님의 재림
을 가리키고 있다.

그런데 예수님의 승천 때에 구름의 역할이 나타난다(행 1:9). 그리
고 사도행전 2:34-36은 예수님의 승천에 대해 다니엘 7:14과 비슷하
게 묘사한다. 베드로의 설교는 예수님께서 승천하심으로 아버지의 오
른편에 좌정하셨다고 가르친다. 예수님의 승천으로 하나님이 예수님
을 주와 그리스도로 세우시고 모든 원수가 예수님에게 복종하게 되었
다고 가르친다. 산헤드린 앞에서 설교한 스데반도 "예수께서 하나님
우편에 서신 것을 보고"(행 7:55), "인자가 하나님 우편에 서신 것을 보
노라"(행 7:56)라고 "인자"와 "예수님"을 동일시하면서 인자이신 예수

님이 하나님 우편에 서신 것을 언급한다. 요한계시록 1:13은 "촛대 사이에 인자 같은 이가 발에 끌리는 옷을 입고 가슴에 금띠를 띠고"라는 표현으로 승천하신 주님을 묘사한다. 사도 요한이 본 이 계시는 확실히 승천하신 그리스도의 모습을 가리킨다. 요한계시록 14:14은 "또 내가 보니 흰 구름이 있고 구름 위에 인자와 같은 이가 앉으셨는데 그 머리에는 금 면류관이 있고 그 손에는 예리한 낫을 가졌더라"고 인자의 모습을 그린다. 요한계시록 14:14은 승천하신 그리스도를 묘사하고 있지만 특히 인자가 재림 때에 마지막 심판자로서 오시기 직전의 모습을 그리고 있다.

지금까지 다룬 신약의 구절들은 다니엘 7:13이 예수님의 메시아 생애의 어느 국면을 가리키는지를 밝히는 데 도움을 준다. 이런 구절들은 다니엘 7:13 이하의 구절이 예수님의 생애의 높아지심의 단계와 하늘 왕권의 단계를 가리키고 있다. 그렇다면 다니엘 7장의 구절은 예수님께서 지상의 구속 사역을 마치시고 하나님 아버지께로 돌아가셨을 때 메시아-주로서 즉위하신 것을 묘사한 것이다. 예수님은 자신의 메시아 사역을 완성하신 보상으로 왕의 왕으로, 주의 주로 왕관을 쓰신 것이다.[51]

우리는 신약의 교훈에 비추어서만 인자가 왕국 도래의 어느 국면과 연관되는지를 설명할 수 있다. 다니엘 7:13만으로는 인자가 왕국 도래의 어느 국면과 연관되는지를 설명하는 데 어려움이 뒤따른다. 다니엘 7:13 이하는 예수님의 메시아 생애의 어느 시간대를 염두에 두지 않고 단순히 예수님이 메시아로 즉위하신 사실을 가리킨다고 생각할 수 있다. 그러나 본문은 인자가 권세와 영광과 나라를 받으신 것

---

51. James D.G. Dunn, *Christology in the Making*, 2nd ed. (London: SCM Press, 1992), p. 87.

을 명백히 하고 있다(단 7:14). 어느 경우이든 인자는 하늘에서 선재하신 분으로 묘사되며 바로 그분에게 메시아적 권위가 부여되었고 그분이 권세와 나라를 소유하신 분이다. 결국 다니엘 7:13 이하 구절의 교훈은 아버지가 인자에게 나라를 주셨다고 가르치며 따라서 예수님이 복음서에서 사용한 "인자" 명칭의 배경이 된다.

그러므로 신약의 인자 개념의 배경은 다니엘 7:13,14이라고 생각해야 한다. 이 다니엘 7장의 개념을 예수님의 생애 전체 중 어느 한 단계와 연결시켜야 한다면 필연코 예수님의 높아지심의 단계와 하늘 왕권을 가지신 예수님과 연관시켜 해석해야 할 것이다.

(2) 복음서에 사용된 인자의 의미

이제 복음서의 내용을 더 구체적으로 생각해보자. 복음서에서 인자라는 칭호와 관련된 구절들은 주로 세 가지로 분류할 수 있다. 첫째로, 인자의 칭호가 종말의 언급과 함께 사용되었다. 둘째로, 인자의 명칭이 고난과 함께 사용되었다. 셋째로, 인자의 명칭이 소수의 다른 구절에 나타나는데 이런 구절들은 같은 결론을 지지해 준다.

① 종말론적 어록과 함께 사용된 인자의 칭호

인자의 칭호가 종말론적인 어록과 함께 사용되는 경우를 생각해보자. 이 경우의 대표적인 성경 구절은 다음과 같다.

누구든지 이 음란하고 죄 많은 세대에서 나와 내 말을 부끄러워하면, 인자도 아버지의 영광으로 거룩한 천사들과 함께 올 때에 그 사람을 부끄러워하리라(막 8:38).

예수께서 이르시되 내가 진실로 너희에게 이르노니 세상이 새롭
게 되어 인자가 자기 영광의 보좌에 앉을 때에 나를 따르는 너희도
열 두 보좌에 앉아 이스라엘 열 두 지파를 심판하리라(마 19:28).
번개가 동편에서 나서 서편까지 번쩍임 같이 인자의 임함도 그러하
리라(마 24:27).

이 구절들 외에도 같은 부류에 속하는 구절들은 마태복음 10:23;
16:28; 24:30, 36, 37, 39, 44; 25:31; 26:64, 마가복음 10:45; 13:26, 29,
누가복음 17:30; 18:8; 21:36 등을 들 수 있다. 이런 구절들은 한결같
이 영광, 권능, 심판, 종말, 하늘 구름과 함께 강림, 왕국의 마지막 완
성을 언급한다. 이 모든 구절들의 내용이 다니엘 7:13,14의 내용과 연
관되어 있고 복음서에서는 더 구체적인 설명이 나타난다. 다니엘서의
초자연적인 분위기가 복음서의 인자 구절에 팽배하게 배어 나타난다.
따라서 복음서의 인자 구절들이 대부분 예수님의 강림에 대해 취급하
고 있는데 그런 구절 가운데서 예수님은 초자연적인 존재로서의 자신
을 묘사하고 있다. 이런 복음서의 구절은 하나님의 아들로서의 예수
님의 본체론적인 아들의 신분을 강하게 강조한 것과 더불어 메시아적
인 아들의 신분도 강조하고 있다. 인자의 명칭이 나오는 구절마다 인
자의 모습에 나타난 영광과 권능을 묘사하고 있는데 이런 묘사가 예
수님의 인성을 가리키기 위해 사용되었다고 생각할 수 없다. 물론 인
자는 신적인 권세와 특권을 소유한 인격을 상징하는 칭호이다. 성경
의 묘사를 참고할 때 인자의 칭호는 겸손하게 되신 예수님의 인성을
가리킨다고 생각하기보다 오히려 부활하셔서 하나님 우편에 계시다
가 왕권을 가지고 재림할 예수님을 가리킨다고 생각하는 것이 더 타
당하다.

요한복음 5:27에 나타난 "인자" 칭호는 예수님의 인성을 가리키는 듯하다. 요한은 "또 인자됨으로 말미암아 심판하는 권한을 주셨느니라"고 설명한다. 그러나 이 구절을 문맥에 비추어 살펴보면 "인자"가 신적인 영광과 무한대의 권한을 가지고 구름을 타고 오실, 다니엘 7:13 이하 구절이 예고한 바로 그 인자임을 알 수 있다.[52] 아버지 하나님은 아들에게 심판을 맡기셨다(요 5:22). 이 아들은 성육신하신 예수 그리스도이시다. 그런데 아버지 하나님은 예수님이 "인자됨으로 말미암아 심판하는 권한"(요 5:27)을 예수님에게 주셨다. 예수님이 심판하실 때는 "무덤 속에 있는 자가 다 그의 음성을 들을 때가 오나니 선한 일을 행한 자는 생명의 부활로, 악한 일을 행한 자는 심판의 부활로 나오"(요 5:28-29)게 될 것이다. 이 말씀은 성육신하신 메시아의 초월적 특성을 묘사하고 있으며 하나님의 아들로서 현재와 미래를 포함하는 예수님의 사명을 설명하고 있다.[53] 그러므로 요한복음 5:27에 사용된 인자도 예수님의 신적 특성과 연관시켜 설명할 수 있다.

② 고난과 함께 사용된 인자의 칭호

인자의 칭호가 고난과 함께 사용되는 구절들을 생각해보자. 대표적인 구절들은 다음과 같다. "인자가 많은 고난을 받고 장로들과 대제사장들과 서기관들에게 버린바 되어 죽임을 당하고 사흘 만에 살아나야 할 것을 비로소 그들에게 가르치시니라"(막 8:31). "갈릴리에 모일 때에 예수께서 제자들에게 이르시되 인자가 장차 사람들의 손에 넘겨

---

52. Carsten Colpe, "ὁ υἱὸς τοῦ ἀνθρώπου," *TDNT*, Vol. Ⅷ, p. 464. Colpe는 "There is agreement even to the indefinite ἀνθρώπου."라고 말한다. 단 7:13은 "ὡς υἱὸς ἀνθρώπου ἐρχόμενος"(LXX)이며, 요 5:27은 "ὅτι υἱὸς ἀνθρώπου ἐστίν."이다.

53. Herman Ridderbos, *The Gospel of John* (Grand Rapids: Eerdmans, 1997), p. 200.

져 죽임을 당하고 제 삼일에 살아나리라 하시니 제자들이 매우 근심하더라"(마 17:22-23). 쿨만(Cullmann)은, "'고난의 종'과 '인자'는 이미 유대주의 안에 존재하고 있었다. 그러나 예수님께서 바로 이 두 호칭을 연결시킨 것은 완전히 새로운 것이었다. '인자'는 유대주의 안에서 생각할 수 있는 높아지심의 가장 최고의 선언을 대표한다. '여호와의 종'은 가장 낮은 굴욕의 표현이다."[54]라고 예수님께서 인자와 고난의 종을 연결시켰다고 설명한다. 이와 비슷한 내용을 가진 다른 성경 구절은 마태복음 17:12; 20:18,28; 26:2,24, 마가복음 9:9 등이다.

인자의 변화산 경험

우리는 고난과 함께 사용되는 인자의 칭호를 생각함에 있어 예수님께서 인자가 받아야 할 고난을 언급하시기 전에 변화산의 영광을 제자들에게 보여주신 사실을 기억해야 한다. 마가복음 9:2-8은 변화산에서 일어난 예수님의 영광을 기록하고 마가복음 9:9은 인자의 수난을 언급한다(마 17:1-8과 17:9 비교). 변화산 경험을 통해 예수님의 메시아적 영광과 본래 하나님의 아들이심이 제자들에게 나타났다. 이런 배경과 함께 영광스러운 인자가 수난을 받아야 할 것이 계시되었다(막 9:9). 이 관점에서 볼 때 예수님의 수난은 유일한 수난이요 예수님의 죽음은 다른 죽음들과는 다른 특이한 것이다. 그의 죽음은 "자기 목숨을 많은 사람의 대속물로 주려 함이다"(마 20:28). 인자가 고난을 당해야 한다는 구절들은 인자의 메시아적 성격을 강조하고 있다. 메시아는 그의 백성들의 죄 문제를 해결하기 위해 마땅히 고난을 당해야 한다(사 53:4-6; 시 22:16-18). 예수님은 그런 구절들을 통해 인자가 고

---

54. Oscar Cullmann, *The Christology of the New Testament*, p. 161.

난을 통해 메시아의 사역을 성취해야 한다는 사실을 설명하신다. 사실 "인자"는 십자가를 지심으로 자신의 사명(Mission)을 성취하시게 된다.[55] 우리는 예수님의 죽음과 부활을 통한 구속성취의 관점에서 왜 "인자"라는 칭호를 예수님에게 적용했는지 이해하게 된다. 죄를 세상에 들어오게 한 첫 사람 아담은 하나님이 창조한 "인자"(사람)였다. 따라서 이 죄 문제를 해결하기 위해 보냄을 받을 메시아도 "인자"(사람)의 모습을 입어야 한다(롬 8:3). "아담과 그리스도는 '인자'(사람)라는 개념으로 포함된 전 인류에 대해 대표적인 관계를 가지고 있다."[56] 아담(Adam)과 그리스도(Christ)는 각각 그들을 따르는 사람들에 대해 대표적인 위치를 유지하고 계신다(롬 5:17-17; 고전 15:45-49). 첫 사람 아담이 지은 죄 때문에 모든 사람이 죄인이 되었다. 마지막 아담 그리스도가 성취하신 의 때문에 그를 믿는 모든 사람이 의롭게 되었다. 이처럼 아담과 그리스도는 "인자"(사람)라는 개념 안에서 대표의 역할을 한다.

인자와 부활

예수님은 갈보리를 향해 나아가신다. 제자들은 예수님이 당해야 할 고난의 의미를 이해할 수 없었다. 그래서 "주는 그리스도시요 살아 계신 하나님의 아들이시니이다"(마 16:16)라는 유명한 신앙고백을 했던 베드로(Peter)일지라도 예수님이 수난 당하실 것을 가르치시자 "주여 그리 마옵소서 이 일이 결코 주께 미치지 아니하리이다"(마 16:22)라고 말렸다. 이런 관점에서 볼 때 인자가 고난을 당해야 한다는 구절들은 메시아적 전망과 스스로 겸비해지신 요소를 포함한다(히 5:8). 여기에

---

55. Seyoon Kim, "The 'Son of Man'" as the Son of God (Tübingen: J.C. Mohr, 1983), p. 87.

56. Ronald S. Wallace, "Christology," Baker's Dictionary of Theology (Grand Rapids: Baker, 1975), p. 118.

비밀이 있다. 영광스러운 인자가 스스로 겸비해지셨다. 처음에는 변화되신 영광스러운 인자가 계시고, 마지막에는 확증되시고 부활하신 인자가 계신다. 그 중간에 예수님께서 자신이 수난당해야 할 사실을 말씀하셨다. 인자는 영화로우신 분이지만 고난을 택하셨다. 인자의 칭호가 나타난 대부분의 수난 구절들을 조사해 보면 승리와 영광을 강하게 시사한다. 겸비해지신 예수님은 부활을 통해 궁극적으로 승리하게 될 것이다. 인자는 갈보리의 길을 통해 자기 영광에 들어가게 될 것이다. 인자의 영광은 갈보리의 수난과 죽음을 향한 겸비의 계획을 실행하심으로 부활로 회복하게 될 것이다. 우리는 인자가 고난 받은 구절들을 바른 전망으로 보기 위해 부활을 강조해야 한다. 이렇게 볼 때 인자의 칭호가 고난과 함께 사용되는 구절들 역시 종말을 언급하는 구절들과 마찬가지로 예수님의 고상한 메시아 직과 본체론적인 아들 신분을 강조한다고 생각할 수 있다.

인자의 종말론적 능력과 영광은 특별한 방법으로 실현된다. 인자의 영광은 성부 하나님이 그에게 정해 주신 방법을 따를 때 나타난다. 다시 말하면 인자는 고난과 죽음을 통해 영광과 능력을 소유하게 된다. 신적 위엄을 소유하신 하나님의 아들이 아버지의 뜻에 순종하고 굴복함으로써 인자의 위엄과 권세를 받으시게 된다.[57] 이것이 하나님의 신비이다.

③ 인자의 칭호가 나타난 독립 구절

인자의 명칭이 사용된 일부 다른 예를 생각해 보고자 한다. 대표

---

57. H. Ridderbos, *The Coming of the Kingdom* (Philadelphia: The Presbyterian and Reformed Publishing Co., 1969), p. 156.

적인 구절들은 다음과 같다.

> 예수께서 이르시되 여우도 굴이 있고 공중의 새도 거처가 있으되
> 인자는 머리 둘 곳이 없다 하시더라(마 8:20)
> 그러나 인자가 땅에서 죄를 사하는 권세가 있는 줄을 너희로 알게
> 하려 하노라(막 2:10)
> 인자는 와서 먹고 마시매 너희 말이 보라 먹기를 탐하고 포도주를
> 즐기는 사람이요 세리와 죄인의 친구로다 하니(눅 7:34)

마태복음 8:20의 경우 우리는 이 구절에서 단순히 예수님이 가난하게 살았다는 사실만 강조한다고 생각할 수 없다. 이 말씀은 예수님이 메시아로서 하신 말씀이다. 사실 모든 권세와 영광과 존귀가 인자에게 속하는 것이지만 인자는 그런 낮은 상태를 취하셨다는 뜻이다. 마가복음 2:10의 중요한 요점은 인자가 "땅에서 죄를" 사하실 수 있다는 점이다. 이 말씀은 인자의 기원이 바로 하늘이라는 것을 함축하며 인자가 하늘의 특권을 소유하신다는 점을 함축한다. 인자가 땅에서 죄를 사할 권세가 있다는 것은 바로 그가 하늘에서 왔고 하나님의 아들이시기 때문이다. 누가복음 7:34은 예수님의 생활 습관을 세례 요한의 생활 습관과 비교하는 구절이다. 세례 요한은 메시아의 강림을 준비하는 사역에 종사하고 있다. 본문에서 강조되어야 할 단어는 "인자는 와서"이다. 인자가 메시아의 사명을 위해 이 땅에 오셨다고 강조한다. 그러므로 인자의 칭호가 나타난 독립 구절들 모두 인자가 메시아 사명을 성취하기 위해 세상에 오신 하나님의 아들임을 함축한다.

인자의 칭호가 나타나는 다른 독립 구절 중에 예수님의 인성을 가리킨 듯한 구절이 있다. 마가복음 2:28의 "인자는 안식일에도 주인이

니라"가 그런 구절의 하나이다. 그렇게 생각하는 이유는 그 앞 절의 내용이 "안식일이 사람을 위하여 있는 것이요 사람이 안식일을 위하여 있는 것이 아니니라"(막 2:27)이기 때문이다.[58] 그러나 분명한 것은 "안식일이 사람을 위하여 있는 것"이라는 뜻과 "인자는 안식일에도 주인이니라"의 뜻은 서로 차이가 있다는 사실이다. 만약 본문이 "안식일은 사람과 인자를 위하여 있는 것이니라"고 했다면 본문의 인자 칭호는 예수님의 인성을 가리킨다고 생각할 수도 있다. 그러나 본문은 예수님이 인자이기 때문에 안식일에 관해서도 주권적으로 행사할 수 있는 분임을 뜻한다. 따라서 마가복음 2:28에 나타난 인자의 칭호도 예수님의 인성을 가리키기보다는 오히려 권세와 영광을 소유한 하나님의 아들 예수를 가리킨다고 보아야 한다. 또한 성령 훼방 죄와 연관해서 사용된 인자 구절(마 12:32; 막 3:28-29; 눅 12:10)도 죄 용서와 관련된 것으로 보아 예수님의 인성보다는 오히려 인자의 신성을 가리킨다고 생각하는 것이 더 타당하다.

지금까지 인자의 명칭이 사용된 구절들을 세 종류로 나누어 인자의 명칭이 어떤 의미로 사용되었는지를 생각했다. 모든 구절이 인자는 하나님의 아들로서 영광과 권세와 나라를 소유하고 계신 예수님의 영광스러운 모습으로서의 인자를 묘사한다. 그럼에도 불구하고 왕권을 가지신 예수님이 메시아의 사역을 성취하기 위해 하늘에서 이 땅에 오시어 스스로 겸비해지셨다. 이 겸손해지신 인자에게 부활을 통해 다시 그에게 속한 모든 영광과 권세가 복귀될 것이다. 그러므로 인

---

58. G. Vos는 막 2:28의 인자가 예수님의 인성을 강조한다고 주장한다. Vos는 "The next, and exceedingly small, group consists of the instances where the use of the title reveals reflection upon his human nature on Jesus' part. In the Synoptics MK Ⅱ, 27, 28 belongs to this rubric."(cf. G. Vos, *The Self-Disclosure of Jesus*, pp. 244-245)라고 설명한다.

자의 칭호는 예수님의 인성을 가리키지 않고 하늘의 영광과 왕권을 소유한 메시아이신 하나님의 아들을 지칭하는데 사용되었다. 예수님 은 많은 사람 가운데 한 사람이 아니라 바로 인자이셨다. 왜냐하면 그 는 동시에 하나님의 아들이었기 때문이다. 아무도 예수님의 신적 아 들 신분을 공유할 수 없었던 사실이 사람에 대한 그의 관계를 유비 없 게 만들며 예수님 이외에는 아무도 가질 수 없는 사람으로서의 위치 를 그에게 제공한다.[59] 예수님께서 메시아적 자기 이해를 표현하기 위 해 당시 전통적인 메시아 명칭인 메시아, 다윗의 자손, 하나님의 아들 과 같은 명칭을 즐겨 사용할 수 없었다. 그 이유는 이런 명칭에 유대 인들의 정치적 메시아 대망이 걸려 있을 뿐 아니라 자신의 메시아 직 개념을 표현하는데 부적절했기 때문이다. 반면 예수님은 자신이 다니 엘 7:13 이하 구절이 묘사하는 "인자"로서 "인자"의 칭호가 당시 유대 인들의 잘못된 메시아 개념에 말려들지 않을 뿐 아니라, "인자"의 칭 호가 신적 기원을 가진 자신의 메시아 직을 설명하는데 가장 적절한 명칭이었기 때문에 자주 사용하셨다.[60] 그런데 인자가 소유한 영광과 권세와 왕권은 다니엘 7:18에서 "성도들이 나라를 얻으리니 그 누림 이 영원하고 영원하고 영원하리라"고 한 것처럼 성도들도 인자와 함 께 영광과 권세와 왕권을 소유하는 특권을 누릴 것이다. 인자가 성취 하신 것 때문에 인자를 따르는 자들도 영광의 자리를 차지하게 될 것 이다. "우리가 흙에 속한 자의 형상을 입은 것같이 또한 하늘에 속한 이의 형상을 입으리라"(고전 15:49).

---

59. Adolf Schlatter, *The History of the Christ* (Grand Rapids: Baker Books, 1997), p. 135.

60. Seyoon Kim, *"The 'Son of Man'" as the Son of God*, p. 100.

V

예수님의 왕국 선포에
관한 배경적 연구

예수님이 왕국의 교훈을 선포할 때 왕국이 어떤 성격의 왕국인지 설
명을 필요로 하지 않았다. 복음서 어느 곳에도 예수님이 왕국에 관한
말씀을 선포할 때 듣는 사람들이 왕국의 의미에 대해 설명을 요청했
다는 기록이 없다. 이 사실은 왕국 개념이 당시에 설명이 필요할 만큼
새로운 개념이 아니라 익숙한 개념이었다는 것을 말해준다.[1]

　왕국의 개념은 역사적 배경을 가지고 있다. 예수님의 왕국 교훈의
내용과 당시 청중들의 반응을 이해하려면 왕국 개념의 구약 배경과 후
기 유대주의의 왕국 이해를 연구해야 한다. 왜냐하면 신약의 왕국 개념
은 구약에 뿌리를 박고 있으며, 메시아의 오심과 직결되기 때문이다.
여기서 우리는 복음서를 중심으로 성경기록의 역사를 따르지 않고 계
시의 역사를 따라 예수님의 왕국 선포에 관한 배경을 고찰하려고 한다.

---

1. G.E. Ladd, *The Presence of the Future* (Grand Rapids: Eerdmans, 1974), p. 45: "It is not
   recorded that anyone asked him what 'the Kingdom of God' meant. He assumed that
   this was a concept so familiar that it did not require definition."

1. 예수님의 인격과 교훈

(1) 예수님의 인격

예수님은 당시 랍비 중의 한 사람이 아니었다. 예수 그리스도의 인격과 교훈을 생각할 때 예수님은 단순한 선생이라기보다 선생 이상의 인격을 소유한 분이며 순회하는 철학자나 현인 이상의 인격을 소유한 분임이 확실하다. 예수님은 하나님의 아들이요 유일하신 분이다. 예수님의 유일성 중에 특이한 것은 예수님의 교훈 내용이 예수님 자신이라는 점이다. 예수님 당시 바리새인들과 서기관들은 다른 사람의 교훈을 가르쳤지만 예수님은 바로 자신을 가르치셨다. 예수님의 인격은 하나님의 말씀의 주제일 뿐 아니라 무엇보다도 하나님의 말씀의 목적과 내용이 된다. 그러므로 예수님은 단순한 스승이 아니요 스승 이상의 위대한 분이며 계시 자체이시다. 따라서 예수님의 인격과 교훈은 분리될 수가 없다. 예수님의 인격과 교훈을 분리하면 연구의 결과는 추상적이 될 수밖에 없다. 성경을 하나님의 말씀으로 믿지 않는 비평 학자들은 예수님의 인격의 중요성을 인정하지 않는다. 하나님 나라 선포에 있어서 자유주의자들은 종교적 도덕적 성격의 하나님 나라만 강조하기 때문에 신인(神人)이신 그리스도의 인격은 그들의 신학에 감추어져 보이지 않게 된다. 전통적으로 개혁주의 신학은 예수님에 관해 연구할 때 예수님의 제사장직, 왕 직, 선지자 직으로 나누어 연구해 왔다. 그러나 여기서 우리의 관심은 예수님의 선지자 직을 강조하여 연구하는 것이다.

신약은 예수님이 진정한 인간이었다고 천명한다. 진실로 예수님은 진정한 신이었지만 또한 진정한 인간이었다. 신약은 예수님의 인성과 신성의 상충이나 혼동을 말하지 않고 자연스럽게 예수님이 인성과 신성을 동시에 소유하시는 분으로 말한다. 신약은 예수님이 정상적인 인간 부부관계를 통해서 잉태된 것이 아니요 성령을 통해 잉태되었다고 말함으로써(마 1:18; 눅 1:34) 예수님의 신성을 증거하고, 또한 예수님이 다윗의 계통으로(롬 1:3) 역사상에(갈 4:4) 육체로 태어나셨다(요일 4:2; 요이 1:7)고 말함으로 예수님의 인성을 증거하고 있다.

예수님의 초기 생애에 관해 신약은 자세한 설명을 하지 않는다. 그러므로 예수님의 유아 시절에 관한 구체적인 내용을 명백히 알 수는 없다. 그러나 복음서의 기록들은 예수님이 참다운 인간으로서 우리와 같은 생활을 하셨고 정상적인 사람처럼 유아 시절부터 장성한 사람이 되기까지 정상 발육의 과정을 겪었다고 증거한다. 예수님은 신인(神人)이시지만 진정한 인간이었기 때문에 예수님의 발전에 대한 문제가 대두된다. 예수님의 내적 발전, 즉 진리에 대한 지식과 통찰력은 어떻게 이루어졌을까? 그리고 예수님의 외적 발전, 즉 예수님의 교훈 방법은 어떻게 발전했는가?[2]

예수님의 외적인 발전은 증명될 수 있는 발전이다. 예수님이 교훈하실 때 제자들의 이해 능력의 발전에 따라 예수님의 교훈 방법이 발전되었다. 제자들의 이해 능력이 증가함으로 예수님은 더 많은 진리를 가르칠 수 있고 더 심오한 교훈을 가르칠 수 있었다(요 16:12,25 참조). 그리고 예수님의 주변에는 반대자들이 계속 따라다녔다. 반대자들은 어떻게 해서든지 예수님을 올무에 걸려 넘어지게 하려고 예수님을 공격했었다. 이런 형편 가운데서 예수님은 자신과 자신의 교훈을 설명하는데 비유를 사용하게 되었다. 비유를 사용함으로 들을 귀 있

---

2. G. Vos, *Biblical Theology* (Grand Rapids: Eerdmans, 1968), p. 373.

는 자에게는 진리를 밝히 드러내고 마음이 강퍅한 자에게는 진리를 감추셨다(마 13:11 참조). 이런 예수님의 교훈 방법에서 우리는 발전을 말할 수 있다.

그런데 예수님의 내적 발전은 그렇게 쉽게 설명할 수 있는 문제가 아니다. 왜냐하면 복음서가 예수님의 자서전도 아니요 예수님의 심적 상태를 자세히 다루어 준 것도 아니기 때문이다. 복음서의 자료를 근거로 해서는 예수님의 내적 발전을 완전하게 설명할 수가 없다.[3]

예수님이 인성을 가지고 계시기 때문에 발전하는 특성이 있지만 우리는 예수님의 내적 발전을 취급할 때 오해를 유발하지 않도록 각별히 주의해야 한다. 예수님의 신성을 과잉보호하려는 경향 때문에 예수님의 내적 발전을 논하는데 어려움이 있다. 그래서 예수님의 인성의 발전을 논하면 마치 예수님이 유오(有誤)한 분으로 전락되는 것처럼 생각하게 된다. 그러나 예수님의 내적 발전은 예수님의 유오를 뜻하지 않는다는 것을 명백히 해둘 필요가 있다. 발전이란 반드시 유오하거나 부족하기 때문에 생기는 것이 아니다. 진화론이 팽배한 시대에 사는 우리는 발전을 오류에서 진리로, 불완전에서 완전으로 발전하는 것처럼 생각할 수 있다. 그러나 진리에서 진리로 완전에서 완전으로의 발전이 있음을 알아야 한다. 작은 씨가 큰 나무로 발전하는 것은 완전에서 완전으로 발전하는 예이다. 씨에서 더 포괄적인 상태로 발전하는 것은 유기적인 의미의 발전이다.[4]

다음 구절들은 예수님이 자연스럽게 유기적으로 발전했음을 가르

---

3. Vos, *Biblical Theology*, p. 373. Vos는 다음과 같이 예수님의 내적 발전은 증명할 수 없고 외적 발전은 증명이 가능하다고 말한다. "Our position, therefore, is: subjective development is allowable, but not actually proven; objective development in the teaching is necessary, and capable of being pointed out."

처 준다.

> 예수는 지혜와 키가 자라가며 하나님과 사람에게 더욱 사랑스러워
> 가시더라(눅 2:52)
> 천지는 없어질지언정 내 말은 없어지지 아니하리라. 그러나 그 날과
> 그 때는 아무도 모르나니 하늘의 천사들도, 아들도 모르고 오직 아버
> 지만 아시느니라(마 24:35-36)
> 그가 아들이시면서도 받으신 고난으로 순종함을 배워서 온전하게 되
> 셨은즉 자기에게 순종하는 모든 자에게 영원한 구원의 근원이 되시
> 고(히 5:8-9)

겔덴허위스(Geldenhuys)는 예수님의 유기적 발전을 적절하게 다음
과 같이 설명한다.

> 이 여러 해 동안 정확히 무슨 일이 행해졌으며 예수님이 무슨 경험
> 을 했는지에 대해서는 "예수는 지혜와 키가 자라가며 하나님과 사
> 람에게 더욱 사랑스러워 가시더라"(눅 2:52)는 구절에서 알 수 있다.
> 예수님은 자연스러운 발전이지만 완전한 영적이고 육체적인 발전
> 을 했다. 모든 단계마다 예수님은 그 단계에 알맞게 완전했다. 그러
> 나 아이의 완전과 성인의 완전 사이에는 큰 차이가 있다. 즉 완전한
> 순결(perfect innocence)과 완전한 거룩(perfect holiness) 사이에는 큰
> 차이가 있다. 그러므로 성경은 "예수는 그 지혜와 그 키가 자라가며
> 하나님과 사람에게 더 사랑스러워 가시더라"라고 진술했다. 예수

---

4. *Ibid.*, p. 374.

님의 인성과 특징을 볼 때 그의 생애와 조건은 항상 하나님의 뜻에 완전히 일치하게 자라고 발전했다. 따라서 하나님의 창조적 사상이 처음으로 완전히 성취된 것이다. 예수님은 영혼과 몸에 있어서 완전한 사람이었다.[5]

예수님의 발전은 완전한 유기적 발전이었다. 예수님의 발전 과정 중 어느 과정에서도 오류를 발견할 수 없다. 그런데 예수님의 내적 발전을 오류에서 진리로 발전하는 것처럼 생각하는 과격한 입장이 있다. 이들은 예수님이 과오를 범한 사람으로 죄책을 가지고 있었다고 주장한다. 이들은 또한 예수님의 교훈에도 오류가 있다고 주장한다. 이들은 예수님의 왕국 개념, 예수님의 대속적 죽음의 필요성, 예수님의 메시아 의식 등 신약의 중심 되는 교훈에 오류가 있는 것으로 취급한다. 이들의 이런 입장은 예수님의 신성을 완전히 폐기하고 예수님을 단순한 역사상의 한 인간으로 취급하는 입장이다. 그러나 신약은 이를 용납하지 않는다. 예수님은 신성과 인성을 가지신 분이며 그의 인성적인 발전은 항상 완전한 발전이었다고 복음서는 증거한다.

(2) 예수님의 교훈

예수님의 교훈 방법에는 체계가 없는 것이 특징이다. 어떤 사상을 체계를 세워 조직적으로 가르치신 것이 아니요 생활에 필요한 교훈을 그때그때 생생하면서도 구체적으로 가르치셨다.[6]

---

5. Norval Geldenhuys, *Commentary on the Gospel of Luke* (*NICNT*, Grand Rapids: Eerdmans, 1956), pp. 129-130.

6. Bill Austin, *Austin's Topical History of Christianity* (Wheaton: Tyndale House Publishers,

이런 특징은 예수님의 교훈과 바울 서신을 비교해 보면 더 두드러지게 나타난다. 물론 바울 서신 역시 교리적인 논문들이 아니요 서신들이지만 예수님의 교훈의 체계와 비교할 때 바울의 교훈이 훨씬 더 교리적인 체계를 가지고 있다. 교리적인 체계는 복음서에 나타난 예수님의 교훈에서 보다 바울 서신에 더 현저하게 나타난다. 보스(Vos)는, "바울이 주어진 기독교 자료를 조직적인 마음으로 잘 분석하고 종합했다"[7]고 말한다.

교훈의 조직적인 특성을 생각할 때 사실 예수님의 가르침은 당시 랍비들의 가르침보다 조직적인 특성이 더 약하다. 천국에 관한 예수님의 교훈을 보면 어떤 조직적인 정의를 내릴 수가 없다. 보스(Vos)는 "예수님의 전체 교훈 중 어떤 주제의 정의에 가까운 것은 실제로 없다. 바울이 한두 번 거의 정의 내리려고 했던 하나님의 나라에 관해서조차도 예수님은 정의 내린 것이 없다"[8]라고 분석한다.

예수 그리스도의 교훈은 추상적인 요소가 전혀 없으며 예시적이요, 상상적이며, 구체적이다. 예수님의 교훈은 예화를 통해 구체적인 원리를 설명해 준다. 이 사실은 예수님의 비유 사용에서 나타난다. 그리고 은유나 직유에서도 예수님의 교훈의 구체적인 성격이 나타난다.

은유(Metaphor)나 직유(Simile)에 나타난 비교는 자연에서 발생하는 일과 구원 사건을 유추적으로 연결시킨다. 자연의 발전 과정과 구속

1983), p. 34: "Although Jesus' methodology was not systematic and his presentation appears extemporaneous, there was a consistency of content which gave a cohesiveness to the overall message."

7. G. Vos, *The Pauline Eschatology* (Grand Rapids: Eerdmans, 1966), pp. 60,149.

8. Vos, *Biblical Theology*, p. 375. 바울이 "하나님의 나라는 먹는 것과 마시는 것이 아니요 오직 성령 안에 있는 의와 평강과 희락이라"(롬 14:17), "하나님의 나라는 말에 있지 아니하고 오직 능력에 있음이라"(고전 4:20)고 말한 것은 왕국에 대한 정의를 내린 것은 아니지만 예수님보다 더 조직적으로 말한 것임에 틀림없다.

의 과정을 유추적으로 연관시킨다(눅 21:19-31). 예수님이 사용한 비유는 항상 완전한 이야기 형태로 나타나는 것은 아니지만 마태복음 13장의 씨 뿌리는 자와 씨의 비유는 이야기 형태로 나타난 비유의 예라고 말할 수 있다. 여기서 예수님의 비유 사용 원리를 몇 가지로 생각해 보자.

첫째로, 비유는 진리를 구체적으로 표현하는 이로운 점이 있다. 비유는 특별한 진리를 설명하고 묘사하기 위해 사용된다. 예수님은 왕국에 관한 특별한 진리를 계시하기 위해 비유를 사용하시곤 했다.[9] 비유는 진리를 더 생생하게 표현하며 통찰력을 제공해 준다. 그 이유는 비유를 듣는 자들의 실제 생활에서 구체적으로 발생하는 경험에 호소하기 때문이다.

둘째로, 비유는 편견을 제거하는 역할을 한다. 추상적인 표현은 적대심을 불러일으키기 쉽다. 그러나 비유는 추상적인 표현보다 적대심을 일으키지 않으면서도 실제적인 교훈을 전달할 수 있다.[10] 나단(Nathan)이 비유로 다윗을 책망한 경우나(삼하 12:1-6), 선한 사마리아 사람의 비유(눅 10:30-37)가 편견을 제거하는 예의 비유라고 할 수 있다.

셋째로, 예수님은 진리를 감추기 위해 비유를 사용하셨다. 예수님은 진리의 교훈을 받을 만한 가치가 없는 사람들에게 비유를 사용하시어 진리를 감추셨다(막 4:11; 눅 8:10; 마 13:13-16). "하나님은 그가 뜻하는 자에게 하나님 나라의 비밀들을 주권적으로 나타내시고, 그가 뜻

---

9. Herman C. Hanko, *The Mysteries of the Kingdom* (Grand Rapids: Reformed Free Publishing Association, 1975), pp. 3-4.

10. Vos, *Biblical Theology*, p. 379.

하는 자로부터 그 비밀들을 주권적으로 감추신다."[11] 예수님은 진리에 대해 마음을 열지 않고 완고한 생각을 하고 있는 사람들에게 비유를 사용하시어 진리를 감추셨다. 이렇게 비유는 준비되지 않은 자들에게 진리를 감추므로 비유의 구별하는 특성을 나타내 보이는 것이다. 비유는 진리를 나타내 보이기도 하지만 감추기도 하는 것이다.

넷째로, 비유는 단순히 설교적이고 교훈적인 측면으로만 사용되는 것이 아니다. 비유는 실제적이고 수사학적인 요소만 가지고 있는 것이 아니요 더 심오한 신학적 기초를 가지고 있다. 예수님께서는 비유를 통해 태초부터 창조 속에 감추어진 사실을 드러내 보이신다.[12] 마태복음 13:35에서 시편 78:2을 인용한 사실이 이를 증명한다. "내가 입을 열어 비유로 말하고 창세부터 감추인 것들을 드러내리라"(마 13:35)는 말씀은 이 세상의 일상생활의 자연적인 과정이 구속적 사건을 예시한다는 증거이다.

예수님의 비유 사용을 통해서 분명히 알 수 있는 것은 우리의 구속 개념이 창조 개념에 근거하고 있다는 사실이다.[13] 창조에 관한 바른 견해를 갖지 않으면 구속 개념도 바로 가질 수 없다. 대속주로서의 그리스도의 사역은 창조의 사건과 연관이 있다. 바울이 "그는 보이지 아니하는 하나님의 형상이시요 모든 피조물보다 먼저 나신 이시니 만물이 그에게서 창조되되 하늘과 땅에서 보이는 것들과 보이지 않는

---

11. Hanko, *The Mysteries of the Kingdom*, p. 7.

12. Vos, *Biblical Theology*, p. 380; Bob Smith, *Basics of Bible Interpretation* (Waco: Word Books, 1978), p. 131: "Parables employ a visible world to lead us to understand the invisible things of God."

13. Hanko, *op. cit.*, p. 4: "And if the earthly world was created by this Word of God, it stands to reason that this pattern of the heavenly in the earthly creation was easily discernible to the Lord. Walking through the midst of His own world, He could see parables on every hand."

것들과 혹은 왕권들이나 주권들이나 통치자들이나 권세들이나 만물이 다 그로 말미암고 그를 위하여 창조되었고 또한 그가 만물보다 먼저 계시고 만물이 그 안에 함께 섰느니라"(골 1:15~17)라고 말한 내용이 이를 증거한다.

예수님이 창조 사역을 중재하신 분이라는 사실은 예수님께서 구속 사역도 중재하셨다는 것을 강하게 뒷받침한다. 즉 예수님의 구속 사역은 창조 사건에 기반을 두고 있다. 구속의 중재자로서 예수님은 비유를 교훈의 도구로 사용하셨다. 그 사실은 예수님이 태초에 창조하실 때에도 중재자였다는 사실을 반영한다. 왜냐하면 예수님은 세상과 인생의 비밀을 친히 알고 계시기 때문이다. 예수님은 창조 세계의 해석을 통해서 인생의 궁극적인 목적이 무엇인지를 설명하신다. 창조의 질서 속에 감추어진 것을 비유로 설명함으로써 하나님의 궁극적인 창조의 목적을 설명하고 있다. 따라서 예수님께서 비유를 사용하신 사실은 태초부터 창조 사건에 종말론적인 성격이 있음을 증거하는 것이다.[14]

창조의 종말론적인 성격은 구속의 실재(reality)로 나타나게 된다. 예를 들면 문화와 시대의 차이에도 불구하고 농부는 잡초와 알곡을 계속해서 분리시킨다. 이 행위는 우연한 것이 아니요 하나님의 섭리에 의해 마지막 날의 종말론적 추수를 가리키고 있다.[15]

---

14. 예수님이 가르치신 비유들은 종말론적인 성격이 현저하다. see, I.H. Marshall, *Eschatology and the Parables* (London: Theological Students' Fellowship, 1973), pp. 24-45.

15. 롬 8:22의 "피조물이 다 이제까지 함께 탄식하며 함께 고통을 겪고 있는 것을 우리가 아는 니라"의 말씀도 구속과 창조의 종말론적 완성을 연관시키고 있다.

(3) 예수님의 교훈 방법: 씨 뿌리는 비유

씨 뿌리는 비유(마 13:1-23; 막 4:1-20; 눅 8:4-15)는 예수님이 제자들에게 행한 비유들 중 특별한 위치를 차지하고 있다. 씨 뿌리는 비유는 다른 비유들과는 달리 비유 자체와 그 해석으로 되어있고 비유와 해석 사이에 비유의 목적을 설명하는 구절을 삽입하여 비유와 해석을 연결하고 있다. 그런데 어떤 학자들은 문맥에 깊은 관심을 두지 않는 탓으로 비유의 목적을 설명하는 구절을 고유의 본문으로 생각하지 않는다.[16] 그들은 이 구절이 오히려 본문의 사상 체제를 방해한다고 생각한다. 그러나 이 구절은 비유들을 이해하는 관건이기 때문에 예수님이 특별한 의도로 삽입하셨다. 이 구절에 명확히 제시된 비유의 목적은 천국의 비밀을 아는 자만이 비유의 뜻을 이해할 수 있다는 것이다. 이 말은 예언적인 약속과 대망 속에 기대된 천국 개념 자체가 비밀로 남아 있어서 천국의 비밀을 알지 못하는 사람들에게 알려지지 않았다는 뜻은 아니다. 천국이 실제로 임할 것이라는 대망은 모든 사람이 소유할 수 있으나 천국의 실제 임재는 천국의 비밀을 아는 사람들에게만 인지될 수 있다는 뜻이다.

비유를 해석해 주는 구절도 고유의 본문이 아닌 것으로 의심하는 학자들이 있다. 다드(Dodd)는 말하기를, "율리허(Jülicher)가 증명한 이후 그 해석 구절 자체가 일관성이 없을 뿐 아니라 그 해석이 비유와 잘 맞지 않는다는 것을 재증명 할 필요는 없다. 그러나 초대교회가 그들의 필요에 적합하게 예수님의 어록과 비유들을 재해석한 방법의 한

---

16. J. Jeremias, *The Parables of Jesus* (New York: Charles Scribner's Sons, 1963), pp. 14ff.; C.H. Dodd, *The Parables of the Kingdom* (New York: Charles Scribner's Sons, 1961), p. 3.

예로서 연구의 가치가 있다. 그 해석 구절은 오랜 시일 동안 기독교 신앙의 효과와 순수성이 '세상의 염려와 재물의 유혹' 그리고 '말씀으로 말미암아 환난이나 박해'로 받은 시련을 말해주고 있다. 그 이유는 그와 같은 형편에 처한 기독신자들에게 경고와 격려가 되며 그 해석은 그 비유를 본문으로 삼고 행한 감동을 주는 설교가 되는 것이다"[17]라고 말한다.

그러나 이 비유의 해석은 제자들이 물은 질문에 대한 답으로 예수님 자신이 첨가시켰다고 이해해야 한다. 비유를 해석한다는 것이 예수님에게는 전적으로 새로운 방법이 아니었다. 구약은 우리에게 충분한 예를 제공해 주고 있다. 나단의 비유(삼하 12:1-5)가 해석되었고(삼하 12:8-12), 압살롬을 돌아오게 하기 위해 요압이 꾸민 과부의 살아남은 아들 비유(삼하 14:5 하반절-7)가 해석되었고(삼하 14:12-17), 도망친 죄수의 비유(왕상 20:39-40)가 해석되었으며(왕상 20:41-43), 실망시킨 포도원 비유(사 5:1 하반절-6)가 해석되었다(사 5:7-12). 이 비유들은 확실한 해석이 첨가되었다. 예수님과 그의 제자들은 이와 같은 방법에 익숙한 것이 분명하다.

가르치는 방법으로써 비유 자체가 제자들과 당시 무리들에게 알려지지 않은 현상이라고 할 수는 없다. 왜냐하면 예수님께서는 유대인의 법전(Talmud)에서 랍비들에 의해, 특히 유대인의 주석(Midrash)에서 흔히 사용되어온 가르치는 방법을 사용하셨기 때문이다. 예수님은 잘 확립된 랍비의 교육 방법을 사용하신 것이다.[18]

---

17. C.H. Dodd, *op. cit.*, p. 145.: Jeremias, *op. cit.*, pp. 13f. 참고

18. Louis Isaac Rabinowitz, "Parable" *Encyclopedia Judaica*, Vol.13 (New York: The McMillan Company, 1971), p. 73 참고. Dodd, *op. cit.*, p. 4: "유대인의 교사 가운데서 비유는 일반적이고 잘 알려진 설명 방법이며 예수님의 비유들은 랍비의 비유들과 그 형태에 있어

본문 중 "들을 귀 있는 자는 들으라"(막 4:9)[19]는 예수님이 가르치는 뜻을 청중이 이해할 수 있다는 가능성을 암시한다. 그럼에도 불구하고 제자들이 비유의 뜻을 이해하지 못했기 때문에 예수님은 비유에 해석을 첨가시켜 주신 것이다.

우리는 여기서 몇 가지 질문을 제기할 수 있다. 제자들이 비유를 이해할 수 없을 정도로 어려운 이유는 무엇이었는가? 예수님이 비유를 통해서 전하려고 한 내용은 무엇이었는가? 즉 무엇이 하나님 나라의 비밀인가?(막 4:11). "너희가 이 비유를 알지 못할진대 어떻게 모든 비유를 알겠느냐"(막 4:13)라고 말씀하신 예수님의 말씀을 문맥에 비추어 어떻게 이해할 수 있는가?

상기의 질문들에 대한 해답을 얻으려고 노력하기 전에 먼저 고찰해야 할 것은 예수님이 하나님 나라를 설명하시기 위해 비유를 사용하셨느냐는 질문이다. 학자들은 대부분 예수님께서 비유를 사용하여 하나님 나라의 비밀을 설명했다는 의견에 일치한다. 성경을 비평적으로 취급하는 학자조차도 이 견해에 대해서는 동의한다. "여하간 우리는 씨가 비밀리에 자라는 비유, 겨자씨 비유, 누룩 비유라는 이 세 가지 비유에서 하나님의 나라에 관한 언급이 초기의 한 자료나 다른 자료에 의해 증명된 것을 찾을 수 있다. 한 경우는 두 개의 자료가 같이 증명하고 있다. 그러므로 예수님은 비유들을 사용하여 마가가 '하나님 나라의 비밀'(막 4:11)이라고 한 것을 설명했음이 틀림없다."[20]

서 비슷하다."

19. 마 13:9; 눅 8:8 이하 참고

20. Dodd, *op. cit.*, p. 20; Jeremias, *op. cit.*, pp. 16f.; 참고 Norman Perrin, *The Kingdom of God in the Teaching of Jesus* (Philadelphia: The Westminster Press, 1963), pp. 72ff.; Friedrich Hauck, "παραβολή," *Theological Dictionary of the New Testament*, Vol. V (Grand Rapids: Eerdmans, 1973), p. 759(이후 *TDNT*로 생략 사용함); Frederick C. Grant, *The Interpret-*

분명히 많은 비유들이 하나님 나라의 성격과 오심에 대해 설명하고 있다. 또한 비유들은 왕국에 관해 예수님의 새로운 사상을 생생하게 표현하고 있다. 다드(Dodd)가 주장한 바와 같이 우리는 공관복음에서 비유를 사용하여 하나님 나라를 설명하고 있는 자료를 넉넉히 찾을 수 있다.[21] 그러므로 우리는 확신을 가지고 예수님이 하나님 나라를 설명하시기 위해 비유들을 사용하셨다고 말할 수 있다.

예수님이 하나님 나라를 설명하시기 위해 비유들을 사용하셨다는 사실이 증명되었으니 이제 우리는 제기된 질문들을 다룰 수 있는 위치에 서게 되었다. 이 질문들을 취급함에 있어서 우리 스스로를 씨 뿌리는 비유의 문맥에 제한시켜 문제를 취급하고자 한다. 오로지 제기된 질문들의 해답을 찾는데 필요하다고 인정되는 때에 한해서 예수님의 교훈 가운데서 다른 비유들을 씨 뿌리는 비유와 관련시켜 연구하고자 한다.

첫 번째 질문은 제자들이 씨 뿌리는 비유를 이해하지 못한 이유가 무엇이겠는가 하는 점이다. 이미 언급한 대로 그들은 예수님이 사용한 가르치는 방법에 대해서는 익숙한 형편이었다. 그렇다면 무엇 때문에 그들이 비유를 이해하는 데 더디었는가? 제자들이 비유를 이해하지 못한 이유는 하나님 나라 교훈을 비유로 가르치는 예수님의 방법에 있지 않고 오히려 비유를 가르치는 예수님 자신이 비유 자체와 연관되었다는 사실 때문이다. 다른 선생들이 가르치는 비유들은 선생 자신들과 비유와 관련이 없고 객관적인 사건을 비유로 가르쳤기 때문에 그와 같은 비유들은 비교적 이해하기가 쉬웠다. 그러나 예수님과

er's Bible, Vol. Ⅶ (New York and Nashville: Abingdon, 1951), p. 695.

21. 마 13:19, 24, 31, 33, 44, 47; 25:1; 막 4:11, 26, 30; 눅 8:10, 21:29-31 등.

그가 가르치는 비유들은 뗄 수 없는 관계에 있다. 비유의 무대에 나타난 등장인물은 다른 사람이 아닌 예수님 자신이다. 씨 뿌리는 비유에서는 당시 팔레스틴(Palestine)에서 잘 알려진 일반적인 씨 뿌리는 방법을 사용하여 예수님 자신의 가르침을 씨를 심는 것과 연관시키고 있다.[22]

예수님이 비유를 말씀하실 때 그는 말씀의 씨를 뿌리고 계셨다. 그러나 예수님이 씨 뿌리는 자(ὁ σπείρων)를 자신에게 적용할 때는 씨를 뿌리기 시작한 자 즉, 하나님 나라의 교훈을 가르치기 시작한 자로서 적용했다. 예수님이 씨를 뿌리기 시작한 자라는 뜻은 예수님 이후 계속해서 씨 뿌리는 자들이 많이 나타날 것을 내포한다. 이런 뜻으로 생각할 때 씨 뿌리는 자를 예수님 한 사람으로 고정할 수 없고 일반적인 의미로 이해해야 한다. 즉 씨 뿌리는 자는 예수님을 가리킬 뿐 아니라 말씀을 전파하여 천국을 확장하기 위해 애쓰는 설교자들도 포함한다. 바로 이런 이유 때문에 제자들은 비유를 이해할 수 없었다. 그들은 예수님의 말씀 전파로 하나님 나라가 시작되었다는 사실을 이해했어야 했고 그들의 시야를 넓혀 비유의 내용에서 구속역사의 진전을 볼 수 있었어야 했다. 그러나 제자들은 이와 같이 함축된 의미를 포착할 수 없었기 때문에 비유를 이해할 수 없었다.

비유를 이해하려면 예수님이 누구이신지를 알아야 한다. 예수님과 그의 비유는 밀접한 관계가 있기 때문에 예수님을 이해하지 못하면 비유를 이해할 수 없다. 따라서 예수님이 진정으로 누구신가 하는 것을 알지 못하는 사람들은 예수님이 인류를 위해 가져온 선물의 본

---

22. Norval Geldenhuys, *Commentary on the Gospel of Luke* (*NICNT*, Grand Rapids: Eerdmans, 1968), p. 242. 참고 Jeremias, *op. cit.*, p. 11.

질, 즉 하나님 나라의 비밀을 이해할 수 없다.[23] 하나님 나라의 비밀을 계시하는 양상이 비유로 말씀되었기 때문에 그들에게 감추어진 것이다. 그러므로 그들은 비유의 뜻을 포착하는데 어려움을 느꼈다.

두 번째 질문은 하나님 나라의 비밀이 무엇인가 하는 것이다. 이 질문은 첫 번째 질문과 연관성이 있다. 예수님께서 말씀하시기를 "하나님 나라의 비밀을 너희에게는 주었으나 외인에게는 모든 것을 비유로 하나니"(막 4:11)라고 하셨다. 이 말을 풀어 설명한다면 내가 너희에게는 하나님 나라의 비밀을 계시해 주지만 외인에게는 수수께끼로 말한다는 뜻으로 이해할 수 있다. 분명히 하나님 나라를 전파하는 것은 양면의 효과를 나타낸다. 계시하는 효과와 감추는 효과를 나타내고 은혜의 측면과 심판의 측면을 나타낸다(마 10:12-15).[24]

그러면 이해 능력이 있는 사람들에게 주어진 하나님 나라의 비밀이란 무엇인가? 그것은 그리스도와 함께 그리고 그리스도 안에서 천국이 현존한다는 사실이다. 그리스도 안에서 구원을 얻을 수 있다는 지식이다. 비유가 나타내고자 하는 바는 비유 속에 그려진 사건들을 사용하여 하나님 나라의 계시를 설명하고자 하는 것이다. 예수님은 비유 안에서 하나님 나라의 시작의 비밀을 계시하신다. 보른캄(Bornkamm)도, "비유들은 하나님 나라의 비밀을 노출시키지 않으면서 하나님 나라 본질의 어떤 일반적 이해를 전달하고 있다. … 그렇다면 신적인 통치의 비밀은 비유에서 암시되지 않은 것이거나 혹은 단지

---

23. 참고 R.V.G.Tasker, "Parable," *The New Bible Dictionary*, ed. J.D. Douglas (Grand Rapids: Eerdmans, 1962), p. 934.

24. 구약에 나타난 대로 하나님의 방문이 양면의 효과를 나타내는 것과 일치한다. 즉 하나님의 방문이 축복으로 나타나기도 하며 저주로 나타나기도 한다. 참고 Meredith G. Kline, *By Oath Consigned* (Grand Rapids: Eerdmans, 1968), pp. 14ff.

간접적으로만 암시된 것을 뜻한 것임에 틀림없다. 그것은 천국의 어떤 일반적인 내용을 가리키지 않고 천국 임재의 사실만을 가리킨다."[25]라고 말한다. 예수님은 자신의 비유에서 오래 전부터 예언된 것이 실현되었다고 설명하고 계신다. 그러면 이 예언이 어떻게 역사 안에서 실현되었는가? 예수님은 이 실현이 자신의 오심으로 말씀의 전파에 의해 완성되었다고 설명하신다(막 4:14). 이것은 비유의 해석에서 확실시되었다. 누가복음 기록과 마가복음 기록을 참고하면 "씨 뿌리는 자는 말씀을 뿌리는 것이요. 씨는 하나님의 말씀이다."[26] 이 말씀이 바로 천국의 비밀을 내포한다. 그러므로 마태는 "천국의 말씀"[27]이라고 표현한다. 여기서 하나님의 말씀은 예수님의 천국의 선포와 동일시된다. 하나님의 말씀, 천국의 말씀 즉 결정적이고 능력 있는 메시아의 말씀으로 천국이 계시되었고 또 임재한 것이다. 복음의 선포가 바로 천국의 임재를 증명해 준다. 예수님의 오심과 그의 말씀 전파는 천국의 임재를 말해주고 있다.[28]

예수님의 말씀 전파는 항상 권능이 수반되었는데 이 권능 때문에 많은 무리들이 놀라곤 했다. 성경은 "뭇 사람이 그의 교훈에 놀라니 이는 그가 가르치시는 것이 권위 있는 자와 같고 서기관들과 같지 아니함일러라"(막 1:22)[29]라고 표현하고, 또한 "그들이 그 가르치심에 놀

---

25. G. Bornkamm, "μυστήριον," *Theological Dictionary of the New Testament,* Vol. IV (Grand Rapids: Eerdmans, 1973), p. 818.

26. 참고 막 4:14; 눅 8:11

27. 마 13:19

28. G. Kittel, "λέγω," *Theological Dictionary of the New Testament,* Vol. IV (Grand Rapids: Eerdmans, 1973), p. 124f.: "씨 뿌리는 비유의 해석이 예수님에게서 기인되었든지 아니든지 말씀으로 해석된 씨가 예수 안에서 발생한 그리스도 사건이라는 확신 가운데서 참다운 위치를 차지한다."

라니 이는 그 말씀이 권위가 있음이러라"(눅 4:32)라고 확증한다. 마가복음 1:22과 마태복음 7:29은 예수님의 가르침과 서기관들의 가르침을 선명하게 비교하고 있다. 서기관들도 권세를 가지고 가르친 것은 사실이다. 그러나 그 권세의 출처는 자신에게 있지 않고 다른 곳에 있었다. 그들은 그 권세를 조상들의 교훈에 호소했다(마 5:21절 이하). 그러나 예수님의 교훈은 자신의 권능에 의존하고 있다. 복음서에서 흔히 찾을 수 있는 "내가 너희에게 말하노니"[30]라는 표현은 예수님의 권능이 자신의 것임을 확증한다. 예수님이 권능으로 가르치는 모습을 보고 많은 무리들이 놀랬다. 이에 대해 버트람(Bertram)은 경외와 놀라움의 표현들은 공관복음서에 나타난 많은 사건들의 계시적 내용과 기독론적인 의미를 강조한다.[31]고 말한다. 예수님의 말씀은 공허하지 않는다. 그의 말은 그의 교훈을 전달하는 역할을 할 뿐만 아니라 그가 원하는 것을 성취하시는 능력을 수반하고 있다. 예수님의 말씀은 구원을 주시는 말씀이다.

비유에서 뿌려진 말씀은 하나님 나라의 오심을 가리킴이 틀림없다. 이 말씀은 사탄의 방해를 받을 것이지만 말씀을 뿌리는 자는 결코 비관적이 아니다. 그는 열매를 거둘 것인데 30배 60배 100배의 열매를 거둘 것이다(막 4:20). 하나님의 나라는 결코 실패하지 않는다. 그것은 예수님의 오심과 말씀 전파로 실현되었고 예수님의 재림으로 완성 형태로 나타날 것이다. 이것이 바로 천국의 비밀로서 이해할 수 있는

---

29. 마 7:28 참고, "ἦν γάρ διδάσκων αὐτοὺς ὡς ἐξουσίαν ἔχων"(마 7:29).

30. 마 5:18, 22, 28, 32, 39, 44; 6:2, 5, 16, 25; 막 1:25; 9:1 등

31. G. Bertram, "θάμβος," *Theological Dictionary the New Testament*, Vol.Ⅲ(Grand Rapids: Eerdmans, 1972), p. 6. 공관복음서에 사용된 경외와 놀라움의 표현들은 "φοβεῖσθαι, ἐκπλήττεσθαι, θορυβεῖσθαι, θαυμάζειν ἐξίστασθαι" 등이다.

영적인 능력을 소유한 자에게는 계시되었고 이해할 수 없는 외인에게
는 감추어진 것이다.

　　세 번째 질문은 "너희가 이 비유를 알지 못할진대 어떻게 모든 비
유를 알겠느냐"(막 4:13)라고 하신 예수님의 말씀을 이 문맥에서 어떻
게 이해할 수 있는가 하는 문제이다. 이 질문에 함축된 의미는 씨 뿌
리는 비유가 다른 비유에 비해 특별한 위치를 차지하고 있음을 말한
다. 그러나 씨 뿌리는 비유를 예수님이 제일 먼저 사용하셨다고 생각
할 수는 없다. 마가복음 3:22 이하의 바알세불 이야기도 비유로 간주
되었고 마가복음 2:19~22의 말씀도 비유의 범주에 넣을 수 있다. 그
러나 씨 뿌리는 비유는 콜(Cole)이 말한 대로 "주님 자신이 주신 충분
한 해석을 수반한 최초의 확증된 비유로서 세 공관복음에서 일련의
비유들의 선두에 위치한다."[32] 씨 뿌리는 비유는 이런 점에서 생각할
때 특별한 관심의 대상이 되며 다른 비유들보다 우선권이 있다고 생
각할 수 있다. 예수님이 자기 제자들에게 하신 질문은[33] 씨 뿌리는 비
유와 다른 비유들과의 관계가 중요한 것으로 제시한다. 예수님은 다
음에 따라오는 비유들을 이해하기 위해서는 씨 뿌리는 비유를 이해해
야 한다고 말씀하신다. 즉 씨 뿌리는 비유는 다른 비유들의 이해를 위
한 기초가 된다.[34] 사실상 다음에 따라 나오는 비유들은 그 관계 면에
서 생각할 때 여러 면에서 첫 비유인 씨 뿌리는 비유를 설명하고 있
다. 그리고 씨 뿌리는 비유가 전달하려고 하는 뜻은 단순히 설교자와
청중 사이에 문제점이 있으므로 교육적으로 주위를 환기시키기 위한

---

32. R. A Cole, *The Gospel According to St. Mark* (Grand Rapids: Eerdmans, 1970), p. 88.

33. 막 4:13: οὐκ οἴδατε τὴν παραβολὴν ταύτην, καὶ πῶς πάσας τὰς παραβολὰς γνώσεσθε;

34. James M. Boice, *The Parables of Jesus* (Chicago: Moody Press, 1983), p. 15: "To my mind
the first parable stands alone, since it deals with the origin of the kingdom."

일반적인 교훈으로서 듣는 과정 중에 위험이 내포되어 있다는 것을 설명하고 있다고만은 생각할 수 없다. 왜냐하면 제자들이 비유를 처음 들었을 때 그 뜻을 이해하지 못한 것은 씨 뿌리는 비유가 단순히 상징적인 의미만 가지고 있었기 때문이라고 말할 수 없다. 만약 우리가 씨 뿌리는 비유를 단지 상징적인 의미만 가지고 있다고 생각한다면 제자들이 당시 그 비유를 이해할 수 없었던 이유를 설명할 수 없게 된다.

우리는 다음에 따라 나오는 비유들 중 하나님 나라에 관한 특별한 면을 각각 강조하는 것을 찾을 수 있다. 어떤 비유는 천국의 현재면과 아울러 천국의 확장 즉 성장하는 면을 강조하며, 어떤 비유는 천국의 미래적인 면을 강조한다. 씨가 자라는 비유(막 4:26-29), 겨자씨 비유(막 4:30-32), 값진 진주 비유(마 13:45,46)는 감추어진 양상으로 천국의 현재면과 천국의 성장면을 설명한다. 반면에 그물의 비유(마 13:47-50),[35] 불의한 재판관의 비유(눅 18:1-8), 불충한 종의 비유(마 24:42-51)는 천국의 미래적인 면을 가르치고 있음에 틀림이 없다. 비록 우리는 비유들의 범주를 구분하는 데 너무 독단적이어서는 안 되겠지만 모든 비유들이 천국의 현재면을 강조하든 미래적인 면을 강조하든 그 강조점에서 차이가 나는 것은 사실이다.

슈바이처(Schweitzer)와 다드(Dodd)는 비유의 해석에 있어서 서로 견해를 달리한다. 그들의 입장은 정반대이며 각자 천국의 임하심에 관한 그들 자신의 전제에 의존하여 비유를 해석한다. 슈바이처는 예수님이 비유들을 통해서 설명하고자 원한 것은 천국의 미래면이었다

---

35. 마 13:49-50에 "세상 끝에도 이러하리라 천사들이 와서 의인 중에서 악인을 갈라내어 풀무 불에 던져 넣으리니 거기서 울며 이를 갊이 있으리라"고 말씀한 뜻을 문맥과 비교하여 참조하라. 이 말씀은 그물 비유가 천국의 미래면을 강조하고 있음을 증거한다.

고 주장하나, 반대로 다드는 천국의 현재면이었다고 주장한다. 그러나 비유들을 더 자세히 연구해 보면 미래적인 해석과 현재적인 해석 어느 한 쪽만 취하는 것은 비유의 내용과 성격에 공정을 기하지 못하는 태도이다. 오히려 비유는 천국의 현재적인 성격과 미래적인 성격을 다 포함한다고 생각해야 한다. 예수님의 십자가도 왕국 계시의 일부분이다. 왜냐하면 인자가 반드시 예루살렘에 가서 수난을 받아야하기 때문이다. 하나님의 구속사역의 질서가 이를 요구하고 있다. 사실상 다른 어떤 사건보다도 예수님의 십자가 사건에서 왕국의 비밀의 심층 부분을 찾을 수 있다. 씨 뿌리는 자 자신이 씨가 된 것이다. 그러나 동시에 종말론적 과정이 필요하다. 왕국의 규모는 그리스도의 십자가 죽음에서 이미 보여주신 것이다.[36]

씨 뿌리는 비유에는 천국의 현재적인 면과 미래적인 면이 함께 포함되어 있다. 이미 언급한 대로 천국은 하나님의 말씀의 전파로 감추어진 형태로 이미 임해 있다. 또한 씨 뿌리는 비유는 천국의 미래적인 면도 계시하고 있다.

비유들이 양면을 가르친다는 점에서 예수님이 가르치신 경구는 비유 이해에 큰 도움이 된다. 예수님은 "사람이 등불을 가져오는 것은

---

36. H. Ridderbos, *When the Time Had Fully Come* (Ontario: Paideia Press, 1982), pp. 17-18.: "That is the concept of the Kingdom in the Synoptic Gospels. It is one of presence as well as of futurity, of both secrecy and revelation. The rising of Christ marks the boundary. In it the two aeons coincide, as it were. It belongs to the presence of the Kingdom. For it has taken place upon the earth. The Eschaton has come in Christ. The world has been opened for the Kingdom of God. The strong one has been overcome in his own house. But the resurrection belongs to the future as well. The risen Savior no longer belongs to the earthly category. He is the First-fruits of the great future. But the final phase, the new heaven and the new earth, is yet to come. First the seed must be sown, then not only Israel but all the world must live in the dispensation and under the responsibility of that which has been seen and heard in Christ."

말 아래에나 평상 아래나 두려함이냐 등경 위에 두려함이 아니냐 드러내려 하지 않고는 숨긴 것이 없고 나타내려 하지 않고는 감추인 것이 없느니라. 들을 귀 있는 자는 들으라. 또 이르시되 너희가 무엇을 듣는가 스스로 삼가라 너희의 헤아리는 그 헤아림으로 너희가 헤아림을 받을 것이며 더 받으리니 있는 자는 받을 것이요, 없는 자는 그 있는 것까지도 **빼앗기리라**(막 4:21-25)."[37]라고 비유 이해에 도움이 되는 말씀을 하신다.

이상의 경구는 제자들이 복음 전파를 공공연히 할 때가 올 것을 말해준다(마 10:26,27 참조). 복음 전파에서도 비밀에서 계시로 나아가는 점진성이 내포되어 있다. 장차 씨 뿌리는 자의 비밀은 계시될 것이며 외인들조차 특별한 관심을 기울이지 않아도 천국에 관한 말씀을 듣게 될 것이다. 예수님의 부활을 전환점으로 하여 천국이 공공연히 전파될 것이다.

경구는 또한 천국의 형태와 선포의 방식에 관련될 뿐 아니라 천국 자체에도 관련된다. 장차 천국은 감추어진 양상을 잃고 완전히 계시될 것이다. 천국의 말씀이 뿌려진 후 수확을 하게 될 것이며 삼십 배와 육십 배와 백배의 결실을 한다는 말씀은 이 사실을 확인해 주고 있다(막 4:8,20; 눅 8:8 참고). 뿌려진 말씀이 수확 때에 명백히 드러난 것처럼 천국도 드러난 모습으로 나타날 것이다.

지금까지 진행한 연구를 종합해서 생각할 때 씨 뿌리는 비유는 중요한 위치에 서서 천국의 현재면과 미래면을 같이 나타내고 있다. 이제 우리는 "너희가 이 비유를 알지 못할진대 어떻게 모든 비유를 알겠

---

37. 막 4:21-25; 눅 8:16-18; 마 13:21 참고.

느냐"(막 4:13)라고 하신 예수님의 말씀을 이해할 수 있게 되었다.

여기서 복음서에 사용된 비유들이 천국의 현재 실현과 미래 실현 중 어느 범주에 속하는지 구분해 보자.[38] 주의해야 할 사항은 어떤 비유의 경우에는 천국의 현재면과 미래면을 동시에 가르치고 있다는 사실이다.

① 천국의 현재 실현을 가르치는 비유

1. 강한 자를 결박하는 비유(막 3:27; 마 12:29; 눅 11:22)

2. 보화와 진주 비유(마 13:44-46)

3. 잃은 양, 잃은 동전, 잃은 두 아들의 비유(눅 15:4-32)

4. 무자비한 종의 비유(마 18:23-25)

5. 포도원의 일꾼의 비유(마 20:1-16)

6. 큰 잔치의 비유(마 22:1-14; 눅 14:16-24)

7. 겨자씨와 누룩 비유(마 13:31-33; 막 4:30-32; 눅 13:18-19)

8. 비밀히 자라는 씨의 비유(막 4:26-29)

9. 씨 뿌리는 비유(막 4:1-20; 마 13:1-23; 눅 8:4-15)

10. 가라지와 곡식 비유(마 13:24-30)

11. 그물 비유(마 13:47-50)

12. 신랑과 친구들의 비유(막 2:18-22)

② 천국의 미래 실현을 가르치는 비유

1. 자라나는 비유

---

38. 더 자세한 비유의 내용과 해석은 Simon Kistemaker (*The Parables of Jesus*. Grand Rapids: Baker, 1980)를 참조하라.

① 겨자씨와 누룩 비유(막 4:30-32; 마 13:31-32; 눅 13:18-19; 마 3:33; 눅 13:20-21)

② 비밀히 자라는 씨의 비유(막 4:26-29)

③ 씨 뿌리는 비유(막 4:1-20; 마 13:1-23; 눅 8:4-15)

④ 가라지와 곡식 비유(마 13:24-30)

⑤ 그물 비유(마 13:47-50)

2. 불의한 청지기의 비유(눅 16:1-8)

3. 재판관과 과부의 비유(눅 18:1-8)

4. 도둑의 비유(마 24:43-44; 눅 12:39-40)

5. 열 처녀 비유(마 25:1-13)

6. 달란트와 므나 비유(마 25:14-30; 눅 19:11-27)

2. 왕국 선포의 구약적 배경

예수님이 왕국의 메시지를 선포하기 전에 세례 요한은 왕국의 가까움을 선포했다(마 3:2). 그리고 마태복음에 의하면 예수님께서 광야 시험을 당하신 후 갈릴리에서 "회개하라 천국이 가까이 왔느니라"(마 4:17)라고 선포하셨다. 예수님은 왕국의 도래를 선포하시지만 왕국에 관한 구체적인 설명을 하시지 않는다. 예수님이 여러 종류의 많은 질문을 받았지만 하나님의 나라나 혹은 천국이[39] 무슨 뜻인지를 묻는 질문은 받지 않으셨다. 이렇게 천국에 관한 정의를 요구받지 않는 이유는 무엇인가? 복음서의 내용을 근거로 볼 때 하나님의 나라나 천국이 당시 잘 이해되었던 용어로 생각된다. 즉 예수님의 교훈을 듣는 청중들이 천국이란 용어를 익숙히 알고 있었음에 틀림없다.[40]

예수님의 선포 중 청중들을 놀라게 했던 점은 천국이 임박했다는 내용이었다. 그러면 천국이란 용어의 배경은 무엇인가? 청중들은 천국이 임박했다는 말을 듣고 어떤 천국을 연상했겠는가? 즉 예수님이 오시기 전에 천국의 개념이 어떻게 사용되었는가? 구약에는 천국이란 용어가 나타나지 않는다. 천국(βασιλεία τῶν οὐρανῶν)이란 용어는 오히려 외경 문헌에 자주 나타난다. 그러면 신약의 천국 개념을 이해하기 위해 기독교 이전의 외경 문헌에 의존해야 하겠는가? 리델보스(Ridderbos)는, "이 용어(천국)의 뿌리, 특히 그 속에 함축되어 있는 사상은 구약의 신적인 계시나 신앙의 대망 속에 깊이 감추어져 있다. 이 구약의 배경 없이는 후기 유대주의의 천국에 관한 신앙이나 천국에 관한 신약의 선포도 이해될 수 없다."[41]고 말한다. 여기서 우리는 천국의 개념을 바로 이해하려면 일반 해석 원리에 의존해야 함을 알 수 있다.[42] 그것은 신약의 계시는 구약계시에 근거하고 있기 때문에 구약을 떠나서 신약을 바로 이해할 수 없다는 점이다. 특히 미래에 관한 구약의 대망 사상을 바로 이해하지 못하면 신약의 계시를 올바로 터득할 수 없다. 사실상 구약의 배경 없이는 천국에 관한 유대주의적 신앙이나 예수님 자신의 교훈을 올바로 이해할 수 없다.

그러면 신약의 천국 개념과 구약의 어떤 사상이 연관을 가지고 있

---

39. 신약에 나온 천국(ἡ βασιλεία τῶν οὐρανῶν)과 하나님의 나라(ἡ βασιλεία τοῦ θεοῦ)는 동의어이다.

40. G. Vos, *The Kingdom of God and the Church* (Nutley: The Presbyterian and Reformed Publ. Co., 1972), p. 14: "From first to last he refers to 'the Kingdom of God' as a fixed conception with which he takes for granted, his hearers are familiar."

41. H. Ridderbos, *The Coming of the Kingdom* (Philadelphia: The Presbyterian and Reformed Publ. Co., 1969), pp. 3-4.

42. *Ibid.*, pp. 14-15.

는가? 구약에는 천국이라는 말은 없지만 하나님이 왕이라는 사실을
증거하는 구절은 많다. 하나님이 왕이라는 사실은 구약 교훈의 중요
한 요소이다. 신약의 왕국(βασιλεία)은 히브리어 말쿠트(מלכות)(royalty,
royal power, reign, kingdom)와 같은 의미를 가지고 있다. 여기서 신약의
왕국 개념을 이해하기 위해 왕의 활동에 관한 구약의 교훈을 두 가지
로 나누어 생각하기로 하자.

(1) 일반적 왕권

일반적 왕권은 하나님이 온 세계를 지배하신다는 우주적인 통치를 가
리킨다. 하나님은 창조주이시기 때문에 모든 백성을 다스리신다. 구
약성경은 하나님이 창조주로서 우주적인 통치자임을 여러 곳에서 언
급한다. 하나님께서 아브라함에게 주신 약속은 아브라함과 그의 후손
만 위한 약속이 아니요 인류의 모든 세대가 이 약속에 포함되며(창
12:2-3), 노아에게 주신 무지개는 여호와 하나님께서 세상과 맺은 언약
의 표시, 즉 "나와 땅에 있는 모든 생물 사이에 세운 언약의 증거"(창
9:17)이다. 우리는 여기서 여호와 하나님의 지배 영역이 이스라엘에
국한하지 않고 온 세상을 포함하고 있음을 알 수 있다.[43] 시편의 말씀
은 여호와의 명령으로 "너는 내 아들이라 오늘 내가 너를 낳았도다.
내게 구하라 내가 이방나라를 네 유업으로 주리니 네 소유가 땅 끝까
지 이르리로다"(시 2:7-8)라고 선포한다. 이 말씀은 하나님의 아들이 이
방나라를 유업으로 받을 것이며 또한 복음이 이방나라에도 전파될 것

---

43. G. Vos, *Biblical Theology*, p. 398; I.C. Rottenberg, *The Promise and the Presence* (Grand Rapids: Eerdmans, 1980), pp. 3-8.

을 암시하고 있다. 하나님은 이스라엘 백성들만의 하나님이 아니요 이방나라를 포함한 온 세계의 하나님이시다.

하나님은 보좌에 앉으셔서 온 우주를 통치하시며(겔 1:26-28), 세상의 모든 거민을 굽어살피신다(시 33:13,14). 하나님은 하늘과 땅을 창조한 창조주이시며(시 95:3-5) 그의 왕권은 온 세상에 미친다(시 22:28; 렘 46:18; 48:15; 51:57). 하나님은 온 세상을 심판할 심판주로서(시 96:10) 권능과 영광으로 다스리실 뿐 아니라(시 145:11-12) 의와 진리로 다스리신다(시 96:13; 99:4). 이런 하나님의 통치 개념은 하나님의 주권 개념과 연관된다. 일반적 왕권은 구속적 사역을 바탕으로 이루어진 것이라기보다 하나님의 주권이 온 세상에 미치고 있다는 의미의 왕권을 말한다. 따라서 구약의 왕권은 활동적인 왕권이지 정적인 왕권이 아니다.

지존하신 여호와는 두려우시고 온 땅에 큰 왕이 되심이로다. 여호와께서 만민을 우리에게, 나라들을 우리 발아래에 복종하게 하시며 우리를 위하여 기업을 택하시나니 곧 사랑하신 야곱의 영화로다(시 47:2-4)

여호와께서 그의 보좌를 하늘에 세우시고 그의 왕권으로 만유를 다 스리시도다(시 103:19)

주의 나라는 영원한 나라이니 주의 통치는 대대에 이르리이다(시 145:13)

왕이여 지극히 높으신 하나님이 왕의 부친 느부갓네살에게 나라와 큰 권세와 영광과 위엄을 주셨고 그에게 큰 권세를 주셨으므로 백성들과 나라들과 언어가 다른 모든 사람들이 그의 앞에서 떨며 두려워하였으며 …… 그가 마음이 높아지며 뜻이 완악하여 교만을 행하므로 그의 왕위가 폐한 바 되며 그의 영광을 빼앗기고 …… 지극

히 높으신 하나님이 사람 나라를 다스리시며 자기의 뜻대로 누구든
지 그 자리에 세우시는 줄을 알기에 이르렀나이다(단 5:18-21)

여기 언급된 구절들은 왕의 통치가 어떠할 것임을 묘사한다. 왕의
통치는 이스라엘에만 국한하지 않고 우주적일 것이라고 설명한다. 이
처럼 구약에는 하나님이 왕으로서 전 세계를 다스리신다는 일반적 왕
권의 개념이 풍부하다.

(2) 특별한 왕권

하나님의 왕권의 범위는 온 세상을 포함하지만 구약은 하나님과 이스
라엘의 특별한 관계를 강조해서 설명한다. 구약은 하나님만이 이스라
엘의 참 왕이시요 참 신이시라고 강조한다. 이스라엘은 하나님이 창
조하고 선택한 하나님의 특별한 소유이다. 하나님의 보좌가 하늘에
있지만 하나님은 또한 예루살렘에서 이스라엘을 다스리신다(시 48:2;
99:1-2; 렘 8:19). 하나님은 이스라엘의 참된 왕이시요(신 33:5; 삼상 12:12;
삿 8:23) 이스라엘은 여호와의 왕국이다(대상 17:14; 28:5; 대하 13:8). 하나
님은 이스라엘을 창조하시고(사 41:20; 43:15) 그들을 애굽에서 이끌어
내어(시 74:12; 78:12-29) 그들에게 거할 땅을 주시고 그 땅의 원주민과
싸워 승리하게 하셨다(시 10:16; 44:4; 47:3-4). 이스라엘이 왕을 구하였을
때 하나님은 그들에게 왕을 주셨고 이스라엘의 왕은 하나님의 사자로
서 이스라엘을 다스렸다. 하나님이 이스라엘과 특별한 관계에 있다는
사실은 신정통치(theocracy)에서 명백해진다. 하나님과 이스라엘 백성
의 특별한 언약 관계 가운데서 하나님은 그들의 왕으로 이스라엘을
다스리신다. 왕국 개념과 언약 개념은 떼려야 뗄 수 없는 관계에 있

다. 하크네스(Harkness)는 "하나님과 그 선택된 백성 사이의 언약 개념은 이스라엘 전체 역사에서 지배적이기 때문에 이 왕국 개념의 기초가 되는 것이다."[44]라고 설명한다.

> 나 여호와가 말하노니 너희 우상들은 소송하라 야곱의 왕이 말하노니 너희는 확실한 증거를 보이라(사 41:21)
>
> 여호와께서 시온에 계시지 아니한가, 그의 왕이 그 가운데 계시지 아니한가(렘 8:19)
>
> (여호와는) 야곱의 허물을 보지 아니하시며 이스라엘의 반역을 보지 아니하시는도다. 여호와 그들의 하나님이 그들과 함께 계시니 왕을 부르는 소리가 그 중에 있도다(민 23:21)
>
> 너희의 하나님 여호와께서는 너희의 왕이 되심에도 불구하고 너희가 내게 이르기를 아니라 우리를 다스릴 왕이 있어야 하겠다 하였도다(삼상 12:12)

이런 구절들은 하나님과 이스라엘의 관계가 언약으로 인한 특별한 관계임을 증거해 준다. 하나님이 시내산에서 이스라엘과 맺은 언약은 하나님이 이스라엘과 특별한 관계에 있다고 확인한다(출 19:4-6). 하나님은 이스라엘의 하나님일 뿐 아니라 이스라엘의 국가적인 왕으로서 이스라엘을 다스리시게 된다. 하나님은 직접계시를 통해 이스라엘에게 율법을 주시고 이스라엘을 실제 생활 현장에서 인도하신다. 그리고 나중에 세움 받은 이스라엘의 왕들은 하나님 여호와의 대리

---

44. Georgia Harkness, *Understanding the Kingdom of God* (Nashville, New York: Abingdon press, 1974), p. 69: "The concept of the covenant between God and his chosen people, so dominant in the total history of Israel, underlies this concept of the kingdom."

왕으로서 이스라엘을 다스렸다. 이스라엘 백성이 하나님의 뜻을 거역하고 불순종했지만 여호와 하나님은 항상 신실하게 그들의 왕으로 계속 존재하신다. 이스라엘 백성은 하나님께 대하여 제사장 나라가 되며 거룩한 백성이 된다(출 19:6; 벧전 2:9 참조). 여기서 우리는 언약 개념과 왕국 개념의 관계뿐 아니라 왕권의 영원성을 찾아볼 수 있다. 구약은 하나님이 특별한 관계에서 이스라엘의 왕이시라고 명백히 증거한다(삿 8:23; 삼상 8:7; 시 48:3 참조). 그런데 특별한 왕권의 개념에는 몇 가지 특성이 있다. 이 특성을 다루는 것이 예수님의 왕국 개념 이해에 도움이 될 줄로 안다.

첫째로, 특별한 왕권에는 하나님의 통치의 영원성이 내포된다.

하나님의 통치는 불변하고 영원하다. 하나님의 통치는 비시간적인 왕권을 뜻하지 않으며 정적인 왕권을 뜻하지 않는다. 이 영원한 하나님의 통치는 오히려 활동이 풍부하며 과거, 현재, 미래의 역사를 통해 일하는 왕권을 뜻한다.[45]

> 그들이 주의 나라의 영광을 말하며 주의 업적을 일러서 주의 업적과 주의 나라의 위엄 있는 영광을 인생들에게 알게 하리이다. 주의 나라는 영원한 나라이니 주의 통치는 대대에 이르리이다
> (시 145:11-13)

영원한 하나님의 통치는 하나님의 속성과 직결되어 있다. 하나님이 영원하심으로 그의 통치 역시 영원하며 하나님이 신실하심으로 그의 언약은 변할 수가 없다. 따라서 이스라엘과 특별한 언약 관계에 있

---

45. Harkness, *Understanding the Kingdom of God*, p. 69.

는 하나님은 이스라엘의 영원한 왕이 되신다.

둘째로, 특별한 왕권은 미래적인 요소를 내포한다.

구약 예언서는 하나님의 미래적인 통치를 강조해서 설명한다. 이스라엘 백성은 영원하며, 완전하고, 멸망되지 않을 왕의 통치를 염원했다. 그러나 그들을 다스리는 왕의 통치는 유대인들의 대망을 만족시키지 못하였다. 다윗 왕의 통치는 상당한 기준에 달하는 것이었지만 역시 하나님의 통치 기준에는 미달된 것이었다. 이스라엘 왕의 계속적인 실패는 경건한 성도들이 여호와 자신의 통치를 갈망하게 하는 원인이 되었다. 선지자들은 이스라엘의 왕들보다 더욱 하나님과 방불한 통치자가 나타날 것을 예언하였다.[46]

클래퍼트(Klappert)는, "유대의 왕들이 그들의 역사적 실재에 있어서 왕권의 신학(theology of Kingship)에 해당하는 기준에 못 미치면 못 미칠수록, 궁극적으로 나단(Nathan)의 예언과 왕권과 관계된 개념들을 궁극적으로 성취할 종말론적인 메시아-왕의 대망은 더욱 더 강하게 확장되었다"(암 9:11-15; 참조. 창 49:8-12)라고 메시아-왕을 대망하게 된 배경을 설명한다.[47]

또한 이스라엘이 이방 나라에서 포로로 생활하는 동안 여호와의 가시적 통치가 정지된 사실은 여호와의 미래적 통치가 있을 것을 암시한다. 이스라엘 백성들은 세상 왕국의 종말을 고할 영원한 왕국의 회복을 소망하고 있었다. 하나님의 미래적 통치는 지상의 이스라엘 왕국의 설립에 대한 비관적 전망 때문에 더욱 더 명백해진다. 하나님

---

46. James Stalker, "*Kingdom of God*," *The International Standard Bible Encyclopedia*, Vol.Ⅲ (Grand Rapids: Eerdmans, 1939), pp. 1805, 1806.

47. B. Klappert, "King, Kingdom," *The New International Dictionary of New Testament Theology*, Vol. 2, ed. C. Brown (Grand Rapids: Zondervan, 1977), p. 374.

의 나라와 왕권은 현재 이루어진 실재가 아니요 미래에 있을 종말론
적 소망, 즉 예언적인 소망으로 나타난다. 이런 사상은 구약성경 중기
와 후기에 기록된 책들과 선지서에 현저히 나타난다. 하나님의 나라
와 왕권이 미래의 종말론적 소망으로 나타나게 된 것은 이스라엘 백
성의 생활이 타락하여 하나님의 백성으로서 그 위치를 지키지 못하였
기 때문이다. 국가로서 이스라엘이 계속 쇠퇴되고 이방 나라의 권력
에 점령당하므로 이스라엘에게 계시된 하나님의 왕권과 실제로 발생
하고 있는 역사의 흐름 사이에는 긴장이 생기게 된 것이다.[48]

이런 긴장된 형편에 대해 선지자들은 하나님의 미래 통치와 왕권
에 대해서 예언했다. 선지자들을 통해 계시해 주신 하나님의 미래 왕
권에 대한 대망은 하나님이 자기 백성을 미래에 구하시겠다는 전체
구약의 구원 약속의 중심이 되는 중요한 사상이다. 미래 구원 약속 사
상이 구약에 자주 나타나는 것은 아니지만, 이 약속은 구약 예언의 총
화라고 할 수 있다(사 40-55장; 사 24-27장; 슥 9-14장; 욥 21장; 미 4:3; 습 3:15).

> 보라 주 여호와께서 장차 강한 자로 임하실 것이요 친히 그의 팔로
> 다스리실 것이라(사 40:10)
> 그가 많은 민족들 사이의 일을 심판하시며 먼 곳 강한 이방 사람을
> 판결하시리니 무리가 그 칼을 쳐서 보습을 만들고 창을 쳐서 낫을
> 만들 것이며 이 나라와 저 나라가 다시는 칼을 들고 서로 치지 아니
> 하며 다시는 전쟁을 연습하지 아니하고(미 4:3)

하나님의 미래 왕권에 대한 본질적인 요소는 이스라엘 중심의 국

---

48. Ridderbos, *The Coming of the Kingdom*, pp. 4-5.

가적인 색채가 있다. 이스라엘은 하나님이 이스라엘 국가를 하나님의
선민으로 다스려 주실 것을 열망했다. 그러나 선지자들은 이스라엘
중심의 국가적인 개념에만 국한하지 않고 하나님이 전 우주를 통치하
실 것이라는 사실을 잊지 않는다. 국가적인 요소가 승화된 것이다. 선
지자들은 이스라엘 국가의 형편에 관심을 가지고 있었지만 아브라함
을 통해 모든 민족이 복을 받게 될 것이라는 약속에도 관심을 가지고
있었다. 구약 예언자들은 하나님의 미래 왕권이 이스라엘 국가에 국
한되지 않고 온 세상을 그 통치 아래 두실 것이라고 예언한다.

  셋째로, 하나님의 특별한 미래 왕국은 주의 위대한 날에 시작될
것이다.

  하나님의 미래 왕국은 인간의 노력이나 진화적 성격으로 설립되
지 않고 초자연적인 성격으로 설립될 것이다. 그 날에는 한편으로 배
도자에게는 심판이 있을 것이요(사 2:10 이하; 호 4:1 이하), 다른 편으로는
압제받은 하나님의 백성을 구출하며 구원하는 해방이 있을 것이다(미
4:1 이하; 사 9:1-6; 11:1-5). "주의 날" "여호와의 날"은 이중적인 성격을 가
지고 있다. 그 날은 구원의 날이며 심판의 날이다. 그 날은 심판을 통
한 구원의 날이라고도 할 수 있다. 그 날은 이방세계와 교회의 적을
멸망시키는 심판의 날이며 불순한 교회 자체를 심판하여 구원하는 날
이다. 구약에서 "주의 날"이 사용될 때 어떤 경우는 배도자의 심판을
강조하기 위해 사용되고 어떤 경우는 성도의 구원을 강조하기 위해
사용되기도 한다.[49]

  선지자들이 선포한 심판은 미래에 있을 결정적인 세상의 심판을

---

49. A.B. Davidson, *The Theology of the Old Testament* (Edinburgh: T and T Clark, 1976),
   p. 377.

표상하고 있으며 선지자들이 예언한 모든 축복은 미래에 나타날 완전한 행복을 표상하고 있다. 하나님과 언약 관계에 있는 백성은 미래의 완전한 행복을 유업으로 누릴 것이요, 하나님과 언약 관계를 맺지 못한 백성은 영원한 멸망을 피할 수 없게 된다. 이런 구분은 바로 그 날에 이루어지게 된다. 그 날에 이루어질 성도의 구원은 초자연적이며 (사 60:1 이하), 영원한 구원이 될 것이다(사 51:6). 도래하는 구원은 자연적인 힘에 의해서가 아니요 하나님의 재창조 사역이 될 것이다. 즉 신천신지가 될 것이다(사 60:19; 65:17; 66:22 이하). 이 위대한 날에는 하나님께서 성도들을 위해 사망을 영원히 멸하시며(사 25:7,8) 죽은 자들을 살리실 것이다(사 26:19). 그 날에는 악한 자에게 영원한 심판이 임하며 구원받은 의로운 자에게 영원한 기쁨이 넘치게 된다(사 66:23,24).

넷째로, 하나님의 특별한 미래 왕국 개념은 메시아 대망사상과 연관되어 있다.

메시아적 예언은 미래에 참다운 하나님의 왕국이 메시아 중심으로 설립될 것을 제시한다. 이스라엘을 다스리는 왕들이 하나님을 대표하는 이상적인 왕으로서 자격이 없다면 앞으로 나타날 미래의 통치자는 이상적인 왕으로서 여호와의 대표자가 될 수 있어야 한다. 하나님 나라에 대한 이스라엘의 기대는 메시아에 대한 이스라엘의 대망과 완전히 분리시킬 수 없다. 구약에서 예언된 메시아는 평화의 통치자로 오실 분이다(사 11:9,10). 그의 왕권은 초자연적이며, 신적이고, 영원한 특징을 드러내는 왕권이 될 것이다(미 5:1). 메시아의 통치는 왕이신 하나님의 통치와 같은 것임을 구약은 예언한다. 메시아 왕국의 범위, 영역, 성격은 하나님의 미래 통치와 동등한 것이다.[50] 이 사상은 하나님께서 메시아를 통해 온 세상을 통치하시고 왕국을 실현시키실 것을 뜻한다.

하나님의 미래 왕국 개념과 메시아 대망 사상의 연관을 고찰할 때 다니엘서를 빼놓을 수 없다. 다니엘서에서는 세상 나라 권세와 하나님 나라 권세가 비교된다. 잠시 동안 세상 나라 권세가 승하게 보일는지 모르나 결국 세상 나라의 통치는 끝이 올 것이요, 하나님은 모든 통치의 권세를 인자에게 주실 것이다.

> 내가 또 밤 환상 중에 보니 인자 같은 이가 하늘 구름을 타고 와서 옛적부터 항상 계신 이에게 나아가 그 앞으로 인도되매 그에게 권세와 영광과 나라를 주고 모든 백성과 나라들과 다른 언어를 말하는 모든 자들이 그를 섬기게 하였으니 그의 권세는 소멸되지 아니하는 영원한 권세요 그의 나라는 멸망하지 아니할 것이니라(단 7:13,14)

하나님으로부터 보냄을 받은 진정한 인간 대속주(human mediator)가 나타나 영존하며 멸망하지 아니할 왕국을 다스릴 것이다.[51] 인자는 초자연적인 존재이며 그 기원이 신적이라는 사실은 그가 "하늘 구름을 타고 와서"라는 표현이 잘 증명해 준다. 그런데 다니엘에게 나타난 꿈의 해석은 "지극히 높으신 이의 성도들이 나라를 얻으리니 그 누림이 영원하고 영원하고 영원하리라"(단 7:18)이다. 본문은 나라를 소유할 자가 성도들이라고 한다. 그러나 성도들이 나라를 설립할 자는 아니다. 성도들과 인자를 동일시하는 것이 본문의 내용이 아니다. 나라

---

50. Ridderbos, *The Coming of the Kingdom*, p. 6.

51. Walter C. Kaiser, Jr., *Toward an Old Testament Theology* (Grand Rapids: Zondervan, 1978), p. 246.

를 이룩하실 이는 인자요 성도들은 인자가 이룩한 나라를 축복으로 받게 될 것이다(단 7:22 참조).[52]

여기서 우리는 인자의 사역과 하나님의 미래 왕국이 연관됨을 볼 수 있다. 인자는 하나님으로부터 세상 통치권을 받게 될 것이다. 영원한 미래 왕국이 인자의 통치에 의해 영광과 기쁨과 평화로 가득 차게 될 것이다. 즉 메시아이신 인자께서 온 세상을 완전하게 통치하실 것이다.

지금까지 예수님이 선포하신 왕국에 관한 구약적 배경을 고찰해 보았다. 왕국 개념은 구약에 자주 나타나지 않으며 신약에서처럼 고정된 개념이 아니다. 그러나 구약의 대망사상과 하나님의 통치 개념은 예수님께서 선포하신 왕국 개념의 근거가 되고 있다. 하나님이 강림하셔서 친히 통치하실 것이라는 사상은 구약의 중심 주제이다. 하나님이 여호와의 날에 이루실 나라는 영원하고 초자연적이며 메시아적이다. 그 날에는 하나님의 백성의 종말론적인 구원과 모든 대적의 멸망이 있게 될 것이다. 하나님이 현재 이스라엘을 다스리신다는 사실은 하나님이 장차 확실하게 종말론적 의미로 왕이 될 것임을 뒷받침한다. 예수님이 선포하신 하나님 나라는 이런 구약의 왕권에 관한 내용을 배경으로 하고 있다.

---

52. Edward J. Young, *The Prophecy of Daniel* (Grand Rapids: Eerdmans, 1970), p. 157; Ridderbos, *The Coming of the Kingdom.*, p. 7: "Here, too, the future kingdom of God is mentioned in which the figure of a Son of Man will make his people share in the blessings of God's dominion."

3. 후기 유대주의에 나타난 왕국 개념

후기 유대주의 문헌에 나타난 왕국 개념을 고찰하는 것은, 예수님이 선포한 왕국 개념에 대한 후기 유대주의 영향이 어떠한 것이었는지를 밝히는 데 목적이 있지 않고, 예수님이 왕국의 도래를 선포할 때 청중들의 왕국 개념에 대한 배경을 아는 데 그 목적이 있다. 왜냐하면 신약의 왕국 개념은 구약 이외의 다른 문헌에 근거를 두고 있다고 생각할 수 없기 때문이다.

그러나 후기 유대주의에 나타난 왕국 개념 연구는 예수님이 왕국을 선포할 때 그 당시의 청중들의 상황이 어떤 것이었느냐를 이해하는 데 큰 도움을 준다. 연구 대상은 외경과 위경과 랍비의 문헌들로[53] 어떤 것은 히브리어, 어떤 것은 아람어, 또 어떤 것은 헬라어로 기록되었다.

구약에는 하나님 나라나 하늘나라라는 용어가 나타나지 않고 하나님의 통치 개념이 자주 나타나는데 후기 유대주의의 자료에는 하늘나라(מַלְכוּת שָׁמַיִם)라는 용어가 나타난다. "하나님" 대신 "하늘"을 사용한 것은 하나님의 이름까지도 부르지 않으려는 유대인들의 하나님에 대한 경외심 때문이다. 쿤(Kuhn)은 "후기 유대주의의 용어 말쿠트 샤

---

53. 외경(Apocrypha)은 정경에 포함되지 않은 자료들로서 토비트(Tobit), 유딧(Judith), 에스더(Esther 10:4-16:24), 지혜서(Wisdom), 집회서(Ecclesiasticus), 바룩(Baruch), 다니엘(Daniel - 세 아이의 노래, 수산나, 벨과 뱀), 마카비상(I Maccabees), 마카비하(II Maccabees)를 말한다. 이들 자료에서 미래의 종말론적인 대망에 대한 관심을 찾아 볼 수 있다(토비트 13:1-18; 14:5-7; 지혜서 5:1-23 참조). 위경(Pseudepigrapha)은 구약 예언자들이나 신약 사도들의 이름을 도용하여 그들이 저자인 것처럼 기록한 자료들이다. 위경은 유대적 위경과 기독교적위경이 있다. 유대적 위경은 에녹(Enoch), 모세(Moses), 솔로몬(Solomon) 등의 이름을 도용한 것이며 기독교적 위경은 베드로(Peter), 도마(Thomas) 등의 이름을 도용한 것이다. 이들 자료 역시 종말론적인 대망에 관심을 나타낸다. 랍비 문헌(Rabbinic Literature)은 토라(Torah)나 전통적인 자료를 해석한 자료들이다.

마임(מַלְכוּת שָׁמַיִם)이 생기게 된 이유는 우리가 구약에서 찾을 수 있는 것처럼 하나님의 이름을 직접 부르지 않고 추상적인 개념으로 대치하려는 후기 유대주의의 일반적 경향 때문이다. 그 용어는 세키나(שְׁכִינָה)와 밀접히 연결된다. 마치 이 용어가 '하나님이 거하신다', '하나님이 임재하신다'는 구약 표현 샤칸 아도나이(שָׁכַן יְהוָה)를 대신해서 사용되는 것처럼 후기 유대주의는 '하나님은 왕이시다' 대신에 말쿠트 샤마임을 사용한다."[54]라고 설명한다. 그러므로 "하늘나라"는 "하나님 나라"와 같은 뜻으로서 단순히 완곡한 표현에 지나지 않는다. 그런데 복음서에서 이 용어를 빈번하게 사용한 것에 비하면 후기 유대주의 문헌에서 자주 사용했다고는 볼 수 없다.

후기 유대주의 문헌에 나타난 "하늘 나라"는 복음서의 "하늘 나라"와 "하나님 나라"를 설명하는 데 유익한 배경 역할을 한다. 마태복음에는 하늘나라(ἡ βασιλεία τῶν οὐρανῶν)가 자주 나타나지만 [55] 마가복음과 누가복음에는 하나님 나라(ἡ βασιλεία τοῦ θεοῦ)가 자주 사용된다. 복음서의 용어 사용에 이런 차이가 나타나는 것은 마태복음은 유대인들의 관습을 염두에 두고 기록했고 마가복음과 누가복음은 이방인들을 생각하고 기록했기 때문이다. 구약과 후기 유대주의 문헌과 예수님의 교훈에서 "통치하다"라는 개념을 비교 연구해 보면 "하늘나라"와 "하나님 나라"가 같은 뜻이라는 것을 명백히 알 수 있다. 예수님의 천국 교훈은 구약의 왕권과 종말론적 소망에 그 뿌리를 박고 있다.

후기 유대주의의 "하늘나라" 개념은 신약 복음서의 왕국 개념과

---

54. Karl G. Kuhn, "מלכות שמים in Rabbinic Literature," *Theological Dictionary the New Testament*, Vol. I (Grand Rapids: Eerdmans, 1972), p. 571; B. Klappert, *op. cit.*, pp. 376, 377.

55. 마 6:33; 12:28; 13:43; 21:31, 43; 26:29에서는 하나님 나라(ἡ βασιλεία τοῦ θεοῦ)가 사용된다.

동일하다고 생각할 수 없다. 후기 유대주의의 "하늘나라" 개념은 약
간 탈선을 한다. 유대주의 문헌의 종말론적 전망은 서로 일치되지 않
고 다양하다. 어떤 문헌은 이스라엘 나라의 회복을, 다른 문헌은 초자
연적인 구원의 때를 종말론적인 성취로 설명한다.[56] 비록 후기 유대주
의의 "하늘나라" 개념에 약간의 탈선이 있긴 하지만, "하늘나라"라는
용어는 구약과 그리스도 간에 다리 역할을 하게 된다. 후기 유대주의
의 "하늘나라" 개념은 그리스도가 왕국의 도래에 대해 선포할 수 있는
배경을 구성한다. 예수님이 천국의 도래를 선포할 때 청중들은 구약
의 하나님의 통치를 연상할 수 있게 되었다. 그러므로 예수님께서 "회
개하라 천국이 가까이 왔느니라"(마 4:17)라고 선포했을 때 이 말은 청
중들에게 잘 적용될 수 있었다.

여기서 후기 유대주의의 천국 개념과 연관된 율법주의(Legalism)와
특수주의(Particularism)를 고찰하도록 하자.

(1) 율법주의

구약은 창세기 3장부터 은혜언약(the covenant of grace)을 가르치고 있으
며 따라서 구약의 메시지는 은혜의 메시지이다.[57] 선지자들은 그들의
예언에서 이를 명백히 한다. 하나님의 장래 통치에 대한 예언이 선지
서에서 가장 많이 언급된다. 그런데 하나님의 통치는 어떤 국가의 정

---

56. Ridderbos, *The Coming of the Kingdom*, p. 10.

57. 창세기 1장과 2장의 에덴(Eden)동산에서의 삶은 행위언약(the covenant of works)의 시
기라고 말할 수 있다. Cf. Wayne Grudem, *Systematic Theology* (Grand Rapids: Zonder-
van, 1994), p. 516. "In the Garden of Eden, it seems quite clear that there was a legally
binding set of provisions that defined the conditions of the relationship between God
and man."

치에 의해 성취되지 않고 왕이신 하나님의 주권적 행위로 성취될 것이다. 하나님의 통치는 초자연적으로 시작될 것이다. 그런데 이런 하나님의 초자연적인 통치 개념을 담은 구약의 메시지가 유대인들의 계속되는 생활에서 상실되고 말았다. 하나님의 초월성과 거룩성이 강조되었음에도 불구하고 유대주의는 점점 율법주의로 변모되어 갔다. 따라서 유대주의는 행위의 종교로 전락한다.

율법주의의 특징은 율법에 순종해야 한다는 정신이다. 율법에 대한 바리새인들과 예수님 사이의 태도에서 율법주의의 특징을 찾아볼 수 있다. 율법주의 특징은 이방인들에 대한 유대인들의 태도와 사역에서도 나타난다. 바울이 갈라디아 교회에서 유대주의자들과 싸워야만 했던 사실이 이를 증거한다. 바리새인들은 율법의 근본정신은 무시하고 문자적인 이행만 요구했다. 같은 구약의 율법을 해석하는 데도 바리새인들의 견해가 예수님의 견해와 달랐던 사실은, 시간의 흐름에 따라 바리새인들의 견해가 구약 율법의 근본정신에서 떠나 점점 율법주의로 변모해 갔기 때문이다(마 5:17-48 참조). 그러므로 예수님께서 가르치실 때 구약의 근본적인 교훈에 호소해도(요 5:39-47 참조) 유대인들은 그것을 전혀 이해할 수 없었다.

이런 율법주의 개념은 천국의 개념에도 영향을 미쳤다. 유대인들은 하나님이 이스라엘 나라를 도덕적으로 통치함으로 천국이 설립될 것으로 생각했다. 많은 나라 중 이스라엘만 이런 도덕적 의식을 가지고 있었고 이스라엘만 율법에 대한 진실한 순종을 했다고 믿었다. 유대인들은 미래의 종말론적 왕국이 율법의 순종을 통해 나타나게 될 것으로 생각했다. 그러므로 예수님은 유대인들이 율법에 순종함으로써 왕국이 설립되는 것이 아니요 하나님의 구체적인 은혜의 선포로 왕국이 설립될 것이라고 가르치신 것이다. 이런 배경적인 이유로 인해 듣는 자들이 예수님의 왕국에 대한 교훈을 새로운 것으로 듣게 되었다.

(2) 이스라엘 중심주의

유대인들은 미래의 하나님의 통치가 이스라엘 나라를 위한 것으로 생각했다. 특히 하나님의 통치는 이스라엘의 이익만을 위한 것으로 생각한 것이다. 그 이유는 그들이 토라(Torah)를 지키는데 성실했다고 생각했기 때문이다. 따라서 미래의 하나님의 통치는 이스라엘이 다른 나라보다 탁월한 위치를 차지하게 될 것이다. 그런데 유대주의 문헌들은 하나님의 통치에 관해서 두 가지 근본적인 양상을 보여준다.

첫째로, 미래에 실현될 왕국은 지상의 국가로 나타나게 될 것이라는 사상이다. 민족주의와 정치적 개념이 미래에 실현될 왕국 개념 속에 함축되어 있다. 미래의 왕국은 유대인들의 정치적 야망이 실현될 것을 의미한다.

주전 1세기에(B.C. 80-40) 기록된 "솔로몬의 시편(the Psalms of Solomon)에는 로마인들을 타도할 복권한 다윗가의 왕자를 고대하는 기도가 실려 있다(17:21 이하)."[58] 이런 개념은 나단 선지자가 다윗의 왕계가 계속되고 이상화될 것이라고 한 예언에 근거를 두고 있다(삼하 7:12이하, 시 89편 참조). 이런 완전한 왕자가 나타나 유대인들을 위해 왕국을 설립할 것으로 믿은 것이다. "솔로몬의 시편"은 경건한 자 혹은 의로운 자를 가난한 자(5:2; 15:2), 겸손한 자(5:14), 주님을 두려워하는 자(2:37; 3:16; 4:26; 5:21; 6:8; 13:11), 하나님을 사랑하는 자(6:9; 10:4; 14:1)로

---

58. 찰즈 F. 파이퍼, 『신구약중간사』(조병수 역, 서울: 한국기독교교육연구원, 1982), p. 173.

묘사한다. 또한 의로운 자를 "우리들"이라고 표현하며(4:27; 5:9 7:8f),
"이스라엘"이라고 부른다(5:21; 11:2; 12:7; 14:3).[59] 이 모든 표현들은 한
그룹을 가리킨다. 즉 이스라엘 국가를 가리키고 있다.[60]

여기서 우리는 이스라엘이 다른 나라를 능가해서 완전한 왕자의
지도하에 지도자 국가가 될 것이라는 지상적이고 국가적인 사상의 왕
국 개념을 찾아볼 수 있다.[61]

둘째로, 미래의 왕국은 그 기원이 초자연적이라는 사상이다. 이런
사상은 주전 2세기에 기록된 것으로 생각되는 "열두 족장의 언약"(The
Testaments of the Twelve Patriarchs)에 나타난다. "열두 족장의 언약"은 앞
으로 올 메시아의 왕국은 전체 우주의 구원, 죽은 자들의 부활, 온 세
상의 우주적 심판 그리고 하나님의 낙원에서 영생을 뜻하는 것이 될
것이라고 서술한다.[62] 그런데 에녹서(Enoch)에는 왕국의 지상적 요소
와 함께(에녹서 1~36) 초자연적인 성격도 포함되어 있다(에녹서 37ff). 에
녹서에 의하면 미래의 왕국은 하늘에 위치하게 된다. 메시아가 초자

59. E.P. Sanders, *Paul and Palestinian Judaism: A Comparison of Patterns of Religion* (Phila-delphia: Fortress Press, 1977), pp. 398f.

60. *Ibid.*, p. 399: "Parallelism of the terms innumerous other passages indicates their basic synonymity. Thus the pious are parallel with those who fear God in 13. 11(12); the righteous, the pious, those who call upon God and those who fear him are all parallel in 2.37-40(32-6); Israel, the pious and the poor are parallel in 10.6-18(5-7); Israel is parallel with the pious in 12.7(6); Israel is parallel with those who fear God in 5.21(18); Israel is parallel to 'we' or 'us' in 7.8(8-9), and the house of Jacob is parallel to 'us' in the next verse; the equation of 'us' with Israel is also seen in 9.14-19(7-10)(v.17[9]: 'Thou didst choose the seed of Abraham … And didst set Thy name upon us …') and in 8.33f.(27f.). Those who fear the Lord are parallel to 'us' in 4.26f.(23). These interlocking parallelisms, and others which might be cited, show beyond question that the terms all refer to the same group."

61. Ridderbos, *The Coming of the Kingdom*, p. 10.

62. *Ibid.*

연적인 인자의 모습으로 나타나 다스릴 곳은 지상이 아니요 하늘이라고 한다.[63]

그런데 왕국의 지상적인 요소와 초자연적인 요소가 제4 에즈라(IV Ezra)에서 연합된 것을 볼 수가 있다. 지상의 메시아 왕국이 미래에 설립될 것인데 이 왕국은 하늘 왕국을 위해 임시적인 성격을 띠게 될 것이다. 즉 메시아 왕국은 최종적으로 설립될 종말론적 왕국의 준비 단계에 지나지 않는다.[64] 이런 견해를 유대주의 학자들이 견지했었다.

이런 이원론적 천국 개념은 성경의 개념과는 거리가 멀다. 이 견해는 헬라적, 동양 철학의 영향을 받은 것이 틀림없다. 후기 유대주의 문헌은 수난의 메시아를 전혀 고려하고 있지 않다. 국가적 안보의 개념이 수난의 메시아를 감추어 버렸다. 당시 이스라엘의 형편이 수난의 메시아를 생각할 수 있도록 여유를 주지 않았다. 따라서 이사야 53장의 수난의 메시아 개념은 유대인들에게 잘못 이해되었으며, 그들의 천국 개념은 구약의 개념에서 탈선하게 되었다. 후기 유대주의의 천국 개념은 구약 전통을 보존하는 면도 있지만 반대로 구약 전통에서 탈선하는 면도 있다. 세례 요한과 예수님이 하나님 나라의 도래를 선포했던 때의 팔레스틴이 그러한 형편이었다. 그러므로 예수님의 제자들이나 청중들이 예수님의 천국 선포를 올바로 이해하지 못했었다(마 20:20-28; 막 10:35-45).

예수님은 이런 역사적 상황을 배경으로 하고 "회개하라 천국이 가

---

63. *Ibid.*, p. 11.

64. Sanders, *Paul and Palestinian Judaism*, p. 411: "In contrast to the historical period, the end-time offers promise of salvation, which corresponds to God's intention in creation, an intention which was perverted by transgression. The historical period thus has the character of an interim."

까이 왔느니라"(마 4:17; 막 1:15)라고 선포하신다. 예수님의 천국 개념은 구약의 개념을 배경으로 하고 있으나 구약의 통치 개념보다 더 전진한 것이었다. 그러므로 제자들이 예수님의 천국 교훈을 바로 이해하지 못한 것은 당시 유대주의 천국관이 구약의 개념과 동일하지 않고 탈선된 점에도 있지만 또한 예수님의 인격과 사역을 중심으로 더 펼쳐진 천국에 대한 계시에 새로운 면이 있었기 때문이었다.

4. 복음서에 나타난 왕국 개념

복음서에 사용된 왕국의 의미는 두 가지로 나누어 생각할 수 있다.

첫째로, 왕국 개념이 추상적이고 역동적인 의미로 사용되는 경우가 있다. 왕국의 추상적인 개념은 하나님의 주권 행사, 하나님의 통치, 왕권의 의미를 내포한다. 왕국의 추상적인 개념은 구약에서 많이 찾아볼 수 있다. 구약을 많이 인용하신 예수님은 추상적인 왕국 개념을 구약에 근거하여 사용하셨음에 틀림이 없다.

추상적인 왕국 개념은 "가까이 왔느니라"(being near), "임하느니라"(coming), "나타나느니라"(appearing) 등의 용어들로 자주 설명된다.[65] 다음 구절들은 왕국의 추상적인 개념이 선명히 나타나는 구절들이다.

회개하라 천국이 가까이 왔느니라(마 4:17; 막 1:15 참조).
예수께서 그들의 생각을 아시고 이르시되 스스로 분쟁하는 나라마

---

65. G. Vos, *Biblical Theology*, p. 401

다 황폐하여 질 것이요 스스로 분쟁하는 동네나 집마다 서지 못하
리라 만일 사탄이 사탄을 쫓아내면 스스로 분쟁하는 것이니 그리하
고야 어떻게 그의 나라가[66] 서겠느냐(마 12:25,26)
그러나 내가 하나님의 성령을 힘입어 귀신을 쫓아내는 것이면 하나
님의 나라가 이미 너희에게 임하였느니라(마 12:28)

이런 구절들은 "가까이 왔다," "임했다," "나타났다" 등의 표현으
로 하나님의 통치, 권세, 왕권 등을 묘사하는 추상적인 개념을 강조하
고 있다.

둘째로, 왕국 개념이 구체적이고 정적인 의미로 사용되는 경우가
있다. 구체적이고 정적인 왕국 개념은 장소나 지역의 개념을 내포한
다. 여기서 통치 개념과 영토 개념 사이에 밀접한 관계가 있음을 볼
수 있다.[67] 구체적인 왕국 개념은 "들어가다"(to enter into), "받다"(to
receive) "상속하다"(to inherit), "쫓겨나다"(to be cast out from) 등의 용어
로 설명된다.[68] 이런 용어들은 장소성을 함축하기 때문에 구체적이라
할 수 있다. 다음 구절들은 왕국의 구체적인 개념이 선명히 나타나는
구절들이다.

또 너희에게 이르노니 동·서로부터 많은 사람이 이르러 아브라함
과 이삭과 야곱과 함께 천국에 앉으려니와(마 8:11)

---

66. 여기 사용된 βασιλεία는 하나님의 왕국개념과는 전혀 반대인 사탄의 왕국을 가리키기 위
    해 사용되었다. 그러나 사탄의 권세, 사탄의 통치 등을 의미하는 것으로 사용되었기 때문
    에 추상적인 개념으로 사용된 것이다.

67. G. Vos, *The Kingdom of God and the Church*, p. 21.

68. G. Vos, *Biblical Theology*, p. 401.

그 때에 임금이 그 오른편에 있는 자들에게 이르시되 내 아버지께
복 받을 자들이여 나아와 창세로부터 너희를 위하여 예비 된 나라
를 상속 받으라(마 25:34)

그러나 너희에게 이르노니 내가 포도나무에서 난 것을 이제부터 내
아버지의 나라에서 새것으로 너희와 함께 마시는 날까지 마시지 아
니하리라 하시니라(마 26:29; 눅 22:18 참조)

이상의 구절들은 "어느 장소에 앉는다," "나라를 상속 받는다,"
"포도즙을 마신다." 등의 표현을 통해 왕국의 개념 속에 장소성의 개
념이 함축되어 있음을 가르치고 있다. 따라서 왕국의 구체적인 성격
이 이 구절들에서 강조된 것을 찾아볼 수 있다.

그러면 복음서에서 추상적인 개념의 왕국을 강조하는가? 구체적
인 개념의 왕국을 강조하는가? 구약뿐 아니라 유대문헌에서도 구체
적인 왕국 개념보다도 추상적인 왕국 개념이 더 팽배하게 나타난다.
구약의 경우 출애굽기 19:6[69]을 제외하면 왕국 개념이 대부분 추상적
인 의미를 띠고 있다. 앞으로 나타날 여호와 하나님의 통치를 언급할
때 추상적인 개념으로 설명하는 것이 더 자연스럽기 때문이다.

그러나 우리는 구약이 추상적이며 역동적인 개념을 강조하지만
구체적이며 지역적인 개념 역시 가르치고 있음을 알아야 한다. 추상
적인 개념은 구체적인 개념을 완전히 배제할 수 없기 때문이다. 통치
가 효과적이며 의미가 있으려면 그 통치를 시행할 장소가 있어야 한
다. 왕은 통치할 왕국이 필요하다. 통치할 영토가 없는 왕의 통치는

---

69. "너희가 내게 대하여 제사장 나라가 되며 거룩한 백성이 되리라 너는 이 말을 이스라엘 자
손에게 전할지니라"(출 19:6)

의미가 없다. 어떤 이들은 복음서에 추상적인 왕국 개념만 사용되었다고 주장하지만 언어학적인 근거로 볼 때 이는 잘못되었다. 비록 복음서에 추상적인 개념이 더 팽배한 것은 사실이지만 앞에서 예증한 바처럼 구체적인 왕국 개념이 함축되어 있다.[70] 왕국의 설립자이신 예수님의 성육신 사건이나, 복음 선포를 통해 왕국의 확장을 교회가 책임 맡고 있다는 사상은 왕국의 구체적인 성격을 증거하고 있다.[71]

구약적인 전망으로 볼 때, 심지어 세례 요한의 입장에서 보더라도 미래적이며 역동적인 하나님의 통치의 실현은 예수님의 인격과 사역을 통해서 실현되며 구체화된다. 구약에서 선명하게 나타나지 않은 왕국의 두 단계 실현은 예수님의 선포를 통해 명백하게 나타난다. 예수님은 구약에 예언된 메시아로서 하나님의 통치를 실현하실 분이다. 구약에서 예언된 미래적 왕국 개념은 예수님을 통해 현재적인 개념으로 실현될 것이다. 그러나 현재 실현된 왕국은 앞으로 종말론적인 완전한 왕국으로 성취될 것이다. 여기서 우리는 왕국 개념의 추상적이며 역동적인 개념이 강조되는 이유를 찾아볼 수 있다. 보스(G. Vos)는 "구약과 세례 요한의 입장에서 분리되지 않은 왕국이 예수님에 의해 현재의 왕국과 종말론적 왕국의 두 단계로 펼쳐지게 된다. 오랫동안 유력한 견해이며 아직도 유력한 이 견해는 예수님이 그의 사역의 수고를 통해 지상에서 왕국을 실현하기 시작했고, 이 왕국은 점진적인 과정으로 진전하며, 예수님의 뒤를 따라 예수님의 추종자들의 헌신을

---

70. S. Aalen, "'Reign' and 'House' in the Kingdom of God in the Gospels," *New Testament Studies* 8 (1962), pp. 215-240: 일반적으로 공통되는 견해는 왕국의 뜻이 "통치영역"이라기보다는 "통치"로, "통치의 장소"라기보다는 "통치 행위로서 왕의 다스림"을 가르친다는 것이다. Aalen은 하나님의 나타나심(appearing)과 그의 오심(coming)을 구별했으나(p. 221) 이는 타당성이 없는 주장이다.

71. Vos, *Biblical Theology*, p. 402 참조.

통해 계속 진행 중에 있다. 이와 같은 예수님의 추종자들의 수고는 실제 왕국을 설립해 나가는 수고이며, 이 노력은 하나님께서 세상 성격을 변혁시킬 대격변을 통해 이 세상 질서를 종식시키고 하나님께서 종말론적 왕국을 소개할 그 순간까지 역사의 모든 세대를 통해 계속될 것이다.”[72]라고 왕국의 확장이 어떻게 진행될 것임을 정리한다.

따라서 예수님께서 선포하신 왕국 개념은 하나님 중심적이요, 메시아 중심적이요, 역동적이요, 현재적이요, 미래적이다. 예수님의 왕국 개념은 구약의 왕국 개념을 바탕으로 자신의 인격과 사역을 통해 더 펼쳐진 계시로 복음서에 나타난다.

---

72. Vos, *Biblical Theology*, p. 404.

VI

예수님과 하나님 나라의 실현

예수님과 하나님 나라의 실현은 밀접한 관계가 있다. 예수님은 메시아로서 하나님 나라를 설립하신 분이요 하나님 나라의 왕이다. 메시아-왕의 선포는 하나님 나라가 이미 실현된 것을 포함할 뿐 아니라 앞으로 미래에 실현될 것도 포함한다. 예수님의 메시지 가운데 나타난 시간성은 메시지 전체의 특징을 제공한다. 구약적인 배경으로 볼 때 시간은 매우 귀중한 역할을 한다. 구약은 왕의 오심을 예언했고 그 예언은 성취되었다. 구약의 왕국 실현에 관한 시간성은 미래 지향적이며 예수님의 메시지에 나타난 왕국 실현은 그 구체성을 나타낸다.

1. 하나님 나라의 미래면

예수님의 교훈은 왕국의 미래적 요소를 강조한다. 복음서들은 왕국의 미래 면을 가르치는 예수님의 교훈을 많이 포함하고 있다.[1] 그런데 근

래의 왕국 개념에 대한 연구는 왕국의 미래적인 면을 실현된 종말론
의 이름으로 부인하려고 한다. 다드(C.H. Dodd)를 주축으로 한 실현된
종말론은 예수님의 천국 교훈 중에 미래적인 면이 전혀 없고 종말론
은 이미 실현되었다고 주장한다. 이제 복음서에서 천국의 미래 면을
가르치는 구절을 구체적으로 연구하므로 예수님이 가르치신 천국의
미래 면을 확증하고자 한다.

(1) 마태복음 4:17

이 때부터 예수께서 비로소 전파하여 이르시되 회개하라 천국이 가
까이 왔느니라(마 4:17)[2]

다드(Dodd)는 이 구절에 대해 많은 관심을 기울인다. 이 구절은 예
수님께서 공생애를 시작하실 때 선포하신 말씀이다(막 1:15 참조). 이
본문에서 문제가 되는 것은 동사 "엥기켄"(ἤγγικεν)[3]을 어떻게 이해하
느냐이다. 다드는 "엥기켄"을 '이르렀다'(has come), '도착했다'(has
arrived)로 이해해야 한다고 주장한다. 따라서 "엥기켄"의 뜻은 마태복
음 12:28(눅 11:20 참조)에 사용된 "프사노"(φθάνω)의 뜻과 동일하다고
말한다. 예수님은 "내가 하나님의 성령을 힘입어 귀신을 쫓아내는 것

---

1. 천국의 미래면을 묘사하는 구절은 마 6:10(눅 11:2 참조); 마 8:11(눅 13:29 참조); 마 16:28
(막 9:1;눅 9:27 참조); 마 22:1-14(눅 14:16-24 참조); 마 26:29(막 14:25; 눅 21:31; 22:16,18
참조) 등을 들 수 있으며, 인자의 임박한 강림을 가리키는 구절은 막 13:26-30; 14:62을
들 수 있고, 미래에 성도들이 천국으로 들어갈 것을 묘사하는 구절은 마 5:10; 7:21; 8:11-
12(눅 13:28-29 참조); 마 18:3(10:15; 눅 18:17 참조); 마 25:34; 막 9:47 등을 들 수 있다.

2. Ἀπὸ τότε ἤρξατο ὁ Ἰησοῦς κηρύσσειν καὶ λέγειν, Μετανοεῖτε, ἤγγικεν γὰρ ἡ βασιλεία τῶν
οὐρανῶν.

3. ἐγγίζω의 완료, 능동, 직설, 3인칭, 단수, [가까이 오다].

이면 하나님의 나라가 이미 너희에게 임하였느니라(마 12:28)"(엡프사센 ἔφθασεν)라고 선언하신다. 다드가 엥기죠(ἐγγίζω)와 "프사노"를 동일 시한 근거는 70인경(LXX)에서 두 용어가 '다다르다'(to reach), '도착하 다'(to arrive)라는 뜻으로 같이 사용되었기 때문이라고 한다.[4] 그러므로 다드(Dodd)는 마태복음 4:17을 "회개하라 천국이 도착했느니라"는 의 미로 이해해야 한다고 주장한다.

그러나 다드의 주장을 그대로 받아들일 수는 없다. 다드의 견해는 공평을 상실한 해석을 기초로 세워진 것이며 따라서 신빙성이 없다.[5] 왜냐하면 다드의 해석은 자신의 실현된 종말론의 이론을 전제로 이루 어진 것이기 때문이다. 다드의 주장을 받을 수 없는 이유를 들면 다음 과 같다.

첫째, 70인경(LXX)에서 "엥기죠"가 사용될 때는 히브리어 원문에 일반적으로 카라브(קָרַב)라는 동사가 나타난다(창 12:11; 37:18; 47:29; 출 3:5; 32:19; 신 15:9; 사 26:17). 그런데 카라브(קָרַב)는 '가까이 오다'(come near), '접근하다'(approach)가 그 주요한 뜻이다.[6] 이처럼 히브리어 원 본에 '가까이 오다', '접근하다'라는 뜻을 가진 동사가 사용되었을 때 에 70인경(LXX)은 동사를 "엥기죠"로 번역한 것이다(시 118(119):151; 시 144(145):18; 사 56:1; 겔 7:7; 12:23; 22:4).[7] 그리고 "엥기죠"의 뜻이 '다다르

4. C.H. Dodd, *The Parables of the Kingdom* (New York: Charles Scribner's Sons,1961), pp. 29-30; See, Norman Perrin, *Jesus and the Language of the Kingdom* (Philadelphia: Fortress Press, 1976), p. 37.

5. Perrin, *op. cit.*, p. 38; N. Perrin, *The Kingdom of God in The Teaching of Jesus* (Philadelphia: Westminster Press, and London: SCM Press, 1963), pp. 67-73.

6. F. Brown, S.R Driver and C.A. Briggs, *A Hebrew and English Lexicon of the Old Testament* (Boston and New York: Houghton, Mifflin and Co., 1891), pp. 897-898.

7. cf. Edwin Hatch and Henry A. Redpath, *A Concordance to the Septuagint and The Other Greek Versions of the Old Testament* (Including The Apocryphal Books), Vol. Ⅰ (Graz-

다', '도착했다'로 사용된 경우는 흔하지 않다.

둘째, "엥기죠"를 어학적으로 생각해 볼 때 이 용어는 신약저자들이 보통으로 사용한 용어가 아니라 심사숙고 끝에 선택하여 사용한 단어이다. 만약 "엥기죠"가 "프사노"와 같은 뜻을 가졌다면 성경저자들이 무엇 때문에 "프사노"를 사용하지 않고 "엥기죠"를 이 구절에 사용했겠는가? 특히 "엥기죠"가 예수님의 선포와 세례 요한의 선포(마 3:2)에 똑같이 사용되었다는 다드의 주장이 옳다면 세례 요한이 이미 도래한 천국을 선포했다고 생각해야 하지 않는가? 그렇다면 다른 곳에서 세례 요한이 천국을 미래적인 것으로 묘사한 것과 어떻게 조화를 이룰 수 있겠는가? 그리고 세례 요한의 기능이 선지자인데 그의 사역의 기능과 천국이 이미 도착했다는 그의 천국 개념과는 어떻게 조화될 수 있는가? 다드(Dodd)는 이런 문제에 대해 만족할 만한 대답을 해야 한다.

따라서 마태복음 4:17과 마태복음 3:2에 사용된 "엥기죠"를 '도착했다'라는 뜻으로 이해하기보다는 '가까이 오다'라는 뜻으로 이해하는 것이 더 타당한 해석이다.[8] 그러므로 예수님께서 이 말씀을 하실 때 천국을 미래의 사건으로 내다보고 하신 말씀으로 이해해야 한다. 여기서 한 가지 강조해야 할 점은 도래할 천국이 임박했다는 사실이다. 굴드(Gould)는 마가복음 1:15을 해석하면서, "예수님의 임박한 왕국 선포는 왕국의 성격에 대한 설명이 아니라 왕국의 설립의 임박성을

Austria: Akademische Druck-U. Verlagsanstalt, 1954), pp. 362-363.

8. 성경 다른 곳에 나타난 ἐγγίζω의 용법도 이를 지지한다. Ὁ καιρός μου ἐγγύς ἐστιν(마 26:18)은 예수님의 죽음의 때를 설명하고 있는데 죽음의 때가 이미 [도착했다]는 뜻으로 이해할 수 없고 Ὁ καιρός ἐγγύς(계 1:3; 22:10)는 마지막 시간의 가까움을 묘사하는 구절인데 그 시간이 이미 [도착했다]는 뜻으로 이해할 수 없다. 롬 13:12; 약 5:8; 벧전 4:7 등도 같은 뜻을 나타내고 있다.

선포한 것이다. 그는 지상 사역기간 중에도 예언자였을 뿐 아니라 왕이었다."[9]라고 설명한다. 왕국 개념은 그 당시의 사람들에게 익숙한 개념으로 간주된다. 예수님은 왕국의 본질을 설명하려고 시도하지 않았고 오히려 기대된 왕국이 임박했다는 사실을 강조했다. 그러므로 천국의 가까움을 인식하는 것이 이 구절을 이해하는 데 중요하다. 천국은 가까이 왔고 접근하고 있는 상태이다. 엥기켄(ἤγγικεν)이 완료시상인 점은 천국이 임박한 상태에 있다는 것을 가르치고 있다. 이처럼 예수님의 지상사역 초기에 왕국의 미래적인 면을 가르치셨다.

(2) 마태복음 16:28

> 진실로 너희에게 이르노니 여기 서 있는 사람 중에 죽기 전에 인자가 그 왕권을 가지고 오는 것을 볼 자들도 있느니라(마 16:28)

이 구절은 예수님께서 사역하시는 도중에 하신 말씀이다. 이 구절에서 문제가 되는 것은 본문에 나타난 사건이 언제 발생할 것이냐 하는 시간적인 문제이다. 브로더스(Broadus)와 트렌취(Trench)는 예수님이 왕권을 가지고 올 사건이 예루살렘 멸망을 가리킨다고 말한다.[10] 모르간(Morgan)은 이 구절의 사건이 오순절을 가리킨다고 설명한다.[11]

---

9. Ezra P. Gould, *A Critical and Exegetical Commentary on The Gospel According to St. Mark* (ICC: Edinburgh: T.&.T. Clark, 1969), p. 16.

10. John A. Broadus, *Commentary on The Gospel of Matthew* (Philadelphia: American Baptist Publication Society, 1886), p. 368: "The most reasonable explanation is to understand a reference to the destruction of Jerusalem, forty years afterwards."; R.C. Trench, *Studies in the Gospels*, 3rd ed. (Grand Rapids: Baker, 1979), p. 198.

11. Campbell G. Morgan, *The Gospel According to Matthew* (Old Tappan: Fleming H. Revell Co., 1929), p. 221.

그러나 본 구절은 부활을 시작으로 전개되는 예수님의 높아지심의 상태를 가리킨다고 생각하는 것이 더 타당하다. 왜냐하면 인자가 왕권을 소유하는 것은 부활과 연관되어 흔히 묘사되기 때문이다(마 26:64; 막 14:62; 눅 22:69; 롬 1:4). 병행 구절인 마가복음 9:1이 이를 더 분명히 해준다. 예수님은 "여기 서 있는 사람 중에는 죽기 전에 하나님의 나라가 권능으로(ἐν δυνάμει) 임하는 것을 볼 자들도 있느니라"(막 9:1)라고 말씀하신다. 마태복음 16:28과 마가복음 9:1의 말씀은 예수님께서 자신의 부활을 기점으로 시작되는 높아지신 상태를 전 포괄적으로 생각하고 하신 말씀으로 이해해야 한다.[12] 헨드릭센(Hendriksen)은 "예언적 원근축소"(prophetic foreshortening)라는 말로 이를 설명한다.[13]

이처럼 예수님께서 왕권을 가지고 올 사건이 부활을 기점으로 시작된다고 생각할 때 왕국의 임하는 시간은 미래가 틀림없다. 특히 예수님께서 이 말씀을 그의 사역기간 도중에 하셨으므로 왕국의 임하는 시간은 이 구절의 시점으로 보아 미래일 수밖에 없다. 이는 결코 현재가 될 수 없다. 마태복음 16:28에서는 현재분사(ἐρχόμενον)가 사용된 반면 마가복음 9:1에서는 완료분사(ἐληλυθυῖαν)가 사용되었다. 마가가 완료분사를 사용한 것은 "보는 것"을 분명히 하기 위해서이다. 왕국의 임함은 볼 수 있게 임하는 것이다.[14] 따라서 "임함"과 "보는 것"은 동시적으로 발생하게 된다. 이처럼 예수님은 그의 사역 기간 중에도 천국의 미래적인 면을 명백히 가르치셨다.

12. H. Ridderbos, *The Coming of the Kingdom* (Philadelphia: The Presbyterian and Reformed Publ. Co., 1969), p. 506.

13. W. Hendriksen, *The Gospel of Matthew* (NTC, Grand Rapids: Baker, 1973), pp. 467, 659.

14. Dodd는 "보는 것"을 사건에 대한 인식으로 취급해 버린다. 즉 "왕국이 이미 임했다는 사

(3) 누가복음 22:18

내가 너희에게 이르노니 내가 이제부터 하나님의 나라가 임할 때
까지 포도나무에서 난 것을 다시 마시지 아니하리라(눅 22:18)

마태복음 26:29과 마가복음 14:25도 병행구절로서 같은 뜻을 나타
낸다. 겔덴허위스(Geldenhuys)는 이 구절에서 말하는 천국이 임하는
시기를 하나님의 주권이 완전히 성취되는 천국의 완전 단계로 생각한
다.[15] 한편 리델보스(Ridderbos)는 하나님의 나라의 임함을 예수님의
부활로부터 시작되는 것으로 생각한다.[16]

본 구절에서 천국의 임함을 천국의 완전단계로 보든 부활을 기점
으로 이룩되는 천국으로 보든 큰 차이는 없으나 예수님께서 포도나무
에서 난 것을 다시 마시지 않는다는 점을 고려할 때 이 구절은 천국의
완전단계를 가리킨다고 생각하는 것이 더 타당하다.

누가복음 22:18 이외에도 "예수여 당신의 나라에 임하실 때에 나
를 생각하소서"(눅 23:42),[17]나 "너희에게 이르노니 동 서로부터 많은
사람이 이르러 아브라함과 이삭과 야곱과 함께 천국에 앉으려니

실을 인식할 그때까지"로 해석한다. Dodd의 이런 해석은 천국의 현재면을 강조하기 위
해서 취한 모호한 태도이다.

15. Norval Geldenhuys, *Commentary on The Gospel of Luke* (*NICNT*, Grand Rapids: Eerd-
mans, 1956), p. 554; Thus, R.C.H. Lenski, *The Interpretation of St. Luke's Gospel* (Min-
neapolis: Augsburg Publishing House, 1961), p. 1043.

16. Ridderbos, *op. cit.*, pp. 409-412.

17. Lenski (*The Interpretation of St. Luke's Gospel*, p. 1144)는 "당신의 나라에"를 εἰς τὴν
βασιλείαν(P[75], B, L, etc) 대신에 ἐν τῇ βασιλείᾳ(ℵ,A,C,K,W,X, etc.)를 택하고 ἐν을 "연관
하여"(in connection with)의 뜻으로 이해한다. Lenski는 십자가에 달린 행악자 중의 하
나가 십자가에 달린 예수를 메시아 왕으로 보았을 뿐 아니라 왕국이 완성되는 그날 예수
님이 메시아 왕국과 연관된 분으로 보았다고 말한다(p. 1144).

와"(마 8:11; 눅 13:29 참조)와 같은 구절, 그리고 "예수께서 이르시되 무엇을 원하느냐 이르되 나의 이 두 아들을 주의 나라에서 하나는 주의 우편에, 하나는 주의 좌편에 앉게 명하소서"(마 20:21)라는 구절은 예수님께서 천국의 임함을 미래적인 것으로 가르치신다는 증언이다. 천국은 올 것이고 임박해 있는 형편이다.

(4) 그 날(ἐν τῇ ἡμέρα ἐκείνη)과 왕국

그 날은 하나님 나라의 임함과 연관하여 사용되었다. 이 용어는 구약에서 하나님 나라의 임함을 묘사할 때 사용되었으며(암 5:18 이하) 모든 날의 마지막을 뜻하는 말이다.[18]

예수님은 이 용어를 마지막 심판과 연관하여 사용하셨다. 예수님은 "그러나 하나님의 나라가 가까이 온 줄을 알라 하라 내가 너희에게 말하노니 그날에(ἐν τῇ ἡμέρα ἐκείνη) 소돔이 그 동네보다 견디기 쉬우리라"(눅 10:11-12; 마 10:15 참조)라고 가르치신다. 그런데 그 날은 마지막 심판과 연관된 것뿐 아니라 인자의 오심과도 연관된다(눅 17:22-37;참조, 살후 1:10). 왜냐하면 인자가 바로 그날의 주인이요 심판주이시기 때문이다. 복음서는 또한 그 날과 하나님 나라의 오심을 연관시킨다. 예수님은 "진실로 너희에게 이르노니 내가 포도나무에서 난 것을 하나님 나라에서 새 것으로 마시는 날까지 다시 마시지 아니하리라"(막 14:25)라고 선포하신다.

이와 같은 복음서의 용법을 볼 때 천국의 미래 임함과 마지막 심판 그리고 인자의 강림이 모두 그날에 나타날 것이 확실하다. 그날과

---

18. G. Delling, "ἡμέρας," TDNT, II, p. 951ff.

인자의 오심 그리고 하나님 나라의 임함이 조직적으로 연관되어 선포
된 것은 아니지만 서로 떼려야 뗄 수 없는 관계로 표현되었다.[19] 예수
님께서 "그 날"을 하나님 나라의 임함과 연관하여 사용하셨을 때는 미
래적인 왕국을 생각한 것이 명백하다.

2. 천국 실현에 대한 역사적 개요

예수님은 복음을 선포하실 때 천국이 현재 임했을 뿐 아니라 미래적
인 사건으로 남아 있다고 강조한다. 지금까지 연구를 통해 볼 때 예수
님은 천국이 자신의 인격과 사역을 통해 이미 실현되었지만 그 천국
은 완성의 형태가 아니요 완성은 미래에 성취될 것으로 선포하신다.

오랫동안 천국의 현재면과 미래면의 문제는 교회 내에서 관심의
대상이 되지 못했다. 이는 성경신학에 대한 관심의 부재와 종말론에
대한 왜곡된 견해로 인해 나타난 결과일 뿐 아니라 더 구체적으로 예
수님의 교훈을 구조적인 면으로 연구하려는 시도가 별로 없었기 때문
이다. 일반적으로 학자들의 태도는 천국의 미래적인 면에 강조를 두
고 현재적인 면에서는 종말론적인 성격을 배제하는 태도였다. 내세에
대한 강조와 마지막 심판에 대한 강조는 예수님의 선포에 대해 균형
을 상실한 연구를 수반하게 되었다. 이런 태도는 보수주의 학자들의
입장에서도 반영된다. 웨스트민스터 소요리문답 제102문은 "둘째 기

---

19. Leonhard Goppelt, *Theology of the New Testament*, Vol. I (Grand Rapids: Eerdmans,
1981), p. 56: "왕국의 현재 개념을 완전히 배제할 수는 없지만 현재를 미래에 참여하게 하
는 의도를 포함하고 있다."; cf. William Neil, *The Life and Teaching of Jesus* (Philadelphia
and New York: Lippincott Co., 1965), p. 119.

도에서 우리는 무엇을 구하는가"로 되어 있다. 이 질문에 대한 대답은 학자들의 일반적인 태도를 반영하고 있다. "주기도문의 둘째 기도에 나라이 임하옵소서 함은 사탄의 나라가 멸망하고 은혜의 나라가 흥왕하여 우리와 다른 사람으로 하여금 그리로 들어가 항상 있게 하시고 또 영광의 나라가 속히 임하게 하옵심을 구하는 것이다." 여기 묘사된 두 왕국의 개념 중 미래 왕국에는 종말론적인 성격이 현저하나 현재 왕국에는 종말론적인 성격이 없다. 이런 입장이 성경신학에 대한 관심이 없었을 때의 일반적인 교회의 입장이었다.[20]

(1) 19세기 비평적 학파의 경향

19세기 자유주의는 천국의 현재면과 미래 면에 대해서 별로 큰 관심을 갖고 있지 않았다. 왜냐하면 그들의 신학입장이 성경의 교훈에서 종말론적 교훈을 배제하려는 것이었기 때문이다. 자유주의는 예수님을 도덕적 모델로 제시하기를 원했다. 19세기 도덕적 이상론을 대표하는 학자는 리츨(Albrecht Ritschl, 1822-1889)과 하르낙(Adolf von Harnack, 1851-1930)이다. 리츨은 인간이 예수님의 선포를 통해 하나님을 더욱 사랑하게 되고 도덕적 임무를 성취하게 된다고 말한다. 리츨학파는 하나님 나라를 도덕적인 측면에서만 고려한다. 그러므로 하나님 나라는 인간이 도덕적 사회를 건설하는 것이라고 주장한다. 리츨은 묵시록적이고 종말론적인 왕국의 임함은 유대주의의 낡은 사고방식에 지

---

20. Cf. W. C. Robinson, *The Theology of Jesus and the Theology of Paul* (Bulletin of Columbia Theological Seminary, Vol. xxx, No. I, Feb., 1937), p. 12: "The twofold sense of the Kingdom, sometimes present, sometimes future, can hardly be better or more simply expressed than in the Shorter Catechism statement that Christians are now in the Kingdom of grace and will be in the Kingdom of glory after Jesus' Second Coming."

나지 않는다고 말한다. 리츨은 종말론이 하나님의 나라 개념에서 본
질적인 것도 아니요 꼭 필요한 개념도 아니라고 생각했다. 그는 비종
말론적인 내용으로 그의 교리를 구성했다. 리츨은 왕국 개념이 예수
님에게 떠올랐을 때는 유대주의의 정치적 열망으로 가득 차 있을 때
였다고 한다. 예수님은 그 개념이 탁월했기 때문에 그것을 취하여 자
신의 입장에 맞는 개념으로 만들었다는 것이다. 이 견해가 바로 도덕
적 이상주의(Ethical Idealism)이다. 도덕적 이상주의에 따르면 신적인
견지에서 볼 때 하나님의 나라는 최고의 선으로서 하나님의 사랑이
백성들을 그리로 인도하기 원하는 것이요, 인간적인 견지에서 볼 때
는 하나님의 나라는 사랑을 통해 상호의 협동으로 실현된 인류의 도
덕적 공동체를 뜻한다. 따라서 마태복음 13장의 묘사처럼 천국은 역
사적 발전을 통해 성장하는 것이라고 한다.[21]

리츨의 이런 견해는 성경의 본문이나 당시의 역사적 형편을 철저
히 연구한 후 결론내린 것이 아니요 칸트(Kant)의 사상적 산물임이 명
백하다. 칸트에 의하면 하나님의 나라는 "덕의 법칙에 따라 조직된 인
류"[22]에 지나지 않기 때문이다. 리츨은 예수님을 하나님의 가치를 소
유한 하나의 사람으로 생각한다. 예수님의 메시지는 그가 하나님의
뜻을 가장 완전하게 계시해 주는 자임을 보여준다고 한다. 리츨의 왕
국관은 하나님을 아버지로 생각하는 인간의 도덕적 공동체라고 할 수
있다. 리츨과 같은 입장에 있는 하르낙은 예수님의 메시지를 하나님
의 나라와 그 나라의 오심(소망), 하나님 아버지와 영혼의 영원한 가치
(믿음), 그리고 더 높은 의식과 사랑의 계명(사랑)으로 요약한다.[23]

---

21. Goppelt, *op. cit.*, p. 51.

22. I. Kant, *Religion Within the Limits of Reason alone* (1960), Part 3.

이처럼 19세기 자유주의는 도덕적 이상론을 내세웠다. 왕국을 전적으로 도덕적으로 생각하며 인간적으로 생각할 때 미래 종말론적 왕국은 고려의 여지가 없다. 비록 자유주의의 이런 입장이 죽은 정통에 대한 반응으로 생각될 수는 있지만 성경의 교훈을 바로 해석하지 못한 데서 기인한 것이다.

(2) 20세기의 경향

유대주의의 연구와 종교사학파의 영향으로 20세기에 들어와서 하나님 나라의 개념이 본질적으로 종말론적인 관점에서 접근해야할 주제로 인식되게 된다. 왜냐하면 당시대의 유대주의가 종말론적인 강조를 했기 때문에 예수님은 마땅히 이런 배경에 의해 고찰되어야 한다고 생각한 것이다. 따라서 예수님은 오실 왕국을 갑자기 임할 묵시록적 사건으로 생각했다는 것이다. 여기에는 하나님 나라가 이중적으로 임하리라는 내용은 없다. 이처럼 예수님을 유대주의적인 배경에 의해 고찰하므로 어떤 학자들은 천국의 양면적 성격을 부인하고 한편으로 치우치게 된다. 20세기에 이런 잘못을 범한 대표적 견해가 철저한 종말론(Consistent Eschatology)과 실현된 종말론(Realized Eschatology)이다.

① 철저한 종말론

철저한 종말론은 천국의 현재면을 인정하지 않으려 한다. 바이스(Weiss, 1863-1914)와 슈바이처(Schweitzer, 1875-1965)가 대표적 인물인데 바이스가 1892년에 처음 출판한 자신의 책을[24] 통해 선구자적인 역할

---

23. Adolf von Harnack, *What is Christianity* (New York: Harper, 1957), p. 68ff.

을 했다. 그리고 슈바이처는 1906년에 『역사적 예수 연구』[25]를 출판하
므로 바이스와 같은 입장에서 학계에 큰 영향을 미치게 되었다.

슈바이처의 견해에 따르면 예수님은 왕국이 임박한 장래에 임할
것으로 기대하고 있었다고 한다. 예수님과 당시 사람들 간의 차이는,
예수님은 왕국을 현재 실재로 생각하고 그들은 왕국을 미래로 생각한
데 있지 않고 예수님이나 당시 사람들 모두 왕국을 미래로 생각했지
만 단지 예수님은 왕국이 가까이 왔다고 생각한 데 그 차이점이 있다
는 것이다. 슈바이처는 예수님이 지상 생애 기간 즉 제자들을 파송할
때(마 10:23) 종말론적인 왕국이 임할 것으로 기대했다고 한다. 슈바이
처는 제자들이 전도 여행을 하는 동안 왕국이 시작될 것이라는 뜻으
로 마태복음 10:23을 해석했다. 그러나 예수님의 이 기대는 성취되지
않았다고 한다. 그때로부터 예수님은 자신의 수난과 죽음으로 왕국이
발생하게 될 것을 믿게 되었다고 슈바이처는 말한다. 이처럼 슈바이
처는 예수님의 왕국 강림에 대한 선포와 예수님의 닥쳐오는 죽음을
연관시킨다. 슈바이처는 예수님의 미래에 대한 전망이 자신에게 닥쳐
올 수난과 죽음에 의해 제약을 받는 이유가 여기 있다고 주장한다. 예
수님의 죽음은 인자의 강림과 동시에 발생하게 될 것이다. 그래서 예
수님은 메시아의 존엄을 획득하기 위해 자신의 수난과 죽음의 위대한
사역을 감당하게 되었다고 슈바이처는 주장한다.[26] 바이스나 슈바이
처는 예수님께서 왕국이 임박할 것을 확신을 가지고 있었기 때문에

---

24. Johannes Weiss, *Jesus' Proclamation of The Kingdom of God* (Philadelphia: Fortress, 1971).

25. Albert Schweitzer, *The Quest of the Historical Jesus* (New York: MacMillan Company, 1968).

26. *Ibid.*, pp. 358-359.

예수님의 메시지에 절박감이 내포되어 있다고 말한다. 여기서 철저한 종말론을 간단히 평가하기로 하자.

첫째, 철저한 종말론은 당시 자유주의의 입장에 치명적인 타격을 주었다. 왕국은 인간의 노력이나 정치적인 계획으로 임하게 될 수 없고 하나님의 주권적 행위에 의해 이루어지게 된다. 그리고 왕국의 특징은 사탄의 통치를 전복하는 것이다. 이런 철저한 종말론의 입장은 인간중심의 도덕적 이상론을 크게 약화시켰다.

둘째, 철저한 종말론은 왕국을 미래적인 것으로만 생각한다. 자유주의가 현재면을 강조한 반면 철저한 종말론은 미래면만 강조했다. 철저한 종말론은 왕국의 현재면을 제거하기 위해 성경 본문에서 현재면을 가르치는 구절들을 왕국의 미래면을 가르치는 것처럼 해석하여 성경해석의 타당성을 파괴했다. 그리고 왕국의 현재면을 가르치는 구절들은 교회가 후대에 삽입한 것으로 간주하여 자신의 선입견으로 성경을 해석했다. 슈바이처는 성경본문으로 하여금 말하게 하는 것이 아니라 자신의 철저한 종말론의 입장을 세우기 위해 성경본문을 임의로 해석하고 있다.[27]

셋째, 철저한 종말론은 하나님의 나라와 메시아적 왕국을 동일시했다. 이 주장은 바른 메시아관 위에 세워진 것이 아니라 예수를 정신병 환자로 취급하는 잘못된 메시아관 위에 세워진 것이다. 우리는 여기서 예수님이 재림 후에야 메시아로 승격하게 될 것이라는 예상적 메시아 직(Prospective Messiahship)에 대한 사상의 씨를 발견하게 된다. 철저한 종말론은 예수님을 단지 임명된 메시아로 생각하며 예수님의

---

27. Hans Conzelmann, 『신약 성서신학』 김철손, 박창환, 안병무 공역 (서울: 한국신학연구소, 1982), p. 129.

인격에 대한 잘못된 개념으로부터 그들의 입장을 전개한다. 철저한 종말론은 예수님의 메시아 의식을 부인함으로 예수님을 유오하게 만든다. 슈바이처는 예수님의 종말론적 계획이 예수님의 뜻대로 성취되지 않았다고 주장한다. 그리고 슈바이처는 예수님이 정신질환의 치료를 필요로 하는 정신적 균형을 잃은 사람이라고 생각한다. 이는 예수님을 하나님의 아들로 믿지 못하고 그의 교훈을 철저한 종말론이라는 색안경을 쓰고 잘못 해석한 결과이다.

넷째, 쿨만(Cullmann)은 철저한 종말론을 평하여 "심히 잘못 적용된 편견"이라고 말하고, "이처럼 초대교회의 견해를 과도하게 단순화하고 단정적으로 확정시킨 견해는 실로 폐기시켜야 한다."[28]라고 말했다. 우리는 잘못된 전제를 설정하고 그 전제에 비추어 성경을 해석하면 그 결과가 얼마나 위험한 결과를 초래하게 되는지 알 수 있다.

② 실현된 종말론

철저한 종말론과는 반대로 실현된 종말론은 천국의 미래면을 부인한다. 다드(C.H. Dodd)는 1927년에 한 논문을 통해 실현된 종말론의 입장을 표명했고 그 후 1935년에 출판한 책을[29] 통해 자신의 입장을 충분히 설명했다. 다드는 바이스와 슈바이처의 묵시록적 왕국 개념에서 출발한다. 다드는 시간성에 대해 질문을 제기한다. 그리고 다드는 예수님께서 왕국을 현재 실현된 것으로 생각했다고 결론지었다. 실현된 종말론은 예수님께서 왕국의 실재가 자신의 사역을 통해서 실현되

---

28. Oscar Cullmann, *The Christology of The New Testament* (Philadelphia: The Westminster Press, 1963), p. 319: "this over simplified, unproblematical view of the early church's thought really should be abandoned."

29. C.H. Dodd, *The Parables of the Kingdom* (New York: Scribner's Sons, 1961).

었다고 가르쳤다는 것이다.

실현된 종말론은 예수님이 동시대인들의 왕국개념과는 다른 개념을 가지고 있었다고 말한다. 예수님은 왕국을 현재 실현된 종말론적 실재로 보는 반면 동시대인들은 왕국을 미래적인 것으로 보았다는 것이다. 그리고 실현된 종말론은 기독교인들에게 중요한 천국의 본질은 영적인 실재요 내적인 실재라고 말한다. 다드는 "통치"(rule)라는 용어가 왕국을 적합하게 표현할 수 있다고 주장한다. 통치는 이미 설립되었고 인간은 도덕적 결단에 의해 그 통치를 받아들이거나 거부해야 한다고 한다. 그러므로 실현된 종말론은 인간의 도덕적 반응을 중요하게 생각한다.

다드는 성경에서 왕국의 미래를 나타내는 구절을 후대교회가 삽입한 것으로 취급해 버린다. 비유에 나타나는 미래적인 요소도 후대교회가 삽입한 것으로 취급한다. 그러나 다드가 임의로 폐기하거나 후대교회의 삽입으로 간주할 수 없는 미래를 나타내는 명백한 진술이 성경에는 많다. 후에 다드는 자신의 입장을 약간 수정하여 예수님의 왕국 교훈 중 미래를 가르치는 요소가 어느 정도 있다고 인정하게 되었다. 그러나 다드는 왕국의 임함이 미래의 시간과 공간 속에서 나타나는 것이 아니라 시간과 공간을 초월한 영적 실재라고 주장함으로 자신의 실현된 종말론의 견해에 맞추려고 노력한다.

다드는 "내가 포도나무에서 난 것을 하나님 나라에서 새 것으로 마시는 날까지 다시 마시지 아니하리라"(막 14:25)는 구절을 해석하면서 이는 시간과 공간을 초월한 초월적인 질서를 가리킨다고 주장한다.[30] 다드는 왕국의 현재와 미래의 문제를 초월과 내재의 문제로 비

---

30. Dodd, *The Parables of the Kingdom*, p. 40.

역사화 한다. 배어드(Baird)는 다드의 완고한 입장은 예수님의 왕국 사상 가운데 수직적인 면의 존재를 부인하는 구절들만을 구체적으로 주석하는데 국한 시킨다고 정리한다.[31] 이처럼 다드는 자신의 주장을 세우기 위해 자신의 주장을 지지해 주는 성경 구절들을 증거 구절로 삼는다.

실현된 종말론은 자신의 전제에 맞추어 성경본문을 해석했다. 그리고 전제에 맞추어 해석할 수 없을 정도로 명백한 성경구절은 후대 교회가 가필한 것으로 취급한다. 실현된 종말론은 많은 추종자를 얻지 못했지만 철저한 종말론을 주장하는 학자들에게 커다란 경종을 울리는 역할을 했다. 그 결과 오늘날 비평 학자들도 천국의 양면적인 요소를 똑 같이 본질적인 것으로 인정하게 되었다. 그리고 복음서 해석자들은 천국의 개념이 종말론적인 개념이라는 중요한 사실을 인식하게 되었다.

예레미아스(J. Jeremias)나 큄멜(W.G. Kümmel)은 예수님께서 왕국이 이중 단계를 통해 실현될 것으로 가르친다고 생각한다. "바이스−슈바이처(Weiss-Schweitzer) 이론은 왕국의 미래의 임함에 대한 어록에만 관심을 집중시키고 후에 다드가 관심을 불러일으킨 어록은 무시해버렸다. 다드 역시 미래의 오심에 대한 어록을 왕국이 이미 임했다는 자신의 견해에 맞추려고 시도했지만 이는 전혀 신빙성이 없는 것이다. 최근 가장 조심스런 연구는 큄멜에 의한 것으로 예수님이 왕국의 현재 강림과 미래 강림의 양면을 선포했다는 것이다.[32] 예레미아스는 예

---

31. J. Arthur Baird, *The Justice of God in The Teaching of Jesus* (Philadelphia: The Westminster Press, 1963), p. 124: "Dodd's rigid 'nothing-but' position falls down at the point of the detailed exegesis of passages that deny the exclusive existence of the vertical aspect of the kingdom in Jesus' thought."

수님의 왕국에 관한 교훈을 "실현의 과정 중에 있는 종말론"[33]이라고 하며 큄멜은 약속과 성취로 생각한다. 이들의 견해는 많은 사람들의 견해를 대표하는 것이다. 그들은 예수님이 자신의 사역으로 약속된 시간을 시작했다고 생각한다. 그러나 종말론적인 성취로서 왕국의 임재는 미래로 남아있는 것이다. 즉 종말론적인 완성은 예수님의 재림 때에 격변과 함께 임하게 될 것이다. 오스카 쿨만(Oscar Cull-mann)은 1946년에 D-Day와 VE-Day라는 용어를 창안하여 많은 사람들의 관심을 끌었다. 사탄의 왕국과 하나님의 나라 사이의 투쟁에 있어서 D-Day는 이미 임했고 VE-Day는 아직 미래로 남아 있다는 것이다. 그러나 D-Day의 승리는 종말론적 승리를 확보하고 있는 것이다.

불트만(Rudolf Bultmann)은 근본적으로 슈바이처의 철저한 종말론에 동의한다. 불트만은 "예수님은 동시대의 사람들처럼 하나님의 나라가 유대 백성들의 유익을 위해 강림하게 되어 있었다."[34]라고 예수님이 하나님 나라의 강림을 고대하고 있었다고 말한다. 불트만의 이 말은 슈바이처의 철저한 종말론을 연상하게 한다.

그러나 슈바이처와 불트만은 하나님의 나라와 예수님의 인격의 관계를 달리 해석한다. 슈바이처는 천국이 임할 때 예수님께서 자신이 인자로 나타날 것을 소망했지만 불트만은 예수님께서 자신을 임박한 천국의 증표로서 이해했다고 주장한다. 불트만은 자신의 실존주의

---

32. I.H. Marshall, "Kingdom of God, of Heaven," *The Zondervan Pictorial Encyclopedia of the Bible* (*ZPEB*), Vol. 3 (Grand Rapids; Zondervan, 1975), p. 805.

33. J. Jeremias, *The Parables of Jesus* (Revised ed. New York: Charles Scribner's Sons, 1963), p. 230: "An eschatology that is in process of realization." 이 표현은 Ernst Haenchen이 편지로 제안한 것이며 C.H. Dodd도 이 표현에 동의했다. cf. C.H. Dodd, *The Interpretation of the Fourth Gospel* (Cambridge, 1953), p. 447.

34. Rudolf Bultmann, *Jesus and the Word* (New York: Charles Scribner's Son, 1934), p. 38.

적인 해석 때문에 예수님의 신비스럽고 묵시록적인 미래 소망을 실존
주의적인 의미로 바꾸어 버린다. 불트만은 미래 사건으로서 세상 종
말의 기대는 사람이 현재 순간 결단에 직면해 있다는 확신의 표현이
라고 해석한다.[35] 임박한 하나님 나라에 관한 예수님의 종말론적 선포
의 참다운 뜻은 사람이 결단에 직면해 있음을 가르친다고 불트만은
주장한다.

　이러한 연구를 통해서 볼 때 비평적 계통의 학자들은 자신의 입장
에 비추어 성경을 해석함으로써 한편으로 치우친 결과를 초래하게 되
었다. 그러나 이런 연구를 통해 분명해진 사실은 예수님께서 천국의
현재면과 미래면 모두를 가르쳤다는 사실을 인정하게 된 것이다.

3. 예수님의 생애에 따른 천국 실현의 세 단계

지금까지 천국에 관한 연구를 살펴보면 천국의 현재면과 천국의 미래
면을 강조한 사실을 보게 된다. 물론 천국의 현재면과 미래면을 연구
하는 것이 잘못은 아니다. 그러나 천국에 관한 교훈을 더 구체적으로
연구하기 위해서는 예수님의 생애에 맞추어 천국 실현의 역사적인 흐
름을 잡아 보는 것이 더 유익하다. 여기서 우리는 예수님의 초림부터
부활 때까지의 기간, 예수님의 부활부터 재림 때까지의 기간, 예수님
의 재림 이후의 기간을 근거로 천국의 실현이 어떻게 진행되었는지를
고찰하고자 한다.[36]

---

35. Rudolf Bultmann, *History and Eschatology* (Edinburgh: The University Press, 1957), pp. 154f.

(1) 예수님의 초림으로 실현된 천국

천국 실현에 있어서 제1단계는 부활 이전 예수님의 지상 사역 기간에 해당한다. 복음서는 예수님의 지상 사역 당시에 천국이 이미 임했다고 증거한다. 예수님은 약 3년의 공생애 기간 동안 천국 실현에 대한 말씀을 자주 하셨다. 천국 실현에 대한 예수님의 말씀을 분석해 보면 어떤 말씀은 예수님의 공생애 기간 동안, 즉 예수님이 이 지상에 계실 때 천국이 이미 실현되었다고 가르치며, 어떤 말씀은 예수님의 승천 이후 재림 이전까지의 기간 동안에 실현될 천국에 대해 가르치며, 또 어떤 말씀은 예수님의 재림 이후에 실현될 천국에 대해 가르친다. 이 사실은 2단계와 3단계의 천국 실현은 1단계의 관점에서 볼 때 천국의 미래면을 증거하고, 3단계는 1단계와 2단계의 관점에서 볼 때 천국의 미래면을 증거한다. 예수님의 교훈은 세 가지 천국을 가르치는 것이 아니요, 하나의 통일된 천국이 점진적으로 성취되고 있음을 가르친다. 이제 예수님께서 제1단계 기간 동안에 실현된 천국에 대해 어떤 교훈을 하고 계신지 간단히 먼저 요약한 다음 구체적으로 연구하기로 한다.

첫째, 예수님은 자신의 사역과 세례 요한의 사역을 비교하면서 세

---

36. 예수님의 생애와 천국실현의 관계를 도표로 그리면 다음과 같다.

	예수님의 초림–부활		예수님의 부활–재림		예수님의 재림 이후	
예수님의 초림	실현된 천국 (현재면) 실현과정에 있는 천국 (현재면과 미래면)	예수님의 부활	실현과정에 있는 천국(현재면과 미래면)	예수님의 재림	완성된 천국
	예수님의 사역		교회(성도들)를 통한 사역			

례 요한은 왕국 강림을 위한 준비 역할을 했지만 예수님 자신은 그리스도로서 천국을 실현시켰다고 명백히 증거한다(눅 4:16~21). 요한에게는 천국이 미래로 남아 있지만 예수님에게는 이미 성취된 것이다.

둘째, 천국 실현의 증거는 예수님께서 사탄과 귀신을 쫓아내는 사실에서 나타난다. 복음서는 예수님의 통치의 영역이 확장됨으로 사탄의 통치 영역이 축소된 것을 전한다(마 12:28). 예수님이 광야에서 사탄의 시험을 받으나 결국 승리한 사건은 역시 천국의 실현을 증거한다(눅 4:1-13).

셋째, 예수님의 복음전파로 천국이 실현된다. 예수님은 구약이 예언한 아름다운 소식, 복된 소식을 가져오는 분이다(사 40:9; 마 9:35; 눅 4:43).

넷째, 예수님이 복음을 선포하고, 이적을 행하고, 사탄과 귀신을 쫓아내는 이 모든 사역은 결국 예수님의 인격과 긴밀한 연관이 있다. 천국은 기독론적이요 메시아적인 성격을 내포한다는 사실 자체가 예수님의 인격과 천국의 실현을 불가분의 관계로 만드는 것이다. 예수님 자신의 인격적 임재 자체가 천국 실현의 강력한 증거가 된다(눅 17:20-21). 이제 이 네 가지 내용을 구체적으로 다루고자 한다.

① 세례 요한과 예수님과의 관계에서 본 천국실현

세례 요한은 선구자였다. 따라서 요한의 사역은 준비적인 것이었고, 그의 사역의 의의는 그가 다른 사람을 가리키고 있다는 점이다. 세례 요한은 유대인들로부터 "네가 누구냐"라는 질문을 받았을 때 "나는 그리스도가 아니라"(요 1:20)라고 대답한다. 그들이 요한에게 "네가 그 선지자냐"라고 계속 추궁할 때 요한은 "나는 선지자 이사야의 말과 같이 주의 길을 곧게 하라고 광야에서 외치는 자의 소리로라"(요 1:23; 사 40:3 참조)고 대답한다. 누가복음 3:15-17에서도 세례 요한은 자신이 종말론적 왕국을 설립할 메시아가 아니요 오로지 물로 세례 주는 자에 지나지 않는다고 고백한다. 요한은 여기서 두 가지 사실을 분명히 한다. 먼저 요한은 자신이 종말론적인 위치에 처해 있음을 명백히 한다. 그는 종말의 때를 준비하는 선구자일 뿐이라는 것이다. 다음으로 요한은 자신이 종말론적 성취를 할 사람이 아니라고 주장한다.[37] 즉 그는 하나님의 나라를 설립할 메시아가 아니다. 종말론적 왕국을 설립할 분은 자신이 아니요 다른 분이 오셔서 그 사역을 성취하실 것이라는 것이다. 요한의 이런 입장은 마태복음 3:2의 선포에서 요약된다. 왕국의 시작이 임박했지만 아직 실현되지 않았다. 세례 요한이 "회개하라 천국이 가까이 왔느니라"(마 3:2)라고 선포한 말씀은 천국의 임박함을 증거하고 있다.

마태는 예수님께서 "요한의 잡힘"(마 4:12)을 들으신 후 천국의 전파를 시작한 것으로(마 4:17) 기술했다. 마가 역시 요한이 잡힌 후(막 1:14) 예수님께서 "때가 찼고 하나님의 나라가 가까이 왔다"(막 1:15)라고 선포하신 것으로 기술한다. 이는 요한의 사역 시기와 예수님의 사역 시기를 명확하게 구별하기 위해서이다. 요한의 사역이 끝날 때에 예수님의 사역이 시작된 것이다. 즉 요한은 선구자로서 예수님의 사역을 위한 준비 역할만 감당한 것이다.[38] 요한의 사역은 쇠퇴하여 자취를 감추고 예수님의 사역이 시작된다. 성경은 이 상황을 "그는 흥하여야 하겠고 나는 쇠하여야 하리라"(요 3:30)라고 정리한다.

---

37. Oscar Cullmann, *The Christology of The New Testament* (Philadelphia: The Westminster Press, 1963), p. 25. "It is always others who ascribe the role of the Prophet to him. But it may be said at least that the Baptist did not think of himself as the Prophet of the end time in the sense of one preparing the way for God."

38. G.E. Ladd, *A Theology of the New Testament* (Grand Rapids: Eerdmans, 1974), p. 36.

그러면 이와 같은 세례 요한과 예수님의 관계 가운데서 천국의 강림을 어떻게 이해할 수 있겠는가? 성경은 요한의 준비의 대상이 예수님이요, 예수님이 바로 그리스도(ὁ Χριστός)라는 것을 명확히 한다(요 1:25-27).[39] 즉 그리스도가 천국 강림을 실현시킬 분이다. 마가복음 1:15의 말씀을 선구자 세례 요한은 선포할 수 없지만 천국의 강림을 실현시킬 메시아는 선포할 수 있는 내용이다. 이 구절은 천국의 현재 실현을 가르친다.

마가복음 1:15

본 구절은 예수님이 세례요한으로부터 물세례를 받으시고(막 1:9-11) 40일 동안의 광야 시험을 끝내시고(막 1:12-13), 처음으로 "하나님의 나라"에 대해 선포하신 말씀이다.

> 이르시되 때가 찼고 하나님의 나라가 가까이 왔으니 회개하고 복음을 믿으라(막 1:15)[40]

마가는 이 말씀을 예수님의 사역 초기에 있었던 말씀으로 기록한다. 마태복음에는 "때가 찼다"(ὅτι πεπλήρωται ὁ καιρός)라는 말은 없다. 마가복음의 이 말씀처럼 짧은 구절로 천국의 강림에 대해 많은 내용을 전하고 있는 구절도 찾기 힘들다. 이 구절은 주어(ὁ καιρός)와 술어(πεπλήρωται)밖에 없고 두 용어 모두 전문적인 신약의 종말론 용어이다. 호 카이로스(ὁ καιρός)는 호 크로노스(ὁ χρόνος)와 호 아이온(ὁ

---

39. G. Vos, *The Self-Disclosure of Jesus* (New York: G.H. Doran Co., 1926), p. 115.

40. καὶ λέγων ὅτι πεπλήρωται ὁ καιρὸς καὶ ἤγγικεν ἡ βασιλεία τοῦ θεοῦ· μετανοεῖτε καὶ πιστεύετε ἐν τῷ εὐαγγελίῳ.

ἀιών)과 함께 주요한 종말론 용어이다. 이 용어는 헬라어에서 시간을 가리키는 단어로 주요한 위치를 차지하고 있다. 전통적으로 이 용어는 그 용법에 구분이 있는 것으로 생각되었다. 그러나 바르(Barr)는 명석한 한계를 그을 수 없다고 주장한다. 그는, "신학적인 중요성을 나타내는 구절에서 '크로노스'와 '카이로스'는 상호 교대로 사용된다. 우리가 확신 있게 말할 수 있는 것은 70인경(LXX)이나 신약에서 특별한 문맥에서만 '카이로스'가 특별한 의미를 갖고 '크로노스'가 그 반대의 의미를 가지고 있을 뿐이다."[41]라고 말한다.

하지만 "카이로스"(καιρός)가 사용된 성경 본문의 문맥을 자세히 관찰하면 "카이로스"의 의미가 "크로노스"의 의미와는 다른 뜻으로 사용된 구절을 찾을 수 있다. "카이로스"는 특별한 시간을 가리키는 데 사용된다. 특히 "카이로스"는 시간의 오랜 기간을 가리키기보다는 정해진 시간을 가리킬 때 사용된다. 성경 이외의 자료에서 "카이로스"는 긍정적으로 기회를 포착하거나 유익을 얻을 수 있는 때를 함축하기도 하고, 적당한 때, 적당한 순간을 뜻하기도 한다. 그리고 부정적으로는 위험한 때, 어려운 시기를 가리킬 때 사용되기도 한다. 또한 일반적인 시간을 가리키는 의미로 한 해의 어느 때 혹은 현재 순간 등을 함축하여 사용되기도 한다.[42]

"카이로스"가 성경 이외의 자료에서는 긍정적으로, 부정적으로,

---

41. James Barr, *Biblical Words for Time* (Studies in Biblical Theology, Naperville: Alec R. Allenson Inc., 1969), p. 44.

42. H.C. Hahn, "Time"(καιρός), *The New International Dictionary of New Testament Theology*, Vol. 3 (Grand Rapids: Zondervan, 1979), p. 833. 이하부터 *NIDNTT*로 생략 사용함.; J. Baumgarten, "καιρός," *Exegetical Dictionary of the New Testament*, Vol. 2 (Grand Rapids: Eerdmans, 1991), pp. 232-233.

중립적으로 사용되었다.[43] 70인경(LXX)은 이런 세속적 용법을 그대로 사용했다. 그러나 신약에서는 "호 카이로스"를 전문적인 용어로 만들어 종말론적인 뜻이 함축된 용어로 사용한다. "호 카이로스"는 성취의 때이다. 하나님께서 마지막 때로 정한 시간이다. 이 때는 세상으로 봐서는 위기의 시간이다(눅 21:8; 막 13:33; 고전 4:5; 계 1:3). 많은 성경 구절들이 "호 카이로스"의 종말론적인 의미를 분명하게 보여준다.

"페프레로타이"(πεπλήρωται)도 종말론적인 의미가 포함된 용어이다. 그 의미는 '끝나다, 완성하다, 마치다, 성취하다, 차다' 등이다. 이용어는 전적으로 종말론적 사건에 대한 예언을 다룰 때 사용된다. 그러므로 마가복음 1:15의 경우 "때가 찼고"는 하나님께서 지정한 때 즉 특별한 순간이 도달했다는 뜻이다. 하나님께서 지정한 시간, 이스라엘이 기다린 시간이 도달한 것이다.[44] 조상들에게 주어진 약속이 성취된 것이다. 즉 구약 예언자들이 선포한 것이 도래했다는 것이다(눅 4:18 이하 참조). 구약의 예언 선포가 미래에 관한 것을 예언했는데 이제는 그 예언된 왕국이 도래했다는 것이다. "페프레로타이"는 성취된 현재 실재를 강조한다. 예수님께서 이 말씀을 하셨을 때 왕국이 이미 임했다고 말씀하신 것이다.

마가복음 1:15을 이런 뜻으로 이해하면 예수님과 요한 사이의 구속적 차이가 분명해진다. 예수님은 성취의 때에 속한 분이요 요한은 구시대에 속한 분이다. 선구자는 "왕국이 가까이 왔느니라"(ἤγγικεν ἡ βασιλεία)라고는 말할 수 있지만 결코 "때가 찼다"(ὁ καιρὸς

---

43. G. Delling, "καιρός," *Theological Dictionary of the New Testament* (Grand Rapids: Eerdmans, 1972), p. 455.

44. R. Schippers, "Fullness," *The New International Dictionary of New Testament Theology*, Vol. I (Grand Rapids: Eerdmans, 1975), p. 738.

πεπλήρωται)라고는 말할 수 없다.

여기서 한 가지 주목해야 할 것은 "호 카이로스"와 "페프레로타이"가 함께 사용되므로 특별한 의미를 제공한다는 사실이다. "호 카이로스"가 때의 참, 때의 시작을 알리는 역할을 하지만 때의 참이 한 순간에 모두 성취된다는 뜻은 아니다. 마가복음 1:15은 때가 찬 것을 가리킬 뿐 아니라 때가 가까운 것도 가리킨다. 즉 이 구절 속에서 왕국이 실현된 의미도 찾을 수 있지만 왕국이 실현될 임박한 기대 속에 있다는 의미도 찾을 수 있다. 복음서는 예수님의 말씀을 모두 기록하고 있는 것은 아니다. 오히려 예수님의 말씀 중 일부만 전해준다. 그러므로 예수님의 말씀의 요약된 내용을 담고 있는 복음서를 우리가 가지고 있다고 생각해야 한다.

그러므로 다른 곳에 기록된 천국에 관한 예수님의 말씀에 비추어 마가복음 1:15의 내용을 고찰하면 마가복음 1:15은 왕국의 성취와 임박한 대망을 동시에 가르치고 있음을 발견할 수 있다. 성취와 대망의 요소가 같이 나타난 구절을 다른 복음서에서도 찾을 수 있다. 예수님은 "아버지께 참되게 예배하는 자들은 영과 진리로 예배할 때가 오나니 곧 이 때라"(요 4:23)라고 말씀하시므로 예배에 관한 현재와 미래의 긴장이 있음을 말씀하신다. 역시 같은 내용으로 요한복음 5:25도 들수 있다. 예수님은 "진실로 진실로 너희에게 이르노니 죽은 자들이 하나님의 아들의 음성을 들을 때가 오나니 곧 이 때라"(요 5:25)라고 "호라"(ὥρα)와 "뉜"(νῦν)을 동시에 사용하므로 성취와 대망의 요소가 함께 존재함을 가르치신다.

누가복음 4:16-21

예수님과 세례 요한 사이의 구속 역사적 구분은 누가복음 4:16-21

의 구절에서 더 분명히 나타난다. 이 구절은 누가복음에만 나타나며, 마가복음 1:15과 같은 때에 예수님이 말씀하신 것으로 생각된다. 이런 구절을 통해 예수님의 성역 초기의 메시지 내용을 이해할 수 있다. 누가복음 4:14-15이 예수님께서 어떻게 사역하셨는지를 간략히 설명하고 있다. 누가복음 4:16 이하는 누가가 구체적인 예를 들어 예수님의 사역을 설명하고 있다. 이 구절은 회당 예배에 대하여 설명하는 가장 오래된 성경 구절이다.[45]

예수님은 회당에 들어가신다. 회당 예배는 크게 구분하여 기도, 성경봉독, 설교나 권고의 말씀 및 논평으로 구성된다. 헨드릭센(Hendriksen)은 만약 신약시대 후기의 자료를 통해 알 수 있는 회당 예배 의식이 예수님 당시의 회당 예배에 적용된다면 회당 예배는 다음과 같을 것이라고 한다. 첫째로 "이스라엘아 들으라 우리 주 하나님은 한 분이시요 너희는 너희 주 하나님을 너희 모든 마음과 영혼과 능력으로 사랑할 것이니라"라는 쉐마(Shema)와 함께 감사의 기도를 드리고, 둘째로 회중의 아멘에 응답하는 기도가 있고, 셋째로 모세 오경의 구절을 낭독한 후 아람어로 통역하고, 넷째로 선지서의 글을 낭독한 후 역시 아람어로 통역하고, 다섯째로 설교나 혹은 권고의 말씀이 있으며, 여섯째로 제사장이 축복의 기도를 하고 회중은 아멘으로 응답한다.[46]

예수님은 성경을 읽기 위해 서신다(눅 4:16). 예수님이 서신 것은 예배를 주관하시겠다는 것을 의미한다. 랍비들은 예배를 주관하기 위해 이렇게 하곤 했다. 예수님이 랍비로 인정함을 받았든지 설교자로서

---

45. I. Howard Marshall, *Commentary on Luke* (New International Greek Testament Commentary, Grand Rapids: Eerdmans, 1978), p. 181.

46. W. Hendriksen, *The Gospel of Luke* (NTC. Grand Rapids: Baker, 1978), p. 251.

인정을 받았든지 그에게 이사야서가 들려졌다. 예수님은 이사야서를 히브리어로 읽으시고 앉으셨다. 그 후 예수님이 친히 아람어로 통역하셨을 가능성이 많다. 예수님이 읽으신 구절이 예수님께서 직접 찾으신 것인지 아닌지는 확인할 수 없다. 그러나 이 구절이 정해진 구절이라고 생각된다.[47]

예수님이 앉으신 것은 성경 읽기를 다 마쳤다는 의미이다. 청중에게 말하려는 사람이 앉는 것은 그 당시 자연스러운 것이었다(마 5:1; 눅 5:3). 예수님은 자신의 해석에 관하여 주목을 요청하셨다. 누가가 "회당에 있는 자들이 다 주목하여 보더라"(눅 4:20)라고 기록한 말씀이 이를 증거한다.

예수님께서 인용한 내용은 이사야 58:6과 61:1,2에서 발췌 편집한 것이다. 이사야서의 내용은 구약 중 특히 종말론적 관심이 팽배한 부분에서 인용된 것이다(사 40-66장). 이 구절을 연구해 보면 여러 각도에서 종말론적인 개념이 나타난다.

첫째, 기름을 붓는다는 것은 분명히 메시아적인 의미가 있다(사 11:1; 61:1 참조). 원래 메시아의 뜻은 기름 부음 받은 자를 가리킨다.

둘째, 포로로부터 자유함이라는 개념 역시 종말론적인 개념이다(사 61:1-2). 메시아는 이스라엘 백성을 이방의 압제로부터 구원할 것이다.

셋째, 구약은 계속적으로 메시아의 오심이 가난한 자를 옹호하고 박해자를 제거하기 위해서라고 강조한다(사 11:4; 29:19). 구약과 신약에서 가난한 자를 언급할 때 가난한 자는 경제적으로 가난한 자만 가리

---

47. 구속역사의 때가 찬 것을 이 자체가 보여준다. 즉 이 구절이 정해져서 예수님이 읽으실 수 있도록 된 것은 때의 참을 가리키기 위한 하나님의 섭리이다.

키지 않고 함축적으로 더 넓은 의미로 사용된다. 따라서 가난한 자의 의미가 심령이 가난한 자의 뜻을 내포하고 있다. 예수님이 가르치신 산상보훈에도 천국은 심령이 가난한 자에게 속한다고 가르치신다.[48] 그리고 성경은 왕국이 박해를 받는 자에게 속한다고 가르치신다(마 5:10).

넷째, 메시아의 통치는 구약의 내용처럼 맹인이 다시 보게 되는 것이다(사 29:18; 32:3; 35:5). 메시아가 오시면 맹인이 보게 되고 못 듣는 사람이 듣게 될 것이다. 메시아가 오시면 죄로 인해 훼손된 삶의 질서가 회복될 것이다.

다섯째, 이사야 61:2은 여호와의 은혜의 해와 우리 하나님의 보복의 날을 동시에 말씀하신다. 이 말씀은 하나님의 종말론적인 통치가 시작될 것을 뜻한다. 이사야서는 하나님의 왕국, 메시아의 시대에 대한 내용을 설명하고 있다.

본문에 대한 예수님의 해석을 고찰하면 내용이 더 명백해진다. 예수님은 여기서 무슨 말씀을 하고 계시는가? 여기서 구약의 예언과 구속 역사가 떼려야 뗄 수 없는 관계에 있는 것을 볼 수 있다. "예수께서 그들에게 말씀하시되 이 글이 오늘 너희 귀에 응하였느니라"(눅 4:21)라는 인용문과는 관계없이 종말 개념이 예수님의 설명에 명백히 나타난다. "이 글이 오늘 너희 귀에 응하였다"라는 말씀은 마가복음 1:15의 페프레로타이(πεπλήρωται) 개념과 궤를 같이하고 있다. 왜냐하면 그것은 끝, 완성, 성취를 가리키기 때문이다.

여기 "이 글"(ἡ γραφή)이 미래의 때에 성취될 것으로 예언되었다.

---

48. 산상보훈에서 가난의 의미가 물질적인 것만 가리킨다면 사람을 행복할 수 있게 하는 방법은 그 사람의 모든 재산을 빼앗아 버리면 된다. 성경 말씀은 이런 교훈을 어디에서도 가르치지 않는다.

그런데 "이 글"이 "오늘" 주님의 말씀을 들을 때 성취된 것이다. 주님의 은혜의 해는 성취되었다. 예수님은 여기서 하나님의 통치 약속이 실현되었다고 선포하신다. 하나님의 왕국이 시작된 것이다. 예수님의 왕국 개념을 이해하기 위해서는 이 사실을 이해해야 한다.[49]

예수님은 위대한 성취의 때가 확실히 시작되었다고 믿었다. 예수님은 왕국의 강림이 단순히 미래에 있을 사건이 아니며, 이미 현재 실현되었다고 가르친다. 즉 종말론적 왕국에서 하나님의 통치가 현재 이미 시작되었다.

여기에 요한과 예수님의 차이가 나타난다. 요한에게는 천국이 미래로 남아 있지만 예수님에게는 천국이 이미 성취된 것이다. 요한은 우주적인 격변과 함께 앞으로 임할 심판을 대비해 회개를 강조한다. 반대로 예수님은 심판의 강도가 완화될 것임을 강조한다. 왜냐하면 마지막 때에는 심판만 있지 않고 구원의 메시지도 있기 때문이다. 예수님은 자신의 구원이 직접적이고 실제적임을 강조한다(눅 4:16-21). 예수님은 자신의 형편이 요한의 형편과 다르다는 것을 지적하는데 그 이유는 이 글(ἡ γραφή)과 예정된 때(ὁ καιρός)가 성취되었기 때문이다.

요한은 호화로운 것을 거절하고 광야에서 고행주의적인 삶을 살았다. 그의 복음의 특징은 대망하는 것이며 임박한 심판을 선포하는

---

49. 구약은 메시아의 표상으로 아담, 모세, 다윗을 두드러지게 묘사한다. 아담(Adam)은 세상을 다스릴 권한을 하나님께 받았으나 범죄함으로 그 권한을 빼앗겼다(창 1:28; 2:19-20; 3:13). 메시아 왕으로서 마지막 아담인 그리스도의 통치는 이런 구절들에 뿌리를 두고 있다. 모세(Moses)는 하나님의 백성을 죄악된 애굽에서 이끌어 내는데 사용되었다(출 3:15). 모세는 특유한 선지자였다(신 34:10-12). 누가가 예수님의 죽음을 Exodus(ἔξοδος)로 묘사하는 것은(눅 9:31) 출애굽 사건이 예수님의 죽음을 표상하고 있기 때문이다. 다윗(David)은 원수를 물리쳐 승리할 것이며(시 89:19-23; 110:1), 온 세상을 통치할 것이요(시 18:43-45; 110:1-3), 그의 나라는 영원하고, 평화로우며, 왕성할 것이다(시 72:5,7,16). 그는 멜기세덱의 반차를 따른 영원한 제사장이요(시 110:4), 하나님께 속했으며(시 89:18), 하나님의 아들이다(시 2:7). 이런 다윗의 특징은 메시아이신 예수 그리스도에게서 성취된다.

것이다(마 4:3-7). 반면 예수님은 혼인 잔치와 같은 일상생활에 참여했다(마 9:10; 요 2:1 이하). 메시아의 임재의 시간은 일반적으로 결혼잔치와 비교되었다(사 62:5). 여기에 함축된 의미는 예수님과 함께 메시아 시대가 시작되었다는 뜻이다.[50] 마태복음 11:19에 "인자는 와서 먹고 마시매 말하기를 보라 먹기를 탐하고 포도주를 즐기는 사람이요 세리와 죄인의 친구로다"(마 11:19)라고 나와 있다. 물론 이 묘사가 예수님의 생활 모습을 바로 설명한다고는 생각할 수 없다. 이 묘사는 과장되었지만 어느 정도 예수님의 생활양식을 보여 준다.

요한과 예수님의 생활양식의 차이는 구속 역사적인 구분에서 나타나며 왕국 개념에 명백히 반영된다(눅 5:33-39). 예수님의 제자들은 금식하지 않지만 요한의 제자들은 금식한다. 예수님께서 "요한의 제자는 자주 금식하며 기도하고 바리새인의 제자들도 또한 그리하되 당신의 제자들은 먹고 마시나이다"(눅 5:33)라는 질문을 받으셨을 때 역시 질문 형식으로 "혼인 집 손님들이 신랑과 함께 있을 때에 너희가 그 손님으로 금식하게 할 수 있느냐"(눅 5:34)라고 대답하신다. 여기서 예수님은 자신을 신랑으로 비유한다.[51] 요한의 제자와 예수님의 제자의 생활 방식에 대해 비교해 볼 수 있다. 요한의 제자로 봐서는 오실 왕국에 대한 준비가 그들의 생활 태도였다. 그러나 예수님의 제자로 봐서는 구원의 때에 왕국 안에 있는 확신으로 즐거워하는 태도이다. 예수님의 제자들로 봐서는 종말론적 통치의 시대에 속한 기쁨을 나타

---

50. W. Günther, "νύμφη, νυμφίος," *The New International Dictionary of New Testament Theology*, Vol. 2 (Grand Rapids: Zondervan, 1977), p. 585.

51. νυμφίος는 메시아의 칭호는 아니지만 예수님께서 자신이 메시아임을 비유하는 용어이다. 예수님의 제자들은 강림한 구원의 시대 안에서 살고 있으며 그들이 구원의 선물을 소유한 이상 금식할 필요가 없다. See, J. Jeremias, "νυμφίος," *TDNT*, Vol. IV, p. 1103.

내는 태도이다.

　예수님의 제자들이 기뻐할 수 있는 이유는 무엇인가? 그 이유는 신랑(νυμφίος)이 그들 가운데 있기 때문이다. 예수님의 나타나심은 구원 역사상 중요한 의미를 지닌다. 그의 나타나심으로 인해 약속과 대망의 시대에서 성취와 실현의 시대로 전환된 것이다. 그의 나타나심으로 인한 전환이 두 시대의 차이점을 가져오게 된다. 예수님은 세례요한의 행위가 그 형편에 적절했기 때문에 그의 행위를 인정했다. 그 형편은 "왕국이 가까이 왔다"라고 말할 수 있는 사람에게 적절했다. 그러나 그는 "왕국이 이미 임했다"라고 말할 수 있는 형편에 있지 않았다. 예수님께서 지적하고 계시는 것은 신랑 되신 메시아가 그들과 함께 계시므로 요한의 제자들도 계속해서 금식할 필요가 없다는 점이다. 그들은 새로운 전망을 가져야 한다. 이제 새로운 시대가 개막되었는데 옛날 사고방식으로 살아서는 안 된다는 것이다. 예수님께서 말씀하신 그 다음에 나오는 비유의 내용에서 이 점이 분명해진다. 예수님은 "또 비유하여 이르시되 새 옷에서 한 조각을 찢어 낡은 옷에 붙이는 자가 없나니 만일 그렇게 하면 새 옷을 찢을 뿐이요 또 새 옷에서 찢은 조각이 낡은 것에 어울리지 아니하리라 새 포도주를 낡은 가죽 부대에 넣는 자가 없나니 만일 그렇게 하면 새 포도주가 부대를 터뜨려 포도주가 쏟아지고 부대도 못쓰게 되리라 새 포도주는 새 부대에 넣어야 할 것이니라 묵은 포도주를 마시고 새 것을 원하는 자가 없나니 이는 묵은 것이 좋다 함이니라"(눅 5:36-39)라고 가르치신다.

　예수님의 나타나심으로 옛 것이 지나가고 새 것이 옛 것의 자리를 채우게 되었다. 조상들에게 한 약속들이 성취되었다. 왕국이 임했으며 종말론적인 통치가 시작되었다. 요한은 이런 종말론적인 사건의 발생으로 야기되는 새로운 전망을 가져야 한다.

마태복음 11:2-13

이 본문의 배경은 세례 요한이 옥에 갇혀 있는 상태이다. 요한은 옥에서 예수님에 대한 상충되는 소식을 듣게 되었다. 요한이 자기 제자들을 예수님께 보내어 "오실 그이가 당신이오니이까 우리가 다른 이를 기다리오리이까"(마 11:3)라고 묻게 한 사실은 적어도 요한의 마음속에 예수님에 대한 확신이 흔들렸다는 것을 지적한다. 리델보스 (Ridderbos)는 요한이 예수님의 사역의 과정을 듣고 예수님이 자신이 선포한 '메시아'가 아닐 것으로 의심하게 된 것은 놀랄 일이 아니라고 설명한다.[52] 여기서 문제가 되는 질문의 본질은 예수님의 신분에 관한 것이다.

한 가지 도움이 되는 요점은 구속 역사적인 관점에서 새로운 시대가 시작된 후에도 요한이 아직 살아있기는 하지만 그는 과거의 인물이라는 점이다. 그는 예수님이 받으신 세례를 계기로 이미 옛 시대의 인물이 된 것이다. 왜냐하면 예수님이 세례 받으시므로 그의 공적인 지상사역이 시작되었기 때문이다. 하늘로부터 공적인 선포가 있었다. 마태는 예수님이 요한으로부터 세례를 받을 때 하늘로부터 "이는 내 사랑하는 아들이요 내 기뻐하는 자라"(마 3:17)라는 음성으로 확인이 있었음을 기록한다. 구속 역사적인 관점으로 볼 때 예수님의 세례 사

---

52. Herman N. Ridderbos, *Matthew* (*Bible Student's Commentary*) (Grand Rapids: Zondervan, 1987), p. 212.: "it should be no surprise that he was plagued with doubt when he heard of the course that Jesus' ministry had taken." 그러나 박윤선 박사(『공관복음 주석』, 서울: 영음사, 1981, pp.266-268)는 "세례 요한의 이 질문은 예수님께서 메시아이심을 의심함이 아니었다. 그 이유는, 눅 7:20에 있는 '우리가 다른 이를 기다리오리이까'란 말이, 헬라원어로 강력 의문의 어투가 아니기 때문이다."라고 말한다. 우리는 성경을 해석할 때 예수님 이외의 성경 인물들의 잘못을 의도적으로 보호할 필요는 없다. 성경의 모든 인물들은 모두 죄인들이지만 하나님께서 그들을 귀하게 사용하신 것이다. 오직 예수님만이 하나님의 아들로 완벽하신 분이시다.

건을 통해 요한은 예수님께 배턴을 넘겨 준 셈이다. 예수님이 세례 받으신 직후 요한은 감옥에 갇히게 된다. 즉 구속 역사의 새로운 시대가 시작되므로 요한은 그 자취를 감추게 된다. 요한이 예수님에게 세례를 베푼 사건은 요한의 공적 사역의 막을 내리고 구속역사에 있어서 자신의 역할에 종지부를 찍게 하는 것이다. 이 사실은 요한복음 3:22-30의 내용을 고찰할 때 더욱 분명해진다. 요한은 세례 사역을 하면서 자신이 그리스도가 아님을 밝힌 후에 "그는 흥하여야 하겠고 나는 쇠하여야 하리라"(요 3:31)라고 예수님이 등장함으로 자신은 물러나야함을 확인한다.

다시 마태복음 11장의 내용으로 돌아가 보면 예수님은 요한의 제자들의 질문을 받고 다음과 같이 대답하신다. 예수님의 대답은 은밀한 성격을 띠고 있다. "너희가 가서 듣고 보는 것을 요한에게 알리되 맹인이 보며 못 걷는 사람이 걸으며 나병환자가 깨끗함을 받으며 못 듣는 자가 들으며 죽은 자가 살아나며 가난한 자에게 복음이 전파된다 하라 누구든지 나로 말미암아 실족하지 아니하는 자는 복이 있도다 하시니라"(마 11:4-6).

예수님의 대답은 요한의 제자들의 질문을 피하기 위한 것이 아니었다. 오히려 예수님은 이렇게 대답하심으로 더 강력한 확신을 요한의 제자들에게 제공하셨다. 예수님은 구약의 종말론적 사상을 잘 요약하여 말씀하신 것이다. 그들은 자신들의 조상이 받았던 약속들이 성취되고 있는 것을 보며 하나님의 종말론적인 통치가 임한 사실을 보고 있었다. 예수님의 대답은 바로 고대하던 메시아가 임하셨다는 사실을 밝힌 것이다.

예수님께서 요한의 제자들에게 대답하신 후 우리를 향해 요한에 대해서 말씀하신다. 이 말씀 가운데서 우리는 구속역사에서 요한의 위치의 의의를 찾을 수 있다. 이 말씀은 요한이 그리스도를 위한 선구자 역할을 한 것임을 명확히 보여 준다. 예수님은 "내가 진실로 너희에게 말하노니 여자가 낳은 자 중에 세례 요한보다 큰 이가 일어남이 없도다 그러나 천국에서는 극히 작은 자라도 그보다 크니라"(마 11:11)라고 세례 요한에 대해 말씀하신다. 이 말씀은 전반부와 후반부를 함께 취급해야 그 뜻을 바르게 이해할 수 있다. 여자가 낳은 자 중에 세례 요한이 제일 크다는 사상은 천국에서 극히 작은 자가 요한보다 크다는 사상을 조종하며 또 그 반대의 경우도 마찬가지이다. 이 두 사상은 서로 조종하면서 보완하는 역할을 하기 때문에 같이 취급되어야 한다. 예수님의 이 말씀은 구속 역사적인 입장에서 요한의 기능을 이해할 때만 그 뜻이 분명해진다. 요한은 구속 역사에 있어서 선구자 역할을 한 것이다.[53] 요한의 기능은 대망의 시대로 국한되었다. 그러므로 요한은 대망의 시대에서는 누구보다도 위대하다고 할 수 있지만 약속의 성취가 이루어지고 왕국이 임한 시대에는 아무런 역할도 갖고 있지 않다.

보스(Vos)는 본문의 말씀이 세례 요한의 구원 문제나 또는 종말론적인 천국에서 요한이 배제되었느냐 하는 문제를 제기하지 않는다고 말한다. 본문(마 11:11)의 "참다운 해석은 다른 사람들이 예수님과의 관계를 통해 이미 임한 천국의 특권을 누린 반면 세례 요한은 그 특권을 누리지 못했다는 것이다. 그는 구약에 근거하여 자기의 생을 산 것이다."[54]라고 보스(Vos)는 말한다. 그러므로 천국 안에서 가장 작은 자라

---

53. C.K. Lehman, *Biblical Theology: New Testament*, Vol. 2 (Scottdale: Herald Press, 1974), p. 88: "예수님은 여기서 두 시대에 대해 분명히 선을 긋고 있다. 즉 요한을 포함한 율법과 선지자의 시대와, 복된 소식이 선포되는 새로운 시대 즉 하나님의 나라를 구분한다."

54. G. Vos, *Biblical Theology: Old and New Testaments* (Grand Rapids: Eerdmans, 1968),

도 요한보다 더 크다고 말할 수 있는 것이다. 천국에서 가장 작은 자라도 요한이 꿈으로만 생각할 수 있는 실재(약속의 성취, 천국의 강림)를 즐길 수 있기 때문에 요한보다 크다고 말할 수 있다. 천국에서 가장 작은 자는 하나님의 통치를 체험하며 현재 실현된 구원을 경험하게 된다. 여기서 왕국은 현재 실현된 실재로서 취급된다.

마태복음 11:12은 이해하기 어려운 구절이며 번역하기도 어려운 구절이다. 한 가지 분명한 사실은 천국이 예수님 당시에 이미 임했다는 지적이다. 본문이 이해하기 어렵다는 것은 "비아제타이"(βιάζεται)와 "비아스타이"(βιασταί)를 이해하는 데 어려움이 있기 때문이다. 이 구절에 대해 여러 견해가 있지만 두 견해로 좁혀진다. 이 말씀은 천국에 대해서 긍정적인 것을 말하고 있는가? 아니면 천국에 대해서 부정적인 것을 말하고 있는가? 문제의 핵심은 "비아제타이"를 중간태로 보느냐 아니면 수동태로 보느냐에 달려 있다. "비아제타이"를 수동태로 취급할 경우 본문의 번역은 "세례 요한의 때부터 지금까지 하늘나라는 공격을 받아 왔다. 공격하는 자들이 하늘나라를 빼앗는다"라고 되어야 한다. 이렇게 본문을 수동태로 취급하여 하늘나라가 공격을 받는 것으로 번역하는 이유는 예수님이 열심당원, 바리새인, 마귀 등의 공격을 받은 역사적 배경이 있었기 때문이다. 한역들은 대부분 "비아제타이"를 수동태로 생각하여 번역한다.[55]

---

p. 337.

55. **개역(개정판도 동일):** "세례 요한의 때부터 지금까지 천국은 침노를 당하나니 침노하는 자는 빼앗느니라"
   새번역: "세례 요한 때부터 지금까지 하늘나라는 공격을 받고 있다. 공격하는 자들이 하늘나라를 점령한다"
   공동번역: "세례자 요한 때부터 지금까지 하늘나라는 폭행을 당해 왔다. 그리고 폭행을 쓰는 사람들이 하늘나라를 빼앗으려고 한다."
   영어번역으로는 βιάζεται를 수동태로 번역한 역본들은 A.V., A.R.V., N.A.S.B., R.S.V.,

그런데 "비아제타이"를 수동태로 취급하여 번역하는 데 대해 몇 가지 이의를 제기할 수 있다.

첫째, 본 문맥에서 폭행의 개념이 전혀 나타나지 않는다고 최종적 선언은 할 수 없지만 폭행의 개념이 중심 개념이라고 생각할 수 없다. 따라서 천국이 폭행을 당한다는 개념은 본 문맥과 잘 맞지 않는다.[56]

둘째, "비아제타이"의 동사형은 이 구절과 누가복음 16:16에서만 사용되는데 누가복음 16:16에서는 천국에 관해 긍정적으로 사용된다.

셋째, 본문에 사용된 언어가 천국에 대해서 사용될 수 있는 언어로는 너무 강한 언어라고 할 수 있다. 침노하는 자는 그들의 노력의 결과를 획득하게 된다. 즉 침노하는 자가 천국을 강탈한다는 개념은 너무 강한 언어이다.

본 문맥에 비추어 볼 때 오히려 더 납득이 갈 수 있는 해석은 "비아제타이"를 중간태로 취급하는 것이다. 중간태로 취급하여 번역하면 "세례 요한의 때로부터 지금까지 하늘나라는 힘 있게 진보한다. 능력 있는 사람만이 그것을 붙잡을 수 있다"로 할 수 있다. 혹은 "하늘나라는 힘 있게 표명되나니 위대한 결단의 사람이 하늘나라를 붙들 수 있다"라고 번역할 수 있다.[57] 이렇게 번역할 때 후반부의 내용과 전반부

N.E.B., 등을 들 수 있다.

56. R.C.H. Lenski, *The Interpretation of St. Matthew's Gospel* (Minneapolis: Augsburg Publishing Co., 1961), p. 437.

57. 참고적으로 New International Version (N.I.V.)을 보면 "From the days of John the Baptist until now, the kingdom of heaven has been forcefully advancing, and forceful men lay hold of it." W. Hendriksen(*The Gospel of Matthew* (NTC). Grand Rapids: Baker, 1973, pp. 488f)과 Lenski(*op. cit.*, p. 437)는 βιάζεται를 중간태로 해석한다. **표준새번역 (개정판도 동일)**: "세례자 요한 때로부터 지금까지, 하늘나라는 힘을 떨치고 있다. 그리고 힘을 쓰는 사람들이 그것을 차지한다." **표준신약전서**도 "세례 요한의 때부터 지금까지 하늘나라는 힘 있게 나아가고 있다. 힘쓰는 사람들은 차지한다"라는 중간태로 번역한다.

의 내용이 서로 잘 일치된다. 또 이 개념은 마태복음 13:44-50 사이에서 언급된 "밭에 감추인 보화의 비유," "좋은 진주를 구하는 장사의 비유," 그리고 "물고기를 모으는 그물 비유"에 나타나는 천국 개념과도 잘 어울린다.

이 구절에서 우리는 천국이 이미 실현되었음을 찾을 수 있다. 마태복음 11:12의 내용과 전체 문맥을 함께 취급할 때 천국이 현재 임한 것으로 나타난다. "세례 요한의 때로부터"를 배타적으로 해석하여 요한은 천국에 속하지 않는 것으로 생각해야 한다. 보스(Vos)는 "율법과 선지자는 요한의 때까지요"(눅 16:16), "모든 선지자와 율법이 예언한 것은 요한까지니"(마 11:13)라는 구절을 해석하면서 이 구절들은 옛 언약의 예언적 대망의 시대는 요한으로 끝이 났고 그 때로부터 예언이 아니라 복음 선포를 통한 하나님 나라를 주제로 하는 시대가 시작된 것을 뜻한다. 그러므로 하나님 나라는 미래로 남아있는 것이 아니라 현재 실현된 것을 의미한다고 말한다.[58] 요한이 바라고 대망한 천국이 현재 실재로 나타났다. 구속 역사적인 관점에서 천국의 현재면을 더욱 명확히 하는 것은 "지금까지"($\check{\alpha}\rho\tau\iota$)의 개념이다(눅 16:16 참조). "세례 요한의 때부터 지금까지"(마 11:12)라는 개념은 천국이 현재 임한 것이라고 더욱 분명히 증거한다.

② 사탄과 귀신을 쫓아냄으로 실현된 천국

예수님이 사탄을 대적하고 귀신을 쫓아내는 사건을 통해 천국의 실현을 증명할 수 있다(마 12:28; 눅 11:20). 예수님께서 사탄을 대적하신

---

58. G. Vos, *The Kingdom of God and the Church* (Nutley: Presbyterian and Reformed Publishing Co., 1972), p. 34.

것은 천국의 현재면을 증명하는 구체적인 예가 된다. 마태복음 12:28에 "내가 하나님의 성령을 힘입어 귀신을 쫓아내는 것이면 하나님의 나라가 이미 너희에게 임하였느니라(마 12:28)"[59]라고 말한 말씀이 이를 증거한다. 성경에서 예수님 자신이 성령을 소유했다고 말하는 곳은 별로 많지 않다. 그 이유는 예수님은 신학 용어보다 표상적인 용어를 즐겨 사용했기 때문이다. 그 한 예로 누가복음 11:20에서 예수님은 '하나님의 성령' 대신 '하나님의 손가락'(ἐν δακτύλῳ θεοῦ)을 사용하셨다고 말한다. 병행구절인 마태복음 12:28에서 '하나님의 손가락' 대신 '하나님의 성령'을 사용한 것을 보면 하나님의 손가락이 하나님의 성령을 뜻함은 명백하다. 하나님의 손가락을 사용한 이유는 하나님의 직접적인 간섭을 가리키기 위함이다.[60] 보스(Vos)는 이 구절의 중요한 논증은 사탄의 왕국이 파괴되는 곳에 반드시 하나님의 나라가 시작된 것을 뜻한다고 말한다. 만약 사탄의 왕국이 파괴되었다면 그 때 하나님의 나라도 현재적 실재가 된 것이라고 말했다.[61]

마태복음 12:28의 배경을 더듬어 보면 예수님께서 이 말씀을 하시기 전에 귀신을 쫓아내는 일을 하셨다(마 12:22). 예수님이 귀신을 쫓아냈을 때 두 가지 반응이 나타났다. 대부분의 사람들은 "이는 다윗의 자손이 아니냐"(마 12:23)라고 말했다. 그들은 예수님이 귀신을 쫓아낸 사실에 대해 놀랐을 뿐만 아니라 예수님이 메시아시라는 심오한 의미

---

59. εἰ δὲ ἐν πνεύματι θεοῦ ἐγὼ ἐκβάλλω τὰ δαιμόνια, ἄρα ἔφθασεν ἐφ' ὑμᾶς ἡ βασιλεία τοῦ θεοῦ.

60. J. Jeremias, *New Testament Theology: The Proclamation of Jesus* (New York: Charles Scribner's Sons, 1971), p. 79; J.D.G. Dunn (*Jesus and the Spirit*. London: SCM press, 1975, pp. 45-46)은 마태의 "Spirit"이 원본에 가깝다고 생각한다. 그 이유는 예수님이 유일한 방법으로 기름 부음 받았지만 누가의 생각으로는 예수님이 아직 성령의 주가 되시지 않았다고 믿었기 때문이라고 말한다.

61. Vos, *The Kingdom of God and the Church*, p. 32.

를 질문형식으로 밝히고 있는 것이다. 그러나 바리새인들은 항상 그랬듯이 경멸과 분노로 이 사건에 대해서 평했다. 바리새인들은 "이가 귀신의 왕 바알세불을 힘입지 않고는 귀신을 쫓아내지 못하느니라"(마 12:24)라고 평가 절하했다. 바리새인들의 이런 태도 때문에 예수님은 마태복음 12:25 이하에서 일련의 비유로 대답하신다. 예수님은 사탄의 능력과 나라(βασιλεία), 동네, 집과의 관계를 비교한다. 한 단체가 서로 분쟁하면 설 수 없듯이 사탄도 자신이 귀신을 쫓아내면 자신의 왕국을 약화시킬 수밖에 없다는 것이다. 본 문맥에서 우리는 마태복음 12:28에 이르기도 전에 사탄의 활동이 왕국의 개념과 연관되어 나타나며 마태복음 12:26에서 명백해진 사실을 목격한다. 즉 "만일 사탄이 사탄을 쫓아내면 스스로 분쟁하는 것이니 그리하고야 어떻게 그의 나라가 서겠느냐(마 12:26)" 예수님은 마태복음 12:28의 말씀을 하시기 전에 왕국과 사탄의 활동을 연관시킴으로 귀신 쫓아내는 것과 하나님 나라의 임함이 연관된 것으로 시사한다.[62]

마태복음 12:28은 두 가지를 강조한다.

첫째로, 귀신을 쫓아내는 것은 하나님 나라의 표명이며 하나님 나라가 현재 임한 것을 확인하는 것이라고 강조한다.

둘째로, 귀신을 쫓아내는 것은 사탄의 힘이 아닌 하나님의 성령으로 쫓아낸다는 것이라고 강조한다. 즉 성령의 능력으로 사탄을 제어한 것이다.

성령은 왕국의 능력이다. 바울 서신에서도 성령은 왕국의 능력이

---

62. G.E. Ladd, *Crucial Questions about the Kingdom of God* (Grand Rapids: Eerdmans, 1968), p. 88. "There is no linguistic reason for not giving ἔφθασεν its proper force of 'has arrived' in Matthew 12:28 if we take it to mean that 'the kingdom of God has just reached you' without bringing a full experience of all that the kingdom involves."

라고 말한다(고전 5:4; 고후 3:6; 롬 14:17 참조). 복음서에서는 예수님께서 메시아 사역을 시작하실 때, 즉 왕국 사역을 시작하실 때 성령이 왕국의 능력임을 확실히 한다. 예수님께서 왕국의 사역을 시작하시기 위해 세례를 받을 때 성령이 그에게 임하셨다(마 3:16). 예수님은 성령에 이끌리어 마귀에게 시험을 받으셨다(눅 4:1). 이는 성령님이 천국을 조종하시고 주도하신다는 증거이다.[63]

이런 사상적 배경으로 볼 때 예수님께서 "하나님의 성령을 힘입어 귀신을 쫓아내는 것이면 하나님의 나라가 이미 너희에게 임하였느니라"(마 12:28)라고 말씀하신 것은 천국이 이미 실현되었음을 증거하는 것이다.

그러면 귀신을 쫓아내는 것과 하나님 나라의 표명이 어떻게 연관되는가? 이 질문은 하나님 나라의 성격을 규명 짓는 중요한 주제이다. 이 질문의 답을 얻기 위해 우리는 본 문맥을 다른 성경과 분리하여 취급해서는 안 된다. 오히려 하나님의 전체 사역을 배경으로 생각하면서 답을 구해야 한다. 예수님의 사역의 근본 문제는 하나님 나라를 설립하고 확장하는 것인데 이는 사탄의 왕국과 적대의 관계에 있다. 그러므로 예수님이 귀신을 쫓아내는 행위는 성령의 능력의 표명이요 왕국의 임함을 증명하는 것이다. 예수님의 사역 초기부터 이 사실이 명백하게 나타난다(마 4:1-11; 막 1:12; 눅 4:1-13).

공관복음은 예수님께서 세례 받으심으로 메시아로 공적 표명되신

---

63. R.J. Sneed는 눅 17:21을 해석하면서 롬 14:17을 유추로 사용하여 성령과 왕국을 동등한 것으로 취급했다. 이 견해는 잘못된 것이다. 비록 성령이 왕국의 능력으로 왕국의 사역을 주도하는 것은 틀림없지만 동등하게 취급할 수는 없다. 예수님은 사람이 왕국으로 들어간다고 말씀하시지 왕국이 사람으로 들어간다고 말씀하시지 않는다. 성령과 왕국이 동등하게 생각될 때 예수님의 이런 말씀과 상충이 일어난다. 참조, R.J. Sneed, "The Kingdom of God is within you" (Lk.17:21), *Catholic Biblical Quarterly*, 24 (1962), pp. 363-382.

것과(마 3:13-17) 메시아로서 첫 사건이 마귀의 시험을 받으신 것이라
고 기록한다. 마귀의 시험이 메시아에게 주어진 첫 시련이었다. 즉 하
나님의 기뻐하심을 입은 자가 통과해야 할 첫 시련이었다(마 3:17). 그
런데 이 시련의 독특성은 성령님에 의해서(ὑπὸ τοῦ πνεύματος)라는 점
이다. 예수님은 성령에 이끌리어 시험받기 위해 광야로 가셨다.

예수님이 시험받으신 것은 우리가 시험받는 것과는 다르다. 예수
님이 시험받으신 것은 특이하며 메시아적이다. 우리는 "우리를 시험
에 들게 하지 마시옵고"(마 6:13)라고 기도하지만 예수님은 시험받기
위해 인도되셨다(마 4:1). 예수님께서 시험을 받으실 때 사탄은 그리스
도의 메시아적 왕권에 도전한 것이다. 마태복음 4:3,6에 "네가 만일
하나님의 아들이어든"이라고 말한 것은 사탄이 예수님께서 세례 받으
실 때 신적 인증을 받은 사실에 대한 언급을 한 것이다. 특히 사탄의
세 번째 시험에서(누가복음은 두 번째, 눅 4:5-7)이 성격이 분명하게 드러
난다. 그 시험은 "천하만국과 그 영광"에 관한 것이었다. 다른 말로
표현하면 예수님의 우주적 주권에 관한 것이었다. 사탄은 이 세상의
통치자로 나타난다(요 12:31; 16:11). 사탄은 하나님의 통치를 반대한다.
사탄은 예수님이 하나님의 이름으로 자기의 왕국에 도전할 것을 알고
있기 때문에 예수님의 뜻을 파괴하기 원하는 것이다. 여기 명백한 것
은 메시아직과 하나님의 종말론적인 통치가 시련을 받고 있다는 점이
다.[64] 우리는 예수님이 받으신 사탄의 시험에서 메시아직과 하나님의
종말론적 통치가 어떻게 연관되는지를 알 수 있다.

---

64. Hendriksen (*The Gospel of Matthew*, p. 226)은 예수님의 시험을 첫 조상 아담의 시험과
비교하면서 예수님의 시험이 더 어려운 것이었다고 말한다. 첫째로, 창 3:1-7에는 아담이
금식한 기록은 없지만 예수님은 40일간 금식했다. 둘째로, 아담이 배가 주렸다면 언제든
지 주위의 실과를 먹을 수 있는 형편에 있었지만 예수님은 광야에 있었다. 셋째로, 아담
이 시험받을 때는 낙원의 좋은 형편에 있었지만 예수님은 험악한 광야에서 시험받으셨다.

예수님은 사탄의 시험을 물리치시고 승리하신다. 그런데 예수님의 승리는 권능의 행사가 아닌 순종을 통해서 온다. 순종이 능력으로 나타나며 사탄의 질서를 파괴시키는 힘으로는 나타나지 않는다. 이는 메시아 직의 중심이 순복하는데 있음을 지적한다(빌 2:5-8). 메시아는 자신의 계획을 가지고 있지 않다. 오히려 메시아는 하나님의 계획을 성취하시기 위해서 오셨다. 그래서 예수님은 "내가 하늘에서 내려온 것은 내 뜻을 행하려 함이 아니요 나를 보내신 이의 뜻을 행하려 함이니라"(요 6:38; 5:30 참조)라고 말씀하신다. 이 말씀은 메시아의 직무가 자기를 영화롭게 하는 것이 아니요 아버지께서 정하신 방법에 따라 아버지의 뜻을 이루기 위해 오셨다고 증거한다. 메시아는 "십자가의 죽음까지" 순종하신 것이다(빌 2:8).

사탄은 시험을 통해 예수님의 순종을 방해하기 원했다. 사탄은 예수님으로 하여금 메시아 직의 권위를 임의적으로 불필요하게 전시하도록 시험했다. 메시아이신 예수님을 자극하여 메시아의 자격을 박탈하기 원한 것이다. 사탄이 이렇게 예수님을 시험하여 메시아의 자격을 상실하도록 유혹한 것은 하나님의 구속 언약을 영원히 무효화시키려 한 것이었다.

그러므로 예수님이 순종하시고 사탄의 시험을 물리치신 것은 메시아의 승리의 시작을 증거한다. 이 사실은 사탄을 매는 일이 종말론적으로 시작됨을 말한다. 이는 하나님 나라의 표명을 뜻하며 하나님의 통치가 이미 시작된 것을 가리킨다.

예수님은 마태복음 12:28이 증거한 대로 사역 초기부터 하나님 나라의 능력을 행하셨다. 예수님이 왕국의 능력을 행사하시는 것은 예수님이 귀신을 쫓아내는 사건에서만 나타나는 것이 아니요, 귀신들이 예수님의 인격에 대한 지식을 표명한 데서도 증명된다. 귀신들은 예

수님을 가리켜 "당신은 하나님의 아들"(눅 4:41), "하나님의 거룩한
자"(막 1:24)라고 호칭했다. 귀신들은 예수님의 메시아적 존엄을 인정
했다. 사실상 귀신들이 예수님의 메시아 되심을 여러 번 고백한 것이
다. 그들은 예수님의 오심이 그들의 멸망을 뜻한다는 사실을 알고 있
었다(막 1:24; 눅 4:34). 예수님의 면전에서 귀신들은 완전히 무능하며 단
지 지상에서 더 오래 있기를 구할 뿐이다(마 8:29; 막 5:10). 귀신들은 영
원한 멸망의 장소인 무저갱으로 들여보내지 말라고 간구할 뿐이다(눅
8:31). 이는 예수님의 인격 안에서 종말론적인 통치가 현재 실재로 시
작되었음을 말한다. 마태복음 12:23의 질문이 "이는 다윗의 자손이
아니냐"(μήτι οὗτός ἐστιν ὁ υἱὸς Δαυίδ;)이다. 메티(μήτι)의 용법으로 볼
때 부정적인 대답을 기대하면서 질문하는 것 같지만 이 문맥에서는
오히려 예수님이 메시아임을 증명하는 긍정적인 마음으로 질문하는
내용이다.[65]

　이 구절에서 우리의 관심은 예수님께서 귀신을 쫓아내신 사실이
하나님 나라의 실현 표명이라는 점을 찾아내는 것이다. 예수님이 귀
신을 쫓아내신 사실은 예수님 자신이 사탄에게 시험을 받으셨다는 점
과 연관이 된다. 예수님과 사탄 사이의 투쟁이 바로 마태복음 12장의
근본 내용이라고 할 수 있다.

　예수님이 귀신을 쫓아내신 사건은 사실 이적의 능력을 나타내는
일면에 지나지 않는다. 우리는 예수님의 모든 이적들이 하나님 나라
임재를 증거하는 것으로 생각해야 한다. 비록 이 사실이 명백하게 서

---

65. Hendriksen(*The Gospel of Matthew*, pp. 523 이하)은 본문의 질문이 수정된 부정적인 대
　답을 기대하게 만들어졌다고 한다. 즉 "아니, 그가 다윗의 자손일 수 없지. 그렇다면 저
　런 이적을 행하는 그가 누구란 말인가?" Hendriksen은 이런 질문으로 봐서 사람들의 마
　음 상태를 다음과 같이 묘사한다. "이적의 경이적인 성격은 이 예수가 메시아일 것이라
　고 확신시켰다. 그러나 사람들은 바리새인들 앞에서 감히 그것을 시인하려 하지 않았다."

술된 것은 아니지만 복음서를 연구해 보면 부인할 수 없는 진리이다.

복음서에 보면 예수님의 천국복음 전파와 이적은 함께 나타난다 (마 4:23; 9:35). 예수님이 천국복음을 전파하시고 표명하시는 것은 말씀과 행위로 이루어진다. 마태복음 11장에서 요한의 제자들이 제기한 질문에 답을 하실 때 예수님께서는 죽은 자가 살아나며, 나병환자가 깨끗하게 되며, 못 듣는 자가 듣고, 맹인이 보게 된다고 말씀하셨다. 예수님이 이렇게 대답하신 이유는 자신이 메시아이시며 천국이 임재했다는 사실을 지적하기 위함이었다. 따라서 마태복음 11:12의 비아제타이(βιάζεται)는 천국이 힘 있게 표명되는 것을 가리킨다.

마태복음 13:15,16에서 예수님은 제자들이 들을 뿐만 아니라 이적을 봄으로 복이 있다고 말씀하신다. 제자들이 복된 이유는 선지자들이 보기를 소망했지만 볼 수 없었던(마 13:17) 이적들을 보았기 때문이다. 많은 선지자와 의인들에게는 오직 약속으로 나타난 것을 제자들은 성취로 볼 수 있었다. 예수님의 이적들은 왕국의 오심을 반영한 것이다.

구약의 이적들과 예수님의 이적들의 차이는 예수님이 메시아로서 이적을 행하셨다는 것이다.[66] 우리는 이적 자체를 논하는 것이 아니라 저자들이 구속적 맥락 속에서 다루는 예수님의 이적들에 대해 논하고

---

66. Goppelt는 구약의 이적들과 예수님의 이적이 다른 것은, 첫째로 예수님의 이적에는 심판하는 요소가 없다고 한다. 심판하는 요소가 나타난 이적은 무화과나무를 저주하는 것인데 (막 11:12f; 20f; cf. 마 21:18-22) 이 행위는 비유적인 행위요 원래 직유와 같은 것이었다. 이처럼 예수님의 이적에 심판의 요소가 결여된 것은 예수님께서 천국을 설립하신 것과 무관하다고 생각할 수 없다. 예수님은 유대주의의 기대와는 달리 무조건적인 사랑과 용서로 천국을 설립하신 것이다. 둘째로 예수님은 이적을 믿음과 연관시켰다. 그래서 예수님은 전시(展示)를 위해 이적 행하는 것을 거절하신 것이다(막 6:5; 마 13:58). 이는 예수님이 이적을 행하는 것은 자기 사명과 다르기 때문이었다. see, Leonhard Goppelt, *Theology of the New Testament*, Vol. I (Grand Rapids: Eerdmans, 1981), pp. 147f.

있다. 예수님의 이적들은 천국의 범위 내에 속한다. 이적들이 구약 예
언의 성취라고 말하는 구절이 이를 증명한다(마 8:17; 11:5). 누가복음
7:16에는 이적들이 "하나님께서 자기 백성을 돌아보신 증거"라고 말
한다. 본 절의 에피스켑토마이(ἐπισκέπτομαι)는 하나님께서 자기 백성
에게 구원을 주시기 위해 자기 백성을 찾아오신 것을 뜻한다. 이 말은
종말론적 의미가 내포된 말이다. 하나님의 방문은 오래도록 기다린바
된 구원의 때이다(눅 1:68,78). 또한 예수님의 이적은 예수님이 다윗의
자손이라는 증거이다(마 12:23). 맹인들이 예수님을 다윗의 자손이라고
부른다(마 9:27; 15:22). 예수님께서 바람과 바다를 잔잔하게 하셨을 때
제자들은 예수님을 하나님의 아들로 경배했다(마 14:33). 메시아적인
예수님의 명칭과 천국의 임함과는 깊은 관계가 있다.

예수님의 이적과 천국 사이에는 유기적인 관계가 있다. 복음서의
자료들은 이적과 천국의 본질을 분리할 수 없다고 증거한다.[67] 그런데
보수주의자들조차도 이적은 단순히 표상적인 의미, 기능적인 의미만
가진 것으로 생각한다. 이런 견해는 개혁주의적인 입장에 있는 목사
들도 흔히 가지고 있는 견해이다. 즉 이적의 의의가 교훈적인 성격에
있다는 것이다. 이적들은 구속의 표징(signs)으로 주어진 계시를 확증
하기 위해 계시를 듣는 사람들에게 확실성을 제공하는 역할만 한다고
생각한다. 왕국과 연관시켜 볼 때 이적들은 특이한 현상들로 영적이
고, 내적이며, 보이지 않는 왕국의 본질에 대한 진리를 가르쳐 주는
역할을 한 것으로 생각해야 하는 것이다. 이적에 대한 이런 견해는 조

---

67. R. Bultmann, *Theology of the New Testament*, Vol. II (New York: Charles Scribner's Sons,
    1955), p. 44 : Bultmann은 표적으로서의 예수님의 이적이 애매모호하다고 말한다. 예수
    님의 말씀처럼 예수님의 이적 역시 오해를 낳게 한다고 말한다. Bultmann은 예수님의 이
    적과 천국을 유기적으로 연관시키지 않는다.

심스럽게 취급되지 않으면 안 된다. 그 근본 의도가 이적들이 가르치고 증명하는 의의만 지닌다고 생각한 데서 나온 것이다.

그러나 복음서의 기록은 가르치고 증명하는 의의가 이적의 근본적인 의의라고 가르치지 않는다. 왜냐하면 예수님의 이적은 적어도 복음과 구원에 관한 한 그 중요성에서 파생적인 것이나 부수적인 것으로 볼 수 없기 때문이다. 이적들은 구원의 실재를 가리키고 표상할 뿐 아니라 이적들 자체가 구원의 실재이기 때문이다. 하나님의 나라가 구원받은 상태라는 것을 인정할 때 이적들은 왕국의 실현을 위해 본질적인 것이다.

우리는 영적(spiritual)이라는 말을 조심스럽게 사용해야 한다. 물론 성령의 사역이 감추어져 있고 신비스럽게 역사하며 보이지 않는 재생의 사역을 한다. 그러나 영적인 사역이라는 의미 속에는 공개적이며 보이는 표명도 포함된다. 부활체는 영의 몸이다. 그런데 부활체의 성격이 영적이라고 해서 부활체를 비육체적인 개념과 연관시켜 생각하는 것은 잘못이다. 영의 몸은 보이는 표명이다. 그러므로 영적이라는 말은 단순히 내적이며 보이지 않는 현상만 가리키지 않는다.

구속 역사적인 입장에서 볼 때 공관복음서에서 귀신을 쫓아내는 사건은 하나님 나라와 사탄의 나라 사이에서 일어나는 세력 다툼에서 하나님 나라의 승리를 뜻한다. 하나님 나라의 승리는 계속되며 실현 중에 있다. 그러므로 귀신을 쫓아내는 사건을 보조적인 것이라고 생각할 수는 없다. 병 고치는 이적들을 고찰해 보면 이 사실이 더 명확해진다. 첫째로, 복음서는 육체의 질병이 사탄 통치의 결과에서 온 것으로 기록한다. 육체적 질병의 원인이 귀신에게 있는 것으로 여러 곳에서 기록하고 있다(마 9:32; 12:22). 둘째로, 귀신이 모든 종류의 병의 원인으로 나타난다(눅 13:16 참조). 복음서는 예수님이 병을 고치실 때

사탄을 책망하시는(ἐπιτιμάω) 것으로 기록하고 있다(막 9:25). 베드로의
장모의 열병을 고치실 때도 같은 단어를 썼고(눅 4:39), 바람과 바다를
잠잠하게 하실 때도 같은 말을 썼다(막 4:39).

인간의 질병과 고통 받는 모습은 전체 창조 질서가 사탄의 능력으
로 왜곡된 것을 보여준다. 그러므로 하나님 나라의 강림은 사탄이 왜
곡시킨 세상 질서의 범위만큼 그 영향의 범위가 넓어야 한다. 다른 말
로 표현하면 하나님의 나라는 도덕적 통치뿐만 아니라 육체적인 갱신
에도 영향을 미친다. 하나님 나라의 도덕적 통치와 육체적 갱신이 현
재적 표명으로 나타나는 것이다.

③ 복음전파로 실현된 하나님 나라

요한의 제자들이 "오실 그 이가 당신이오니이까 우리가 다른 이를
기다리오리이까"(마 11:3)라고 물었을 때 예수님은 자신을 통해 이적이
행해졌다고 대답하셨을 뿐 아니라 사람들이 복음의 말씀을 듣게 되었
다고 말씀하신다. 다른 말로 표현하면, 왕국이 이미 임했느냐는 세례
요한의 제자들의 질문에 예수님은 긍정적으로 대답하신 것이다. 왕국
은 복음의 선포로 실현되었다. 복음 선포는 천국의 실현을 증명하는
데 있어서 이적과 똑같은 증거 역할을 한다.[68]

예수님은 "율법과 선지자는 요한의 때까지요 그 후부터는 하나님
나라의 복음이 전파되어 사람마다 그리로 침입하느니라"(눅 16:16)라고
선포하신다. 여기서 우리는 율법과 선지자의 구세대가 새로운 세대와
대칭된 것을 볼 수 있다. 새로운 질서의 특징은 복음의 선포이다. 복

---

68. H. Ridderbos, *The Coming of the Kingdom* (Philadelphia: The Presbyterian and Re-
formed Publ. Co., 1969), p. 71.

음의 선포는 종말론적인 개념이며 구약적 대망의 실현이다. 따라서 마태복음 13:16, 17에서 예수님은 "너희 눈은 봄으로, 너희 귀는 들음으로 복이 있도다 내가 진실로 너희에게 이르노니 많은 선지자와 의인이 너희가 보는 것들을 보고자 하여도 보지 못하였고 너희가 듣는 것들을 듣고자 하여도 듣지 못하였느니라"(마 13:16-17)라고 말씀하실 수 있었다. 제자들은 선지자와 의인이 소원하고 대망한 복음을 들은 것이다.

복음 선포는 이사야 40:9의 실현이었다. 예수님은 "아름다운 소식"(사 40:9)을 가져오는 분이다. 이 말씀은 이사야 40:10과 연관되며 예수님이 바로 그 성취인 것이다. 이사야 선지자는 "보라 주 여호와께서 장차 강한 자로 임하실 것이요 친히 그 팔로 다스리실 것이라"(사 40:10)라고 예언하고, 또한 "내가 비로소 시온에게 너희는 이제 그들을 보라 하였노라 내가 기쁜 소식을 전할 자를 예루살렘에 주리라"(사 41:27; 눅 2:10-12 참조)라고 하나님의 구원 계획을 선포한다. 하나님께서 유대인에게 주실 예언은 "좋은 소식을 가져올 자"[69]였다. 성경은 "좋은 소식을 가져올 자"에 대해 "좋은 소식을 전하며 평화를 공포하며 복된 좋은 소식을 가져오며 구원을 공포하며 시온을 향하여 이르기를 네 하나님이 통치하신다 하는 자의 산을 넘는 발이 어찌 그리 아름다운가"(사 52:7)라고 쓴다. 그가 가져올 것은 평화 (שָׁלוֹם)의 선포, 즉 구원의 선포가 될 것이다. 하나님 나라의 도래를 선포하는 것이다.

구약의 이런 구절들이 설명한 대로 예수님은 기름부음 받은 선지자이며 이사야 선지자가 언급한 "좋은 소식을 가져올 자"이다. 그러므로 예수님의 선포는 왕국의 도래를 뜻한다. 누가복음 4:16 이하는

---

69. מְבַשֵּׂר Piel 분사, 남성, 단수 실명사로 사용됨.

예수님이 이사야 61:1의 예언을 자신이 직접 성취하시는 것으로 증거한다. 예수님의 선포는 단순히 예언적인 성격을 띠고 있는 선포가 아니요 구원과 평화와 하나님 나라의 실현을 선포하는 것이다. 예수님께서 복음(εὐαγγέλιον)을 선포하셨다고 말할 때 구원과 왕국 도래가 현재적 실현이라는 것을 뜻한다. 우리가 복음을 전파할 때도 같은 의미를 지닌다. 우리는 구원과 평화의 왕국 도래가 현재적 실현이라고 명백히 선포해야 한다. 이것이 바로 구약 예언이 구체적인 역사적 실재로 성취되는 것을 선포하는 것이다.

그런데 예수님의 복음 선포에는 유일하고도 특별한 성격이 있다. 예수님의 복음 선포에는 능력과 권세가 내포된 것을 볼 수 있다.[70] 예수님의 선포는 말만의 선포가 아니다. 종말론적인 성격을 내포하는 이사야 55:11이 이를 잘 증명하고 있다. 이사야 선지자는 "내 입에서 나가는 말도 이와 같이 헛되이 내게로 되돌아오지 아니하고 나의 기뻐하는 뜻을 이루며 내가 보낸 일에 형통함이니라"(사 55:11)라고 메시아의 능력을 확인한다. 예수님의 복음 선포는 구원을 선포하는 것이다. 예수님께서 병을 고치기 위해 선포하신 말씀이나 다른 경우의 말씀이 근본적으로 차이가 없다. 우리는 예수님의 복음 선포의 경우 선포된 말씀과 그 말씀 선포로 인해 나타난 효과를 서로 떼어놓을 수 없다.

이 사실은 마가복음 2:1-12의 내용에서 명백히 나타난다. 예수님께서 먼저 "작은 자야 네 죄 사함을 받았느니라"(막 2:5)라고 중풍병자에게 말씀하신다. 이 말씀은 예수님께서 그 사람의 믿음을 보시고 응

---

70. 예수님의 선포에는 권세(ἐξουσία)가 뒤따랐다. 따라서 군중들이 예수님의 가르침에 놀라곤 했다(막 1:22; 마 7:28,29; 눅 4:32). cf. Ridderbos, *The Coming of the Kingdom*, p. 75.

답하신 것이다(참조. 마 9:2-8; 눅 5:18-26). 예수님께서 이 말씀을 하신 후 바리새인들의 불신에 답하기 위해 병을 고쳐 주는 이적을 행하신다. 여기서 대두된 문제는 말씀의 능력이다. 예수님은 중풍병자의 병을 고쳐 주신 후 "인자가 땅에서 죄를 사하는 권세가 있는 줄을 너희로 알게 하려 하노라"(막 2:10)라고 말씀하신다. 예수님의 이 말씀은 복음 선포나 이적이 같은 목적을 겨냥한다는 것이다. 주목해야 할 것은 복음 선포가 권세를 나타내고 있는 것처럼 이적도 권세를 나타내고 있다.

마가복음 2:1-12에서 예수님이 권세와 능력을 가지셨다는 것은 단순히 용서의 가능성을 가리키거나 앞으로 용서해 주신다는 것을 뜻하지 않는다. 만약 예수님의 복음 선포가 그런 정도의 것이었다면 서기관들이 "이 사람이 어찌 이렇게 말하는가. 신성모독이로다. 오직 하나님 한 분 외에는 누가 능히 죄를 사하겠느냐"(막 2:7)라고 말할 정도의 반응은 보이지 않았을 것이다. 그러나 예수님의 복음 선포에는 그 이상의 것이 내포되어 있었고 서기관들은 그것을 눈치 챌 수 있었다. 그것은 바로 죄 사함이 현재적 실현으로 나타난 것이다. 마가복음은 현재시상 아피에나이(ἀφιέναι)를 사용하고 누가복음은 현재 이루어진 상태를 가리키는 완료시상 아페온타이(ἀφέωνται)를 사용한다. 그리고 마가복음 2:10의 "땅에서"(ἐπὶ τῆς γῆς)라는 표현도 현재적 실현을 강조하는 의미를 내포하고 있다. 왜냐하면 이적이 많은 증거자들 앞에서 발생했기 때문이다. 이 말씀은 복음의 능력이 의도한 대로 효과를 나타내고 성취한다는 것을 뜻한다.

마가복음 2:1-12의 본문은 중풍병자를 고치고 죄를 사해주는 능력이 바로 예수님의 인격 때문인 것으로 증거한다. 마가복음 2:10에서 이 권세와 능력은 인자(ὁ υἱὸς τοῦ ἀνθρώπου)가 마땅히 행사할 수 있는 것으로 지적한다. 그러므로 예수님의 말씀 선포는 인자로서 하나님 나라의 권세와 능력을 실행하신 것이다. 이 말씀이 내포하는 중요한 뜻은 예수님의 복음 선포가 왕국 현상이라는 것이다. 이런 현상은 부활 이후의 복음 선포에도 적용된다. 부활 전후의 차이는 단순히 낮아지신 상태의 그리스도의 사역과 높아지신 상태의 그리스도의 사역이라는 점에서만 차이가 있다.

복음서들은 예수님의 복음 선포에 능력과 권세가 수반되고 있음을 강조한다. 예수님의 권세는 청중들을 놀라게 했다(막 1:22,27). 마가복음 1:22은 예수님이 안식일에 회당에서 가르치실 때 일어난 사건을 설명한다. 마가는 "뭇 사람이 그의 교훈에 놀라니 이는 그가 가르치시는 것이 권위 있는 자와 같고 서기관들과 같지 아니함일러라"(막 1:22)라고 예수님의 교훈에 권세가 있었음을 확인한다. 이렇게 예수님과 서기관들을 비교할 때 예수님이 권세가 있었다고 한 것은 반드시 서기관들이 권세가 없었다는 뜻은 아니다. 또한 백성들이 서기관들의 권세를 인정하지 않았다는 뜻도 아니다. 서기관들은 그 당시 권세를 가지고 있었는데 특히 율법을 보호하는 자로서 권세를 가지고 있었다. 그러나 서기관들의 권세는 자신의 권세가 아니라 다른 자료에 의존된 권세였다. 그들의 권세는 조상이나 전통에 의존하는 것이었다. 서기관들의 권세는 자신의 인격으로부터 나온 권세가 아니었다. 그러나 예수님의 권세는 자신의 인격으로부터 나온 권세였다. 예수님의 권세는 절대적이고 제한받지 않는 권세였다. 그의 권세는 종말론적 성취의 권세였다.[71]

---

71. 고후 3:3에 보면 구질서와 새로운 질서의 비교가 나온다. 이런 비교는 바울 서신 도처에서 나타난다. 구질서의 영광은 전혀 없는 것처럼 나타난다. 그러나 이 말씀은 구질서의 영광이 전혀 없다는 뜻이 아니라 새로운 질서의 놀라운 영광과 비교되어 구질서의 영광을 드

그의 권세(ἐξουσία)는 인자의 권세였다. 브루스(A.B. Bruce)에 따르면 "서기관들은 그들의 모든 말을 이전 전통에 의존하는 권세로써(by) 말했다. 예수님은 자신의 영혼으로부터, 진리에 대한 직접적인 통찰력을 가지고, 따라서 응답하는 청중들의 영혼에다 대고 권세 있게 (with) 말했다."[72]라고 서기관의 권세와 예수님의 권세를 올바로 비교한다.

그러면 예수님의 복음 선포와 우리의 복음 선포에는 어떤 차이가 있는가? 예수님의 설교와 우리의 설교를 비교할 때 우리는 대단히 조심스럽게 접근해야 한다. 예수님의 설교와 우리의 설교 사이에는 심각한 차이가 있다. 예수님의 설교는 정확무오하며 하나님 나라 설립과 확장을 위해 기초적인 역할을 하지만 우리들의 설교는 유오할 수 있고 예수님께서 이미 계시해 주신 하나님 나라 복음을 선포하는 것이다. 예수님은 인자(The Son of Man)이시기 때문에 누구와도 비교할 수 없는 유일하신 분이다. 그러나 한 가지 중요한 교훈은 예수님의 설교가 복음(εὐαγγέλιον)을 선포한 사실이라는 점이다. 이 복음은 한 복음으로 천국의 복음이다(갈 1:9). 이 천국의 복음을 우리도 선포해야 한다. 이런 이유로 "이 복음은 모든 믿는 자에게 구원을 주시는 하나님의 능력이 된다"(롬 1:16). 그리스도께서 선포하신 복음이나 우리가 선포하는 복음은 믿는 자에게 구원을 준다는 점에서 공통점을 찾을 수 있다. 모든 복음 선포자는 이런 마음을 가지고 목회를 해야 한다.

러내지 못한다는 뜻이다. 이런 뜻으로 마가복음 2장의 중풍병자 사건을 이해하지 않으면 안 된다. 예수님께서 새로운 복음을 선포할 때 절대적인 권위를 가지고 선포하셨으며 예수님의 복음 선포를 통해 천국이 실현된 것이다. "천지는 없어지겠으나 내 말은 없어지지 아니하리라"(막 13:31)

72. A.B. Bruce, *The Expositor's Greek Testament,* Vol. Ⅰ: *The Synoptic Gospels,* ed. W. Robertson Nicoll (Grand Rapids: Eerdmans, 1976), p. 136.

그렇게 할 때라야만 예수님께서 마가복음 2장에서 중풍병자를 향해 선포할 때 능력이 나타난 것처럼 우리의 설교를 통해서도 능력이 나타날 수 있다.

④ 예수님의 인격과 하나님 나라의 실현

천국의 실현을 증명하는 가장 강력한 설명이 예수님의 존재 자체이다. 천국의 실현은 예수님이 사탄을 대항하여 승리한 데 있다. 천국의 실현은 예수님의 복음 선포에 나타난 권세를 통해 증명된다. 이 모든 것이 천국은 기독론적이요 메시아적인 성격을 띤다는 증거이다. 천국이 실현되었다는 것은 바로 예수님이 그리스도라는 사실에 근거를 둔다. 이 둘 사이는 분리할 수 없다. 왜냐하면 천국의 실현은 그리스도의 임재를 함축하고 그리스도의 임재는 천국의 실현을 내포하기 때문이다. 리델보스(Ridderbos)는 산상보훈에서 심령이 가난한 자, 애통하는 자, 온유한 자, 긍휼히 여기는 자, 의에 주리고 목마른 자 등에 대해 설명하면서 다음과 같은 말로 **천국의 현재면**을 설명한다. 그는 "예수님은 이런 무리들을 복되다고 말한다. 천국이 그들의 것이다. 이 축복은 더 이상 미래의 것이 아니다. 예수 그리스도의 인격 안에서 미래가 현재로 시작되었다. 왜냐하면 그는 왕이시요 그들은 더 이상 홀로 있지 않기 때문이다. 그의 능력이 그들 위에 있고 그들 곁에 있다. 그러므로 그들은 핍박을 받을 때에라도 기뻐할 수 있고 즐거워할 수 있다. 왜냐하면 왕이 그들 앞서 가며 그들은 오로지 왕을 따르면 되기 때문이다."[73]라고 바로 설명한다.

---

73. H.N. Ridderbos, *Matthew's Witness to Jesus Christ* (Seoul: Korea Scripture Union, 1979), p. 31: "In the person of Jesus Christ the future has begun to be the present. For he is the King, and they are no longer alone. His power is over them and at their side."

그리스도의 인격적 임재로 천국이 실현되었다고 증명하는 구절 중 중요한 성경구절은 누가복음 17:20-21이다. 즉 "하나님의 나라는 볼 수 있게 임하는 것이 아니요 또 여기 있다 저기 있다고도 못하리니 하나님의 나라는 너희 안에 있느니라."(눅 17:20-21). 어떤 학자는 이 구절이 **천국의 미래적인 면**을 설명하는 것으로 생각하여야 한다고 주장한다. 리델보스는 천국이 현재 실현된 것을 인정하지만 누가복음 17:20-21을 문맥에 비추어 고려할 때 본 구절이 **천국의 미래면**을 가르친다고 두 가지 이유를 제시한다. 첫째로 바리새인들이 언제 하나님의 나라가 임하는지에 대한 때를 물었기 때문에 예수님은 하나님의 나라가 이미 실현된 상태이므로 종말론적인 미래에 대한 관심을 현재의 실현으로 전환할 이유가 없다. 둘째로 예수님이 종말론적인 미래를 생각하고 계심이 분명한 것은 "여기 있다 저기 있다고도 못하리니 (οὐδὲ ἐροῦσιν)"라는 미래 시상을 사용하여 천국의 임함을 설명한 것이 이를 증명한다고 말한다. 그러므로 리델보스는 "보라 왜냐하면 하나님의 나라는 너희 안에 있느니라"라는 구절이 명백히 왕국의 종말론적인 강림을 가리킨다고 말한다. 즉 왕국이 임하게 될 때 그 왕국은 너희 가운데 있게 된다. 앞으로 임할 종말론적인 왕국은 관찰을 철저히 하는 사람에게만 보이게 될 것이 아니요 누구나 그 임함을 보게 될 것이다. 마치 "번개가 하늘 아래 이쪽에서 번쩍이어 하늘 아래 저쪽까지 비침같이"(눅 17:24) 종말론적인 하나님의 나라의 임함도 누구에게나 보일 것으로 가르친다.[74]라고 **천국의 미래면**을 가르친다고 주

---

74. Herman Ridderbos, *The Coming of the Kingdom*, pp. 473-475. 하나님 나라가 사람들 가운데 임재해 있어 사람들이 붙들 수 있는 가까운 곳에 있으나 사람들이 그 나라를 붙들어야만 소유할 수 있다는 의미로 보고, 본 구절이 미래적인 요소를 함축한다고 해석하기도 한다.

장한다.

이와 반대로 대부분의 학자들은 누가복음 17:20-21의 구절이 **천국
의 현재면**을 가르치는 것으로 해석한다. 그런데 이렇게 본 구절이 천
국의 현재면을 가르친다고 생각하는 학자들 사이에도 본문의 "너희
안에"(ἐντὸς ὑμῶν)를 해석할 때 의견이 양분된다.

보스(Vos)는 전치사 엔토스(ἐντός)는 "너희 가운데"(in the midst of)나
"너희 안에"(within)로 해석할 수 있다고 전제한 다음 이 구절에서는
"너희 안에"로 해석하는 것이 더 타당하다고 말한다.[75] 그 이유는 "엔
토스 휘몬"(ἐντὸς ὑμῶν)이 천국의 현재 실현을 뜻할 뿐 아니라 천국의
영적인 면을 보여주기 때문이라는 것이다.

그런데 엔토스 휘몬을 "너희 안에"(within)로 해석하는 입장에 대해
비판적인 견해를 가지고 있는 학자들은 두 가지의 이유를 들어 이의
를 제기한다. 이 두 가지 이유는 결정적인 것이 되지는 못하지만 문맥
에 비추어 본 구절을 이해할 때 주목의 대상이 된다. 첫째 이의는, 예
수님께서 천국이 바리새인들 안에 있었다고 대답하실 수 없었기 때문
이라는 점이다. 그러나 "너희 안에"를 반드시 말씀을 듣고 있는 사람

---

75. Geerhardus Vos, *Biblical Theology: Old and New Testaments*, p. 408. Vos는 이전에 오히
려 이와는 반대로 ἐντὸς ὑμῶν을 "너희 가운데"(in the midst of)로 해석하는 것이 두 가지
이유로 더 낫다고 말한 바 있다. 첫째 이유는 왕국의 임함에 대한 때를 묻는 바리새인들
의 질문 목적에 적합하기 때문이요, 둘째 이유는 믿지 않는 바리새인들 안에 천국이 임했
다고 말할 수 없기 때문이다(Vos, *The Kingdom of God and the Church*, p. 34). Vos의 이
런 엇갈린 견해를 놓고 어느 견해가 진정으로 Vos를 대표하는 견해인지를 판단할 때 Vos
가 자신의 처음 견해를 후기에 수정했다고 생각할 수밖에 없다. Vos는 *The Kingdom of
God and the Church*를 1903년에 출판했고 *Biblical Theology: Old and New Testaments*
는 1948년에 출판했다(cf. James T. Dennison, Jr., "A Bibliography of the Writings of
Geerhardus Vos(1862-1949)," *The Westminster Theological Journal*, vol. XXXVIII, No. 3
(Spring, 1976), pp. 350-367; cf. Ransom Lewis Webster, "Geerhardus Vos(1862-1949):
A Biographical Sketch," *The Westminster Theological Journal*, vol. XL, No. 2 (Spring,
1978, pp. 304-317). 그러므로 이 구절의 ἐντὸς ὑμῶν의 뜻을 "너희 가운데"로 해석하기보
다 "너희 안에"로 해석하는 것이 Vos의 견해라고 추정할 수 있다.

만 가리킨다고 생각할 수 없고 "사람들 안에"(within people)라는 뜻으로 생각할 수 있기 때문에 고려의 여지를 남겨둔다. 둘째 이의는, 바리새인들은 하나님의 나라가 언제 임하느냐고 천국 강림의 때를 물었기 때문에 엔토스 휘몬을 "너희 안에"로 해석할 수 없다고 주장한다. 그러나 예수님은 "언제"가 중요한 것이 아니라, "어디"가 중요하다는 것을 지적하시기 위해 질문의 방향을 바꾸어 대답하셨을 수 있기 때문에 역시 큰 문제가 되지 못한다.

예수님은 때로 이런 방법으로 질문에 답하신다. 수가성 야곱의 우물가에서도 "주여 그런 물을 내게 주사 목마르지도 않고 또 여기 물 길으러 오지도 않게 하옵소서"(요 4:15)라고 요청한 사마리아 여인에게 예수님은 "가서 네 남편을 불러오라"(요 4:16)라고 다른 방향으로 대답하셨다. 또한 "주께서 이스라엘 나라를 회복하심이 이 때니이까"(행 1:6)라고 천국 강림의 때를 묻는 제자들에게 예수님은 "때와 시기는 아버지께서 자기의 권한에 두셨으니 너희가 알 바 아니요 오직 성령이 너희에게 임하시면 너희가 권능을 받고 예루살렘과 온 유대와 사마리아와 땅 끝까지 이르러 내 증인이 되리라"(행 1:7-8)라고 대답하심으로써 직접적인 대답 대신 그들의 할 일을 명하셨다.

그러면 누가복음 17:20-21의 구절은 하나님 나라의 현재면과 미래면 중 어느 쪽을 가리키는가? 후크마(Hoekema)는 누가복음 17:20-21이 **천국의 현재면**을 가르친다고 말한다. 그러나 후크마가 엔토스 휘몬이 "너희 가운데"나 "너희 안에" 중 어느 것으로 해석되어야 한다고 분명히 언급은 하지 않지만 본문 해석의 방향으로 보아 "너희 가운데"로 해석하는 견해를 따르는 것으로 추정할 수 있다. 후크마는 로마를 멸망시키고 외적이며 극적인 방법으로 세상을 통제할 하나님 나라의 설립 시기에 대한 바리새인들의 질문을 받고 예수님은 "하나님의 나라는 볼 수 있게 임하는 것이 아니요 또 여기 있다 저기 있다고도 못 하리니 하나님의 나라는 너희 안에 있느니라"(17:20-21)라고 대답하셨다는 것이다. 후크마는 "예수님께서 말씀하신 뜻은 정치적 왕국이 굉장한 외적 표적과 함께 임하는 것을 기대하는 대신 바리새인들은 하나님의 나라가 그리스도 자신의 인격으로 그들 가운데 이미 실재함을 인식해야 하고 예수를 믿음으로 천국에 들어갈 수 있다는 것을 인식해야 한다."[76]라는 뜻으로 이 말씀을 하셨다고 해석한다.

벵겔(Bengel)은, "여기 사용된 '안에'는 개개인 바리새인의 마음속을 가리키는 것으로 사용되지 않았고(그리스도는 자기 백성의 마음속에 거하지만, 엡 3:17) 전체 유대 백성을 가리키는 것으로 사용되었다. 메시아이신 왕이 계심으로 여기 왕국이 있는 것이다. 너희들이 보고 듣는 대로 왕국이 여기 있다"고 하여 "너희 안에"(ἐντὸς ὑμῶν)를 예수 자신의 인격적인 현존과 연관시켜 해석했다.[77]

이렇게 볼 때 누가복음 17:20-21의 엔토스 휘몬을 "너희 안에"로 해석하든 "너희 가운데"로 해석하든 명백한 사실은 예수님께서 이 구절을 통해 **천국의 현재적 실현**을 증거하고 있으며 천국의 실현은 바로 그리스도의 임재로 성취되었다는 설명이다. 예수님은 외적, 정치적, 세상적 왕국 개념 대신 천국의 영적인 면을 가르치고 계신다. 하나님의 나라는 바리새인들의 생각처럼 세상적인 왕국이 아니요, 예수님 자신이 왕이신 영적인 왕국임을 가르치신다.[78] 그러므로 예수님이

---

76. Anthony A. Hoekema, *The Bible and the Future* (Grand Rapids: Eerdmans, 1979), p. 48.

77. John A. Bengel, *Bengel's New Testament Commentary*, Vol Ⅰ (Gnomon of New Testament) (Grand Rapids: Kregel Publications, 1981), p. 490.

78. I. Howard Marshall, *Commentary on Luke* (NIGTC, Grand Rapids: Eerdmans, 1978), pp. 655-656. "The saying then fits in with other sayings which speak of the kingdom having reached men in the sense that its saving benefits are now available for them

계신 곳에 하나님의 나라가 현존한 것이다. 헨드릭센(Hendriksen)은, "왕국-왕권은 사람들이 여기 있다 저기 있다고 외칠 수 있는 외적이 며 보이는 실재가 아니라 '성령 안에서 의와 평강과 희락'(롬 14:17)과 같은 내적 특성을 가리킨다. 즉 이런 특성들은 하나님이 왕으로 인정 되는 곳에 존재하는 특성들이다."[79]라고 설명한다. 예수님께서 "하나 님의 나라는 너희 안에 있느니라"고 말씀하셨을 때 예수님은 하나님 나라의 왕이신 자기 자신이 바로 그들 가운데 있음을 상기시키시고 바로 그 증거가 영적인 천국의 현재적 실현을 뜻한다고 가르치신다. 예수님은 천국이 왕이신 예수님을 믿고 그를 왕으로 인정할 때 실현 되는 영적인 실재임을 가르치신다. 그러므로 누가복음 17:20-21은 비 록 다양한 견해가 제시되었지만 하나님 나라의 왕이신 예수님의 임재 를 근거로 볼 때 천국이 현재 실현되었음을 가르치는 것으로 이해하 는 것이 더 타당하다.

마태복음 12:22-30의 내용 가운데서 예수님은 병자들을 고쳐주시 고 귀신을 쫓아내는 사역을 하신다. 그런데 마태복음 12:28은 "내가 하나님의 성령을 힘입어 귀신을 쫓아내는 것이면 하나님의 나라가 이 미 너희에게 임하였느니라"(마 12:28)라고 말씀하신다. 실제로 사탄과 예수님은 대결했고 예수님이 승리하셨다.[80] 래드(Ladd)는, "사탄의 왕

(10:9; 11:20)."

79. William Hendriksen, *The Gospel of Luke* (NTC, Grand Rapids: Baker, 1978), p. 805; cf. Norman Perrin, *Rediscovering the Teaching of Jesus* (New York: Harper and Row, Publishers, 1967), p. 74; G.E. Ladd, *The Presence of the Future* (Grand Rapids: Eerdmans, 1974), p. 279; Ray Summers, *Commentary on Luke* (Waco: Word Books, 1972), p. 202; Joel B. Green, *The Gospel of Luke* (NICNT, Grand Rapids: Eerdmans, 1997), pp. 629-630.

80. 눅 11:20은 "하나님의 성령" 대신 "하나님의 손가락"이라는 표현을 사용했다. 이는 귀신을 쫓아내는 일에 하나님의 직접적인 간섭이 있었음을 가리키기 위해서이다. 그리스도의 인

국은 메시아 왕의 인격 안에서 하나님 나라의 능력에 의해 도전 받아 왔고 더 나아가서 전략적 패배를 겪은 것이다."[81]라고 주장한다. 다른 곳에서 래드(Ladd)는 계속해서 말하기를, "하나님의 나라는 그 미래의 종말론적 나라의 능력이 실제적으로 사탄의 나라에 대한 승리를 확실하게 하는 예수님의 인격 안에서 인류 역사의 무대 안으로 들어왔다는 의미로 도래한 것이다."[82]라고 설명한다. 이처럼 하나님 나라의 실현은 예수님의 임재와 직결된다. 예수님이 계신 그곳에 하나님의 나라가 실현된 것이다(참고. 눅 17:20-21).

성경의 이런 명백한 교훈에도 불구하고 하나님 나라의 실현을 부인하는 것은 있을 수 없는 일이다. 예수님은 자신의 인격과 사역을 통해 천국이 현재 실현된 것이라고 강조하신다. 그러나 이 천국은 완성된 형태가 아니요 그 완성은 미래에 성취될 것이다. 천국은 두 단계를 통해 완성될 것이라고 성경은 가르친다. 그러나 이 천국이 나누인 두 개의 천국이 아니요 하나의 통일된 천국이다. 천국은 현재면과 미래면을 갖고 있으나 역시 통일성을 유지하고 있다. 성경은 하나님 나라의 왕이신 예수님이 이 땅 위에 오셨으므로 왕국이 설립되었지만 이 왕국은 부활하심으로 하나님의 아들로 공표되신 예수님의 재림으로(롬 1:4) 앞으로 완성될 것임을 보여준다(고전 15:23-26). 하나님 나라는 추상적인 개념이 아니요 예수님의 전 생애 즉 예수님의 지상사역 기간, 부활 이후의 천상사역 기간, 재림 후의 예수님의 생애와 연관하여

격적 임재를 통해 하나님의 능력이 나타나고 하나님의 나라가 실현된 것이다(J. Jeremias, *New Testament Theology*, p. 79).

81. Ladd, *Crucial Questions about the Kingdom of God*, p. 87.

82. *Ibid.*, p. 97; Norval Geldenhuys, *Commentary on the Gospel of Luke* (*NICNT*, Grand Rapids: Eerdmans, 1968), p. 440.

연구해야 하는 구체적이며 역사적인 개념인 것을 발견할 수 있다.

(2) 예수님의 부활로 실현된 천국

천국 실현의 제2단계는 메시아의 높아지신 기간을 가리킨다. 즉 예수님의 부활하신 때로부터 재림하실 때까지를 포함하는 기간이다. 이기간은 신약교회가 활동하는 기간이다. 이 기간 동안의 천국의 문제가 대단히 어려울 뿐만 아니라 도전을 많이 받는 영역이다. 교회는 왕국의 전망으로 이해되어야 한다. 그러나 왕국은 교회의 의미로만 해석되어서는 안 된다. 마샬(Marshall)은 말하기를, "교회는 왕국과 동일시되어서는 안 된다. 오히려 교회는 세상에 나타난 왕국 표명의 일부이다. 왜냐하면 교회는 왕국의 메시지를 받아들이는 사람들의 모임이요, 예수를 주와 그리스도로 고백하는 사람들의 모임이며 왕국의 복음을 계속적으로 선포하는 일에 예수님을 대신해 사신 역할을 하는 사람들의 모임이기 때문이다."[83]라고 왕국과 교회의 관계를 정리한다. 교회는 종말론적 공동체요 왕국을 위해 존재한다.

천국 실현의 제2단계는 예수님의 부활을 기점으로 시작하기 때문에 예수님의 부활 사건이 왕국 실현과 어떤 관계가 있는지 고찰하고 또 왕국 실현과 교회와는 어떤 관계가 있는지를 고찰하는 것이 타당할 줄 안다.

첫째, 예수님의 부활이 천국 실현의 둘째 단계를 시작한다.

이 말씀은 예수님의 부활의 중요성을 부각시킨다. 물론 예수님 혼자만이 부활을 통해 둘째 단계를 공표했다고 생각하면 우리들은 사도

---

83. Marshall, "Kingdom of God, of Heaven," *ZPEB*, Vol.3, p. 808.

들의 역할의 중요성을 놓치고 만다. 하지만 사도들의 역할은 예수님의 부활에 의존되어 있다. 구속 역사의 모든 사건 가운데서 그리스도의 부활만큼 결정적이고 중요하며 세기적인 사건은 있을 수 없다. 그리스도의 부활은 예수님과 사탄의 투쟁에서 예수님이 결정적인 승리를 가져오는 사건이다. 사실상 광야에서 시작된 투쟁이 부활에서 승부를 가름한 것이다. 그리스도의 부활은 예수님의 승리와 사탄의 패배를 확실시하는 사건이었다. 예수님의 부활에서 창세기 3:15의 성취를 보게 된다. 물론 예수님의 생애는 예수님과 사탄의 강렬한 개인적 투쟁을 보여주지만 이 투쟁은 개인적 범주 이상의 것이었다. 왜냐하면 예수님은 둘째 아담으로 광야에서 투쟁했으며 부활하실 때 자기 백성을 대표해서 부활하셨기 때문이다(고전 15:20,45). 사탄은 사탄대로 그를 따르는 자들을 대표해서 투쟁했다. 예수님이 시험받으신 사건에서 우리는 하나님 나라와 사탄의 나라 사이의 투쟁을 볼 수 있고 그 투쟁 범위가 넓은 것을 보게 된다. 마찬가지로 예수님의 부활도 그 범위가 넓다. 예수님이 받으신 시험이 왕국의 의의를 포함하고 있는 것처럼(마 4:1-11; 눅 4:1-13 참조) 예수님의 부활도 왕국의 의의를 포함하고 있다. 예수님의 부활은 하나님의 종말론적 통치의 최고 표명인 것이다.

예수님의 부활은 교회와 분리하여 생각할 수 없다. 부활 이전에는 교회가 있었다고 말할 수 없다(마 16:18). 구속 역사적인 관점에서 볼 때 그리스도의 부활과 오순절이 그리스도의 교회의 기초를 놓은 것이다. 물론 이 말은 하나님의 백성의 통일성을 부인하는 것은 아니다. 구약시대의 하나님의 백성과 신약시대의 하나님의 백성 사이에는 통일성이 있다. 그러나 구속역사 성취와 관련된 특별한 기능을 부여받은 교회는 그리스도의 부활 이전에는 존재하지 않았다고 생각할 수 있다. 성경은 교회의 존재와 생명이 부활하신 예수님과 부활 사건에 의존하는 것으로 가르친다. 베드로는 "사람에게는 버린 바가 되었으나 하나님께는 택하심을 입은 보배로운 산 돌이신 예수께 나아가 너희도 산 돌 같이 신령한 집으로 세워지고 예수 그리스도로 말미암아 하나님이 기쁘게 받으실 신령한 제사를 드릴 거룩한 제사장이 될지니라"(벧전 2:4,5)라고 부활하신 그리스도가 산 돌이심을 확실히 한다.[84] 바울은 "첫 사람 아담은 생령이 되었다 함과 같이 마지막 아담은 살려주는 영이 되었다"(고전 15:45)라고 말함으로 예수님이 부활로 인해 살려주는 영($\pi\nu\epsilon\hat{\upsilon}\mu\alpha$ $\zeta\omega\pi\iota\iota\upsilon\hat{\upsilon}\nu$)으로서 그의 백성을 대표하게 되었다고 설명한다. 부활 때에 예수님에게 성취된 것이 그와 연합된 성도들에게도 적용되게 된 것이다. 그리스도의 부활로 인해 성도들은 산 돌이 되었으며 신령한 집으로 세워질 수 있게 되었다. 그리스도의 부활은 하나님 나라와 교회를 위해 중요한 의의를 지닌다. 이런 관점에서 볼 때 하나님 나라와 교회는 상호 연관되며 서로 중첩된 상태라고 할 수 있다. 다른 말로 표현하면 그리스도의 부활로 인해 교회와 왕국이 존재하게 된 것이다. 물론 여기에서 왕국 개념이 교회 개념보다 그 영역이 더 넓다는 것을 인식해야 한다.

둘째, 그리스도의 부활은 왕국이 그 성격에 있어서 메시아적임을 분명히 해준다.

하나님의 왕국은 예수님의 왕국이다. 이 두 개념은 교대로 사용된다.[85] 그리스도의 통치와 하나님의 통치는 동일한 것이다(엡 5:5; 계

---

84. 여기서 산 돌은 부활하신 예수 그리스도를 가리킨다. 벧전 2:6에서 사 28:16을 인용하고, 벧전 2:7에서 시 118:22을 인용한 것은 본 구절의 돌이 구약에서 예언한 대로 그리스도를 가리키고 있다는 증거이다.

85. B. Klappert, "King, Kingdom," *NIDNTT*, Vol.2, p. 388.

11:15; 22:5). 마지막 때에 그리스도는 왕국을 하나님께 바칠 것이다(고전 15:24-28).

신약은 교회가 그리스도의 몸이라고 가르친다. 즉 교회는 예수님의 몸이다(고전 12:27). 그런데 예수님은 몸을 주장하는 교회의 머리이다(엡 1:20-23). 왕국이 예수님의 왕국이요 예수님이 교회의 머리라는 사실은 왕국과 교회가 그리스도를 통해 연관이 된다는 것을 볼 수 있다. 이는 왕국과 교회와의 관계에 있어서 기독론적인 성격이 근본적임을 가르쳐 준다.

이제 왕국과 교회에 있어서 예수님의 부활의 의의를 구체적으로 고찰해 보자. 예수님의 부활은 왕국의 의의를 지닌 사건이며 왕국의 역사에서 교회시대라고 하는 한 국면을 개시한다. 교회와 왕국의 관계를 잘 나타내는 구절은 마태복음 16:18-19이다.

예수님은 유명한 신앙고백을 한 베드로에게 "내가 네게 이르노니 너는 베드로라 내가 이 반석 위에 내 교회를 세우리니 음부의 권세가 이기지 못하리라 내가 천국 열쇠를 네게 주리니 네가 땅에서 무엇이든지 매면 하늘에서도 매일 것이요 네가 땅에서 무엇이든지 풀면 하늘에서도 풀리리라"(마 16:18-19)라고 축복하신다.

베드로의 고백은 구속 역사에서 중요한 위치를 차지한다(마 16:16). 예수님의 축복의 말씀은 베드로의 정확한 고백이 있은 후에 나타난다. 여기서 교회와 왕국은 미래로 나타난다. 교회가 현재 설립된 것이 아니요 미래에 설립될 수밖에 없는 이유는 아직 예수님의 위대한 부활 사건이 미래로 남아 있기 때문이다. 예수님의 견지에서 볼 때 교회의 설립은 미래로 남아있다. 구속 역사의 실현은 예수님의 죽음과 부활에 기초하게 된 것이다. 본문은 미래의 교회 설립을 통해 하나님의 왕국 통치가 실현될 것을 명백히 보여 준다. 어떤 이는 마태복음

16:18에 나타난 교회와 베드로의 관계는 마태복음 16:19에 나타난 왕국과 베드로의 관계와 구분되어야 하므로 마태복음 16:18의 예수님의 말씀은 기독교회에서는 실현되었지만 마태복음 16:19의 말씀은 지상적인 영역을 초월한 미래의 한 시점에서 실현될 것이라고 한다. 그러나 마태복음 16:18과 마태복음 16:19을 분리시키는 것은 자연스럽지 못하며 있을 수 없는 일이다. 그런 주장은 단지 전제를 가지고 본문을 해석하려는 사람에게나 그럴 듯하게 보일 뿐이다. 본문에서 베드로가 천국 열쇠를 행사할 곳이 "땅에서"(ἐπὶ τῆς γῆς)(마 16:19)라는 점은 마태복음 16:18과 마태복음 16:19을 분리하여 생각할 수 없다는 증거이다. 베드로가 천국에 관한 자신의 사명을 감당할 곳이 바로 "땅에서"인 것이다.

천국은 지상에서 실현될 것이다. 천국의 통치가 이루어지는 곳은 교회이다. 베드로가 지상에서 왕국의 기능을 행사하는 것은 그가 교회와 연관되기 때문이다. 그러나 우리는 교회와 왕국을 차별 없이 동일시할 수는 없다.[86] 교회는 지상에 나타난 하나님의 통치의 한 영역이다.

---

86. G. Vos, *The Kingdom of God and the Church* (Nutley: Presbyterian and Reformed Publ. Co., 1972), p. 80; Cf. G. Vos, *Reformed Dogmatics*, Vol. 5 (Bellingham: Lexham Press, 2016), pp. 8-31. R.C.H. Lenski (*Interpretation of St. Matthew's Gospel*. Minneapolis: Augsburg Publishing House, 1964, p. 627)는 "The ἐκκλησία consists of κλητοί who are called out of the world into the kingdom as Christ's own."라고 말했다. G.E. Ladd (*A Theology of the New Testament*. Grand Rapids: Eerdmans, 1974, pp. 111-119)는 교회와 왕국의 차이를 다음과 같이 말한다. 첫째로, 신약성경이 왕국과 교회를 동일시하지 않는다(행 8:12; 19:8; 20:25; 28:23,31). 둘째로, 왕국이 교회를 이룩하게 한다. 하나님의 동력적 통치가 사람들로 하여금 새로운 교제 안으로 들어오게 한다. 셋째로, 교회의 사명은 왕국을 증거하는 것이다. 교회는 왕국을 세울 수 없고 왕국과 동일시될 수 없지만 교회는 왕국에 대해 증거한다. 넷째로, 교회는 왕국의 도구 역할을 한다. 예수님의 제자들은 왕국의 임재에 대한 복음을 선포했을 뿐 아니라 왕국의 도구로서 왕국 사역을 성취하는 데 사용되었다. 다섯째, 교회는 왕국을 위임받은 기관이다. 예수님은 교회에 왕국의 열쇠를 주셨다(마 16:19).

이러한 고찰로 보아 왕국과 교회를 완전히 구분하여 전혀 관계가 없는 것으로 취급하는 것은 예수님의 교훈이 아니다. 교회는 메시아 이신 예수님의 죽음과 부활로 시작된 새로운 시대에 나타난 왕국의 한 형태이다.[87] 이제 예수님의 지상명령을 통해 왕국과 교회의 관계를 연구하도록 하자.

> 예수께서 나아와 말씀하여 이르시되 하늘과 땅의 모든 권세를 내게 주셨으니 그러므로 너희는 가서 모든 민족을 제자로 삼아 아버지와 아들과 성령의 이름으로 세례를 베풀고 내가 너희에게 분부한 모든 것을 가르쳐 지키게 하라 볼지어다 내가 세상 끝 날까지 너희와 항상 함께 있으리라(마 28:18-20)

예수님의 지상명령은 예수님께서 부활하신 후에 명령하신 것이다. 예수님께서 부활 후에 하신 말씀은 그렇게 많지 않다. 예수님의 지상명령에 나타난 천국과 교회와의 관계를 고찰해 보자.

첫째로, 예수님의 지상명령은 천국실현의 제2단계 기간에 성취될 사역을 말씀하는 것이다. 본문은 예수님의 부활과 재림을(ἕως τῆς συντελείας τοῦ αἰῶνος) 명백히 구별한다. 예수님의 부활과 재림 사이에는 모든 족속을 복음화해야 하는 특징이 있다. 그런데 이 복음전파는 교회의 사명이다(눅 24:46-49; 행 1:8). 특히 예수님의 명령, 즉 제자를 삼고 세례를 주고 가르치는 일들은 기독교회의 사명을 설명하는 것이다. 이 기간 동안 교회는 그리스도의 명령을 실천해야 한다.

둘째로, 비록 예수님의 지상명령에 왕국에 관한 분명한 언급은 없

---

87. G. Vos, *The Kingdom of God and the Church*, pp. 85f.

지만 왕국의 실재는 이 문장 속에 나타나 있다. 마태복음 28:18의 권세(ἐξουσία)는 예수님께서 소유하신 왕국의 권세인 것이 명백하다. 본문의 권세는 왕국의 범주 내에서 이해되어야 한다. 이 말씀을 통해 인자와 왕국이 밀접히 연관되어 있음을 볼 수 있다(마 25:31-34; 막 2:1-12). 예수님께서 "하늘과 땅의 모든 권세"(πᾶσα ἐξουσία)를 가지셨다고 말할 수 있었던 것은 자신의 부활 때문이었다. 예수님의 부활 때문에 천국에서 획기적인 전환이 발생하게 되었다. 이 전환은 예수님의 명령에서 반영된다. 예수님의 명령은 왕국의 기초를 놓는 명령이다.[88] 예수님께서 그의 부활을 통해 왕국의 권세를 소유하셨기 때문에 제자들은 모든 민족으로 제자를 삼을 수 있는 것이다. "하나님의 보내심을 받은 예수님이 마귀의 사역을 파괴하고 그의 통치로부터 사람들을 뺏어올 수 있는 권세를 가지셨다(눅 4:36). 그리고 예수님은 그가 파송한 제자들에게 그의 권세를 전수 하실 수 있다(마 10:1; 막 3:15; 6:7; 눅 9:1; 10:19).[89] 그의 부활을 통해 권세를 받으신 예수님은 그의 권세를 제자들에게 전수해 주셔서 교회를 섬기게 하신다. 여기서 교회와 왕국의 밀접성이 나타난다. 교회는 왕국의 표명인 것이다.

셋째로, 예수님께서 가르치신 비유는 천국에 대한 교훈을 함축한다. 마태복음 13장에 나오는 비유들은 그리스도의 재림으로 이루어질 완성의 때를 향한 기간을 설명하고 있다. 이 사실은 마태복음 13:3-

---

88. Calvin은 다음과 같이 말했다. "We must note, His authority was not openly displayed until He rose from the dead. Only then did He advanced aloft, wearing the insignia of supreme King." John Calvin, *A Harmony of The Gospels Matthew, Mark and Luke*, vol. III (Edinburgh: The Saint Andrew Press, 1972), p. 250.

89. ἐξουσία는 신약에서 108회 사용되었다. ἐξουσία와 δύναμις는 함께 그리스도 사역의 특징을 가리키며 하나님 나라와 밀접히 연관되어 사용된다(눅 9:1,2; 막 9:1). cf. O. Betz, "ἐξουσία," *NIDNTT*, Vol. 2 (Grand Rapids: Zondervan, 1977), pp. 609-610.

8(비유)과 마태복음 13:18-23(해석)을 비교하면 더욱 분명해진다. 씨 뿌리는 비유에서 수확이 강조된 것은 의심의 여지가 없다. 이 수확의 성질 자체와 예수님의 비유 해석은 왕국의 수확을 가리키는 것이 명백하다. 그러나 이 비유에서 수확만을 유일한 관심으로 삼는 것은 비유를 너무 제한하는 것이다. 비유에 묘사된 수확은 즉시 발생할 것이 아니요 역사적인 과정을 거친 다음에 있을 것이다. 우리는 씨 뿌리는 비유(마 13:3-8)와 그 해석(마 13:18-23) 사이에 다른 구절이 삽입되어 있다는 사실을 주의 깊게 관찰하지 않으면 안 된다. 씨 뿌리는 비유와 그 해석 사이에 삽입된 말씀은 천국에 관한 말씀이요 천국 복음 선포에 관한 말씀이다(마 13:11; 13:14-15 참조). 제자들이 "어찌하여 그들에게 비유로 말씀하시나이까"(마 13:10)라고 물을 때 예수님은 "천국의 비밀을 아는 것이 너희에게는 허락되었으나 그들에게는 아니 되었나니" (마 13:11)라고 대답하셨다. 이는 조금 전에 가르치신 씨 뿌리는 비유가 천국에 관한 비유인 것임을 증거한다. 제자들에게 허락된 천국의 비밀은 예수님의 인격과 사역 안에서 하나님의 나라가 이미 임했다는 것이다.[90] 씨 뿌리는 비유에서 뿌려진 씨는 말씀을 가리키고 씨 뿌리는 자는 천국의 복음을 뿌리는 자이다(마 13:9).

씨 뿌리는 자의 비유에서 나타나는 예수님의 교훈은 천국 복음을 뿌리는 노력이 시간을 두고 계속되며 완성된 수확은 미래로 남아있게 될 것이라는 것이다. 특히 재림 이전의 기간 동안에는 복음 선포가 천국의 역사적 단계의 한 특징으로 나타난다. 천국은 완성을 향해 전진할 것이며 그 기간이 바로 예수님의 부활과 재림 사이의 기간이요 교

---

90. Herman N. Ridderbos, *Matthew* (*Bible Student's Commentary*) (Grand Rapids: Zondervan, 1987), p. 254.

회가 사역해야 할 기간이다.

마가복음 4:26-29에 기록된 자라나는 씨의 비유 역시 같은 교훈을 강조한다. "또 이르시되 하나님의 나라는 사람이 씨를 땅에 뿌림과 같으니 그가 밤낮 자고 깨고 하는 중에 씨가 나서 자라되 어떻게 그리 되는지를 알지 못하느니라 땅이 스스로 열매를 맺되 처음에는 싹이요 다음에는 이삭이요 그 다음에는 이삭에 충실한 곡식이라 열매가 익으면 곧 낫을 대나니 이는 추수 때가 이르렀음이니라"(막 4:26-29)

자라나는 씨의 비유 역시 종말론을 강조한다. 이 비유는 예수님의 재림 전에 수확이 있을 것을 강조하며 바로 그 부분이 이 비유의 가장 중요한 내용이라고 할 수 있다. 우리는 씨가 나서 자라는 과정을 설명할 수가 없다. 농부는 그 과정을 알지 못한다(막 4:27). 그럼에도 불구하고 씨가 나서 자라는 과정은 계속된다. 예수님의 관심은 이 과정 동안 성장과 발전이 있지만 이는 신비스러운 발전이며 우리가 계산할 수 없는 그런 발전임을 가르치신 것이다. 예수님은 여기서 성령의 신비로운 활동을 염두에 두고 말씀하신 것이다. 이 씨가 나서 자라는 기간이 교회의 사역 기간이요 왕국의 기간이다. 교회는 종말론적인 공동체로서 이 기간 동안 왕국 복음을 선포할 책임을 지고 있다. 그런데 이 비유뿐 아니라 가라지 비유(마 13:24-30)와 그 비유의 해석(마 13:36-43) 또 그물 비유(마 13:47-50) 등이 예수님의 재림 이전의 기간에 복음 전파가 있어야 할 것이라고 가르친다.

지금까지의 연구는 예수님의 부활과 재림 사이의 기간이 왕국의 기간이요 이 기간 동안 교회는 왕국을 증거하는 역할을 해야 한다는 것을 보여준다. 따라서 이 기간은 교회의 기간이기도 하다. 교회와 왕국을 동일시할 수는 없지만 별개의 것으로 생각할 수도 없다. 교회는 이 세상에서 왕국을 증거하는 왕국의 표명이다.

(3) 예수님의 재림으로 완성된 천국

천국 실현의 제3단계는 인자의 재림으로 시작된다. 제3단계는 제2단계보다 더 복잡하지 않다. 세상 끝에 천국의 강림이 있다고 말하는 성경 구절들을 연구하면 제3단계의 천국을 이해할 수 있다.

또 너희에게 이르노니 동 서로부터 많은 사람이 이르러 아브라함과 이삭과 야곱과 함께 천국에 앉으려니와 그 나라의 본 자손들은 바깥 어두운 데 쫓겨나 거기서 울며 이를 갈게 되리라(마 8:11-12)

본문의 천국은 아브라함과 이삭과 야곱과 다른 사람들이 같이 있을 수 있는 곳이다. 그 곳은 나라의 본 자손들이 바깥 어두운 데 쫓겨나 들어갈 수 없는 곳이다. 여기서 나라의 본 자손들은 유대인들을 가리키는 것이 분명하다. 이 말씀 가운데 나타난 천국은 일반 부활과 마지막 심판 이후에 있을 천국을 가리킴이 확실하다. 즉 여기 언급된 천국은 예수님 재림 후에 있을 천국을 가리킨다.

우리는 천국을 그 천국의 주인이 되신 왕의 활동 단계와 비교하면서 설명했다. 마태복음 8:11-12에 기록된 "동 서로부터 많은 사람이 이르러 아브라함과 이삭과 야곱과 함께 천국에 앉으려니와 그 나라의 본 자손들은 바깥 어두운 데 쫓겨나 거기서 울며 이를 갈게 되리라"의 말씀은 제3단계 즉 예수님의 재림 후에 있을 천국을 가리킨다.

예수님의 재림 후에 있을 천국을 묘사하는 다른 구절은 마태복음 25:31-34이다.

인자가 자기 영광으로 모든 천사와 함께 올 때에 자기 영광의 보좌

에 앉으리니 모든 민족을 그 앞에 모으고 각각 구분하기를 목자가
양과 염소를 구분하는 것같이 하여 양은 그 오른편에 염소는 왼편
에 두리라 그 때에 임금이 그 오른편에 있는 자들에게 이르시되 내
아버지께 복 받을 자들이여 나아와 창세로부터 너희를 위하여 예비
된 나라를 상속 받으라 …… 또 왼편에 있는 자들에게 이르시되 저
주를 받은 자들아 나를 떠나 마귀와 그 사자들을 위하여 예비된 영
원한 불에 들어가라(마 25:31-34,41)

본문에서 성도들이 천국을 상속받는 것은 재림의 때이다. 적어도
인자가 영광으로 온 후에 성도들이 천국을 상속받을 수 있다(마 25:31).
리델보스(Ridderbos)는, "창세로부터, 즉 영원으로부터 준비된 택하신
자들을 위한 하나님의 계획은 결국 그 완성에 도달했다. 진정으로 이
것이 위대한 목표였고 그 목표를 위해 온 세상이 창조되었다."[91]라고
해석한다. 그런데 인자가 영광 중에 오시는 때가 바로 왕국의 왕이 오
시는 때요 마지막 심판이 있을 때이다. 왜냐하면 왕국의 주인이신 왕
이 인자요 심판주가 왕이기 때문이다. 재림의 때는 천국 복음이 모든
민족에게 전파된 때요 하나님의 택하신 자들이 모두 모인 때이기도
하다(마 24:14; 마 24:30-31 참조). 렌스키(Lenski)는, "예수님 재림 후에 설
립되는 왕국에서는 우리가 그리스도와 함께 통치하게 될 것이다. 우
리는 왕이 되는 것이다. 그리스도는 왕들(우리들)의 왕이요 주들(우리
들)의 주가 되시는 것이다."[92]라고 바르게 해석한다. 본문의 천국은 예
수님의 재림으로 시작될 제3단계 천국을 가리키는 것이 명백하다.

91. H.N. Ridderbos, *Matthew* (*Bible Student's Commentary*, Grand Rapids: Zondervan, 1989), p. 467.

92. Lenski, *The Interpretation of St. Matthew's Gospel*, p. 990.

그런데 예수님의 말씀 가운데 단계적인 천국을 구체적으로 지칭하는 말씀이 있는 반면 천국 전체를 가리키는 말씀도 있음을 알아야 한다. 이런 구절은 천국의 통일성을 생각할 때 아무런 문제가 되지 않는다. 예수님의 천국에 관한 어떤 말씀은 천국을 전체적으로 가리키기 때문에 시간의 구별 없이 설명하는 경우가 있다. 넓은 의미로 생각할 때 그런 진술은 천국을 완성된 상태로 설명하는 것이다. 어떤 구절에서는 예수님이 미래의 왕국을 설명하는 것으로 나타나지만 사실상 전체 왕국을 미래적인 관점에서 설명하는 경우가 있다(마 10:23; 26:64 참조).

지금까지 우리는 예수님의 생애의 활동 단계를 세 가지로 나누어 천국의 단계적 실현을 생각했다. 미래의 종말론적 소망은 예수님의 메시아적 세 단계에 상응하여 실현되었다. 그러므로 예수님 자신은 제1단계에서 미래의 높아지심을 바라보셨고 그 너머 재림으로 시작될 단계를 내다 보셨다. 왜냐하면 예수님은 단계적으로 실현될 전체 왕국의 주인으로서 처음과 나중을 아시기 때문이다.

4. 천국에 관한 난해한 구절

천국의 통일성을 명심하는 가운데 천국을 세 단계로 생각하면 그 구조가 더 성경적이요 구체적이 된다. 이제 이런 구조를 염두에 두고 복음서에 나타난 천국에 관한 구절로 논란의 대상이 되는 구절을 생각해 보기로 하자.

(1) 마태복음 10:23(마 16:28; 눅 9:27)

이 동네에서 너희를 박해하거든 저 동네로 피하라 내가 진실로 너
희에게 이르노니 이스라엘의 모든 동네를 다 다니지 못하여서 인자
가 오리라(마 10:23)
진실로 너희에게 이르노니 여기 서 있는 사람 중에 죽기 전에 인자
가 그 왕권을 가지고 오는 것을 볼 자들도 있느니라(마 16:28)
내가 참으로 너희에게 이르노니 여기 서 있는 사람 중에 죽기 전에
하나님의 나라를 볼 자들도 있느니라(눅 9:27)

앞에 언급된 구절들은 해석하기 어려운 구절들이다. 마태복음
10:23과 마태복음 16:28은 같은 내용을 담고 있기 때문에 같이 취급
하는 것이 좋다. 이 구절들은 난해성 때문에 다양한 해석을 보여준다.
대부분의 교회 교부들은 이 구절이 변화산 사건을 가리키는 것으로
해석한다. 칼빈(Calvin)과 베자(Beza)는 이 구절이 부활과 승천을, 고데
(Godet)는 오순절과 그 이후의 표적을, 뇌스겐(Nösgen)은 기독교의 전
파를, 에라스무스(Erasmus)는 복음의 내적 발전을, 알포드(Alford)는 예
루살렘의 멸망을, 바이스(Weiss)와 홀츠만(Holtzmann)은 왕국의 재림을
가리키는 것으로 해석한다.[93] 플루머(Plummer)는 누가복음 9:27을 해
석하면서 이 구절이 변화산을 가리킬 수도 있고 예루살렘 멸망을 가
리킬 수도 있으나 둘 중에 선택을 해야 한다면 예루살렘 멸망을 택하
겠다고 말한다.[94]

---

93. A. Plummer, *A Critical and Exegetical Commentary on The Gospel According to St. Luke* (*I.C.C.*, Edinburgh: T and T Clark, 1956), p. 249.

94. *Ibid.*, p. 250.

그런데 어떤 학자는 인자의 오심을 재림만으로 해석하여 예수님이 실수했다고 주장하고 또 어떤 이는 마태가 마태복음을 편집할 때이 구절을 잘못 삽입했다고 주장하기도 한다. 이런 주장은 예수님의 신성과 무오성을 파괴하거나 성경의 영감을 믿지 못하며 성경의 문맥을 바로 터득하지 못하고 해석한 데서 생기는 잘못된 해석들이다. 예수님이 인자의 오심에 대해 실수했다고 생각할 수 없으며 마태가 이 구절을 잘못 삽입했다고 생각할 수는 없다.

마태복음 10:23은 재림의 요소를 내포하는 구절임에 틀림이 없다. 왜냐하면 인자의 오심에 대한 내용이 마태복음 다른 구절에 언급될 때는 그리스도의 재림과 연관되었기 때문이다. 마태복음 16:27,28은 "인자가 아버지의 영광으로 그 천사들과 함께" 오시겠다고 기록하고, 마태복음 19:28은 "인자가 자기 영광의 보좌에 앉을 때에" 심판하실 것이라고 증언한다. 마태복음 24:27은 인자의 오심이 누구나 볼 수 있게 발생할 것으로 말한다. 인자의 오심은 갑자기 나타날 것이며(마 24:37, 39, 44) 능력과 큰 영광 가운데 구름을 타고 오실 것이다(마 24:30). 이상의 구절들을 볼 때 마태복음 10:23의 내용에서 재림의 요소를 배제할 수는 없다.

그러면 예수님이 마태복음 10:23에서 자신의 재림을 염두에 두고 말씀하신 것인가? 만약 예수님이 자신의 재림을 생각하고 말씀하셨다면 "이 동네에서 너희를 박해하거든 저 동네로 피하라 내가 진실로 너희에게 이르노니 이스라엘의 모든 동네를 다 다니지 못하여서"(마 10:23)를 어떻게 인자의 오심과 조화시킬 수 있겠는가? 마태복음 10:23을 전체적으로 생각할 때 이는 인자의 임박한 강림을 가르치는 것이 명백하다. 특히 마태복음 16:28의 "여기 서 있는 사람 중에 죽기 전에 인자가 그 왕권을 가지고 오는 것을 볼 자들도 있느니라"고 말씀하신 내용은 인자의 임박한 강림을 명백히 가르치고 있다. 마태복음 10:23이나 마태복음 16:28은 기독론적인 강조를 하므로 왕국개념과 연관을 시키고 있다. 누가복음 9:27은 "여기 서 있는 사람 중에 죽기 전에 하나님의 나라를 볼 자들도 있느니라"(눅 9:27)라고 말함으로 인자의 오심과 왕국과의 관계를 더 명백히 한다.

예수님은 자신을 인자로 생각하셨다. 인자이신 자신이 죽은 지 사흘 만에 부활할 것이며 이 부활로 말미암아 인자의 신분이 명확해 질 것을 말씀하셨다(눅 9:18-27; 마 17:22-23 참조). 예수님의 부활은 천국의 새로운 단계를 시작하는 것이며 예수님의 사역의 새로운 면이 전개되는 것이다. 예수님의 부활과 왕국은 떼려야 뗄 수 없는 관계를 가지고 있다. 변화산 사건 후에 예수님은 "인자가 죽은 자 가운데서 살아나기 전에는 본 것을 아무에게도 이르지 말라"(마 17:9)라고 제자들에게 당부하셨다. 변화산 사건은 하나님 아버지께서 예수님의 메시아 되심을 재확인하는 사건이다. 왜냐하면 예수님이 세례 받으실 때 확인 받으신 것처럼 변화산 사건에서도 "이는 내 사랑하는 아들이요 내 기뻐하는 자니 너희는 그의 말을 들으라"(마 17:5; 마 3:17 참조)라는 하나님 아버지의 확인이 있었기 때문이다. 그런데 변화산 사건에서 중요한 요소는 예수님의 변형이다. 예수님이 저희 앞에서 변형되셨다 ($\mu\varepsilon\tau\varepsilon\mu\omicron\rho\phi\acute{\omega}\theta\eta$). 변화산 사건을 묘사하는 누가복음 9:32은 제자들이 예수님의 영광($\delta\acute{o}\xi\alpha$)을 보았다고 기술한다. 우리는 여기서 영광이 왕국의 특징과 연관하여 사용된 것을 알아야 한다.

우리는 "인자가 죽은 자 가운데서 살아나기 전에는 본 것을 아무에게도 이르지 말라"(마 17:9)라고 하신 말씀을 변화산 사건에 비추어 이해하지 않으면 안 된다. 변화산 사건은 제자들이 높아지신 예수님의 모습을 미리 보았다는 것을 가르쳐 준다. 제자들이 영광 중에 계신 그리스도를 본 것이다. 사실상 제자들은 볼 수 없는 것을 보도록 허락받은 것이다. 구속 역사적인 입장에서 볼 때 아직 발생하지 않은 사건을 제자들이 미리 볼 수 있었던 것이다. 그러므로 예수님은 인자가 죽은 자 가운데서 살아나기 전에는 본 것을 아무에게도 이르지 말라고 경고하신다. 이 사건은 아직 전파될 성질의 사건이 아니다. 적당한 때가 이르면 그들은 높아지신 그리스도에 대해 증인 역할을 하게 될 것이다(눅 24:48; 행 1:8). 그러나 지금은 그 때가 아니라는 것이다. 예수님은 여기서 그 때는 자신의 부활로 시작될 것이라고 말씀하신다. 예수님은 인자의 영광은 반드시 완성된 재림의 때까지 기다릴 필요가 없다고 가르치고 계신다.[95] 예수님은 인자의 영광이 자신의 초자연적인 부활을 통해 임박한 장래에 표명될 것이라고 가르치신다. 바로 그 때가 예수님의 높아지심의 영광이 시작되는 새로운 시대의 시작이며 바로 이 사실이 온 천하에 선포되어야 할 것이다.

마태복음 10:23이나 마태복음 16:28은 예수님께서 자신의 부활로부터 시작되는 높아지심의 시대를 처음부터 끝까지 한꺼번에 보신 것을 가르쳐준다.[96] 헨드릭센은 이 구절을 해석하면서 예수님이 "예언적 원근 축소"(Prophetic foreshortening)[97]방법을 사용하셨다고 해석한다. 예수님이 그의 높아지심의 시작부터 끝까지를 한꺼번에 보신 것이다. 리델보스(Ridderbos)는 예수님이 포괄적이며 구분하지 않는 의미로 예

---

95. 요한은 예수님의 성육신에서 이미 영광이 나타남을 보았다. "말씀이 육신이 되어 우리 가운데 거하시매 우리가 그의 영광을 보니 아버지의 독생자의 영광이요 은혜와 진리가 충만하더라"(요 1:14)

96. 베드로는 오순절 사건을 통해 재림 때에 있을 심판의 사건까지 볼 수 있었다. 베드로는 오순절 사건과 심판 사건을 망원경으로 보듯 한꺼번에 본 것이다(행 2:17-18과 19-20 비교). 더 자세한 설명은 박형용, 『사도행전주해』(수원: 합신대학원출판부, 2017), pp. 69-71, 314-315를 참고하라.

97. Hendriksen, *The Gospel of Matthew*, pp. 467, 659.

언적 견지에서 이 구절을 말씀하셨다고 해석한다.[98] 쟌(Zahn)은 "예수님이 자신의 오심에 대한 말씀(마 10:23; 16:28)을 하실 때 예언의 특성에 따라 최종적인 사건들의 주요한 요소들, 즉 자신의 재림을 준비적인 시작과 함께 요약하고 있는 것이다."[99]라고 말했다. 이 구절들은 우리의 눈에는 멀리 떨어져 있는 것으로 보이는 역사적 사건들의 정상을 예수님께서 한꺼번에 보고 계신다는 사실을 가르쳐 준다. 예수님은 자신의 부활로부터 시작하여 재림에 이르는 높아지신 상태 전체를 한꺼번에 보신 것이다.

그러므로 마태복음 10:23과 마태복음 16:28은 예수님의 부활의 때를 시작으로 예수님의 재림의 때까지 인자가 왕권을 행사하며 하나님 나라를 확장할 것임으로, 예수님께서 "이스라엘의 모든 동네를 다 다니지 못하여서 인자가 오리라"(마 10:23)라고 말씀한 내용과 상충되지 않으며 또한 "여기 서 있는 사람 중에 죽기 전에 인자가 그 왕권을 가지고 오는 것을 볼 자들도 있느니라"(마 16:28)라는 말씀과도 전혀 상충이 되지 않는다. 예수님은 그의 부활의 때부터 인자의 왕권을 행사하셨다. 인간의 제한된 안목으로는 불가능하지만 창조에서 구속을 보신 그리스도는 그의 부활과 재림을 한 눈으로 보신 것이다. 예수님께서 자신의 높아지신 상태를 시작부터 끝까지 하나로 보시는 데 큰 어려움이 있을 수 없다. 그러므로 예수님이 미래에 대해 잘못 판단했다고 생각하는 슈바이처의 주장은 용납할 수 없다.[100]

---

98. Ridderbos, *The Coming of the Kingdom*, p. 506.

99. T. Zahn, *Evangelium des Matthaeus*(1922), p. 675.

100. A. Schweitzer, *The Mysticism of Paul The Apostle* (London: Adam and Charles Black, 1967), pp. 58f.

(2) 마태복음 26:64(막 14:62; 눅 22:69)

예수님께서 십자가의 죽음을 앞에 두고 재판을 받으신다. 예수님이
재판을 받으실 때 인자의 오심에 대해 설명하는 구절들이 있다. 이 구
절들은 예수님께서 대제사장 가야바(Caiaphas)에게 대답하신 말씀으로
나타난다. 대제사장 가야바가 "네가 하나님의 아들 그리스도인지 우
리에게 말하라"(마 26:63)라고 물을 때 그 물음에 대한 답으로 예수님께
서 말씀하신 것이다.

> 예수께서 이르시되 네가 말하였느니라 그러나 내가 너희에게 이르
> 노니 이후에 인자가 권능의 우편에 앉아 있는 것과 하늘 구름을 타
> 고 오는 것을 너희가 보리라(마 26:64)
> 예수께서 이르시되 내가 그니라 인자가 권능자의 우편에 앉은 것과
> 하늘 구름을 타고 오는 것을 너희가 보리라(막 14:62)
> 그러나 이제부터는 인자가 하나님의 권능의 우편에 앉아 있으리라
> (눅 22:69)

누가복음은 인자가 하나님의 권능의 우편에 앉은 것만 언급하고
시간을 규정하는 부사는 사용하지 않았다. 즉 인자의 오심에 대해서
는 언급이 없다. 그러나 "이제부터는"(ἀπὸ τοῦ νῦν)이라는 말씀이 시간
을 규정하고 있다. 그런데 마태복음과 마가복음에는 인자가 구름을
타고 오실 것이라고 언급한다. 즉 마태복음과 마가복음은 재림에 관
하여 명백하게 언급한 반면 누가복음은 함축적으로 언급한다. 그리고
마태복음과 누가복음은 예수님의 말씀의 신속한 성취를 가리키는 내
용을 포함시킨다. 마태복음의 "이후에 …… 너희가 보리라"(ἀπὸ ἄρτι

ὄψεσθε)와 누가복음의 "이제부터는"(ἀπὸ τοῦ νῦν)은 예수님의 말씀이 멀지 않은 장래에 성취될 것임을 뜻한다. 마가복음도 마태복음과 누가복음처럼 명백한 진술은 없지만 예수님의 말씀의 신속한 성취를 함축하고 있다. 마가복음의 인접 문맥으로 보아 예수님의 말씀이 지체 없이 성취되리라는 것을 알 수 있다.

따라서 마태복음 26:64과 마가복음 14:62, 그리고 누가복음 22:69은 재림의 개념과 임박한 성취의 개념을 같이 내포하고 있다. 이 말씀은 인자의 오심에 대해 마태복음 10:23과 16:28의 말씀이 설명하는 것처럼 예수님께서 자신의 높아지심의 기간을 처음부터 끝까지 한꺼번에 보신 것으로 생각하면 크게 문제될 것 없다. 본문에서 오해를 불러일으킨 이유는 예수님의 임박한 강림의 개념과 구름을 타고 오시는 개념이 동시에 나타나기 때문이다. 즉 두 부사구가 같은 사건을 가리키고 있으며 그 사건이 지체 없이 성취될 것으로 생각하기 때문이다.

그러나 이는 큰 문제가 되지 않는다. 왜냐하면 이 구절들은 예수님의 높아지심의 위치와 구름을 타고 오실 것을 구분할 뿐 두 사건을 상충시키고 있지 않기 때문이다. 예수님은 메시아의 높아지심을 반드시 재림으로 시작되는 기간부터 계산할 필요가 없다고 말하고 있다. 예수님은 메시아의 높아지심은 자신의 높아지심, 즉 부활의 영광으로부터 시작될 것이라고 말씀하신다. 스톤하우스(Stonehouse)는, "비록 하나님의 통치의 역사적 표명이 시대의 완성 때까지는 그 이상과 절대에 도달할 수는 없을지라도 옛 시대에서 새 시대로의 전환은 부활을 통해 그의 주님 되심의 완전한 주권행사를 하게 되는 그리스도의 높아지심에서 발생한 것이다."[101]라고 설명한다. 본문에서 예수님의

---

101. Ned. B. Stonehouse, *op. cit.*, p. 243.

구약 인용은 이 해석의 타당성을 증거한다. 예수님은 부사구에 해당하는 두 구절을 구약성경 두 곳에서 인용한다. 인자가 권능의 우편에 앉는 것은 시편 110:1에서 인용했고, 구름을 타고 오시는 것은 다니엘 7:13에서 인용한 것이다. 그런데 인자가 권능의 우편에 앉는 내용은 신약에서 높아지심의 기간으로 취급한다(행 2:34-35; 엡 1:20; 히 8:1). 다니엘 7장의 내용은 이중적으로 실현되었다. 신약의 교훈에 따르면 인자의 오심은 초림과 재림이라는 이중적인 면으로 실현되었다. 일반적으로 구름을 타고 오시는 것은 예수님이 심판주로 재림하실 사건을 가리키곤 한다(마 24장; 25:31 이하).

본문에 나타난 "인자가 권능의 우편에 앉은 것"(καθήμενον ἐκ δεξιῶν τῆς δυνάμεως)과 "하늘 구름을 타고 오는"(ἐρχόμενον ἐπι τῶν νεφελῶν τοῦ οὐρανοῦ)이라는 두 부사 구절이 한 사건을 수식하는 것으로 생각하기보다는 두 개의 사건을 가리키는 것으로 이해하는 것이 더 타당하다.[102]

"인자가 권능의 우편에 앉은 것"은 예수님의 부활과 승천을 가리키며, "인자가 하늘 구름을 타고 오는 것"은 예수님의 재림 사건을 가리킨다. 예수님께서 한 사건, 즉 부활과 승천의 사건을 예시하며 또한 다른 사건, 즉 재림을 예언하고 있다. 어떤 이는 이렇게 생각하는 것이 오히려 문제를 유발하며 어려움에 봉착하도록 하기 때문에 한 사건으로 생각해야 한다고 주장한다. 그러나 본문 말씀과 같은 교훈은 신약에서 얼마든지 찾아볼 수 있고 이는 예언적 전망을 보여주는 한

---

102. William L. Lane, *The Gospel According to Mark* (*NICNT*, Grand Rapids: Eerdmans, 1974), p. 537: "The utterance of verse 62b brings together Ps. 110:1 and Dan. 7:13(cf. Isa. 52:8), in a formulation describing the enthronement and Parousia of the Son of Man, while the context leaves no doubt that Son of Man is a self-designation."

예에 지나지 않는다. 미래의 사건을 말하는 예언적 방법은 반드시 미래의 사건들을 연대기적으로 나열하면서 말하지 않는다. 예언의 기능 자체가 미래의 사건 자체를 구체적으로 설명하는 것이 아니다. 오히려 예언의 기능은 긴박성을 보여주며 예언된 사건이 성취될 확실성을 보여주는 것이다.

그러면 왜 예언자들이 미래에 대한 시간적 전망을 명백하게 하지 않는가? 이렇게 명백하지 않은 예언은 잘못된 것이 아닌가? 그러나 그것은 예언의 특성이요 잘못이 아니다. 오히려 우리가 미래 사건에 대한 예언의 시간성을 과학적인 방법으로 이해하려는 데 문제가 있다. 예언자들은 미래를 바라보며 하나님의 오심을 미리 말한다. 그러나 예언자들이 매 사건의 정확한 날짜를 명백히 말할 수는 없다. 예언자는 구속 역사의 모든 단면들을 구별할 수 없다. 하나님의 아들까지라도 그 날과 그 때 즉 마지막 때를 알 수 없고 아버지만 알고 계신다(막 13:32). 예언자들에게는 하나님의 미래 활동의 다양성이 하나의 위대한 실재로 보이는 것이다. 예수님의 교훈에 나타난 신약의 전망으로는 하나님의 종말론적 강림이 몇 단계로 성취되지만 구약에서는 그런 사건의 전개를 전혀 찾기 힘들다.

구약에서 하나님의 구속사역의 전개는 시간성에 관한 한 구별을 하지 않고 통일된 모습으로 묘사된다. 우리 눈에는 이천년의 간격이 있는 사건들이 구약의 예언에서는 망원경을 통해 보듯이 하나로 묶여 보인다. 마태복음 26:64과 마가복음 14:62의 경우도 이와 같다. 본문에서 두 사건을 묘사하고 있지만 예수님의 입장에서 볼 때 두 사건은 구별되지 않은 통일된 사건으로 보이는 것이 명백하다. 예수님께서 다른 곳에서는 부활과 승천과 재림을 나누어서 말씀하시기도 했지만 여기서는 망원경을 통해 보듯 통일된 한 높아지심의 사건으로 보신 것이다. 여기서 예수님은 자신이 구약 예언자들과 가깝다는 것을 보여주셨다. 예수님은 모세가 예언한 위대한 선지자, 종말론적 선지자이다(신 18:15; 행 3:22). 예수님은 본문을 통해 구약의 예언자들과는 대단히 가까움을 보여 주셨으나 구체성을 강조하는 후기 유대주의 예언자들과는 큰 대조를 이룬다. 예언적 전망의 원리를 이해하는 것은 성경해석을 하는데 대단히 중요한 역할을 한다. 예언적 전망의 원리는 구약의 예언을 이해하는 데 필수적이며 예수님의 종말론적 교훈을 이해하는 데 필요 불가결한 것이다(마 24-25장 참조).

5. 왕국의 통일성

우리는 천국의 통일성을 망각해서는 안 된다. 비록 천국이 여러 역사적 단계를 통해 실현되지만 하나의 실재라는 것이다. 천국의 다른 단계를 생각할 때 우리는 서로 다른 천국을 다루는 것으로 생각해서는 안 된다. 때로 하나의 천국만을 강조할 경우 종말론은 마치 재림 때에 발생할 사건만으로 제한되고 성도들의 현재 경험은 비종말화하는 경향이 있게 된다. 웨스트민스터 소요리 문답 102문[103]에 대한 답은 현재 왕국과 미래 왕국을 구분 짓는다. 102문의 답[104]은 은혜의 왕국과 영광의 왕국을 구분하므로 왕국의 통일성을 파괴하는 듯하다. 이는 마치 현재 왕국은 영광이 결여된 듯한 암시를 하며(고후 3:18 참조) 미래

---

103. 주기도문의 둘째 기도에서 우리는 무엇을 구하는가? (소요리문답 102문)

104. 주기도문의 둘째 기도에 나라이 임하옵소서 함은 사탄의 나라가 멸망하고 은혜의 나라가 흥왕하여 우리와 다른 사람으로 하여금 그리로 들어가 항상 있게 하시고 또 영광의 나라가 속히 임하게 하옵심을 구하는 것이다.

왕국은 은혜가 결여된 듯한 암시를 한다. 그러나 마지막 단계인 미래 왕국은 은혜가 충만한 왕국이다. 왕국의 통일성의 특별한 성격은 시간성에 관한 한 생략적이라는 점이다. 두 점이 한 점으로 언급된다. 헨드릭센(Hendriksen)의 말을 다시 빌리면 이는 "예언적 원근 축소"[105] 의 성격을 나타내고 있다.

구약에서 왕국의 통일성은 미래의 한 시점에서 왕국이 실현되리라는 것을 말함으로 나타난다. 예수님은 구약적인 전망을 취한 후 구약에서는 함축적인 것으로 예언된 것을 더 명확히 설명하신다. 예수님은 시간적인 전망을 사용하심으로 구약에서 함축적으로 말한 것을 더 명확히 드러내 보여 주신다. 메시아의 강림 문제에 대해 구약에서는 미래로만 되어있지만 예수님은 강림이 두 단계 즉 초림과 재림으로 실현될 것이라고 말씀하신다. 그러나 예수님의 강림은 두 강림이 아니요 두 단계로 이루어진 한 강림이다. 신자들의 축복된 소망은 이미 성취되었지만 천국이 완성되는 그 날에 완성될 것이다. 현재와 미래의 긴장이 해소되는 그때, 모든 왕국의 실재가 실현되는 그때 신자들의 축복된 소망이 성취될 것이다.

천국 실현의 세 단계를 생각할 때 재림(Parousia) 이전의 두 단계를 하나로 합쳐서 생각하는 데 어려움을 느끼지 않는다. 왜냐하면 예수님의 지상사역 기간이나 재림 이전 천상사역 기간이나 성도들의 경험과 소망은 비슷하기 때문이다. 성도들의 경험에 관한 한 천국의 제1단계나 제2단계가 큰 차이를 가져오지 않는다.

성도들은 천국의 성격을 현재와 미래의 긴장 경험을 통해서 구분하게 된다. 우리가 천국을 경험하기 위해서는 현재와 미래 사이의 종

---

105. Hendriksen, *The Gospel of Matthew*, p. 659.

말론적 긴장을 제거하면 안 된다. 자유주의자들은 미래의 왕국을 이상(ideal)의 영역으로 축소함으로써 종말론적 긴장을 약화시킨다. 현대 신학자들은 미래왕국을 변증법적 경험으로 만들어 종말론적 긴장을 축소시킨다. 근본주의자들은 종말론이 미래에만 속한 것으로 생각하여 신자들의 현재 경험의 종말론적인 성격을 부인하게 되고 따라서 신자들의 현재 생활의 종말론적인 긴장을 약화시킨다. 이런 시도는 신자들의 생활에서 천국 경험을 박탈해 가는 역할을 한다. 신자들은 종말론적인 긴장 속에서 완성된 천국을 갈망하면서 생활할 때 천국 경험을 실감 있게 하게 된다.

우리는 신자들의 종말론적 긴장을 묘사함에 있어서 종말론적 색채가 있는 용어들을 사용하는 것이 바람직스럽다. 이런 용어들은 성도들의 종말론적 경험을 강화하기 때문이다. 성취와 완성 사이의 긴장 혹은 준(準)종말론이란 용어를 사용할 수도 있다. 다드(Dodd)가 원래 주창한 "실현된 종말론"은 그 원래의 의미를 지나 "실현 과정에 있는 종말론"이라는 표현으로 성도들의 현재의 종말론적 긴장을 묘사하는 데 사용되기도 한다. 또 이 종말론적 긴장을 묘사하기 위해 시작된 종말론(Inaugurated Eschatology)이란 용어를 사용하기도 한다. 쿨만(Cullmann)은 "이미"와 "아직"이라는 용어로 이 긴장을 설명한다. 성도들은 미래가 현재의 경험에서 아주 멀리 떨어져 있는 것으로 생각해서는 안 된다. 우리는 종말론의 미래적인 요소를 우리의 설교에서 강조해야만 한다. 현재는 인내를 가지고 기다리는 시기요 우리가 바라는 신약의 질서는 성취의 때이다. 예수님이 복음 선포하는 가운데 이 긴장에 대해 관심을 표명한 이유는 하나님께서 약속을 성취하신다는 것을 확실히 알고 계셨기 때문이다. 예수님의 복음 선포의 특징인 이런 긴장과 확신이 우리의 복음 선포의 특징이 되어야 한다.

　　우리가 성도들의 현재 경험에서 종말론적 긴장을 강조해야 하지만 예수님의 교훈에 묵시록적인 말씀이 있다는 것도 망각해서는 안 된다. 어떤 이들이 예수님의 교훈에 묵시록적인 말씀이 없다고 주장하는 것은 잘못이다. 마태복음 24장의 내용을 경시하거나 진정한 것이 못된다고 생각하는 것은 잘못이다. 왕국은 구속의 상태이다. 그러므로 왕국의 성격은 사탄의 역사와 반대되는 것으로 나타난다. 따라서 왕국의 모습은 사탄을 정복함으로 말미암아 더 명백히 나타나게 된다. 죄의 성격 때문에 예수님의 묵시록적인 교훈에 계시된 하나님의 행위가 절실히 필요한 것이다. 우주의 모든 질서가 죄로 인해 오염된 것이다. 이 우주 질서의 오염은 하나님의 격변적 행위와 심판이 없이는 깨끗하게 될 수가 없다(창 3:15-19; 롬 8:18-25 참조). 하나님의 특별한 사역이 없이는 새로운 질서를 설립할 수가 없다. 우리는 한편으로만 치우친 종말론을 배제하여야 한다. 종말론의 현재 요소를 강조한다고 해서 천국의 미래적인 면을 등한히 하면 안 된다. 우리는 종말론적 긴장이 있는 현재만 가지고 만족해서는 안 된다. 우리는 미래의 완성을 갈망해야 한다. 그리고 긴장이 제거된 후 완전한 의미에서 왕국의 경험을 할 그때를 갈망해야 한다.

　　하나님의 나라는 예수님의 인격과 사역을 통해 이미 실현되었으며 예수님의 재림으로 완성될 것이다. 이는 메시아의 사역과 왕국의 실현을 밀접히 연관시킬 뿐만 아니라 메시아의 생애가 구속 역사적으로 천국 실현의 구조적 단계를 이룬다는 증거이다. 이제 지금까지의 연구를 통해 나타난 하나님 나라에 관한 교훈을 종합해 보는 것이 유익하리라 생각된다.

　　첫째로, 예수님께서 하나님 나라의 현재면과 미래면을 같이 가르친 사실이 명백해졌다. 역사적 비평적 연구까지도 이 사실을 인정하기에 이르렀다. 만약 한쪽면만 치중하면 성경 해석을 바로 하지 못하는 결과가 된다. 따라서 천국의 현재면과 미래면은 예수님의 교훈을 근거로 하고 있다는 사실을 인식하지 않으면 안 된다.

둘째로, 천국의 통일성이 망각되면 안 된다. 성경은 현재 실현된 천국과 앞으로 실현될 천국, 즉 두 개의 천국을 가르치는 것이 아니라 현재면과 미래면을 가진 하나의 천국을 가르치고 있다.

셋째로, 천국의 종말론적 성격이 망각되어서는 안 된다. 천국의 종말론적 성격은 구약의 예언과 후기 유대주의의 전망과 예수님의 교훈에서 명백히 드러난다. 때로 천국의 현재면과 미래면에 관심을 기울이고 그 두 관계를 연구하는 데 관심을 쏟으면 천국의 종말론적인 성격에는 관심을 돌리지 못하는 경우가 있다.

천국의 종말론적인 성격을 더 구체적으로 설명해 보자. 천국은 현재면과 미래면이 있으나 역시 통일된 하나의 천국이다. 천국의 실현은 단계적으로 이루어질 것이다.[106] 예수님은 하나님의 나라가 역사의 진전에 따라 부분적으로 실현되는 실재라고 가르치신다. 여기서 역사란 천국 완성의 시점 이전의 때를 뜻한다. 다른 말로 표현하면, 역사란 재림을 향한 시간의 흐름을 뜻한다. 예수님의 왕국에 대한 교훈은 종말론과 역사가 서로 배타적이거나 반대적인 개념이 아니라고 가르친다. 오히려 왕국은 역사적인 실재라고 가르친다. 이는 역사적 과정이 종말론적 실재가 되는 것을 말한다. 많은 사람들의 이해를 둔하게 하는 점이 바로 이 역사와 종말론의 합일이다.[107]

---

106. 천국의 단계적 성취 사상은 후기 유대주의에서는 전혀 찾을 수 없는 사상이며 구약의 예언서에서도 분명하지 않다.

107. Neill은 역사와 신학이 가까운 단계에서 연구되어야 함을 주장한다. 그러나 대부분의 신학자는 역사에 대한 이해를 바로 하지 못하는 반면 대부분의 역사학자 역시 신학에 대

특히 보수주의자들, 근본주의자들, 복음주의자들, 정통주의적인 사고방식을 하는 사람들은 역사와 종말론의 합일을 터득하는 데 어려움을 느낀다. 우리는 종말론을 생각할 때 최종적인 것, 완전한 것, 결정적인 것, 죄에서부터 자유한 것들을 연상한다. 따라서 근본주의자들은 시대의 마지막을 향해 가는 실재는 그것이 역사적이기 때문에 비종말론적이요, 전(前)종말론적이라고 생각한다. 이런 태도는 왕국 개념을 비종말론적으로 생각하게 하는 결과를 초래하게 된다. 그러나 만약 왕국을 종말론적 개념으로 생각하지 않는다면 그것은 왕국의 통일성을 부인하는 것이 된다. 그렇게 되면 예수님의 교훈이 두 왕국을 가르치는 것으로 생각된다. 하나는 완성된 종말론적 왕국이요 다른 하나는 예수님 재림 전의 왕국이다. 이런 교훈은 예수님의 교훈과 상충된다. 왜냐하면 예수님은 하나의 통일된 왕국을 가르쳤기 때문이다.

넷째로, 왕국의 메시아적 성격을 잊어서는 안 된다. 성경은 예수님의 왕국과 하나님의 왕국의 이원성을 가르치지 않는다. 예수님의 강림과 사역은 왕국의 개념과 떼려야 뗄 수 없도록 서로 얽혀 있다. 예수님은 자신의 병 고치는 이적, 귀신을 쫓아내는 사역, 가난한 자들에게 복음을 전하는 사역을 이사야 예언의 성취로 보셨다(사 29:18-19; 35:5-6; 61:1-2). 따라서 이 모든 사역을 메시아적 사건으로 생각하신 것이다(마 11:2-6; 눅 4:16-27). 특히 마지막 몇 날 동안 예루살렘에서 행한 두 가지의 주요한 사건, 즉 예루살렘 입성(마 21:1-9; 막 11:1-10; 눅 19:28-38; 요 12:12-19)과 성전을 깨끗하게 하심(마 21:12-17; 막 11:15-19; 눅 19:47-

---

해 무식하기 때문에 역사와 신학을 가깝게 보지 못하고 분리시켜 보아 왔었다고 말한다. cf. Stephen Neill, *Jesus Through Many Eyes: Introduction to The Theology of The New Testament* (Philadelphia: Fortress Press, 1976), pp. 8f.

48)은 예수님 자신이 메시아 예언의 성취자로 알고 계심을 명백히 증거하고 있다(사 62:11; 슥 9:9; 왕하 9:13; 시 118:26; 출 30:13; 레 1:14 참조).[108] 이처럼 예수님의 생애와 왕국의 오심은 불가분의 관계가 있다. 왕국의 주인이 메시아 자신이기 때문에 왕국 연구에서 왕국의 메시아적 성격을 명백히 하지 않으면 안 된다.

왕국이 메시아적 왕국이라면 메시아 왕께서 왕국 사건들의 진행 방향을 보여주실 것이다. 따라서 예수님의 역사는 왕국의 역사와 병행을 이룬다. 스톤하우스(Stonehouse)는 왕국의 강림을 예수님의 생애와 비교하여 세 단계로 구분하였다. 즉 첫째, 예수님의 지상 사역 기간, 둘째, 메시아의 높아지신 기간, 셋째, 인자의 재림으로 시작되는 기간[109]이다. 이 세 단계의 출발점은 각각 성육신, 부활, 재림이다. 성육신은 첫째 단계를 시작하고, 부활은 둘째 단계를 시작하며, 재림은 셋째 단계를 시작한다. 이렇게 볼 때 왕국의 실현은 예수님의 사역의 단계와 상응되는 것으로 나타난다.[110] 이처럼 왕국의 실현을 세 단계로 생각하는 것은 왕국의 실현을 현재면과 미래면으로만 생각하는 것보다 더 성경적이며 더 구체적이다. 이는 추상적으로 만든 구조가 아니며 성경에 구조적 뿌리를 내리고 있다. 이런 관점에서 보면 천국의 실현을 현재면과 미래면으로만 고찰하는 것은 주제 설명을 충분히 했다고 말할 수 없다. 왜냐하면 현재면과 미래면이라는 용어 자체가 추

---

108. B. Klappert, "King, Kingdom," *The New International Dictionary of New Testament Theology,* Vol. 2 (Grand Rapids: Zondervan, 1977), p. 379.

109. Ned B. Stonehouse, *The Witness of the Synoptic Gospels to Christ* (Grand Rapids: Baker, 1979), p. 248: "The manifestation of the Kingdom through (1) the presence of the promised king, (2) the exaltation of the Messiah to God's right hand, and (3) the action of the returning Son of Man."

110. *Ibid.*, p. 249: "Our discussion has shown that the history of Christ and the Coming of the Kingdom are indissolubly joined."

상적이고 형편에 따라 상대적이 될 수 있기 때문이다. 그리고 천국의 실현을 현재면과 미래면으로 생각하는 것은 천국의 실현을 세 단계로 보는 것이 아니요 두 단계로만 보기 때문에 천국 실현의 분명한 모습을 보여 주기에는 충분하지 못하다. 반면 천국 실현을 예수님의 생애에 맞추어 세 단계로 생각하면 천국 실현에서 메시아적인 성격이 강조된다. 천국의 실현을 예수님의 생애와 연관시켜 이해하면 좀 더 구체적이고 명백한 역사적 근거를 가진 천국 이해를 할 수 있게 된다. 스톤하우스는 왕국의 모든 교훈은 메시아적이며 기독론적이라고 말한다.[111] 천국에 관한 교훈은 메시아를 떠나서 생각할 수 없다. 따라서 예수님의 천국 실현에 관한 교훈을 그의 생애와 관련하여 고찰하는 것이 타당하다.

예수님의 교훈은 천국이 세 단계를 거쳐 실현된다고 가르친다. 세 단계로 실현되는 천국은 세 천국이 아니요 하나의 통일된 천국이다. 하나의 통일된 천국이 구속 역사의 진전에 따라 실현되는 것이다. 구속 역사를 이루시는 분이 예수님이시요 왕국의 주인 역시 예수님이시다. 그러므로 왕국은 메시아적이다. 메시아의 인격과 사역을 떠나서는 왕국을 이해할 수가 없다. 예수님의 생애와 사역은 왕국 이해의 역사적 기초가 된다. 이와 같이 구속 역사적인 관점에서 왕국을 이해하면 왕국 이해가 더 성경적인 기초를 가지며 추상적인 면을 떠나 더 역사적이고 구체적이 된다. 성도들의 현재 생활의 종말론적 요소가 강화된다. 성도들은 현재 왕국의 주인이신 예수님을 모시고 하나님의 나라에서 살고 있지만 완성된 하나님 나라를 갈망하면서 종말론적인 긴장 속에서 살고 있다. 우리는 천국의 제1단계, 제2단계, 제3단계가

---

111. Stonehouse, *The Witness of the Synoptic Gospels to Christ* (1979), p. 250.

성도들의 생활 경험에서 하나로 합일되는 그 때를 대망하면서 산다. 그 때에 예수님의 부활을 통해 이루신 모든 축복이 성도들의 축복으로 실재화 된다.

VII

신약교회 설립과
하나님 나라 확장

신약교회의 설립은 우연히 된 것이 아니다. 신약교회는 삼위일체이신 하나님의 확실한 계획과 하나님께서 그 계획을 역사상에 실현하심으로 설립되었다. 하나님께서 신약교회를 설립하신 이유는 자신의 구원 계획과도 무관하지 않다고 성경은 증거한다.

1. 오순절을 향한 예수님의 의식

예수님의 죽음과 부활과 승천은 구속 성취를 위해 필요 불가결한 사건이었다.[1] 그러나 하나님의 구속 계획은 예수님의 죽음과 부활로만

---

1. 예수님의 구속 사건들의 중요함은 한 성도가 구원받을 때 필요한 믿음의 내용과 일치함에서도 나타난다. 한 성도가 구원받기 위해서는 "하나님께서 그(예수님)를 죽은 자 가운데서 살리신 것을 네 마음에 믿으면 구원을 얻으리라 사람이 마음으로 믿어 의에 이르고 입으로 시인하여 구원에 이르느니라"(롬 10:9-10)와 같은 신앙고백을 해야 한다.

끝나지 않는다. 하나님은 예수님이 성취하신 구속의 복음을 땅 끝까지 전파할 공동체가 필요했다(눅 24:46-48). 그래서 하나님은 오순절 사건을 계획하셨고 예수님은 오순절을 의식하면서 공생애를 진행하신다.

복음서와 사도행전의 기록을 보면 예수님의 의식은 오순절을 향하고 있음을 알 수 있다. 예수님은 자신의 십자가 고난이나 부활이 궁극적으로 오순절 성령 강림 사건을 통해 제자들에게 의미 있게 나타날 것으로 말씀하신다. 예수님은 "내가 너희에게 실상을 말하노니 내가 떠나가는 것이 너희에게 유익이라 내가 떠나가지 아니하면 보혜사가 너희에게로 오시지 아니할 것이요 가면 내가 그를 너희에게로 보내리니 그가 와서 죄에 대하여, 의에 대하여, 심판에 대하여 세상을 책망하시리라"(요 16:7-8)라고 말함으로 자신의 죽음과 오순절 사건이 연계되어 있음을 분명히 한다.

여기서 "떠나가는 것"은 예수님의 죽음을 뜻하고 보혜사를 보내주심은 오순절 사건을 내다보고 하신 말씀이다(요 14:16,26; 15:26; 16:13 참조). 죽음을 앞에 둔 예수님은 죽음 너머에 있을 오순절을 바라보면서 "내가 떠나가는 것이 너희에게 유익"[2]하다고 말씀하신다. 예수님의 이 말씀은 예수님과 성령이 동시에 하나님의 백성을 보살필 수 없다는 뜻이 아니요, 예수님의 사역의 종말론적 성격을 보여 주고 있는 것이다. 하나님의 구원하시는 통치는 예수님의 죽음과 부활과 승천과 그리고 세상의 시작이 있기 전 예수님이 하나님 아버지와 함께 누렸

---

2. "너희에게 유익하니라"(συμφέρει ὑμῖν)는 표현은 대제사장 가야바가 예수님의 죽음이 너희에게 유익하다고(요 11:50) 쓴 것과 같은 표현이다. 하나님은 악한 자의 행위를 사용하셔서 자신의 목적을 이루고 계신다. 가야바는 예수님을 십자가에 처형하면 백성들에게 유익할 것이라는 악한 의도로 말했지만, 실제적으로 예수님의 죽음은 그를 따르는 성도들을 위해 유익한 것이었다.

던 영광으로 복귀하시기 전까지는 충분히 시작될 수 없다. 예수님께
서 성육신 이전의 영광으로 복귀하시는 것은 그의 부활과 승천을 통
해서이다. 성경은 예수님의 부활과 승천이 있어야 오순절 성령강림
사건이 뒤따른다고 가르친다.[3] 예수님이 죽으신 후에 보혜사가 오셔
야 함은 하나님의 구원 사역의 구속 역사적 맥락에서 이해되어야 한
다. 예수님께서 성육신하신 것은 하나님의 구원 사역의 성취를 위한
것이다. 그러나 예수님이 "내려오신 것"(성육신)은 이전 계시던 곳으로
"올라가시기"(높아지심) 위해서이다(참조. 엡 4:9; 요 3:31). 예수님이 "떠나
가는 것"($\dot{\alpha}\pi\dot{\epsilon}\lambda\theta\omega$)은 목적이 있는 떠나감이다. 예수님이 "떠나가는 것"
은 예수님의 지상 사역의 종결을 의미한다기보다는 성령을 보내 주심
으로 예수님의 사역을 더 충분히 드러내시기 위함이다(요 16:7-15). 그
러므로 예수님이 떠나가는 것이 제자들에게 유익이 된다는 말은 제자
들 개인의 유익을 생각하고 한 말이 아니요 성령이 오심으로 제자들
이 진정한 의미의 사도의 역할을 감당할 수 있다는 구속 역사적 관점
에서 유익을 말하는 것이다.[4] 그 당시 제자들은 이 말씀의 뜻을 이해
할 수 없었지만 예수님은 제자들에게 유익이 될 특별한 일이 오순절
에 발생할 것을 내다보고 말씀하셨다. 제자들에게 유익한 것은 예수
님이 성육신 상태로 계속 계시면 편재하실 수 없지만 죽으신 후 부활
하셔서 영화롭게 되시면 살려 주는 영($\pi\nu\omega\epsilon\hat{\upsilon}\mu\alpha \ \zeta\omega\pi\omega\iota\omega\hat{\upsilon}\nu$)으로서 편재
하실 수 있다(고전 15:45). 제자들은 예수님의 가시적이며 육체적인 임
재를 더 이상 의존할 필요가 없어진다. 더욱이 예수님이 죽지 아니하

---

3. cf. D.A. Carson, *The Gospel According to John* (Grand Rapids: Eerdmans, 1991), pp. 533-534.

4. Herman Ridderbos, *The Gospel of John,* Trans. by John Vriend (Grand Rapids: Eerdmans, 1997), pp. 530-531.

면 성령이 오시지 못할 것이다. 요한 사도는 "나를 믿는 자는 성경에 이름과 같이 그 배에서 생수의 강이 흘러나오리라 하시니 이는 그를 믿는 자들이 받을 성령을 가리켜 말씀하신 것이라 예수께서 아직 영광을 받지 않으셨으므로 성령이 아직 그들에게 계시지 아니하시더라"(요 7:38-39)[5]라고 증언한다. 예수님이 십자가에서 죽지 아니하시면 제자들에게 성령을 보내실 수가 없다. 제자들은 성령에 의존하여 예수님의 십자가의 복음을 전파해야 한다(눅 24:49). 하나님은 인간의 완전한 구원을 원하신다. 그런데 예수님의 십자가 죽음과 부활을 통하지 않고는 인간의 완전한 구원은 있을 수 없다. 그래서 예수님은 자신의 죽음을 바라다보면서 자신이 죽어야만 오순절 성령세례 사건이 발생하기 때문에 제자들에게 유익하다고 말씀하신 것이다.[6] 예수님의 죽음과 부활과 승천, 그리고 오순절 사건과 신약교회의 설립은 하나님의 구속 계획의 부분들이다.

그런데 부활하신 예수님은 오순절에 대해 더 구체적으로 말씀하

---

5. 참고로 요 7:39의 헬라어 원본은 "τοῦτο δὲ εἶπεν περὶ τοῦ πνεύματος ὃ ἔμελλον λαμβάνειν οἱ πιστεύσαντες εἰς αὐτόν· οὔπω γὰρ ἦν πνεῦμα, ὅτι Ἰησοῦς οὐδέπω ἐδοξάσθη."(Joh 7:39 BNT)이다. 그리고 한글 개역 번역은 "이는 그를 믿는 자들이 받을 성령을 가리켜 말씀하신 것이라 예수께서 아직 영광을 받지 않으셨으므로 성령이 아직 **그들에게** 계시지 아니하시더라"(요 7:39)이다. 영어 역본은 "But this He spoke concerning the Spirit, whom those believing in Him would receive, for the Holy Spirit was not yet given, because Jesus was not yet glorified."(NKJV)와 "Now this he said about the Spirit, whom those who believed in him were to receive, for as yet the Spirit had not been given, because Jesus was not yet glorified."(ESV)로 오순절 성령 강림을 암시하고 있다.

6. Leon Morris, *Commentary on the Gospel of John* (Grand Rapids: Eerdmans, 1971), pp.696-697.; Leon Morris, *Expository Reflections on the Gospel of John* (Grand Rapids: Baker, 1988), p. 282. "It is true that the Spirit was active in some measure in Old Testament days and in the days when Jesus was on earth. But he did not come in all his fullness until the work of Jesus had been done. In the providence of God the work of the Son preceded that of the Spirit. The era of the Spirit, the time when the full scope of the Spirit's work would appear, was 'not yet.'"

신다. 제자들은 오순절에 능력을 받을 때까지 예루살렘을 떠나지 말아야 한다. 예수님은 부활 후에 "볼지어다 내가 내 아버지께서 약속하신 것을 너희에게 보내리니 너희는 위로부터 능력으로 입혀질 때까지 이 성에 머물라 하시니라"(눅 24:49)라고 제자들에게 당부하신다. 예수님의 사고의 방향은 분명히 오순절 중심적이다.

그러면 왜 예수님께서는 자신의 죽음을 생각하면서도 죽음 너머에 있는 오순절을 바라보셨으며, 오순절에 아버지의 약속하신 것을 제자들이 받기까지는 예루살렘을 떠나서는 안 된다고 말씀하시는가? 그 이유는 오순절에 성령이 강림하실 것이며 신약의 교회가 설립될 것이기 때문이다.

2. 오순절에 설립된 신약교회

신약교회의 설립은 오순절로 거슬러 올라간다. 오순절에 베드로의 설교를 듣고 회개한 성도들의 수가 삼천이 되었다(행 2:41). 이 성도들의 모임이 신약교회의 시작이다.

그런데 예수님은 오순절에 설립될 신약교회를 내다보시면서 자신의 공생애를 시작하셨다. 우리가 주목해야 할 점은 예수님께서 제자들을 모으실 때 가지고 계셨던 의도이다. 예수님께서 제자들을 모으실 때 어떤 의도를 가지고 계셨는가? 요한복음 1:40-42에 보면 안드레의 소개로 베드로(Peter)가 예수님을 처음으로 만난다. 그때에 예수님은 처음 보는 베드로를 향해 "네가 요한의 아들 시몬이니 장차 게바라 하리라"(요 1:42)라고 말씀하신다. 이때는 예수님의 공생애 초기이다. 공생애 초기에 예수님은 요한의 아들 시몬이 앞으로 게바, 즉 반석이 될 것이라고 말씀하신다. 왜 예수님은 그 당시 바로 시몬을 향해 "너는 반석이다"라고 말씀하실 수 없었는가? 그 이유는 시몬이 반석 되는 것이 신약교회의 설립과 관련이 있고, 신약교회는 예수를 주님 으로 또 하나님의 아들로 고백하는 사람들로 구성되어야 하기 때문이 다(롬 10:9-10; 고전 12:3). 베드로가 예수님을 처음 만났을 때에는 예수님 을 하나님의 아들로 고백할 수 없는 상태에 있었다. 그래서 예수님은 시몬을 향해 "장차 게바라 하리라"[7]라고 말씀하셨다.

이제 공생애 후반부에 나타난 예수님과 베드로의 대화를 들어보 자. 그 동안 예수님은 제자들에게 자신이 누구인지를 직접적으로 또는 간접적으로 가르치셨다. 예수님은 제자들과 함께 가이사랴 빌립보 지 방으로 전도 여행을 가셨다. 그 때 예수님은 두 가지 질문을 제자들에 게 하신다. 첫 번째 질문은 "사람들이 인자를 누구라 하느냐"(마 16:13) 이며, 두 번째 질문은 "너희는 나를 누구라 하느냐"(마 16:15)이다.

첫 번째 질문에 대한 제자들의 답은 예수님에게 만족스러운 것이 아니었다. 그런데 두 번째 질문에 대하여 베드로가 유명한 신앙 고백 으로 답을 한다. 베드로는 사도들을 대표해서 "주는 그리스도시요 살 아 계신 하나님의 아들이시니이다"(마 16:16)라고 신앙을 고백한다. 이 신앙 고백을 들으신 예수님은 대단히 만족하셨다. 그래서 예수님은 "바요나 시몬아 네가 복이 있도다 이를 네게 알게 한 이는 혈육이 아 니요 하늘에 계신 내 아버지시니라"(마 16:17)[8]라고 베드로를 칭찬하신

---

7. "σὺ κληθήσῃ Κηφᾶ."(κληθήσῃ는 καλέω의 미래 수동형)

8. 교회 설립과 관련하여 베드로의 신앙 고백과 베드로를 구분하려는 시도가 있다. 그 이유 는 이름을 가리키는 베드로(Petros)는 헬라어로 남성형이지만, 반석(petra)은 여성형이기 때문이다. 그러나 본문에서 사도인 베드로와 그의 신앙 고백을 함께 생각하는 것이 옳 다. 박형용, 『사복음서 주해』(수원: 합신대학원 출판부, 2015), pp. 319-321; cf. Edmund P. Clowney, The Church (Downers Grove: IVP, 1995), pp. 39-41.

후, "너는 베드로라 내가 이 반석 위에 내 교회를 세우리니 음부의 권세가 이기지 못하리라"(마 16:18)라고 말씀하신다.

여기서 우리는 공생애 초기에 예수님께서 베드로에게 하신 말씀과 베드로의 신앙 고백 후에 예수님께서 베드로에게 하신 말씀의 차이를 본다. "장차 게바라 하리라"(요 1:42)에서 "너는 베드로라"(마 16:18)로 변했다. 즉 "너는 장차 반석이 될 것이다"에서 "너는 지금 반석이다"로 변한 것이다. 그러면 왜 이런 변화가 발생했는가? 이는 예수님의 구속 사역의 진행과 관련되어 나타나는 변화이다. 예수님을 주님과 하나님의 아들이라고 고백할 수 없을 때에는 "너는 반석이다"라고 말할 수 없었지만 예수님을 주님과 하나님의 아들로 고백할 때 "너는 반석이다"라고 말할 수 있게 되었다.

그런데 우리는 교회 설립 시기에 대한 예수님의 말씀에 주목해야 한다. 예수님은 베드로에게 "너는 반석이다"라고 말씀하셨지만 "이 반석 위에 내 교회를 지금 세운다"라고 말씀하시지 않고 "이 반석 위에 내 교회를 앞으로 세울 것이다"[9]라는 미래 시상으로 말씀하셨다. 왜 예수님은 지금 당장 내 교회를 세운다고 말씀하지 않으셨을까? 그 이유는 죄 문제를 해결하고 구속을 완성하게 될 예수님의 죽음과 부활의 사건이 당시로 보아서는 아직 미래의 일로 남아 있었기 때문이다. 구속의 성취 사건이 발생하기도 전에 구속의 복음을 책임지고 전파할 교회를 설립할 수 없었기 때문이다. 쿨만 (Cullmann)은, "예수님이 사용하신 헬라어 표현이 미래시상, 즉 오이코도메소, '내가 내 교회를 세울 것이다'라고 말씀한 사실에 주목해야 한다. 문맥은 복음서

---

9. σὺ εἶ πέτρος, καὶ ἐπὶ ταύτῃ τῇ πέτρᾳ οἰκοδομήσω μου τὴν ἐκκλησίαν. "너는 베드로라"(σὺ εἶ πέτρος)는 현재시상이지만 "이 반석 위에 내 교회를 세우리니"(ἐπι ταύτῃ τῇ πέτρᾳ οἰκοδομήσω μου τὴν ἐκκλησίαν.)는 미래시상이다.

기자가 미래시상을 사용한 것은 교회의 존재의 전제 조건으로 그리
스도의 죽음의 필요성을 강조하기 위한 것임을 보여 준다."[10]라고 바
로 말했다. 예수님의 죽음과 부활 이전에 신약교회를 설립하면 신약
교회는 전파할 구체적인 메시지도 없이 설립되는 것이다. 이 사실은
예수님께서 오순절을 교회 설립 시기로 생각하고 계셨다는 것을 암
시한다.

3. 예수님의 기도와 신약교회의 특징

예수님께서 체포되시기 전 교회를 위해 기도하신 내용이 요한복음 17
장에서 발견된다. 이 기도는 "예수님의 대제사장적 기도"(Jesus' High
Priestly Prayer)라 칭하기도 하고,[11] "예수님의 성별기도"(Jesus' Prayer of
Consecration)라 부르기도 하며,[12] 또 "예수님의 고별기도"(The Farewell
Prayer of Jesus)라 부르기도 한다.[13] 그러나 바렛(Barrett)은 요한복음 17
장의 예수님의 기도를 "예수님의 대제사장적 기도"로 명명하거나 "예

10. Oscar Cullmann, *The Early Church* (London: SCM Press, Ltd., 1956), p. 118. "It should
    be noted that the Greek rendering of Jesus's words uses the future tense: οἰκοδομήσω,
    'I will build my Church'. The context shows that the evangelist used the future tense to
    underline the necessity of Christ's death as the precondition of the Church's existence."

11. R. Schnackenburg에 의하면 David Chytraeus(1530-1600)가 요 17장을 "예수님의 대제사
    장적 기도"(Jesus' high priestly prayer)라고 불렀다고 한다. cf. D.A. Carson, *The Gospel
    According to John* (Grand Rapids: Eerdmans, 1991), p. 552.

12. B.F. Westcott, *The Gospel according to St John : The Greek Text with Introduction and
    Notes*, Vol. 2 (John Murray, 1908), p. 238; E.C Hoskyns, *The Fourth Gospel*, ed. F.N
    Davey (Faber and Faber, 1954), p. 494.

13. Herman Ridderbos, *The Gospel of John: A Theological Commentary* (Grand Rapids: Ee-
    rdmans, 1997), p. 546; cf. D.A. Carson, *The Farewell Discourse and Final Prayer of Jesus:
    An Exposition of John 14-17* (Grand Rapids: Baker, 1980), pp. 175-207.

수님의 성별기도"로 명명하면 요한복음 17장의 전체 내용을 정당하게
취급하지 못한다고 평가한다. 바렛은 예수님의 기도를 성육신으로 인
해 잠시 분리된 상태에 있는 아버지와 아들과의 영원한 연합의 관점
에서 취급해야 한다고 정리한다.[14]

하지만 요한복음 17장의 명칭을 "예수님의 대제사장적 기도"라고
하든지, "예수님의 성별기도"라고 부르든지, 또는 "예수님의 고별기
도"라고 부르든지 그것은 큰 문제가 되지 않는다. 여기서는 편의상 요
한복음 17장의 기도를 "예수님의 대제사장적 기도"로 생각하고 내용
을 전개하기로 한다. 중요한 것은 예수님이 요한복음 17장에서 자신
의 영화를 위해 기도하셨고(요 17:1-5), 그에게 속한 교회(자신의 백성)를
위해 기도하셨으며(요 17:6-19), 그의 백성들의 하나 됨과 자신과의 미
래 연합을 위해 기도하셨다(요 17:20-26)는 사실이다. 예수님은 이 기도
에서 자신의 완성된 구속 사역을 근거로 자신의 영화를 위해 기도하
시고(요 17:1), 자신에게 속한 백성들의 보호와 성별, 하나 됨을 위해
기도하시며(요 17:11-23), 궁극적으로 그에게 속한 백성들이 이미 영화
롭게 된 자신과 연합함으로 미래의 영화를 맛볼 수 있게 해 달라고 기
도하신다(요 17:24-26).

예수님의 대제사장적 기도는 예수님께서 십자가 사건을 얼마 남
겨 놓지 않은 상황에서 자신에게 속한 백성들이 세상에서 어떤 삶을
살아야 할 것인지를 예고하고 있다. 본문의 "때가 이르렀사오니"(요
17:1)라는 말씀이나, "나는 세상에 더 있지 아니하오나"(요 17:11)라는
말씀이나 "나는 아버지께로 가옵나니"(요 17:11)라는 말씀은 임박한 예

---

14. C. K. Barrett, *The Gospel According to St. John* (London: S.P.C.K., 1967), p. 417.

수님의 십자가 죽음과 부활과 높아지심을 내다본 말씀이다.[15] 요한복음 18:1-3에서 "예수께서 이 말씀을 하시고 제자들과 함께 기드론 시내 건너편으로 나가시니 그곳에 동산이 있는데 제자들과 함께 들어가시니라 그곳은 가끔 예수께서 제자들과 모이시는 곳이므로 예수를 파는 유다도 그곳을 알더라 유다가 군대와 대제사장들과 바리새인들에게서 얻은 아랫사람들을 데리고 등과 횃불과 무기를 가지고 그리로 오는지라"(요 18:1-3)라고 기록한 것은 예수님께서 요한복음 17장의 내용을 겟세마네 동산에서 붙잡히시기 직전에 말씀하신 것으로 볼 수 있다. 예수님의 기도는 예수님께서 높아지신 후 자신에게 속한 교회가 어떤 특징을 지니고 있어야 할 것을 제시하신다. 여기서 우리는 예수님의 대제사장적 기도 가운데 나타난 교회의 특징들과(요 17:11-26) 오순절 성령강림 사건 때에 최초로 설립된 신약교회의 특징들(행 2:42-47)을 비교 대조함으로 예수님의 공생애, 십자가 죽음, 부활, 승천, 오순절로 이어지는 구속 계획의 성취를 확인하고자 한다.

첫째로, 예수님은 자신의 기쁨을 교회가 소유하기를 원하신다. 예수님은 "그들로 내 기쁨을 그들 안에 충만히 가지게 하려 함이니이다"(요 17:13)라고 기도하신다. 교회의 특징으로 기쁨이 제일 먼저 언급된 이유는 사람들이 그리스도 안에서 믿음을 갖게 되면 처음으로 그 생활에 나타나는 것이 기쁨이기 때문이다. 사람들은 구원받은 신앙을 통해 복음 안에서 하나님의 은혜에 접하게 될 때 기쁨이 넘치게 된다. 사람들은 죄의 무거운 짐을 지고 멸망의 구렁텅이 속에서 허덕이다가 복음의 말씀을 듣고 하나님과 올바른 관계에 들어가게 되면 기쁨이 그들의 마음을 가득 채운다. "충만한 기쁨"(fullness of Joy)은 요한이 즐

---

15. Carson, *The Farewell Discourse and Final Prayer of Jesus*, p. 188.

겨 쓰는 표현으로 완전한 구원을 얻은 자만이 누릴 수 있는 복이다(요 3:29; 15:11; 16:24).[16]

오순절에 설립된 최초의 신약교회인 예루살렘 교회에 기쁨의 특징이 있음은 의미심장하다. 예수님께서 신약교회의 특징으로 충만한 기쁨을 예고하셨는데 그 예고대로 오순절에 설립된 신약교회에서 같은 특징이 나타난 것이다. 이는 예수님의 기도의 성취이다. 사도행전 2:46은 초대교회가 "기쁨과 순전한 마음으로 음식을"[17] 먹었다고 진술한다. 흥미 있는 사실은 초대교회가 누린 "기쁨"은 "전인"(全人)을 둘러싸고 있는 기쁨이며, 그 사람으로부터 발산되는 기쁨이다.[18] 이 말씀은 그리스도 안에서 구원받은 성도들의 모습에서 기쁨이 넘쳐흐르고 있음을 증거한다.

둘째로, 예수님은 그에게 속한 교회가 "진리로 거룩하게" 되기를 위해 기도하신다. 예수님은 "그들을 진리로 거룩하게 하옵소서 아버지의 말씀은 진리니이다"(요 17:17)라고 기도하신다. 본문의 "거룩"은 도덕적 관점에서의 "거룩"이 아니요, 성별 혹은 구별되었다는 의미의 "거룩"이다. 거룩하게 되는 것은 하나님 편에 서는 것이요 세상에서 하나님을 위한 봉사를 위해 성별되는 것을 뜻한다.[19] 이 해석이 바른

---

16. Ridderbos, *The Gospel of John*, pp. 519, 554.

17. 요 17:13의 기쁨은 χαρά인 반면에 행 2:46의 기쁨은 ἀγαλλίασις이다. 신약에서 χαρά(59회)가 ἀγαλλίασις(16회)보다 더 자주 사용된다. 영어 표현으로 χαρά를 joy라고 번역한다면, ἀγαλλίασις를 exultation, gladness로 번역할 수 있다. 영어번역은 요 17:13은 "joy"로, 행 2:46은 "gladness"로 구별하여 처리했으나 대부분의 한글 번역은 모두 "기쁨"으로 처리했다.

18. A. Weiser, "ἀγαλλίασις," *Exegetical Dictionary of the New Testament*, Vol. 1 (Grand Rapids: Eerdmans, 1990), p. 8.: "the joy which encompasses the whole person and radiates from the person."

19. Herman Ridderbos, *The Gospel of John*, p. 555.

것은 "그들을 위하여 내가 나를 거룩하게 하오니 이는 그들도 진리로 거룩함을 얻게 하려 함이니이다"(요 17:19)라는 예수님의 말씀에서 그 이유를 찾을 수 있다. 이 말씀을 근거로 고찰할 때 본문의 "거룩"이 도덕적인 관점의 "거룩"이었다면 예수님의 생애에서 어느 기간은 거룩하지 않은 때가 있었다고 결론내릴 수밖에 없다. 그러나 예수님은 어느 한 순간도 거룩하지 않은 때가 없었다. 따라서 이 말씀은 "예수님께서 자신이 거룩하지 않기 때문에 자신을 거룩하게 합니다"라는 뜻이 아니요, "내가 내 자신을 성별합니다. 내가 아버지께서 맡겨주신 위대한 구속 사역을 위해 나를 따로 구별합니다"라고 말씀하신 뜻이다.[20] 구약에서도 같은 동사(ἁγιάζω)가 하나님의 봉사를 위해 거룩하게 구별된다는 의미로 사용되었다. 사람의 경우(출 13:2; 대하 26:18)나 물건의 경우(출 29:21; 레 27:14-15; 대하 2:4)나 또는 짐승의 경우(대하 29:33) 모두 이 용어는 하나님을 위한 봉사를 위해 따로 구별했다는 의미로 사용되었다. 예수님은 십자가의 죽음을 통해 자신을 성별하셨다.

예수님은 성도들의 성별을 위해 기도하셨다. 예수님은 그에게 속한 교회가 인생관, 우선순위, 소망 등 모든 부분에서 하나님의 목적을 위해 성별되어야 한다고 기도하셨다.[21] 그리스도의 교회는 세상과 성

---

20. 성별 혹은 거룩의 개념 속에는 도덕적 의미가 포함되어 있다. 제자들이 세상과 구별되기 위해서는 제자들 자신이 도덕적으로도 거룩하지 아니하면 안 된다.

21. Carson (*The Farewell Discourse and Final Prayer of Jesus*, p. 193)은 "그들을 진리로 거룩하게 하옵소서"(요 17:17)를 성도들의 도덕적인 삶의 관점에서 해석한다. "And so Jesus resolves afresh to do the Father's will; but he recognizes that his own 'sanctification' to perform the will of the Father by going to the cross is somewhat different from the disciples' sanctification. His own sanctification is not a step which makes him holier, but rather one which establishes the basis for his disciples' sanctification." 그러나 Ridderbos (*The Gospel of John*, p. 555)와 Barnabas Lindars (*The Gospel of John : The New Century Bible Commentary*. Grand Rapids: Eerdmans, 1981, p. 528)와 Merrill C. Tenney (*John : The Gospel of Belief*. Grand Rapids: Eerdmans, 1980, pp. 247-248)와 Leon Morris (*Expository Reflections on the Gospel of John*. Grand Rapids: Baker, 1988, p. 589)는 이 구절

별된 단체이다. 교회가 세상과 성별될 때 교회는 세상에 대해 화목의 메시지를 선포할 수 있다. 그러면 교회가 어떻게 성별될 수 있는가? 교회가 세상으로부터 성별될 수 있는 길은 오직 "진리 안에서"(ἐν τῇ ἀληθείᾳ)만 가능하다. 진리는 "아버지의 말씀", 즉 하나님의 말씀을 가리킨다(요 17:14,17,19). "진리 안에서"는 교회의 성별이 실현되는 영역을 가리킨다. 리델보스는 "그 영역(진리) 안에 있을 때 제자들은 세상에서 안전할 뿐 아니라 예수님께서 그들에게 정해주신 세상에서 자신들의 사명을 계속할 수 있게 된다."[22]라고 설명한다. 하나님의 말씀 안에서 성별되는 것 이상으로 더 진정한 성별은 있을 수 없다.

예수님께서 성도의 성별을 말씀하실 때 "하나님의 말씀, 즉 진리" 안에서의 성별을 말씀하신 것은 의미심장한 내용이다. 왜냐하면 한 사람이 구원을 얻기 위해서는 먼저 그리스도의 말씀을 들어야 하고(롬 10:17), 말씀을 들을 때 성령의 역사를 통해(고전 12:3), 믿음이 생기고(롬 10:17; 엡 2:8), 그 믿음으로 예수 그리스도의 죽음과 부활이 자신을 위한 사건이라는 것을 마음으로 믿고 입으로 시인할 때 가능하다(롬 10:9-10). 그렇다면 성도의 성별은 그리스도의 말씀, 즉 진리를 들음에서 시작된다. 우리는 왜 예수님께서 성도들의 성별이 "진리 안에서" 이루어져야 한다고 말씀하셨는지 그 이유를 찾을 수 있다. 진리만이 성도들을 세상과 구별시킬 수 있다. 예수님은 하나님이 진리(ὁ λόγος ὁ σός, 요 17:17)를 사용하여 제자들을 구별하고 굳게 세워 주시도록 기도하신다.

예루살렘에 설립된 초대 신약교회는 예수님의 기도의 내용처럼

이 세상에서 하나님에 대한 거룩한 봉사를 위해 성별하는 것이라고 해석한다.

22. Ridderbos, *The Gospel of John*, p. 555.

진리 안에서 성별된 신앙의 공동체였다. "그들이 사도의 가르침을 받
아 서로 교제하며"(행 2:42)라는 표현이나,[23] "믿는 사람이 다 함께 있
어 모든 물건을 서로 통용하고"(행 2:44)라는 표현, 또 "날마다 마음을
같이 하여 성전에 모이기를 힘쓰고"(행 2:46)라는 표현은 초대 신약교
회가 하나님의 말씀 안에서 세상과는 성별된 공동체라는 것을 증거
한다.

셋째로, 예수님은 자신의 교회가 세상 안에서 전도(선교)하기를 원
하신다. 예수님은 "아버지께서 나를 세상에 보내신 것같이 나도 그들
을 세상에 보내었고"(요 17:18)라고 기도하신다. 선교의 사명은 제자들
의 성별의 목적과 내용을 분명히 보여준다. 신약교회가 세상과 구별
되는 이유는 하나님의 말씀인 진리를 선포하기 위해 세상 안으로 보
냄을 받기 때문이다. 예수님이 십자가상에서 구속 사역을 성취하시기
위해 자신을 따로 구별하신 것은 그 구속사역의 은혜를 받은 사람들
이 선교의 사역을 위해 구별되도록 하시기 원해서이다.[24] 그러므로 성
도들의 성별은 단순히 개인적인 것이 아니요 또한 순전히 경건한 목
적만 위한 것도 아니다. 성도들의 성별은 예수님이 부활하신 후에 명
령하신 것처럼 성도들의 선교의 사명을 중요한 목적으로 삼고 있는
것이다(마 28:18-20; 막 16:15-16; 눅 24:46-48; 요 17:18; 20:21). 하나님 아버지
가 예수님을 세상으로 보내실 때 그의 "말씀을" 예수님에게 주신 것처

---

23. "사도의 가르침"(τῇ διδαχῇ τῶν ἀποστόλων)은 사도들이 가르친 전체 교훈을 포함한다. cf.
Karl H. Rengstorf, "διδαχή," *TDNT*, Vol. Ⅱ, pp. 163-164. 사도들은 객관적 계시인 신약성
경이 기록되기 이전에 그리스도의 사역과 교훈을 바로 전달할 책임을 맡고 있었다. 그래
서 가룟 유다 대신 맛디아를 사도로 택할 때 그 기준이 ① 예수님의 공생애 기간 동안 함
께 동행 했던 사람, ② 예수님의 부활을 증거할 수 있는 사람(참조, 행 1:21-22)으로 정해진
것이다. 이런 의미에서 "사도의 가르침"은 예수님의 기도 내용에 언급된 "진리"인 것이다.

24. Carson, *The Farewell Discourse and Final Prayer of Jesus*, p. 193.

럼(요 17:8 참고), 예수님은 제자들을 세상으로 보내셔서 그가 그들에게 준 "말씀을" 수단으로 하여 자신의 사역을 세상에서 계속 하게 하신다.[25] 성도들은 세상과는 무관한 가운데 하나님을 위한 봉사를 위해 성별된 사람들이 아니요, 세상 안으로 들어감으로 그들의 성별의 목적을 구현하는 사람들이다.

예루살렘 초대교회는 그들의 성별을 통해 제자들을 날마다 더하게 하는 사역을 했다. 그들이 "온 백성에게 칭송을 받으니 주께서 구원 받는 사람을 날마다 더하게 하시니라"(행 2:47). 본문에서 확실한 것은 신약의 교회가 사람들을 구원한 것이 아니요, 주께서 교회를 사용하여 사람들을 구원했다는 것이다. 구원은 사람들의 작품이 아니요 하나님의 선물이다(엡 2:8 참조).

넷째로, 예수님은 자신의 교회가 하나(ἕν) 되기를 위해 기도하신다. 예수님은 "아버지께서 내 안에, 내가 아버지 안에 있는 것같이 그들도 다 하나가 되어"(요 17:21)라고 교회 연합과 일치를 위해 기도하신다. 예수님은 성육신(Incarnation) 하심으로 아버지와 구별된 것처럼 보이지만 사실은 예수님과 아버지 하나님은 한 하나님이시다(요 16:32; 17:11). "아버지께서 내 안에, 내가 아버지 안에 있는 것같이 그들도 하나가 되어"(요 17:21)라고 아버지와 예수님이 하나인 것을 분명히 한다. 예수님과 아버지가 서로 하나이신 것은 사랑의 관계로 묶여있기 때문이다(요 17:23-24, 26). 예수님은 본문에서 하나님 안에 있는 연합을 말한다. 이 연합은 뜻이 하나요, 목적이 하나요, 방향이 하나이다. 예수님은 성도들이 한 마음을 품고(빌 2:2,5) 목적과 헌신에서 하나 되기를 원하신다. 예수님은 교회 공동체가 사랑의 공동체가 되기를 원하

---

25. Ridderbos, *The Gospel of John*, p. 558.

신다.

초대 예루살렘 교회는 하나로 연합된 신앙의 공동체임에 틀림이 없다. 초대교회의 삶의 모습을 소개하면서 "믿는 사람이 다 함께 있어 모든 물건을 서로 통용하고"(행 2:44), "날마다 마음을 같이 하여 성전에 모이기를 힘쓰고"(행 2:46)라고 표현하는 것은 초대 예루살렘 교회의 하나 됨을 설명하는 데 충분하다. 초대교회 공동체는 그리스도의 사랑으로 충만한 사랑의 공동체였다.

다섯째로, 예수님은 자신에게 속한 교회가 사랑을 실천하는 믿음의 공동체가 되도록 교회를 위해 기도하신다(요 17:23-26). "이는 나를 사랑하신 사랑이 그들 안에 있고 나도 그들 안에 있게 하려 함이니이다"(요 17:26)라는 말씀이 이를 증거한다. 사랑은 모든 특징 중 가장 중요한 특징이다. 바울 사도가 고린도전서 13장에서 믿음, 소망, 사랑 중 사랑을 맨 마지막에 언급함으로 사랑을 강조한 것처럼(고전 13:13), 예수님도 교회의 모든 삶의 특징 중 사랑을 맨 마지막에 언급함으로 사랑을 강조하고 계신다. 하나님은 성도들을 조건 없이 사랑하셨다. 바울은 우리를 향한 하나님의 무조건적인 사랑을 "우리가 아직 죄인 되었을 때에 그리스도께서 우리를 위하여 죽으심으로 하나님께서 우리에 대한 자기의 사랑을 확증하셨느니라"(롬 5:8)라고 기록한다. 예수님은 그의 교회가 하나님의 사랑을 실천하는 믿음의 공동체가 되도록 기도하신 것이다.

초대 예루살렘 교회는 예수님의 사랑의 기도를 실천했는가? 누가는 초대 예루살렘 교회가 "서로 교제하고 떡을 떼며," "모든 물건을 서로 통용하고," "재산과 소유를 팔아 각 사람의 필요를 따라 나눠 주며," "기쁨과 순전한 마음으로 음식을 먹고," "하나님을 찬미하며," "온 백성에게 칭송을 받으니"라고 초대교회의 삶의 모습을 묘사한다.

이와 같은 삶은 사랑을 실천하는 교회이기에 가능한 표현이다. 초대 교회는 예수님의 사랑의 기도를 성도들 상호간 실천했을 뿐만 아니라 세상으로부터 사랑을 받는 믿음의 공동체였다.

지금까지 예수님께서 살아 계실 때 그에게 속한 교회가 가져야 할 특징을 위해 기도하신 내용이 초대 예루살렘 교회의 삶에서 명백하게 드러났음을 설명했다. 예수님께 속한 신약교회는 구속의 기쁨이 넘쳐 나야 하며, 진리로 성별되어야 하고, 선교를 열심히 해야 하며, 그리스도를 머리로 하나가 되고, 하나님의 사랑을 실천하는 신앙의 공동체가 되어야 한다. 예수님의 교회를 위한 기도는 초대교회의 삶과 활동을 통해 구현되었다. 우리는 예수님의 기도가 초대교회에만 적용되는 것이 아니요 예수님의 재림 때까지 오고 오는 세대에 존재하는 모든 그리스도의 교회에 해당된다는 사실을 기억해야 한다. 초대교회의 모습은 모든 교회의 본이라 할 수 있다.

4. 누가복음과 사도행전의 관계

누가복음과 사도행전은 한 단위로 생각해야 한다. 마치 한 책의 전편과 후편으로 생각하고 연구하지 않으면 안 된다. 이 사실은 누가의 저작 목적에서도 명백히 드러난다. 누가복음 서두에서 누가는 "우리 중에 이루어진 사실에 대하여"(눅 1:1) 근원부터 자세하게 데오빌로(Theophilus) 각하에게 차례대로 써 보내기를 원했다(눅 1:3). 그런데 사도행전 서두에 보면 누가복음의 내용을 "예수께서 행하시며 가르치시기를 시작하심부터 그가 택하신 사도들에게 성령으로 명하시고 승천하신 날까지의 일을 기록"(행 1:1-2)했다고 요약한다. 사도행전 서두의 내용

으로 볼 때 누가의 의도는 누가복음에서 예수님이 이 땅에 오신 후 승
천할 때까지의 예수님의 사역을 기록하기 원했고, 사도행전에서는 예
수님의 승천 이후 승천하신 예수님께서 그의 교회를 통해 계속 사역
하고 있음을 데오빌로에게 알리기를 원한 것이다. 이렇게 누가복음과
사도행전을 한 단위로 생각할 때 사도행전 2장에 나타난 오순절 사건
은 누가복음과 사도행전으로 구성된 한 단위에서 중심 위치를 차지하
게 된다. 오순절 사건은 누가복음과 사도행전을 잇는 전환점이라고 할
수 있다. 사실상 오순절 사건을 바른 전망으로 관찰하지 않으면 누가
복음도 사도행전도 바로 이해할 수 없다.

이제 누가복음과 사도행전의 관계를 명백히 해주는 누가복음 24
장과 사도행전 1장 서두의 중첩된 내용을 연구해 보자. 공관복음은
예수님의 부활과 승천 사이에 일어난 일에 대해서는 별로 많은 관심
을 보이지 않는다. 그 사이에 발생한 일에 대해 많은 언급을 하지 않
는다. 분명한 것은 이 짧은 기간 동안 메시아는 높아지심의 상태에 있
었다. 메시아가 이 기간 동안 높아지심의 상태에 있었다는 것이 어떤
의미인지 약간 불분명하지만 그 상태가 중요한 것은 틀림없다.[26] 누가

---

26. 요 20:17은 부활하신 예수님이 아직 아버지께 가시지 않았기 때문에 마리아가 그를 붙들
지 못한 것처럼 번역되었다. 하지만 예수님은 그를 이미 붙들고 있는 마리아에게 붙들
고 있는 상태를 풀라고 명령하고 계신다. G.E. Ladd (A Theology of the New Testament.
Grand Rapids: Eerdmans, 1974, p. 335)는 이 사건을 해석하면서 "예수님은 마리아와 다
른 제자들에게 그가 그들을 떠나 아버지에게 돌아가기 전에 잠시 동안 그들과 함께 있
을 것으로 재 확신시키고 있는 것이다."라고 말했다. Leon Morris (Commentary on the
Gospel of John, NICNT. Grand Rapids: Eerdmans, 1971, p. 841)도 같은 어조로 "옛날처
럼 붙잡는 것을 그만 두어라 내가 아직 영원한 승천의 상태에 들어가지 않았기 때문에
그럴 필요가 없다. 너는 나를 볼 기회가 더 있을 것이다"라고 말했다. D.A. Carson (The
Gospel According to John, pp. 642-644)은 예수님께서 마리아에게 말씀하신 "나를 붙들
지 말라 내가 아직 아버지께로 올라가지 아니하였노라"(요 20:17)에 대한 여러 가지 해석
을 제시한 후 자신의 균형 잡힌 견해를 말한다. Carson은 본 구절의 뜻이 "나를 붙잡지
말라 내가 아직 올라간 상태에 이르지 아니했다. 그러므로 내가 마치 영원히 사라질 것
처럼 나에게 매달리지 말라. 지금은 기쁨의 때요 복음을 전파할 때이다"(p.644)라고 해

복음 24:44 이하에서 우리는 예수님께서 부활과 승천 사이 기간에 어떤 일을 행하셨는지 찾을 수 있다. 누가복음 24:44은 예수님의 부활과 승천 사이의 기간이 교훈을 주시는 기간이라고 설명한다. 이 기간은 부활하신 그리스도가 자신의 수난으로부터 승리했고 자신의 수고로부터 휴식을 취하는 기간이기도 하다. 부활하신 그리스도는 이 수고와 수난의 의미에 대해서 해석하시고 공표하신다. 주님은 제자들에게 부활 후의 전망으로 "단기 구약 성경 해석학"을 강의하신다. 그는 구속역사가 자신의 부활에서 절정을 이루었다고 설명하신다. 특별히 예수님은 자신의 죽음과 부활로 절정을 이룬 지상 사역이 성경 전체의 교훈이라고 설명해 주신다(눅 24:27,44).[27] 예수님 자신의 사역이 바로 구약의 근본 관심이었다.

예수님께서 공생애 기간 중에 가르치신 교훈은 본질적으로 구약

석하고 이 해석이 마리아에게는 붙잡는 것을 금하고, 도마에게는 붙잡도록 허락하신 사실을(요 20:27) 이해하기 쉽게 한다고 덧붙인다(p. 644). Herman Ridderbos (*The Gospel of John*, pp. 637-639)도 비슷한 견해를 제시한다. C. K. Barrett (*The Gospel According to St John*, London: SPCK, 1967, p. 470)도 "이미 진행 중인 행동을 멈추게 하는 것" (the breaking off of an action already in progress)을 의미한다고 해석한다. Cf. J. A. Schep, *The Nature of the Resurrection Body* (Grand Rapids: Eerdmans, 1964), p. 136. F. F. Bruce 는 그의 책 (*The Gospel of John*. Grand Rapids: Eerdmans, 1983, p. 389)에서 "The use of the negative *me* with the present imperative indicates that Mary is being told to stop what she is doing." -- "The most natural interpretation is that Mary, in her delight at finding her Lord alive, clutches him lest she should lose him again. His words might mean, 'Let me go; I have not ascended to the Father yet." 라고 해석한다. 예수님의 부활을 초자연적으로 받지 못하는 Strauss는 예수님이 막달라 마리아에게 자신을 붙들지 못하게 한 이유를 다음과 같이 설명한다. 스트라우스는 예수님의 상처받은 몸이 고통스럽고 민감하여 아직 쓰리고 아팠기 때문에 그의 몸을 만지지 못하게 했다고 말한다. 스트라우스는 그 증거로 예수님이 8일 후 도마에게는 자신의 상처를 만지도록 허락했다는 사실을 든다. See, David F. Strauss, *The Life of Jesus Critically Examined* (Philadelphia: Fortress, 1972), p. 730. 그러나 스트라우스가 이렇게 주장한 것은 성경이 제시한 부활체의 본질을 곡해한 데서 기인한 것이다.

27. 신약에서 "모세와 모든 선지자의 글"(눅 24:27)이나 "모세의 율법과 선지자의 글과 시편" (눅 24:44)이라는 표현을 사용하여 구약 전체를 일반적으로 가리키곤 한다. cf. I. Howard Marshall, *Commentary on Luke* (*NIGTC* Grand Rapids: Eerdmans, 1978) p. 897.

의 교훈과 동일하다. 누가복음 24:44의 "내가 너희와 함께 있을 때
에"[28]는 예수님의 죽음과 부활 이전의 상태를 가리킨다. 그런데 예수
님은 이 공생애 기간 동안 천국에 관해서 가르치신 것이다. 복음서의
내용을 연구해 보면, 예수님의 첫 선포가 천국에 관한 것이었고(마
4:17; 막 1:15), 예수님께서 친히 하나님 나라의 복음을 전하기 위해 보
냄을 받았다고 말씀하셨다(눅 4:43). 복음서는 예수님의 인격의 임재
로, 그의 말씀 선포로, 그의 이적으로 천국이 실현되었음을 증거한다
(막 1:15; 눅 4:16-21; 마 11:2-13; 마 12:28; 마 13:16-17 참조). 이처럼 "내가 너희
와 함께 있을 때"의 기간에 행하신 예수님의 교훈과 사역의 내용을 요
약하면 천국에 관한 것이라고 할 수 있다.

　누가는 예수님께서 부활과 승천 사이의 기간 중에도 하나님 나라
에 대해 가르치셨다고 기록한다. 부활하신 그리스도가 "사십일 동안
그들에게 보이시며 하나님 나라의 일을 말씀"(행 1:3)하신 것이다. 이
렇게 예수님은 부활 전이나 부활 후나 하나님 나라의 일에 대해 깊은
관심을 가지신 것으로 나타난다. 제자들이 부활하신 주님께 "주께서
이스라엘 나라를 회복하심이 이때니이까"[29](행 1:6)라고 나라의 회복
시기에 관해 물을 때 예수님은 때와 시기를 정하는 것은 아버지의 권
한이며 제자들이 우선 할 일은 권능을 받고 예루살렘과 온 유대와 사
마리아와 땅 끝까지 이르러 그리스도의 증인이 되는 것이라고 말씀하
셨다(행 1:8). 예수님의 이 대답은 전 세계적으로 복음을 전파하는 일
이 왕국의 일이며 또한 복음 전파의 시대가 왕국시대라는 것을 함축

---

28. ἔτι ὤν σὺν ὑμῖν

29. "Κύριε, εἰ ἐν τῷ χρόνῳ τούτῳ ἀποκαθιστάνεις τὴν βασιλείαν τῷ Ἰσραήλ;"(행 1:6)을 좀 더
　　직역에 가깝게 번역한다면 "주여, 왕국을 이스라엘에 회복하심이 이때입니까"라고 할 수
　　있다. 제자들은 아직도 이스라엘 중심적인 왕국 개념을 가지고 있었다.

한다. 예수님의 대답은 사도들이 미래의 발전에 관심을 두기보다는 왕국의 사역인 복음 전파에 관심을 두어야 한다는 것이다. 여기서 우리는 예수님께서 부활과 승천 사이에도 하나님 나라에 깊은 관심을 가지시고 교훈하신 것을 찾아볼 수 있다.

5. 교회의 계속적인 왕국 사역

예수님은 승천하신 후 사도들을 통해 사역하신 내용도 하나님 나라의 일인 것을 사도행전의 기사를 통해서 확인할 수 있다. 사도행전에서 왕국이라는 용어가 사용될 때 복음 전파의 개념과 특별히 연관되어 사용되었다. 왕국(ἡ βασιλεία τοῦ θεοῦ)이란 용어는 사실상 사도들의 복음 선포의 특징이다. 다음의 성경 구절들이 이를 잘 증거한다.

> **사도행전 8:12** "빌립이 **하나님 나라**와 및 예수 그리스도의 이름에 관하여 전도함을 그들이 믿고 남녀가 다 세례를 받으니"
>
> **사도행전 19:8** "바울이 회당에 들어가 석 달 동안 담대히 **하나님 나라**에 관하여 강론하며 권면하되"
>
> **사도행전 20:25** "보라 내가 여러분 중에 왕래하며 **하나님의 나라**를 전파하였으나 이제는 여러분이 다 내 얼굴을 다시 보지 못할 줄 아노라"
>
> **사도행전 28:23** "그들이 날짜를 정하고 그가 유숙하는 집에 많이 오니 바울이 아침부터 저녁까지 강론하여 **하나님의 나라**를 증언하고 모세의 율법과 선지자의 말을 가지고 예수에 대하여 권하더라"
>
> **사도행전 28:30-31** "바울이 온 이태를 자기 셋집에 머물면서 자기에게

오는 사람을 다 영접하고 **하나님의 나라**를 전파하며 주 예수 그리
스도에 관한 모든 것을 담대하게 거침없이 가르치더라."

이상의 구절들은 12사도와 바울이 어떤 의식으로 복음을 전파했
는지 간략하게 진술해 준다. 사도들의 복음 증거의 중요한 내용은 왕
국에 관한 것이요 그리스도에 관한 것들이었다.

누가는 누가복음과 사도행전을 한 단위로 생각하면서 천국 확장
의 전망으로 오순절 사건을 설명한다. 누가복음 24:46-47은 기독교의
두 진수를 설명한다. 첫째는 그리스도의 죽음과 부활이요, 둘째는 그
리스도의 이름으로 죄 사하는 복음이 전 세계적으로 선포되는 것이
다. 둘째 요소는 첫째 요소에 의존하지만, 둘째 요소 없이는 첫째 요
소도 큰 의의를 나타낼 수 없다. 그런데 이 첫째 요소, 즉 그리스도의
죽음을 정점으로 한 수난과 부활을 누가복음이 묘사하고, 둘째 요소
는 사도행전이 묘사하고 있다. 복음을 전 세계적으로 선포해야 할 사
람은 바로 "너희"이다(눅 24:48). 즉 그리스도의 교회가 바로 이 일을
감당해야 하는 것이다. 그러나 그리스도의 교회가 이 사역을 시작하
기 전에 성령세례 사건 즉 오순절 사건(행 1:5)이 먼저 발생해야 한다.
"볼지어다 내가 내 아버지께서 약속하신 것을 너희에게 보내리니 너
희는 위로부터 능력으로 입혀질 때까지 이 성에 머물라"(눅 24:49)라고
말씀하신 내용이나 "예루살렘을 떠나지 말고 내게서 들은 바 아버지
께서 약속하신 것을 기다리라"(행 1:4)라고 말씀하신 내용, 그리고 "오
직 성령이 너희에게 임하시면 너희가 권능을 받고 예루살렘과 온 유
대와 사마리아와 땅 끝까지 이르러 내 증인이 되리라"(행 1:8)라고 말
씀하신 내용이 이를 증거한다. 세계적인 복음 선포 이전에 교회를 인
치고 능력을 입혀 줄 오순절 사건이 발생해야 한다. 교회가 성령의 세

례로 능력을 받아야 함은 천국의 확장을 위해 세계적으로 복음을 선포하는 데 필요하기 때문이다.[30] 사도들이 앞으로 해야 할 일은 복음 증거를 통해 천국을 확장하는 것이다.

예수님의 말씀(행 1:7,8)은 오순절 사건 이후에 있을 복음 전파의 사역을 설명하고 있다. 이 사명은 주님을 따르는 자, 즉 교회에게 주어졌다. 우리는 여기서 오순절 사건을 통해 교회를 설립하시고 교회의 사명으로 복음을 전파하도록 하신 하나님의 계획과 예수님의 사역을 찾을 수 있다.

이런 견지에서 볼 때 사도행전은 교회가 어떻게 부여받은 사명을 감당해 나갔는지를 기록했다고 생각할 수 있다. 사도행전 전체를 복음의 확산과 관련시켜 다음과 같이 구분할 수 있다.

(1) 사도행전 6:7 "하나님의 말씀이 점점 왕성하여 예루살렘에 있는 제자의 수가 더 심히 많아지고 허다한 제사장의 무리도 이 도에 복종하니라"(오순절부터 7집사 선택까지, 약 AD 30-34)

(2) 사도행전 9:31 "그리하여 온 유대와 갈릴리와 사마리아 교회가 평안하여 든든히 서 가고 주를 경외함과 성령의 위로로 진행하여 수가 더 많아지니라"(바울의 첫 예루살렘 방문 때까지, 약 AD 36)

(3) 사도행전 11:21 "주의 손이 그들과 함께 하시매 수많은 사람들이 믿고 주께 돌아오더라"(안디옥 교회의 설립까지, 약 AD 41)

(4) 사도행전 12:24 "하나님의 말씀은 흥왕하여 더하더라"(헤롯 아그립바 1세의 죽음까지, AD 44)

---

30. 마 28:18-20은 천국이란 말은 사용하지 않지만 복음 증거가 천국의 확장이라고 증거한다. 마 28:18 이하를 보면 예수님의 전도 명령이 그리스도의 권세에 기초하고 있다. 그런데 공관 복음에서 권세(ἐξουσία)라는 용어는 천국 개념에 의해 이해되어야 한다.

(5) 사도행전 16:5 "이에 여러 교회가 믿음이 더 굳건해지고 수가 날마다 늘어 가니라"(바울 사도의 2차 전도 여행 초까지, 약 AD 51)

(6) 사도행전 19:20 "이와 같이 주의 말씀이 힘이 있어 흥왕하여 세력을 얻으니라"(바울 사도의 3차 전도 여행 초까지, 약 AD 55)

(7) 사도행전 28:30-31 "바울이 온 이태를 자기 셋집에 머물면서 자기에게 오는 사람을 다 영접하고 하나님의 나라를 전파하며 주 예수 그리스도에 관한 모든 것을 담대하게 거침없이 가르치더라"(바울 사도의 로마 감금 종료 시까지, 약 AD 60-63)[31]

복음 전파를 통한 천국 확장의 관점에서 볼 때 오순절 사건은 천국 확장을 위해 필요 불가결한 사건이었다. 누가복음과 사도행전을 한 단위로 볼 때 오순절 사건은 왕국 현상으로 생각되어야 한다. 오순절 사건은 메시아이시요 왕이신 그리스도의 강림으로 시작된 왕국의 범주 내에서 발생한 것이다. 오순절 사건은 하나님 나라의 주인이신 왕의 출현으로 시작된 종말론적 질서의 시작을 뜻하는 것이다. 그러므로 사도행전에 기록된 초대교회의 생활을 담은 사건들은 아무런 계획 없이 선택되어 초창기 교회의 영웅적인 날들을 보여 주기 위한 것이 아니다. 그리고 그런 영웅적인 날들을 후세대들이 읽음으로 초대교회를 찬양하고 본을 받으며 또한 격려를 받기 위한 것도 아니다. 과거의 위대한 세대를 반영함으로 오늘날 우리도 그들을 닮으라고 도전하기 위해 사도행전을 기록했다고 생각할 수 없다. 오히려 사도행전은 왕국 확장 사역에 있어서 교회의 위치를 우리에게 보여 주기 위한 것이라고 생각해야 한다. 교회의 종말론적인 성격을 처음부터 명확히

---

31. cf. 박형용, 『사도행전 주해』(수원: 합신대학원출판부, 2017), pp. 100-101.

하며 교회의 복음 선포가 왕국의 표명이요 확장이라는 것을 보여주기 위한 것이라고 생각해야 한다.

오순절 사건은 종말론적 질서의 실현을 위한 기초를 놓은 사건이요 그리스도가 자신의 교회를 통해 천국 확장의 시작을 알리는 사건이다. 누가복음과 사도행전을 한 단위로 생각하면 오순절 사건이 하나님 나라 확장에 있어서 중요한 위치를 점하는 것을 알 수 있다. 왕국과 오순절 사건이 직접 연관이 있음을 인정할 때 성령과 왕국의 관계도 명확해짐을 볼 수 있다. 예수님은 자신이 시작한 천국의 사역을 오순절에 설립된 신약교회를 통해 계속 이루어 나가시기를 원하신다. 이 일을 위해 오순절에 성령이 임했고 신약교회가 설립되었다. 신약교회는 성령의 능력을 힘입어 복음 전파를 통해 하나님 나라를 확장시킨다. 그러므로 신약교회의 모든 사역은 왕국 사역이라 할 수 있다.

히브리서를 통해 계시된 대제사장이신 그리스도

1. 대제사장이신 예수 그리스도

예수 그리스도는 왕이요 선지자요 제사장이시다. 여기서 우리는 대제사장으로서의 예수 그리스도에 대하여 구약에 나오는 대제사장 직과 메시아의 관계를 간략하게 기술하고, 복음서를 중심으로 예수님이 자신을 대제사장으로 생각했는지의 문제를 몇 성경 구절을 인용하여 설명한 후 신약성경 가운데서 가장 명백하게 대제사장 직에 대해 언급하고 있는 히브리서를 중심으로 예수 그리스도가 대제사장이시라는 것을 논하려고 한다. 예수님은 하나님의 아들로(히 3:6) 왕국의 주인이시면서도 그의 백성을 위해 대제사장의 역할을 감당하셨다(히 7:20-28).

(1) 구약적인 전망

대제사장은 본질적으로 유대적인 배경을 지니고 있다. 그러나 구약에
서는 대제사장직과 메시아의 관계가 뚜렷하게 나타나 있지 않다. 여
호와의 종이 "많은 사람의 죄를 담당하며 범죄자를 위하여 기도하였
느니라"(사 53:12)는 말씀의 내용은 앞으로 오실 메시아의 기능에 중재
적인 역할이 포함된 것을 증거한다. 이 구절을 풀어 해석한 탈굼
(Targum)에 보면 메시아가 "그의 백성의 죄를 위해 중재할 것"으로 묘
사되었다. 즉 메시아와 대제사장의 개념이 서로 관련되어 설명되었다.

창세기 14:17 이하와 시편 110:4를 보면 구약적인 대제사장 개념
이 더욱 선명해진다. 창세기 14:1-16에는 아브라함이 엘람 왕 그돌라
오멜(Kedorlaomer)과 그의 연합군대를 쳐부수고 조카 롯을 해방시킨
내용이 기록된다. 창세기 14:17 이하에는 아브라함이 전쟁에서 돌아
올 때 살렘 왕 멜기세덱(Melchizedek)이 아브라함을 축복하고 아브라함
은 전리품 중 10분의 1을 멜기세덱에게 헌납한다. 그런데 멜기세덱은
"지극히 높으신 하나님의 제사장이었다"(창 14:18). 창세기는 신비로운
왕, 멜기세덱 앞에서 아브라함이 스스로 겸허해졌다는 내용 외에는
더 구체적인 것을 전하지 않는다. 그러나 아브라함을 그들의 믿음의
조상으로 생각하는 유대인들은 자신들의 유명한 조상인 아브라함이
그 앞에서 겸허해진 멜기세덱에 대해 관심을 가질 수밖에 없었다.

시편 110:4의 "너는 멜기세덱의 서열을 따라 영원한 제사장이라"
는 내용은 분명히 창세기 14장의 기록과 연관성이 있다. 시편 110:4
은 왕에게 한 말이요, 그 왕은 고상한 서열을 따라 영원히 제사장 기
능을 발휘할 것이라고 말한다. 즉 시편 110편은 왕 직과 이상적인
제사장 직을 연관시킨다. 또한 초대 기독교인들은 이 시편 구절이

예수 그리스도를 가리키는 것으로 자주 인용했다(막 12:35; 14:61-62).

예수님이 마가복음 12:35이하에서 시편 110:1을 인용하시면서 "다윗이 그리스도를 주라 하였은즉 어찌 그의 자손이 되겠느냐"(막 12:37)라고 하실 때 예수님은 시편에 언급된 왕이 메시아(주)라는 사실을 전제하고 말씀하신 것이다(시 110:2). 그리스도께서 친히 시편 110편을 메시아적으로 해석하신 사실은 메시아-왕(Messiah-King)이 제사장 기능을 가지고 있다고 인정하신 것이다. 왜냐하면 시편 110편에 묘사된 왕이 제사장 기능을 가지고 있는 것으로 말했기 때문이다.[1] 이상의 본문들은 대제사장과 메시아가 동일한 사람이라는 것을 증거한다.

그러므로 유대주의는 이상적인 제사장이 마지막 날에 나타나 유대주의 제사장 직의 모든 부족한 점을 완성시킬 것으로 기대하고 있었다. 이 참다운 제사장은 자신의 직무 때문에 하나님과 그의 백성 사이에서 가장 적절한 중재자 역할을 하게 될 것이다. 이 대제사장은 유대인들이 경험한 모든 제사장들의 결점과 불충분한 것들을 완성할 이상적인 대제사장이어야만 한다.

(2) 예수님은 자신을 대제사장으로 생각했는가?

예수님은 자신을 제사장이라고 직접 칭하지는 않았다. 그러나 성경은 예수님과 제사장 직이 관련이 있다고 제시한다. 마태복음 12:3-6을 보면 예수님께서 제사장들이 성전 안에서 안식일을 범하여도 죄가 없

---

1. Qumran파의 "義의 교사"(The Teacher of Righteousness)도 제사장이었다. 열두 족장의 유언(Testaments of the Twelve Patriarchs)에도 제사장-왕이 동시에 선지자 역할을 할 것으로 언급했다. 특히 Testament of Levi는 새로운 제사장이 일어날 것을 기록하고 있는데 Dupont-Sommer는 바로 새로운 제사장이 義의 교사 자신이라고 한다.

다고 율법이 규정하고 있다고 설명한 다음 "내가 너희에게 이르노니 성전보다 더 큰 이가 여기 있느니라"(마 12:6)라고 말씀하신다. 그런데 요한복음 2:19에는 예수님께서 "너희가 이 성전을 헐라 내가 사흘 동안에 일으키리라"(요 2:19, 참조. 마 26:61; 27:40; 막 14:58; 15:29)라고 말씀하신다. 요한 사도는 예수님의 이 말씀을 해석하여 "예수는 성전 된 자기 육체를 가리켜 말씀하신 것이라"(요 2:21)라고 설명함으로 예수님이 친히 성전의 자리를 대신할 것임을 확실히 한다.

예수님의 오심은 유대주의 제사의식의 종말을 뜻한다. 그러므로 예수님은 그 당시 본래의 제사의미를 상실한 제도화된 제사의식에 대해 비평적인 태도를 취할 수밖에 없었다. 복음서는 대제사장을 위시한 당시 종교 지도자들이 예수님을 잡아 죽이려 했다고 증거한다(요 11:47). 예수님은 비록 자신을 가리켜서 대제사장이라고 직접적으로 공표하지는 않았지만 멜기세덱의 서열을 따른 이상적인 대제사장의 개념을 때때로 자신에게 적용한 것은 확실하다(마 26:61-65). 그러므로 당시의 대제사장이 자신의 직책에 대한 위협을 느꼈을 것이라고 생각할 수 있다. 즉 예수님의 존재는 그들에게 위협이 되었으므로 예수님을 제거하려고 노력했을 가능성이 있다.

마가복음 12:35이하에서 예수님은 친히 시편 110편을 인용하신다. 예수님은 시편을 설명하시면서 시편의 내용이 자신을 가리켜서 한 말이라고 한다. 비록 마가복음 12:35이하가 난해한 구절이긴 하지만, 시편의 내용이 예수님 자신을 가리킨다는 사실만큼은 명백하다.[2]

---

2. 시 110편은 다른 어느 구약성경 구절보다 신약에서 가장 많이 인용된 구절이다. 이 사실은 초대교회가 예수님의 메시아 되심을 믿었다는 것을 증명하며 따라서 예수님이 멜기세덱의 서열을 따른 대제사장임도 증명한다. Bultmann은 막 12:35ff.를 가리켜 초대교회가 만들어낸 것이라고 한다. 그러나 초대교회가 문제성 있는 구절을 예수님이 말한 것처럼 적용시켰을 리 없다. 신약에서 시 110편이 인용된 곳은 마 22:44; 26:64; 막 12:36; 14:62;

그렇다면 시편에 메시아−왕이 멜기세덱의 서열을 따른 대제사장이라는 사실을 예수님이 모를 리 없고 따라서 예수님 자신이 멜기세덱의 서열을 따른 대제사장으로 알고 있었다고 생각할 수 있다.

또한 마가복음 14:62은 예수님이 대제사장 앞에서 대답한 말이다. 대제사장이 "네가 찬송 받을 이의 아들 그리스도냐"(막 14:61)라고 물을 때 예수님은 "내가 그니라 인자가 권능자의 우편에 앉은 것과 하늘 구름을 타고 오는 것을 너희가 보리라"(막 14:62)라고 대답하셨다. 이 대답은 예수님이 시편 110편과 다니엘 7:13을 함께 혼합해서 사용하신 것이다.

예수님께서 멜기세덱의 서열을 따른 대제사장의 개념과 메시아 왕의 개념이 명백하게 연관된 시편 110편과 다니엘 7:13을 결합시켜 인용하시면서 자신이 인자이며 메시아인 것을 증거한 사실은 예수님 스스로 영원한 대제사장 되심을 인식하고 있었다고 말할 수 있다. 더욱이 마가복음 14:62의 대답은 그 당시 지상의 대제사장 앞에서 한 말인데, 예수님 자신이 영원한 하늘의 대제사장이시라고 선언하셨다는 점에서 의미심장하다.

이상의 내용을 종합해 볼 때 비록 예수님 스스로 자신을 가리켜 대제사장이라는 명칭을 직접 사용하지는 않았지만 자신의 임무가 대제사장 직을 감당해야 한다는 것을 알고 있었음에 틀림이 없다. 이와 같은 내용은 히브리서를 연구하면 더욱 선명하게 나타난다.

16:19; 눅 20:42f; 22:69; 롬 8:34; 고전 15:25; 엡 1:20; 골 3:1; 히 1:3; 8:1; 10:12f; 벧전 3:22; 행 2:34f; 5:31; 7:55; 계 3:21 등이다.

(3) 히브리서에 나타난 그리스도의 대제사장 직(히 4:14-10:18)

신약성경에서 그리스도를 대제사장이라 칭한 곳은 히브리서 이외에는 없다.[3] 그러나 히브리서에서 예수 그리스도를 가리킬 때 대제사장($\dot{\alpha}\rho\chi\iota\epsilon\rho\epsilon\acute{u}\varsigma$)이라는 명칭만을 사용한 것은 아니다. 예수님은 주($\chi\acute{u}\rho\iota o\varsigma$)로 불림을 받았고(히 1:10; 2:3; 7:14,21; 8:8ff.; 10:30; 12:14; 13:20), 하나님의 아들($\upsilon\acute{\iota}o\varsigma\ \tau o\widetilde{u}\ \theta\epsilon o\widetilde{u}$)로도 불림을 받았다(히 1:2,5,8; 3:6; 4:14; 5:5,8; 6:6; 7:3,28; 10:29). 비록 히브리서 내에서 예수 그리스도를 가리키는 다른 명칭이 발견되기는 하지만 히브리서 전반에 걸쳐 가장 뚜렷하게 부각되는 사상은 예수 그리스도가 구약의 모든 제사 직을 완성한 영원한 대제사장이라는 사상이다. 히브리서 중에서도 특히 히브리서 7장은 예수 그리스도가 대제사장이심을 잘 설명한다. 일반적으로 신약의 다른 저자들은 예수님이 메시아라는 사실을 강조하지만[4] 히브리서 저자는 예수 그리스도가 대제사장이심을 강조한다.

① 제사장 직의 정의

히브리서가 제사장을 어떻게 정의하고 있는가? 히브리서 5:1에 "대제사장마다 사람 가운데서 택한 자이므로 하나님께 속한 일에 사람을 위하여 예물과 속죄하는 제사를 드리게 하나니"(히 5:1)라고 기록한다. 이 말씀은 히브리서 내에서 제사장을 가장 가깝게 묘사한 정의

---

3. 신약의 다른 책 중에서 요 17장과 계 1장에서는 예수님이 대제사장이라는 개념을 찾아 볼 수 있다.

4. 참고. 행 2:36; 롬 14:9; 고후 4:5; 빌 2:9,11. 요 4:23-26에서 예수님은 사마리아 여자와의 대화 중 자신이 메시아이심을 명확히 했다. 사마리아 여자가 "메시아 곧 그리스도라 하는 이가 오실 줄 내가 아노니 그가 오시면 모든 것을 우리에게 알려 주시리이다"(요 4:25)라고 했을 때 예수님은 "네게 말하는 내가 그라"(요 4:26)라고 확인하셨다.

라고 할 수 있다. 제사장은 그 기능에 있어서 예언자와는 다르다. 예언자는 하나님으로부터 말씀을 받아 사람에게 선포하지만 제사장은 사람의 죄 문제를 가지고 하나님께 나아가 그 사람 대신 속죄의 제사를 드린다. 예언자가 하나님으로부터 사람을 향해서 움직인다면 제사장은 사람으로부터 하나님께로 움직인다고 말할 수 있다.

여기서 좀 더 구체적으로 제사장 직을 설명하는 것이 필요하다고 생각된다.

첫째로, 제사장은 사람을 하나님께 가까이 데리고 가는 역할을 한다. 그런데 사람을 하나님께 데리고 가기 위해서는 제사장 자신이 먼저 하나님께 접근하지 않으면 안 된다. 이런 의미에서 제사장은 자기 백성을 대표하는 역할을 해야 한다.

둘째로, 제사장이 백성을 대표해서 하나님께 나아간다는 사실은 제사장과 백성들의 사이가 밀접하다는 사실을 증명하는 것이다. 제사장이 하나님께 나아감으로 백성들이 하나님께 접근할 수 있다는 사상은 제사장과 백성들의 밀접성을 기초로 할 때만 가능하다.

셋째로, 제사장은 백성들을 계속 접촉할 필요가 있다. 제사장이 단 한 번 백성들을 접촉하는 것으로 만족할 수는 없다. 제사장은 백성들을 계속 보살피고 백성들은 제사장을 계속 따르며 닮아가야 한다.[5]

히브리서 저자는 예수님이 이상에 언급한 제사장의 기능을 성취할 완전한 대제사장임을 설명하고 유대주의 전통을 따른 대제사장직은 임시적이요, 불완전하다고 말한다(히 7:10, 11, 12, 23, 28). 히브리서 저자는 그 당시 실행된 제사장 제도에 관심을 두지 않고 오히려 구약에

---

5. G. Vos, *The Teaching of the Epistle to the Hebrews* (Nutley: The Presbyterian and Reformed Publ. Co., 1974), p. 15f.

진술된 이스라엘 백성의 제사장 제도와 제사 의식에 깊은 관심을 가지고 레위 계통을 이은 유대주의의 제사장 제도와 멜기세덱(Melchizedek)의 서열을 따른 예수님의 대제사장 되심을 비교한다.[6] 유대주의 전통의 대제사장 직의 임시적인 성격과 불완전한 성격이 절대적이고 완전한 대제사장 직의 필요성을 제시하고 있다. 히브리서 저자는 바로 예수 그리스도가 유대주의의 불완전한 대제사장 직을 완성하는 분으로 스스로 영원하고 완전한 대제사장이라고 설명한다(히 4:14, 15; 5:9; 7:24-28).

② 그리스도의 인성과 대제사장 직과의 관계

제사장 직의 정의에서 나타난 개념은 제사장과 그의 백성들과의 밀접성이다. 제사장이 직책을 완수하기 위해서는 그 자신이 백성들과 동일시되어야 한다. 히브리서는 이 사실을 어떻게 설명하는가? 히브리서 저자는 그리스도의 대제사장 직에 관해 언급할 때에는 예수님의 신성을 강조하지 않고[7] 예수님의 인성을 강조한다.[8]

이렇게 예수님이 대제사장 직과 관련될 때 히브리서 저자가 예수님의 인성을 강조하는 이유는 대제사장이신 예수 그리스도와 자기 백성들 간의 밀접성을 표시하기 위함이다. 히브리서 2:10 이하에 보면 그리스도와 자기 백성이 밀접하게 동일시된 사실이 나타난다. 히브리서 저자는 "거룩하게 하시는 이와 거룩하게 함을 입은 자들이 다 한

---

6. Leopold Sabourin, *Priesthood* (Leiden: E.J Brill, 1973), p. 181.

7. 히브리서 1:2,3에 그리스도의 신성이 강조되어 있다. 예수님은 이 본문에서 창조자로 또 계시자로 묘사된다.

8. 예수님이 천사였다면 결코 대제사장이 될 수 없었을 것이다. 왜냐하면 천사는 사람들과 동일시될 수 없기 때문이다(cf. 히 1:5,13; 2:17).

근원에서 나왔다"(히 2:11)라고 말하고, "그들의 구원의 창시자"(τὸν ἀρχηγὸν τῆς σωτηρίας αὐτῶν - 히 2:10)라는 표현을 사용하고, 그리고 히브리서 12:2에 "구원의 창시자"라는 표현 대신 "믿음의 주"(τὸν ἀρχηγὸν τῆς πίστεως)라는 표현 등을 사용함으로 그리스도와 그의 백성이 동일시된 것을 강조하고 있다. 왜냐하면 "창시자"(ἀρχηγός)는 "시작"이라는 "알케"(ἀρχή)와 "인도하다"를 뜻하는 "아고"(ἄγω)의 합성어로 선두에 서서 인도하는 자라는 뜻이기 때문이다.[9]

그리스도는 시험을 통해서도 자기 백성과 동일시되었다. 히브리서 2:17 상반절에 "그가 범사에 형제들과 같이 되심이 마땅하도다"고 했는데 그 이유는 "신실한 대제사장이 되어 백성의 죄를 속량하려 하심이기 때문이다"(히 2:17 하반절).[10] 그리스도가 자기 백성을 도울 수 있는 것은 백성들처럼 스스로 시험을 받아 고난을 당하셨기 때문이다. 히브리서 4:15은 "우리에게 있는 대제사장은 우리의 연약함을 동정하지 못하실 이가 아니요 모든 일에 우리와 똑같이 시험을 받으신 이로되 죄는 없으시니라"(히 4:15)[11]라고 말한다.

그리스도는 완전한 인간이 되셔서 자기 백성들과 진정한 의미에

---

9. G. Delling, "ἀρχηγός," *TDNT*, Vol. 1, p. 488. "He leads many brethren to the honour or glory which is the end of σωτηρία. By His suffering He accomplishes His work as the 'Author' of salvation."

10. 히 2:17 하반 절을 이끄는 ἵνα의 용법은 이 사실을 더욱 뚜렷하게 해준다.

11. 히 4:15을 개역번역은 "우리의 연약함을 **체휼하지** 아니하는 자가 아니요"로 번역했고, 개역개정은 "우리의 연약함을 **동정하지** 못하실 이가 아니요"로 번역했다. "체휼"은 자신이 직접 몸으로 체험한다는 뜻이 있고, "동정"은 "남의 불행이나 슬픔 따위를 자기 일처럼 생각하여 가슴 아파하고 위로"한다는 뜻이 있다(동아 새국어사전, 이기문 감수, 동아출판, 1997, 608쪽). 헬라원어는 συμπαθέω인데 다른 사람의 불행이나 고통을 제 삼자로서 가슴 아파한다는 뜻이라기보다 자신이 직접 그 불행과 고통을 몸으로 경험하여 그 고통이 무엇인지를 안다는 뜻이다. 예수님은 성육신하셔서 우리들의 고난을 직접 몸으로 체험하심으로 우리들이 당하고 있는 고난을 알고 계신 것이다.

서 동일시되었기 때문에 완전한 대제사장이 될 수 있었다.[12] 완전한
인간이 되신 그리스도가 그와 연합된 자들을 완전하게 하기 위해서는
스스로 완전하게 되어야 한다. 히브리서 저자는 그리스도가 완전하게
된 사실을 여러 가지로 표현한다. 히브리서 저자는 "그가 아들이시면
서도 받으신 고난으로 순종함을 배워서 온전하게 되셨은즉 자기에게
순종하는 모든 자에게 영원한 구원의 근원이 되셨다"(히 5:8-9)라고 설
명한다. 인성을 가지신 예수 그리스도가 인간이 경험해야 할 모든 경
험을 통해서 완전하게 되었기 때문에 자기 백성들의 영원한 구원의
근원이 되었다는 내용이다. 히브리서 7:28은 그리스도를 "영원히 온
전하게 되신 아들"(υἱὸν εἰς τὸν αἰῶνα τετελειωμένον)이라고 표현했으며,
히브리서 9:11-12에는 그리스도가 온전한 장막(τελειοτέρας σκηνῆς)으로
서[13] 자기 피로 영원한 속죄를 이루었다고 한다. 예수 그리스도가 대
제사장으로 하나님과 사람 사이의 중재자가 되기 위해서는 완전하지
않고는 안 된다. 텔레이오스(τέλειος)는 문맥 가운데서 그리스도의 완
전을 잘 가리킨다. 그러므로 히브리서 12:2에 "믿음의 주요 또 온전하
게 하시는 이인 예수를 바라보자"(히 12:2)라고 호소할 수 있고 히브리
서 6:1이하에서는 도의 초보를 버리고 "완전한 데로 나아갈지니라"(히
6:2)라고 말할 수 있었다. 그리스도가 완전하지 않으면 자기 백성들을

---

12. 마 9:1-8에 나타난 중풍병자를 고치신 사건에서 예수님이 자기 백성과 동일시한 것을 찾
　　을 수 있다. 예수님이 중풍병자를 고치셨을 때 그것을 지켜본 무리들은 두려워하면서 "이
　　런 권능을 사람에게 주신 하나님께 영광을 돌리니라"(마 9:8)라고 했다. 무리들이 예수님
　　을 가리켜 "사람에게"라고 말한 사실은 예수님이 진정한 의미에서 자기 백성과 동일시되
　　신 것을 증거하고 있다.

13. 본문의 온전한 장막을 어떤 학자는 십자가에서 죽으신 그리스도의 육체로 보며
　　(Chrysostom, Ambrose, Calvin, Bengel), 어떤 학자는 그리스도가 승천할 때 통과하신
　　여러 하늘들이라고 한다[Bleek, Alford, Zahn, P.E. Hughes, *A Commentary on the Epistle
　　to the Hebrews* (Grand Rapids: Eerdmans, 1977), pp. 283ff., F.F. Bruce, *The Epistle to the
　　Hebrews* (*NICNT*, Grand Rapids: Eerdmans, 1964) pp. 199f.]

완전한 데로 인도할 수 없다는 것은 명백한 사실이다. 히브리서 저자는 그리스도가 대제사장으로 완전하게 되었기 때문에 그와 연합된 백성들도 완전한 데로 나아갈 수 있다고 말한다.

히브리서 2:9이하에서는 하나님께서 고난을 통해서 그리스도를 온전하게 하셨다고 한다. 히브리서 2:9은 "죽음의 고난 받으심으로 말미암아 영광과 존귀로 관을 쓰신 예수"라고 묘사함으로 그리스도가 영광과 존귀로 관 쓰실 수 있게 된 것은 그가 고난을 받으셨기 때문이라고 ($\delta\iota\grave{\alpha}$ $\tau\grave{o}$ $\pi\acute{\alpha}\theta\eta\mu\alpha$) 설명하고 히브리서 2:10에서는 예수님이 온전하게 되시기까지는 고난의 과정을 겪으셔야 했다고 설명한다($\delta\iota\grave{\alpha}$ $\pi\alpha\theta\eta\mu\acute{\alpha}\tau\omega\nu$).[14]

그러면 예수님이 도덕적으로 불완전했기 때문에 고난을 거쳐 완전하게 성숙했다는 뜻인가? 예수님이 온전하게 되었다는 의미를 어떻게 이해할 것인가? 본문에서는 예수님이 도덕적으로 불완전했기 때문에 고난을 거쳐서 완전하게 되었다는 의미는 내포하고 있지 않다. 일반적인 해석은 그리스도가 고난을 당하심으로 자기 백성이 당하는 수난을 체휼하셨다는 의미로 해석하는 것이다.[15] 예수님이 온전하시면서도 수난을 체휼하시므로 자기 백성의 위치를 이해하시고 참다운 동정을 하실 수 있는 대제사장이 되셨다는 의미로 받아들인다

---

14. 그리스도가 고난을 통해 영화롭게 되었다는 사상은 빌 2:5-8과 빌 2:9-11을 비교하므로 명백해진다. 특히 빌 2:9 초두의 "이러므로"의 역할에 주의하라. 히브리서 2:9, 10의 용어를 분석하면 히 2:9에서 $\delta\iota\acute{\alpha}$와 함께 고난($\tau\grave{o}$ $\pi\acute{\alpha}\theta\eta\mu\alpha$)을 대격 단수로 사용한 것은 그리스도가 받은 고난 전체를 지칭하려는 것이며($\delta\iota\acute{\alpha}$+대격-때문에), 히 2:10에서 $\delta\iota\acute{\alpha}$와 함께 고난($\pi\alpha\theta\eta\mu\acute{\alpha}\tau\omega\nu$)을 속격 복수로 사용한 것은 그리스도가 고난의 여러 과정을 거쳤다는 것을 구체적으로 설명하기 위함이다($\delta\iota\acute{\alpha}$+속격-통하여).

15. 본 저자는 히브리서 4:15에 사용된 $\sigma\upsilon\mu\pi\alpha\theta\tilde{\eta}\sigma\alpha\iota$를 개역개정처럼 "동정하다"로 번역하는 것보다는 개역처럼 "체휼하다"로 번역하는 것을 선호한다. $\sigma\upsilon\mu\pi\alpha\theta\tilde{\eta}\sigma\alpha\iota$는 제 3의 입장에서 연민을 갖는 것을 뜻하지 않고 자신이 친히 수난을 당하신 경험을 통해 수난 당한 다른 사람을 이해한다는 의미가 강조되어 있다.

(히 2:17, 18; 4:15; 5:5-10).

히브리서 5:7-10에는 그리스도가 지상에서 생활하실 때에 대제사장을 위해서 준비하신 사실을 설명한다. 그리스도는 소극적으로 시험을 배격했을 뿐 아니라 적극적으로 순종함을 배워서 영원한 구원의 근원이 되셨다. 이 구절에서 그리스도의 순종은 수난의 길을 통해서 배우신 것으로 묘사된다. 그는 죽음에 붙들린 바 되지 않고 죽음의 공포를 정복하기 위해 통곡과 눈물로 간구와 소원을 하나님께 드렸다고 히브리서 저자는 설명한다.

그런데 그리스도의 배움은 어떤 새로운 것을 획득한다는 뜻이 아니다. 만약 그리스도가 배움을 통해 비로소 새로운 것을 획득했다는 의미로 본문을 읽으면 그리스도는 순종을 배운 후에야 순종할 수 있었다고 생각할 수 있다. 그러나 그리스도에게는 지상에서 순종을 배우기 이전에 순종의 원리가 그 안에서 역사하고 있었다. 그리스도의 순종은 성육신 이후에만 표현된 것이 아니고 성육신 자체도 그리스도의 순종으로 성취된 것이었다. 히브리서 10:7의 "이에 내가 말하기를 하나님이여 보시옵소서 두루마리 책에 나를 가리켜 기록된 것과 같이 하나님의 뜻을 행하러 왔나이다"(히 10:7)라는 말씀은 태초부터 예수님 안에 순종의 원리가 있었다는 증거이다. 그러므로 히브리서 5:8의 "순종함을 배워서"라는 뜻은 배움으로만 오직 순종할 수 있었다는 뜻이 아니고 그리스도 안에 이미 존재하는 순종의 원리를 구체적인 생활 경험으로 실현시킨 것을 뜻한다.[16] 순종하겠다는 단순한 소망과 그 소

---

16. G. Vos, *The Teaching of the Epistle to the Hebrews*, pp. 103ff.; 눅 2:52도 같은 뜻으로 해석할 수 있다. Oscar Cullmann은 히 5:8의 뜻이 예수님의 인격의 발전(Development)이 있었음을 가리킨다고 말한다.(O. Cullmann, *The Christology of the New Testament*, Philadelphia: The Westminster Press, 1963, p. 97.)

망을 구체적인 경험으로 실현하는 데는 차이가 있다. 브라운(Brown)은 "순종함을 배워서"라는 뜻은 "예수님이 순종하는 것을 배웠다는 뜻이 아니라 경험을 통해 순종이 무엇인지를 알게 되었다는 뜻이다."[17]라고 설명한다.

여기서 그리스도와 아담을 비교해 볼 수 있다. 아담은 죄 없는 창조의 세계에서 그가 순종했더라면 "순결의 완성"(perfection of innocent)을 이룰 수 있었다. 그러나 그리스도는 순종하기 더 어려운 죄 있는 세상에서 순종하심으로 "거룩의 완성"(perfection of holiness)을 성취하신 것이다. "순결의 완성"과 "거룩의 완성"은 순종하는 자의 편에서 볼 때 커다란 차이가 있다.

이와 같은 논증은 히브리서 5:8에서도 찾을 수 있다. "그가 아들이시라도 받으신 고난으로 순종함을 배워서 온전하게 되었은즉"(히 5:8)이라고 했는데 본문에서 대칭이 되는 것은 아들과 순종이 아니다. 본문의 대칭이 "아들"과 "순종"이라면 이 대칭 개념 속에는 아들이 순종하는 것은 정상적이 아니라는 뜻이 내포된다. 오히려 본문의 대칭은 "아들"과 "고난을 통해 순종을 배우는 것"이라고 생각해야 한다. 왜냐하면 아들이 고난을 받는다는 사실은 자연스럽지 못하기 때문이다. 따라서 본문은 "아들"과 "고난을 통해 순종을 배우는 것"을 대칭시켜 "그가 아들이시면서도 받으신 고난으로 순종함을 배웠다"고 말한 것이다. 그러므로 히브리서 5:8의 뜻은 그리스도가 그 안에 내재한 순종의 원리를 실제 체험을 통해서 순종이 어떤 것인지를 알게 되었다는 것이다.[18]

---

17. John Brown, *Hebrews. A Geneva Series Commentary* (Carlisle: The Banner of Truth Trust, 1976), p. 107.

18. 죄로 인해 타락된 인간은 어떤 사실을 배울 때 고난을 통해 그 경험을 배우게 된다. 시편

이상의 구절들은 그리스도가 완전한 대제사장이 되시기 위해 자기 백성과 동일시되시고 그 백성이 겪는 경험을 체험하셨지만 죄는 없으시다는 것을 강조한다. 히브리서 저자가 그리스도의 대제사장 직을 강조하기 위하여 그리스도의 인성을 강조하지만 그리스도에게 죄가 없음을 명백히 한다.

히브리서 4:15에 "우리에게 있는 대제사장은 우리의 연약함을 동정(개역: 체휼)하지 못하실 이가 아니요 모든 일에 우리와 똑같이 시험을 받으신 이로되 죄는 없으시니라"(χωρὶς ἁμαρτίας)라고 했다. 히브리서 9:28의 "죄와 상관없이"(χωρὶς ἁμαρτίας)라는 표현이나 히브리서 7:26의 "이러한 대제사장은 우리에게 합당하니 거룩하고 악이 없고 더러움이 없고 죄인에게서 떠나 계시고 하늘보다 높이 되신 이라"는 말은 그리스도가 죄에는 감염되지 않으셨다는 것을 지적하고 있다.[19]

이처럼 히브리서 저자는 그리스도의 인성을 강조하여 그리스도가 자기 백성들과 동일하게 되시고 백성들의 연약함을 체휼하셨으나 죄와는 무관하심으로 그리스도는 백성을 대신할 가장 적절하고 이상적인 대제사장이라고 말한다.

③ 그리스도의 신성과 대제사장 직과의 관계

히브리서 저자는 그리스도가 하나님의 아들이요 영원히 살아계시기

기자는 시 119:71에서 "고난 당한 것이 내게 유익이라 이로 말미암아 내가 주의 율례들을 배우게 되었나이다"라고 고백한다.

19. cf. 벧전 2:22-25; 요일 3:5; 롬 8:3에 "죄로 말미암아 자기 아들을 죄 있는 육신의 모양으로 보내어"라고 예수님의 성육신을 바울이 설명할 때 "자기 아들을 죄 있는 육신으로"라고 하지 않고 "자기 아들을 죄 있는 육신의 모양으로"(ἐν ὁμοιώματι σαρκὸς ἁμαρτίας)라고 표현한 것은 예수님이 성육신 하실 때 죄에 감염되지 않았다는 것을 조심성 있게 설명하는 증거이다.

때문에 우리들을 위한 완전한 대제사장이 되실 수 있다고 가르친다.

하나님의 아들 됨

히브리서 저자는 그리스도가 "하나님의 영광의 광채시요 그 본체의 형상"(히 1:3)이라는 표현을 통해 그리스도가 하나님의 아들이심을 설명하고(참조. 히 1:2), 그리스도가 본체론적으로 하나님의 아들이기 때문에 제사장 기능을 감당할 수 있다고 말한다. 본문에서 "죄를 정결하게 하는 일"(히 1:3)은 제사장의 기능이다. 그런데 이 일의 성취는 하나님 우편에 앉으신 영원한 아들 그리스도를 통해서 이루어졌다.

히브리서 저자는 예수님이 대제사장이심을 확실하게 밝힌다(히 3:1). 그리고 히브리서 저자는 모세와 그리스도를 비교한 다음(히 3:2-5) 계속해서 "그리스도는 하나님의 집을 맡은 아들"(히 3:6)이기 때문에 그 아들이 하나님의 집을 위한 대제사장이 되셨다고 설명한다. 히브리서 4:14도 하나님의 아들 예수가 곧 우리의 대제사장인 것을 명백히 설명하며 히브리서 5:5에서는 대제사장 직을 영광스러운 것으로 말하고 그리스도가 이와 같이 영광스런 직임을 받을 수 있는 근거는 바로 그가 하나님의 아들이시기 때문이라고 말한다. 히브리서 7:28은 완전한 제사장 직을 아들을 통해 성취하였다고 설명한다. 즉 그리스도가 온전한 하나님의 아들이셨기 때문에 완전한 제사장 직을 감당하실 수 있었다.

우리는 이상의 구절에서 그리스도의 신성과 대제사장 직이 서로 연관된 것을 볼 수 있다. 그리스도가 하나님의 아들로 신성을 소유했기 때문에 하나님과 인간 사이에서 중재 역할을 올바로 할 수 있는 완전한 대제사장이 되실 수 있었던 것이다.

아들의 영원성

그리스도의 신성을 표시하기 위해 히브리서 저자는 그리스도의 영원성을 강조한다. 히브리서 저자는 그리스도와 멜기세덱을 비교하면서 하나님의 아들이 영원한 것처럼 멜기세덱도 항상 제사장으로 있다고 말한다(히 7:3).[20] 본문의 뜻은 멜기세덱 자신이 실제로 영원한 존재이기 때문에 항상 제사장으로 있는 것이 아니요, 영원한 하나님의 아들의 모형이기 때문에 제사장으로 항상 존재한다고 말하는 것이다. 이런 뜻으로 생각할 때 멜기세덱은 과거와 현재와 미래를 막론하고 그리스도의 영원성을 표상한다고 생각할 수 있다.

히브리서 7:15-19에서 히브리서 저자는 먼저 그리스도의 능력을 언급하고(히 7:16) 난 후에 그리스도의 제사장직의 영원성을 언급한다(히 7:17). 히브리서 저자는 시편 110편의 사상을 그리스도에게 적용하여 설명한다. "멜기세덱의 서열을 따라 영원한 제사장"(시 110:4)이 되신 분은 하나님의 "오른 쪽에 앉아 있는" 분으로 "권능의 규"(시 110:1-2)를 소유하셔야 한다. 그래서 히브리서 저자는 그리스도의 능력과 그의 제사장직의 영원성을 연계시켜 설명하고 있다.[21] 구약시대에는 제사장들의 수효가 많았는데 죽음이 그들의 생명을 빼앗아 감으로 영원성을 박탈당했지만 그리스도는 항상 계시기 때문에 그를 통해 하나님

---

20. 멜기세덱은 영원한 존재가 아니요, 역사적 인물이지만 영원한 존재처럼 묘사되는 것은 그가 그리스도의 모형으로 묘사되기 때문이라고 생각해야 한다. 히 7:3의 "하나님의 아들과 닮아서"(ἀφωμοιωμένος δὲ τῷ υἱῷ τοῦ θεοῦ)라는 표현에 주의하라. 이 표현은 멜기세덱 자신이 실제로 하나님의 아들이라는 사상을 배제한다. 멜기세덱이 그리스도의 모형이라는 뜻은 반드시 제사장 직에만 국한할 필요는 없다. 창 14:18ff.에 나타난 그의 모습자체를 하나님의 아들 그리스도의 모형으로 생각할 수 있다. cf. 이상근, 『갈라디아 히브리서』(서울: 총회교육부, 1977), p. 224. "신성은 영원하고 그러므로 멜기세덱의 제사장 직도 영원한 것이다."

21. Donald A. Hagner, *Hebrews: New International Biblical Commentary* (Peabody, MA: Hendrickson Publishers, 1990), p. 108.

께 나아가는 자들을 온전히 구원하실 수 있다고 선포한다(히 7:23-25).

이처럼 히브리서 저자는 하나님의 아들 그리스도의 영원성을 그리스도의 신성과 연관시켜 설명하며, 하나님의 아들이 영원하시기 때문에 그가 맡은 대제사장 직도 영원하다고 설명한다. 그리스도의 신성은 그리스도를 하늘과 땅의 창조자로 묘사한 히브리서 1:10에서도 찾아볼 수 있다.

히브리서 저자는 예수님께서 우리의 온전한 대제사장이 되실 수 있기 위해서는 그리스도의 인성과 함께 그리스도의 신성도 필요하다고 말한다. 인간의 연약성을 실제로 이해하기 위해서 예수님은 우리와 동류가 되셔야 한다. 반면 인간을 그 연약성에서 구원해 내기 위해서는 그리스도의 신성이 필요하다. 히브리서 저자는 이런 자격을 소유한 분이 바로 예수 그리스도라고 증거한다.

④ 그리스도의 사역과 대제사장 직과의 관계

히브리서 저자는 그리스도의 사역을 과거의 사역, 현재의 사역, 미래의 사역으로 구분하여 그리스도의 대제사장 직을 설명한다.

과거의 사역과 제사장 직과의 관계

예수님의 지상사역의 어떤 요소가 제사장 직과 연관되는가? 히브리서 저자는 그리스도가 지상 사역을 하는 기간에 제사장이었다고 말한다. 히브리서 저자는 "레위 계통의 제사 직분으로 말미암아 온전함을 얻을 수 있었으면(백성이 그 아래에서 율법을 받았으니) 어찌하여 아론의 반차를 따르지 않고 멜기세덱의 반차를 따르는 다른 한 제사장을 세울 필요가 있느냐"(히 7:11)라고 말한다. 이 구절은 일반적으로 예수님의 지상 사역의 시기를 가리키는 것으로 해석한다.

그런데 히브리서 저자는 예수님의 십자가상의 죽음과 제사장 직을 분명히 연결한다. 히브리서 13:12에 "예수도 자기 피로써 백성을 거룩하게 하려고 성문 밖에서 고난을 받으셨느니라"고 기록한 것은 그리스도가 십자가에서 피 흘림으로 백성을 대신한 제사장 역할을 감당한 것임을 확인한다. 히브리서 저자가 "자기를 단번에 제물로 드려"(히 9:26)라고 말하고 "그리스도도 많은 사람의 죄를 담당하시려고 단번에(ἅπαξ) 드리신바 되셨고"(히 9:28)라고 표현한 것은 예수님의 지상사역 중 특별히 십자가의 죽음을 염두에 두고 말한 것이다.

히브리서 저자는 이상의 구절에서 예수님이 십자가상에서 돌아가실 때 제사장이셨다고 설명한다. 즉 예수님의 제사장 직의 실제적 실행은 그의 죽음의 때까지 거슬러 올라간 것으로 생각할 수 있다.[22]

또한 예수님이 자기 몸을 단번에 드리셨다는 뜻은 그리스도의 제사장 직의 영원성을 내포함과 아울러 그 영원성 때문에 현재도 그리스도가 제사장임을 증명하지만 그리스도가 자기 몸을 드릴 그 때에도 제사장이었음을 증명하는 것이다(히 7:27; 9:12; 10:10; 참조. 히 10:20).

현재의 사역과 제사장 직과의 관계

히브리서는 대제사장이 지성소에 들어가셔서 지금도 계속 일하신

---

22. Vos, The Teaching of the Epistle to the Hebrews, p. 111. "The actual exercise of the priesthood of Christ probably cannot be traced farther back than His death." 그리스도의 지상 제사장 직의 개념을 함축한다고 생각되는 구절로는 히 8:3; 9:11,24 등을 더 들 수 있다. 그러나 히 8:3의 내용은 반드시 지상의 제사장 역할을 가리킨다고 할 수 없다. 히 9:11,24은 그리스도가 제사장으로 하늘에 들어가셨으니 들어가기 이전에도 제사장으로 존재했다는 것을 증명한다고 생각하여 그리스도의 지상 제사장 직 증명을 위하여 사용되나, 오히려 본문(히 8:3-4)의 뜻은 그리스도가 천국에 들어가심으로써 비로소 제사장이 되셨다고도 해석할 수 있기 때문에 이 구절이 예수님의 지상 제사장 직을 설명하는 확실한 증빙자료로 사용될 수 없다.

다는 것을 강조한다. 히브리서 저자가 예수님이 "영원히 대제사장이 되었다"(εἰς τὸν αἰῶνα)라고 표현한 내용이나(히 6:20), "항상 제사장으로 있느니라"(εἰς τὸ διηνεκές)라고 표현한 내용은(히 7:3) 그리스도가 현재 제사장 직을 감당하고 있다는 것을 강조하는 것으로 이해할 수 있다. 속죄를 단번에(ἅπαξ) 드린다는 사상은 단번에 드린 제사로 속죄가 완성되었다는 뜻도 내포하지만 반면 그의 사역이 영구히 계속된다는 뜻도 내포한다. 구약의 대제사장들은 여러 차례 속죄의 제사를 드렸다. 이 사실은 그 제사의 영원성이 결여된다는 것을 뜻한다. 그러나 그리스도가 속죄의 제사를 단번에 드렸다는 뜻은 그 제사가 두 번 필요하지 않을 만큼 완전하고 그 제사가 가져다주는 효과도 영원하다는 의미를 전하는 것이다. 또한 히브리서 저자는 그리스도가 영원히 계시기 때문에 그의 제사 직분도 영원한 것으로(ἀπαράβατος) 묘사한다(히 7:24). 이 사실 역시 그리스도가 대제사장으로서 지금도 계속 사역하고 계심을 증명한다. 그리스도가 대제사장으로 항상 살아 역사하고 계시기 때문에 "자기를 힘입어 하나님께 나아가는 자들"(τοὺς προσερχομένους δι' αὐτοῦ τῷ θεῷ -히 7:25)을 위해 간구할 수 있으며 바로 이 사실은 그리스도가 현재 대제사장 직을 실행하고 있다는 것을 잘 증거하고 있다.

히브리서 저자는 그리스도가 신자들을 위해 현재 행하고 계시는 중보의 사역은 우리를 대신해서 하나님 앞에 나타나셔서(히 9:24), 우리를 위해 간구(ἐντυγχάνειν)하고 계신 것으로 설명한다(히 9:25). 그리스도께서 승천하심으로 하늘 보좌에 영원히 앉아 계신 것은 그의 제사장직의 사역을 끊임없이 유지할 수 있게 하는 근거가 된다.[23] 그리

---

23. H. W. Montefiore, *The Epistle to the Hebrews (Black's New Testament Commentary)* (Lon-

스도의 중보 사역은 그가 단번에 드린 속죄의 제사 때문에 항상 효과
적이며 온전한 대제사장의 사역이 되는 것이다. 오늘도 우리 각자를
위해서 어느 순간에라도 간구하실 수 있는 분이 그리스도이시다. 여
기서 우리는 예수님의 대제사장 직의 "단 한번"의 요소와 "계속적인
사역"의 요소 사이에 깊은 관계가 있는 것을 찾아 볼 수 있다. 그래서
히브리서 저자는 "예수 그리스도는 어제나 오늘이나 영원토록 동일하
시니라"(히 13:8)라고 확언하고 있다. 지금도 살아 계셔서 우리를 위해
간구하시는 그리스도는 지상에 계셨던 그리스도요, 우리처럼 모든 면
에서 시험을 받으신 그리스도이시다. 바로 이런 이유 때문에 지금도
그리스도는 우리의 대제사장으로서 우리 개인을 위로하실 수 있다.

미래의 사역과 제사장 직과의 관계

예수님의 대제사장 직이 재림 때는 어떻게 되는가? 히브리서는 그
리스도가 대제사장으로서 재림 때에 어떤 역할을 할 것인지에 대해
많은 언급을 하지 않지만 히브리서 9:28에 명확한 표현으로 재림 때
에도 예수님이 대제사장으로서 역할을 할 것이라고 설명한다. 히브리
서 저자는 "이와 같이 그리스도도 많은 사람의 죄를 담당하시려고 단
번에 드리신 바 되셨고 구원에 이르게 하기 위하여 죄와 상관없이 자
기를 바라는 자들에게 두 번째 나타나시리라"(히 9:28)라고 설명한다.
본문의 "두 번째"(ἐκ δευτέρου)는 분명히 예수님의 재림을 가리킨다.
구약의 제사장들이 지성소에 들어가 하나님께 속죄의 제사와 간구를
드린 후 다시 나와서 백성들에게 속죄의 확인을 해주시는 것처럼 대
제사장 예수 그리스도도 하늘의 지성소에 들어가셨다가 다시 그를 기

---

don: A & C Black, 1987), p. 129.

다리는 백성들에게 나타나실 것이다.[24]

"단번에"(ἐφάπαξ, 히 7:27; 9:12; 10:10)가 대제사장 되신 그리스도가 지상에서 역사하신 것을 가리키고, "항상"(εἰς τὸ διηνεκές, 히 7:3; 10:1,12, 14)이 그리스도의 현재 사역을 묘사하는 것처럼, 여기 "두 번째"(ἐκ δευτέρου, 히 9:28)라는 표현은 예수님의 재림 때의 사역을 가리킨다.[25]

히브리서는 예수님의 재림 때 예수님이 어떻게 대제사장의 사역을 할 것인지는 구체적으로 설명하지 않고 단지 그를 기다리는 자들에게 두 번째 나타나실 때는 죄를 다루시지 않을 것이라고 말한다. 이는 죄에 대해서는 첫 번째 나타나셨을 때 단번에 죄를 없이 하셨기 때문이다(히 9:26). 히브리서 저자는 예수님의 재림 때의 사역이 죄와 상관없다고 말하므로 대제사장 되신 그리스도의 재림 때의 사역은 긍정적이고 적극적인 사역이 될 것이라고 설명한다. 이는 그가 두 번째 나타날 때에는 첫 번째 나타나심으로 성취하신 모든 축복이 그를 기다

---

24. 눅 1:8-22에 보면 제사장 사가랴가 주의 성소에 들어가 분향하는 동안(눅 1:9) 모든 백성은 성소 밖에서 제사장이 성소에서 나오기를 기다리며(눅 1:21) 기도했다고 말한다. cf. F.F. Bruce, *The Epistle to the Hebrews (NICNT)*, pp. 223f.

25. 히 9:24-28에서 히브리서 저자는 그리스도의 세 가지 나타나심에 대해서 설명한다. 히 9:24에서 "이제 우리를 위하여 하나님 앞에 나타나시고"라고 현재(present)의 나타나심을 말하고, 히 9:26에서는 "이제 자기를 단번에 제물로 드려 죄를 없이 하시려고 세상 끝에 나타나셨느니라"라고 과거(past)에 나타나심을 언급하며, 히 9:28에서는 "죄와 상관없이 자기를 바라는 자들에게 두 번째 나타나시리라"고 미래(future)의 나타나심을 말한다. 그리스도의 세 번 나타나심을 설명하는 동사들은 모두 다른데 히브리서 9:24은 ἐμφανισθῆναι로 맡은 임무를 완성하고 자기에게 임무를 맡긴 자에게 공적으로 보고하기 위해 나타날 때 사용되는 용어이며(W.F. Arndt and F.W. Gingrich, *A Greek- English Lexicon of the N.T. and other Early Christian Literature*, The University of Chicago Press, 1969, p. 257), 히 9:26은 πεφανέρωται로 하나님의 아들 예수가 성육신을 통해 인간들에게 표명된 사실을 설명할 때 쓰는 용어이며(딤전 3:16), 히 9:28의 ὀφθήσεται는 그리스도의 재림사건의 가시적 성격을 강조하는 용도로 사용되었다. 히브리서 저자가 여기서 그리스도의 세 번 나타나심을 설명하는 이 사실은 예수 그리스도가 어제와 오늘과 영원토록 대제사장이신 사실과 일맥상통한다. cf. P.E. Hughes, *A Commentary on the Epistle to the Hebrews* (Grand Rapids: Eerdmans, 1977), p. 337.

리는 자들의 기쁨과 축복이 되도록 하는 적극적인 역할을 하실 것임을 가리킨다. 그리고 대제사장 되신 그리스도는 그를 기다리는 자들을 하나님과 화목하게 하는 종말론적인 완성을 이루실 것이다(참조. 고전 15:22-28; 고후 5:16-21; 빌 3:21).

이처럼 히브리서의 대제사장 개념은 예수님의 사역의 모든 근본적인 요소를 다 포함한다. 단번에 이루신 과거의 지상사역(ἐφάπαξ), 높아지신 주님의 현재 사역(εἰς τὸ διηνεκές), 앞으로 오실 분으로서 미래의 사역(ἐκ δευτέρου)을 모두 포함한다. 어제와 오늘과 영원을 모두 포함한다(히 13:8).[26]

⑤ 멜기세덱의 반차를 따른 제사장 직의 탁월성

히브리서 저자는 그리스도가 레위 계통의 반차를 따른 제사장이 아니요 멜기세덱의 반차를 따른 제사장임을 분명히 한다. 여기서 그리스도의 대제사장 직의 탁월성과 그 내용을 고찰해 보자.

히브리서 저자가 증명한 탁월성

첫째로, 아브라함 생애의 전성기에 멜기세덱이 아브라함을 축복

---

26. 그리스도가 성육신 이전에 대제사장이었을까라는 문제에 대해 히브리서는 직접 언급하지 않는다. 다만 히 1:10에 그리스도를 하늘과 땅의 창조자로 묘사하고, 본체론적인 의미에서 그리스도를 "하나님의 아들"로 묘사한 것은(히 1:2) 그리스도의 성육신 이전의 기간을 내포하는 것만은 사실이다(cf. 히 9:26). 또한 그리스도의 대제사장 직이 구약의 제사장 직을 완성했다는 개념 속에서 그리스도의 대제사장 직과 그리스도의 성육신 이전의 시기를 서로 관계 맺어주는 것만은 확실하다. 그러나 그리스도가 성육신 이전 시기에 대제사장으로 역사했는가 하는 문제는 히브리서가 구체적으로 설명하고 있지 않다. 마 27:51의 "성소 휘장이 위로부터 아래까지 찢어져 둘이 되고"라는 내용은 예수님이 대제사장으로 성소에 들어가신 것으로 해석하여 예수님의 대제사장 직을 그의 죽음 이전까지 확대할 근거를 제공해준다. 왜냐하면 예수님이 제사장이 아니었으면 성소에 들어갈 수 없었을 것이기 때문에 예수님이 성소에 들어가기 전에 이미 대제사장이었을 것이라는 논리이다.

했다는 사실은 멜기세덱의 탁월성을 증명한다(히 7:6). 왜냐하면 "낮은 자가 높은 자에게서 축복을 받기 때문이다"(히 7:7). 멜기세덱의 반차를 따른 예수님은 아브라함의 후손인 레위 계통의 제사장들보다 훨씬 더 탁월하다.

둘째로, 멜기세덱의 제사장 직은 죽음으로 정지되지 아니하고 대대로 계속되지만(히 7:3) 레위 계통의 제사장들은 그들이 죽을 수밖에 없었기 때문에 그들의 권세와 임무를 후계자가 지속할 수밖에 없었다. 히브리서 저자는 "제사장된 그들의 수효가 많은 것은 죽음으로 말미암아 항상 있지 못함이로되 예수는 영원히 계시므로 그 제사장 직분도 갈리지 아니하느니라"(히 7:23,24)라고 증거한다.

셋째로, 아브라함이 바친 십일조를 멜기세덱이 받았다는 것은 그의 제사장 직이 아론의 반차를 따른 제사장 직보다 우월하다는 증거이다(히 7:6). 더 거슬러 올라가 제사장의 족속인 레위 족장을 생각해 볼 때 레위는 아브라함의 증손(great-grandson)이었기 때문에 아브라함이 멜기세덱을 만났을 때 아직 세상에 태어나지 않았다(히 7:10). 후손들이 세상에 태어나기도 전에 조상들의 허리 안에 후손들이 있었다는 성경의 교훈을 생각할 때(창 25:23; 말 1:2f.; 롬 9:11ff.; 히 7:10), 레위 역시 멜기세덱에게 십일조를 바쳤다고 생각할 수 있다. 히브리서 7:4-10의 내용은 이 사실을 확인하므로 멜기세덱의 반차를 따른 제사장 직의 탁월성을 증명하고 있다. 히브리서 저자는 레위 계통의 제사장 직보다 멜기세덱의 반차를 따른 예수님의 제사장 직의 탁월함을 선언한 것이다.

탁월성의 내용

첫째로, 그리스도의 대제사장 직은 새롭고 더 좋은 것이다(히

7:7,15,19,22; 8:6). 모세의 율법이 그리스도 안에서 완성된 것처럼 멜기세덱의 반차를 따른 대제사장 직은 새롭게 되고 더 좋게 된 것이다.

둘째로, 그리스도의 대제사장 직은 파괴되지 않고 영존한다(히 7:16). 모세의 법에 따른 제사장 직은 썩어질 육체의 계승으로 유지되었지만 멜기세덱의 반차를 따른 그리스도의 대제사장 직은 썩지 않을 생명에 의존한다(히 7:24,25,28).

셋째로, 그리스도의 대제사장 직은 방해를 받을 수 없다(히 7:24). 아무도 그리스도의 대제사장 직을 방해할 수 없다. 그는 자신이 완전하기 때문에 다른 사람을 완전하게 구하실 수 있다(히 7:25). 그리스도는 영원한 대제사장으로서 일반적인 의미의 대제사장 직을 감당한다고 생각할 수 없고 유일하고 특별한 의미의 대제사장 역할을 감당하신다. 그는 하나님과 사람 사이의 유일하고 완전한 대제사장이시다. 그는 그 자신의 인격 안에서 하나님과 사람을 완전하게 화목하도록 만드신다. 대제사장이신 예수님 안에서 하나님은 사람에게 가까이 오시며 사람은 하나님께 가까이 나아갈 수 있게 된다.[27]

넷째로, 그리스도의 대제사장 직은 영원하시다(히 7:20-28). 멜기세덱의 반차를 따른 제사장 직은 하나님이 확증하신 맹세로 세워졌고(히 7:20-22), 또한 그리스도의 부활로 그 영원성이 더 확실하게 되었다(히 7:23-24).

다섯째, 그리스도의 대제사장 직은 더 좋은 언약에 그 기초를 두고 있다(히 8:6; 6:13; 7:22). 아론의 반차를 따른 제사장은 옛 언약과 관련이 있으므로 조건에 매이는 형편이지만, 멜기세덱의 반차를 따른 대제사장은 새로운 언약과 관련이 있으며 이 새로운 언약은 옛 언약

---

27. F.F. Bruce, *The Epistle to the Hebrews*, pp. 153f.

에 비해 훨씬 좋은 것이다.

여섯째로, 그리스도의 대제사장 직은 더 좋은 영역과 연관이 있다. 구약은 모형을 제시하는 영역에 속하므로 아론의 반차를 따른 제사장 직은 모형을 제시하는 역할을 하지만, 신약은 실재(reality)를 즐기는 영역으로 그리스도의 대제사장 직도 이 실재를 즐기는 영역에 속한다(히 2:10; 4:14; 6:20; 8:1-5). 아론의 반차를 따른 제사장은 지상에 있는 성소에서 봉사했지만 멜기세덱의 반차를 따른 그리스도는 하늘의 성소에서 사역하신다.

⑥ 그리스도가 흘린 피로 성도들이 받는 축복

피(αἷμα)라는 용어는 신약 전체에서 99번 나타난다. 신약의 책 중에 피가 가장 많이 나타나는 책은 히브리서로 21회 나온다(히 2:14; 9:7, 12(2회),13,14,18,19,20,21,22,25; 10:4,19,29; 11:28; 12:4,24; 13:11,12,20). 히브리서 다음으로 계시록은 "피"를 19회 사용한다.[28]

신약성경에서 피(αἷμα)가 그리스도의 죽음과 연관되어 사용된 표현은 예수 그리스도의 피(αἵματος Ἰησοῦ Χριστοῦ, 벧전 1:2) 주님의 피(αἵματος τοῦ κυρίου, 고전 11:27), 양의 피(ἐν τῷ αἵματι τοῦ ἀρνίου, 계 7:14; 12:11) 등과 히브리서에 나온 그리스도의 피(τὸ αἷμα τοῦ Χριστοῦ, 히 9:14; 고전 10:16; 엡 2:13)와 예수의 피(ἐν τῷ αἵματι Ἰησοῦ, 히 10:19; 요일 1:7) 등의 표현이다. 뵈쳐(Böcher)는 "희생적 피의 능력에 의존하여 죄를 정결하게 하고 지워버리게 하는 고대경건의 모든 소망은 예수님의 피에 관한 신약의 진술에서 그 절정에 도달한다."[29]라고 바르게 설명한다.

---

28. J.B. Smith, *Greek-English Concordance to the New Testament* (Scottdale: Herald Press, 1974), p. 7.

29. O. Böcher, "ai-ma" *Exegetical Dictionary of the New Testament*, Vol. 1 (Grand Rapids:

벵겔(Bengel, 1687-1752)은 그리스도의 피에 대해서 설명하기를 그리스도의 피는 그의 수난과 죽음으로 한 방울도 그의 육체에 남지 않고 전부 쏟아져 나왔으며 이 피는 결코 썩을 수 없다고 주장한다. 벵겔은 "그 피의 고귀함은 모든 부패의 여지를 주지 않는다."라고 주장한다.[30] 벵겔은 계속해서 말하기를 그리스도가 그의 죽음으로 쏟은 피는 그가 부활할 때 그의 몸속으로 다시 복귀한 것이 아니라 그의 부활체는 피가 없는 부활체였고 그의 피는 그가 하늘의 성소로 올라갈 때 그의 몸과는 분리된 상태로 운반해 가셨다고 한다.[31]

벵겔의 이와 같은 주장은 성경의 예표론(Typology)을 올바로 적용하지 못한 데 있다. 그는 그리스도의 피가 그의 부활체와 분리된 상태로 있다는 근거를 성만찬에 둔다. 즉 그리스도의 몸과 피를 분리한 성만찬 원리를 근거로 삼는 것이다. 그러나 그리스도의 몸은 우리를 대신한 희생을 말하며 그리스도의 피는 그의 죽음의 희생적 성격을 설명해 준다. 그리스도의 고귀한 피는 우리의 죄를 구하시기 위하여 자의적으로 흘리신바 되었다(마 26:28; 요일 1:7). 그러므로 우리는 그리스도의 피와 몸을 분리시킬 수 없으며 그리스도가 피를 흘렸다는 사실은 그리스도의 죽음을 다른 표현방법으로 설명하는 것이라고 이해해야 한다.

히브리서 저자는 "예수 그리스도의 몸을 단번에 드리심으로 말미암아 우리가 거룩함을 얻었노라"(히 10:10)라고 말하고 또한 "자기를

Eerdmans, 1990), p. 39.

30. J.A. Bengel, *Gnomon Novi Testamenti*, Hebrews 12:24 해석을 보라.

31. John Keble(1792-1866)은 예수님의 피가 그의 부활체와 재연합되었다고 주장한다. 그리스도의 피에 대한 자세한 내용은 P.E. Hughes (*A Commentary on the Epistle to the Hebrews*, Grand Rapids: Eerdmans, 1977, pp. 329-354)의 히브리서 주석을 참고하라.

거룩하게 한 언약의 피를 부정한 것으로 여기고"(히 10:29)라고 말함으로 몸과 피를 서로 교대로 사용하고 있다.[32] 이 사실은 그리스도의 몸과 피를 분리하기보다 오히려 그리스도의 죽음의 구원론적 의미를 더 강화하는 표현이라고 할 수 있다.[33]

히브리서 저자는 그리스도의 피의 탁월하심을 구약의 희생제도와 비교하므로 더욱 돋보이게 설명한다. 히브리서 저자가 사용한 동물의 희생을 통해 흘리는 피(히 9:7, 12f., 18-22, 25; 10:4; 11:28; 13:11)는 용서와 성화를 가져다주는 그리스도의 피 흘림의 모형으로 설명되고 있다. 구약의 제사제도에서 언급된 피는 예수 그리스도의 십자가상의 죽음을 예표하고 있다. 히브리서 저자는 그리스도가 피 흘림으로 그의 성도들에게 적용되는 축복이 다음과 같다고 말한다.

첫째, 그리스도는 성도들을 양심의 악에서부터 구하신다. 성도들은 하나님 앞에서 깨끗한 양심을 가질 수 있게 된다(히 9:14; 10:22; 13:18).

둘째, 그리스도는 성도들을 거룩하게 하신다(히 10:10,14; 13:12). 그리스도의 거룩이 성도들에게 전가되어 성도들이 거룩하게 된 것이다. 히브리서 저자는 "거룩하게 하시는 이와 거룩하게 함을 입은 자들이 다 한 근원에서 난지라"(히 2:11)라고 확인한다.

셋째, 그리스도는 성도들을 완전하게 하신다(히 10:14; 11:39-40; 12:23; 13:21). 그리스도는 한 번의 제사로 성도들을 영원히 온전하게

---

32. Hughes, *op. cit.*, p. 332.

33. J. Behm, "αἷμα," *Theological Dictionary of the New Testament*, Vol. 1 (Grand Rapids: Eerdmans, 1972), p. 174: "The interest of the N.T. is not in the material blood of Christ, but in His shed blood as the life violently taken from Him. Like the cross, the blood of Christ is simply another and more graphic phrase for the death of Christ in its soteriological significance."

하셨다. 단번의 희생제사는 다른 희생 제사를 필요로 하지 않는다.

넷째, 그리스도는 성도들에게 하나님 보좌 앞에 나아갈 수 있는 특권을 주신다(히 4:16; 7:25; 10:19-20; 11:6). 성도들은 예수님이 흘린 피를 힘입어 하나님의 보좌 앞에 담대히 나아갈 수 있게 되었다.

다섯째, 그리스도는 성도들로 하여금 하나님을 찬미하고 예배하게 하신다(히 9:14; 13:15-16). 성도들은 하나님이 기뻐하시는 "찬송의 제사"를 드릴 수 있게 되었다(롬 12:1-2).

예수 그리스도가 대제사장으로서 죄인들을 대신해서 하나님 앞에 나아가신 사실이 명백해졌다. 예수 그리스도는 우리와 동등한 완전한 사람이었기 때문에 우리의 모든 연약함을 아시는 대제사장이요 또한 하나님의 아들로 완전한 신이었기 때문에 하나님과 인간 사이에서 완전한 중재 역할을 하신 대제사장이시다.

히브리서는 예수 그리스도가 대제사장으로서 단번에 자기를 완전한 제사로 드려 많은 사람의 죄 문제를 해결해 주셨고 지금도 우리를 위해 하나님께 간구하고 계시며 앞으로 재림하셔서 그를 기다리는 모든 자들에게 종말론적 완성을 통한 기쁨과 평안과 축복을 주실 것을 명백히 하고 있다.

2. 히브리서에 사용된 "디아데케"(diatheke)의 용법

신약에 사용된 "디아데케"($\delta\iota\alpha\theta\acute{\eta}\kappa\eta$)는 그 회수가 모두 합쳐 33회에 달한다. 그 중 절반 이상이나 되는 17회가 히브리서에 나타난다(히 7:22; 8:6, 8, 9(2회),10; 9:4(2회), 15(2회), 16, 17, 20; 10:16, 29; 12:24; 13:20). 나머지 16

회는 복음서에 4회(마 26:28; 막 14:24; 눅 1:72; 22:20), 사도행전에 2회(행 3:25; 7:8), 바울 서신에 9회(롬 9:4; 11:27; 고전 11:25; 고후 3:6, 14; 갈 3:15, 17; 4:25; 엡 2:12), 계시록에 1회(계 11:19) 나타난다.[34]

디아데케를 계약으로 번역하기보다 언약으로 번역하여 사용하고 자 한다. 계약이나 언약이나 큰 차이는 없으나 계약이라는 용어는 오 늘날 사회에서 사용될 때 계약에 참여하는 쌍방이 동등한 자격을 가 지고 있기 때문에 디아데케를 계약으로 번역할 경우 그런 개념을 연 상하게 되기 때문이다. 그러나 히브리서에 나타난 디아데케는 하나님 과 사람 사이에 이루어진 것으로 결코 사람이 하나님과 동등한 자격 으로 디아데케에 임하지 않는다.

(1) "디아데케"가 히브리서에 많이 사용된 이유

히브리서에 "디아데케"가 빈번하게 사용된 것을 보면 히브리서 저자 가 언약 개념에 특별한 관심을 쏟았다고 생각할 수 있다.[35] 그러면 히 브리서 저자가 무슨 이유로 신약의 다른 책들보다 언약개념에 더 깊 은 관심을 쏟은 것일까?

첫째로, 히브리서 저자는 종교적 형식주의에 빠져있는 수신자들 에게 그들의 잘못됨을 지적해주고 반면 어떤 길이 올바른 길인지를 제시해 주기 위해 히브리서를 썼기 때문이다. 그러므로 히브리서 저

---

34. J.B. Smith, *Greek-English Concordance to the New Testament* (Scottdale: Herald Press, 1974) p. 81(section 1242), 33회 중 약 절반이 구약을 인용한 것이며 또 다른 다섯 번의 경 우도 분명히 구약을 연상하게 하는 구절들이다.

35. J. Guhrt, "Covenant," *The New International Dictionary of New Testament Theology*, Vol. I. ed. C. Brown (Grand Rapids: Zondervan: 1975), p. 371.

자는 구약을 많이 인용하면서 구약시대의 구질서와 그리스도를 통해서 성취된 새 질서를 비교하고 있다.[36]

히브리서 저자가 "새 언약"(New diatheke, 9:15)이라는 용어를 쓸 때 비록 "옛 언약"(Old diatheke)이라는 용어와 대조시켜 사용하지 않았지만 문맥에 나타난 의미는 옛 언약에서 새로운 언약으로 전환되는 구속적 과정의 구조를 명백하게 보여주고 있다. 히브리서 초두에 "옛적에 선지자들을 통하여 여러 부분과 여러 모양으로 우리 조상들에게 말씀하신(λαλήσας, 제1단순과거분사) 하나님이 이 모든 날 마지막에는 아들을 통하여 우리에게 말씀하셨으니"(ἐλάλησεν, 제1단순과거)(히 1:1-2)라고 말한 것도 새로운 언약과 옛 언약의 시간적 차이를 제시하고 새 언약이 옛 언약 후에 주어진 것을 명백히 하고 있다.[37]

---

36. 히브리서가 구약을 인용한 회수는 74회나 되며 구약 중에서도 가장 많이 인용된 곳은 시편으로 약 20회나 된다. 인용 구절을 열거하면 다음과 같다. (괄호 안은 시편)1:5(2:7), 1:6(97:7), 1:7(104:4), 1:9(45:6,7), 1:12(102:25-27), 1:13(110:1), 2:7,8(8:4-6), 2:12(22:22), 2:13(18:2), 3:8-11(95:7-11), 3:15(95:7), 4:3(95:11), 4:5(95:11), 4:7(95:7), 5:5(2:7), 5:6(110:4), 7:17(110:4), 7:21(110:4), 10:5-7(40:6-8), 13:6(118:6) 등이다.
P.E. Hughes(*A Commentary on the Epistle to the Hebrews*, Grand Rapids: Eerdmans, 1977, pp. ixf.)는 그의 주석의 목차에서 구질서와 새 질서의 대조를 분명히 하고 있다. 그의 목차에서 중요한 제목만 열거하면,
   ① Christ Superior to the Prophets (1:1-3),
   ② Christ Superior to the Angels (1:4-2:18),
   ③ Christ Superior to Moses (3:1-4:13),
   ④ Christ Superior to Aaron (4:14-10:18),
   ⑤ Christ Superior as the "New and Living way"(10:19-12:29),
   ⑥ Concluding Exhortations, Requests and Greetings(13:1-25) 등이다.
William S. LaSor (*The Dead Sea Scrolls and the New Testament*. Grand Rapids: Eerdmans, 1972, pp. 181f.)도 예수님이 성취한 질서의 우월성을 다음과 같이 말한다. "예수님은 아들이시다. 천사들은 아들이 아니며 오직 종들에 지나지 않는다(1:3-14). 예수님은 잠시 동안만 낮아지셔서 죽음을 맛보셨지만 죽음을 통해 완전하게 되사 구원의 주(the originator of Salvation)가 되셨다(2:9-10). 오는 세상은 천사들의 권세 아래 있지 않고 예수님의 권세 아래 있다(2:5)."

37. G. Vos, *Biblical Theology* (Grand Rapids: Eerdmans, 1968), p. 323. 단순과거 분사가 주동사인 단순과거와 함께 사용될 때는 분사의 시상이 주동사의 시상보다 먼저이다. 따라서

두 질서를 비교하려면 두 질서에 관계되는 공통분모가 있어야 한다. 그 공통분모로서 구약과 신약의 관계를 맺어줄 수 있는 개념이 바로 언약 개념이었다. 히브리서 저자는 구질서와 새 질서를 비교하는데 언약(Covenant)의 개념을 등장시킨 것이다.

둘째로, 히브리서 저자가 가진 종교에 대한 태도의 영향이었다고 생각할 수 있다. 히브리서 전반을 연구해 보면 히브리서 저자는 종교를 의식(consciousness)의 범위 내에서 문제들을 취급하고 있다는 사실이 뚜렷이 나타난다.[38] 히브리서 저자는 인간의 의식이 미치지 못하는 범위에 속한 문제보다는 인간의 의식이 미치는 범위에 속한 문제를 강조한다. 제사 직에 대한 문제나, 배도자에 대한 문제(6:4-6) 등도 히브리서 저자가 종교의 현상적인 문제에 관심을 많이 쏟은 특징이라고 생각할 수 있다.[39] 이렇게 볼 때 의식의 범위 내에서 구질서와 새 질서를 비교하는 데 가장 적절한 용어가 "디아데케"였을 것이다. 이런 이유로 히브리서가 "디아데케"를 채용하여 사용했을 것이다.

(2) "디아데케"의 번역

"디아데케"를 언약(Covenant)으로 번역하느냐, 유언(Testament)으로 번역하느냐에 따라 그 뜻이 달라진다. "디아데케"가 신약에 33회 사용

옛 언약과 새로운 언약의 선후가 명백해진다.

38. G. Vos, *The Teaching of the Epistle to the Hebrews* (Nutley: The Presbyterian and Reformed Publ. Co., 1974), p. 28.

39. 히브리서와는 달리 바울 서신은 인간의 의식이 미치지 못하는 범위에 속하는 문제를 더 많이 강조하는 것을 볼 수 있다. 바울은 성령을 통해 신자가 그리스도와 연합되었다는 신비로운 국면을 강조한다. 히브리서가 인간 의식의 범위 밖에 속한 문제를 전혀 다루지 않는 것은 아니지만 바울 서신에 비하면 아주 적은 편이다.

된 것은 이미 언급했다. 33회 중 흠정역(KJV)에서는 Covenant(언약 혹은 계약)로 20번 번역했고(눅 1:72; 행 3:25; 7:8; 롬 9:4; 11:27; 갈 3:15,17; 4:24; 엡 2:12; 히 8:6,8,9(2회),10; 9:4(2회); 10:16,29; 12:24; 13:20), Testament로 13회 번역했다(마 26:28; 막 14:24; 눅 22:20; 고전 11:25; 고후 3:6,14; 히 7:22; 9:15(2회),16,17,20; 계 11:19). 개역과 개역개정 한글판은 33회 중 고린도후서 3:14은 "구약"(옛 언약)으로 번역했고, 히브리서 9:16,17에서는 두 번 유언으로 번역했다. 나머지 서른 곳은 모두 언약으로 번역했다.[40]

결국 KJV, RSV, RV, 개역과 개역개정 한글판 등을 비교 연구하여 얻을 수 있는 결론은 현대적 번역일수록 "디아데케"를 언약(Cove-nant)으로 번역할 수 없는 곳을 제외하고는 가능한 한 일률적으로 언약(Covenant)으로 번역하려 했다는 것이다. 여기서 문제가 되는 것은 같은 단어 "디아데케"를 왜 두 용어로 번역했어야만 하느냐 하는 질문이다. 이 질문을 해결할 수 있는 한 방법으로 현대 번역들은 가능하면 한 용어로 통일하려고 노력했다. 그러나 현대의 번역들도 이 문제를 철저하게 해결하지 못했다. 왜냐하면 그들도 어느 경우는 유언(Testa-ment)으로 번역했기 때문이다(히 9:16,17).

(3) 70인경(LXX)에 나타난 "디아데케"

히브리서 저자는 70인경(LXX)을 잘 알고 있었다. 히브리서 저자는 구약을 인용할 때 70인경(LXX)을 많이 의존하고 있다.[41] 이런 이유로 학

---

40. R.S.V.역시 한역처럼 히 9:16,17의 두 곳만 Will로 번역하고 나머지 31곳에서는 Covenant로 모두 번역했다. 이렇게 대부분의 경우 διαθήκη를 Covenant로 번역한 것은 구약과 신약 사이의 통일성을 유지하기 위해서인 것이다.

41. James Moffatt, *An Introduction to the Literature of the New Testament* (Edinburgh: T and

자들은 "디아데케"의 정확한 뜻을 찾기 위해 70인경(LXX)을 번역할 때에 "디아데케"가 어떤 의미로 사용되었는지를 연구하게 되었다. 그들의 연구로 "디아데케"가 그 당시 유언(Testament)의 개념으로도 사용된 것을 알게 되었고, 신약을 기록할 때는 히브리서 저자가 70인경(LXX)에 의존한 이상 "디아데케"를 유언(Testament or will)의 개념으로 사용할 수 있었다는 사실을 알게 되었다.

이 문제에 대해 현대 비평적인 학자들은 70인경(LXX) 번역자들이 구약의 베리트 (בְּרִית, bᵉrîth) 개념을 잘못 이해한 나머지 베리트(Berith)를 구약에 없는 개념인 유언(Testament)으로 잘못 번역하여 사용하므로 중대한 과오를 범했다고 주장한다. 그들의 주장에 따르면, 70인경(LXX) 번역자들이 "베리트"의 참다운 뜻을 은닉시켰고 "베리트"를 잘못된 개념으로 사용하게 했다는 것이다.[42]

얼핏 보면 이와 같은 비평학자들의 주장이 큰 문제가 되지 않는 것 같지만 사실상 신약의 무오성에 대한 심각한 도전이 된다. 우리는 구약의 번역인 70인경(LXX)을 영감된 것으로도 보지 않으며 무오한 것으로도 보지 않는다. 따라서 번역 자체의 유오성을 지적하는 데는 이의가 별로 없다. 그러나 문제는 70인경(LXX)과 신약이 밀접히 연관되어 있다는 점이다. 신약 저자들이 구약을 인용할 때 70인경(LXX)을 많이 사용했다는 것은 주지의 사실이다. 이것을 기초로 비평학자들은 70인경(LXX)의 번역자들이 범한 오류를 신약 저자들이 그대로 전수받았다고 주장한다. 이는 신약의 무오성에 대한 도전이기 때문에 성경의 무오성을 믿는 우리에게는 심각한 관심의 대상이 되지 않을 수 없

T Clark, 1961), p. 445.

42. Vos, *The Teaching of the Epistle to the Hebrews*, p. 30.

다. 하지만 신구약 성경이 유기적으로 영감된 것을 받아들이면 이와 같은 문제 제기는 전혀 문제가 되지 않는다. 하나님은 성경저자들이 영감 되지 않은 자료들을 활용하여 성경을 기록할 때에도 영감의 과정을 통해서 잘못 없게 기록하도록 인도하셨기 때문이다.

이와 같은 문제점을 염두에 두고 신약에 사용된 "디아데케"의 근원이 되는 구약의 "베리트"(בְּרִית)의 뜻을 생각해 보자. 사실상 구약의 "베리트"는 양쪽 당사자가 서로 약속을 한다는 의미에서의 언약(Covenant)을 뜻하지 않는다. 하나님께서 노아와 언약을 맺을 때 그리고 아브라함과 언약을 맺을 때(창 9:8ff.; 17:2, 7, 19) 상대를 하나님과 동등한 위치에 두고 언약을 세우신 것이 아니다. 모세 율법에 나타난 언약도 하나님께서 주권적으로 선포한 것이며 그리스도 안에서 성취된 새로운 언약도 오로지 하나님의 은혜로 말미암은 것이다.

그러므로 구약의 "베리트"의 근본적인 의미는 하나님께서 제정하신 협정을 절대적으로 확증한다는 것이다. 즉 "베리트"는 엄숙한 종교적 재가(religious sanction)를 뜻한다. 성경에 나타난 하나님과 사람 사이의 모든 언약은 확실한 종교적 재가를 토대로 하나님과 사람 사이의 특별한 관계를 유지한다.[43] 문제의 성질로 보아서 하나님과 인간이, 창조주와 피조물이, 거룩한 자와 죄인이 동등한 위치에서 만나 서로 거래(bargain)를 하지 않는다. 하나님과 사람 사이의 만남은 결코 사람과 사람 사이의 만남과 동일할 수 없다.[44]

---

43. Meredith G. Kline, *By Oath Consigned* (Grand Rapids: Eerdmans, 1968), p. 16.

44. Hughes, *A Commentary on the Epistle to the Hebrews*, p. 370, "In the nature of case God and man, Creator and creature, the Infinite and the finite, and still more particularly, the Holy One and the sinner, do not meet and bargain together on equal terms. The encounter between God and man can never be the same as the encounter between man and man. The issue is one of theology, *biblical theology*, rather than of etymology."(ital-

클라인(Kline)은 하나님과 사람 사이의 언약관계를 다음과 같이 설명하면서 하나님의 주권사상을 강조한다. 언약을 정의하는데 봉헌(consecration) 개념을 포함시키는 것은 언약으로 상호간에 특별한 관계가 성립되는 것을 뜻한다. 그러나 동시에 이 관계를 봉헌으로 특징지을 때 이는 사람이 하나님께 봉헌하는 것이기 때문에 하나님의 주권과 영광을 강조하는 하나님 중심적인 것이다. 이 상호관계 가운데서 하나님의 절대주권으로 말미암아 그 주권이 인정되면 종교적 언약적 약정(religious-covenantal bond)이 상행위에서 배상을 조건으로 하는 약정(contract)의 개념으로 곡해되는 법적 왜곡을 막을 수 있게 된다.[45]

"베리트"의 구약 용법은 이처럼 엄숙한 종교적 재가를 뜻하는 것인데 고전 헬라어에서는 "디아데케"가 유언(Testament)의 뜻으로 사용되었다. 그 이유는 법률가들이 사람이 죽으면 재산문제 해결을 위해 이 용어를 사용하다 보니 자연히 유언이라는 개념이 드러나고 원래의 뜻은 감추어지게 되었다는 것이다.

"디아데케"의 이와 같은 역사적인 배경을 염두에 둔 비평학자들은 어원적인 연구에만 몰두한 나머지 70인경(LXX) 번역자들이 구약의 "베리트"를 "디아데케"로 번역함으로써 유언(Testament)의 뜻을 갖게 했다고 말한다.

그러나 70인경(LXX) 번역자들이 구약의 "베리트"를 동등한 입장에 있는 두 사람 사이에 성립된 계약을 뜻하는 쉰데케(Syntheke; συνθήκη)로 번역하지 않고 "디아데케"(διαθήκη)로 번역한 것은 "디아데케"가

---

ics original)

45. Kline, *op. cit.*, p. 37 "It is this absolute Sovereignty of God in the reciprocal relationship which, when recognized, prevents the legalistic distortion of the religious-covenantal bond into a mercantile quid pro quo contract."

유언(Testament)의 뜻을 포함하고 있어서가 아니라 원래 의미인 구약
의 "베리트"라는 의미를 그대로 전달하기 위해서였다. 고전 헬라어에
서 "디아데케"를 유언의 의미로 사용한 것은 확실하지만 고전헬라어
의 영향을 받아 70인경(LXX) 번역자들이 구약 히브리어 "베리트"를
헬라어 "디아데케"로 번역하면서 일괄적으로 유언의 개념을 적용하여
번역했다고 말할 수 없다. 왜냐하면 유언은 당사자가 죽어야만 가능
하기 때문이며 구약의 "베리트"는 당사자의 죽음과 무관하기 때문이
다. 즉 70인경(LXX)에 사용된 "디아데케"가 고전 헬라어의 "디아데
케"와 항상 같은 뜻이라고 생각할 수 없다. "베리트"의 설립자가 하
나님이요 영존하신 분인데 고전헬라어의 용법을 여기에 적용했을 리
없다. 그러므로 70인경(LXX) 번역자들은 "베리트"를 "디아데케"로 번
역함으로써 구약의 원래의 뜻인 종교적 재가라는 의미를 살리고자
했다.

그러면 히브리서 9:16-17의 경우는 어떤가? 여기에 나타난 "디아
데케"도 언약(Covenant)으로 생각해야 하겠는가? 다이스만(Deissmann,
1866-1937)은 1세기 지중해 연안 지역에서 "디아데케"의 뜻을 언약
(Covenant)으로 사용하지 않았기 때문에 신약에 나타난 모든 "디아데
케"는 유언(Testament or Will)의 뜻으로 이해해야 한다고 주장한다.[46]

다이스만의 이와 같은 주장은 히브리서 9:16, 17뿐 아니라 성경에

---

46. A Deissmann, *Light from the Ancient East* (Grand Rapids: Baker Book House, 1978), p.
337. "Perhaps the most necessary investigation still waiting to be made is that relating
to the word διαθήκη, which so many scholars translate unhesitatingly 'covenant.' Now
as the New Texts help us generally to reconstruct Hellenistic family law and the law of
inheritance, so in particular our knowledge of Hellenistic wills has been wonderfully
increased by a number of originals on stone or papyrus. There is ample material to back
me in the statement that no one in the Mediterranean world in the first century A.D.
would have thought of finding in the word διαθήκη the idea of 'covenant.'"

나타난 "디아데케"를 모두 유언으로 해석하게 만든다. 반면 웨스트코트(Westcott)는 히브리서 9:16, 17에 나타난 "디아데케"를 언약(Covenant)으로 이해해야 한다고 주장한다.[47] 그는 본문에서 이 언약을 맺을 때 짐승의 피를 흘려 언약을 체결한 사실을 상징적으로 제시하였으며, 언약을 세우는 자의 죽음을 실제 사실로 언급하고 있지 않기 때문에 본문의 "디아데케"를 언약으로 이해하는 데 문제가 없다고 주장한다. 웨스트코트(Westcott)의 이와 같은 주장은 히브리서 저자가 명백히 선포한 내용과는 상충된다. 웨스트코트의 주장대로 따르자면 본문은 다음과 같이 읽어야 한다. "언약은 언약한 자가 죽어야 되나니 언약은 그 사람이 죽은 후에야 견고한즉 언약한 자가 살았을 때에는 언제든지 효력이 없느니라." 본문의 "디아데케"를 웨스트코트의 주장처럼 언약으로 생각하면 뜻이 잘 통하지 않는다. 왜냐하면 언약은 언약한 자가 살아있을 때에도 효력이 있기 때문이다.

또한 웨스트코트는 히브리서 저자가 "디아데케"의 불변성을 강조하기 위해 언약의 개념을 유언자의 죽음으로 표현했다고 말하지만 이 구절의 강조는 "디아데케"의 불변성에 있지 않고 오히려 유언한 자의 죽음이 "디아데케"를 효력있게 한다는 데 있다. 이 사실을 그리스도에게 적용하면 뜻이 분명해진다. 그리스도는 그가 죽음으로 무력해지지 않았고 사실상 그리스도는 죽음으로 말미암아 지금도 역사하시고 또 영원한 대제사장이 되셨다.

히브리서 9:16-17의 "디아데케"는 유언의 개념으로 이해해야 한

---

47. B.F. Westcott, *The Epistle to the Hebrews* (Grand Rapids: Eerdmans, 1950), pp. 264f., 298-302; A. Nairne, *The Epistle to the Hebrews* (*Cambridge Greek Testament*, Cambridge: Cambridge University Press, 1917), p. 92.

다.[48] 히브리서 9:16-17을 제외한 다른 구절에서는 언약(Covenant)의
개념으로 이해하는 것이 옳다. 이런 의미에서 개역과 개역개정 한글
판은 잘 번역한 것이다. 문맥을 살펴보면 히브리서 9:16-17의 "디아데
케"를 유언으로 생각할 수 있는 이유를 찾을 수 있다. 히브리서 9:16-
17을 둘러싸고 있는 히브리서 9:15과 히브리서 9:18을 보면 히브리서
9:15에는 속죄의 개념이 나타나고 히브리서 9:18에는 피의 개념이 나
타난다. 즉 히브리서 9:15이나 히브리서 9:18에 나타나는 개념은 희
생 개념과 관련된 내용이지 유언과 관련된 내용은 아니다. 히브리서
저자는 이 구절을 다루면서 유언의 개념보다는 희생의 개념을 강조해
서 다루고 있다. 그러므로 히브리서 9:16-17은 "디아데케"라는 이중
의미를 보여주는 하나의 예라고 생각할 수 있다.[49]

또한 이 구절(히 9:15-22)은 예수 그리스도가 십자가에 죽으심으로
새 언약의 중보가 되셨고 예수님의 죽음 때문에 성도들이 영원한 기
업의 약속을 얻게 되었다고 강조한다(히 9:15). 본 문맥의 강조는 예수
그리스도의 죽음이다. 이 구절에서 예수님의 죽음을 빼면 이 구절의
논리의 초점은 상실하고 만다. 그러므로 히브리서 저자는 "디아데케"
의 다른 의미인 "유언"의 개념을 등장시켜 유언을 유언자가 죽어야 효
과가 있는 것처럼(히 9:16-17) 성도들이 영원한 기업의 약속을 얻기 위

---

48. 보스(Vos)는 신약성경에서 디아데케(diatheke)를 유언(Testament)으로 번역해야 할 곳
이 히 9:16,17 외에 갈 3:15이라고 말한다. cf. G. Vos, *The Self-Disclosure of Jesus* (New
York: George C. Doran Co., 1926), p. 299 Cf. Paul Ellingworth, *The Epistle to the He-
brews: The New International Greek Testament Commentary* (Grand Rapids: Eerdmans,
1993), p. 463.

49. J. Behm, "διαθήκη," *TDNT*, Vol. II (Grand Rapids: Eerdmans, 1971), p. 132. "Apart from
9:16f, where play on the popular meaning perhaps complicates as well as helps the line
of thought, διαθήκη is everywhere used in Heb in the sense of a 'disposition' of God,
which reveals to men His will, and especially His saving will, or it is the order thereby
established as a divine institution."

해서는 예수님의 죽음이 선행되어야 한다고 밝힌다. 히브리서 저자는 "디아데케"의 이중 의미를 사용하여 그리스도의 죽음의 필요성을 역설한다.

칼빈(Calvin)도 히브리서 9:16-17의 "디아데케"를 유언으로 생각하면서 다음과 같이 말한다. "이 한 구절은 이 서신이 히브리어로 쓰이지 않았다는 증거가 된다. 왜냐하면 히브리어로 베리트(בְּרִית)는 언약(Covenant)을 뜻하지 유언(Testament)을 뜻하지 않기 때문이다. 헬라어의 "디아데케"는 양쪽을 다 포함한다."[50] 그러므로 히브리서 9:16-17의 "디아데케"는 유언(Testament)으로 이해하고, 주변 구절인 히브리서 9:15과 9:18은 "언약"(Covenant)으로 이해하는 것이 타당하다.

(4) "디아데케"의 개념이 교회에 주는 교훈

히브리서에 나타난 "디아데케" 개념은 교회생활에 커다란 의무를 부여한다. 그 내용을 몇 가지로 생각해 보기로 하겠다.

첫째, "디아데케"의 연구가 우리에게 보여주는 것은 히브리서가 기독교인의 상태를 예배라는 용어로 설명했다는 것이다. 기독교는 근본적으로 봉사(δουλεία)를 위한 종교가 아니요 예배 혹은 경배(λατρεία)를 위한 종교라는 점을 강조한다. 물론 "디아데케"의 개념이 봉사의 책임을 완전히 배격하는 것은 아니지만 기독교의 주된 임무는 하나님을 경배하는 예배 행위라고 강조한다. 인간은 본래 하나님을

---

50. J. Calvin, *The Epistle of Paul the Apostle To the Hebrews and the First and Second Epistles of St. Peter*, trans. W.B. Johnston (Grand Rapids: Eerdmans, 1974), p. 123. "This single passage gives proof that the epistle was not written in Hebrew, because in Hebrew בְּרִית means a covenant but not a testament. In Greek διαθήκη includes both."

향한 마음을 가지고 있다. 인간은 하나님의 피조물로서 그 존재의 근거가 하나님 안에 있을 뿐만 아니라 인간의 생활은 하나님을 위한 생활이 되어야 한다. 따라서 인간이 하나님을 경배하는 것은 본래적인 것이요, 당연한 것이라고 말할 수 있다.[51]

"디아데케"의 개념 가운데서 하나님은 "디아데케"를 성립시키는 분으로서 주권을 보유하고 계신다. 결국 하나님은 경배의 대상으로서 "디아데케"를 성립시키심으로 자기 백성으로 하여금 하나님을 올바르고 성실하게 경배할 수 있도록 하신다.

히브리서 9:14-15이나 히브리서 12:28 등도 문맥에 비추어 연구하면 "디아데케"의 개념과 하나님을 경배하는 일이 밀접히 연관된 것을 찾을 수 있다. 그리스도가 새 언약의 중보가 되신 것은 자기 백성으로 하여금 "살아계신 하나님을 섬기게 하기 위해서"(히 9:14-15)라고 분명히 말하고 있다. 히브리서 12:28도 "경건함과 두려움으로 하나님을 기쁘시게 섬겨"야 한다고 확인한다(참조. 히 12:25).

히브리서 9장에서 경배자가 섬기는 자로 묘사된 것도(히 9:1,6,9) 경배와 반대되는 개념이 아니고 그 섬김이 성소에서 제사장과 함께 제단과 제물을 위한 섬김이기 때문에 결국은 하나님을 정당하게 경배하는 개념에 포함되는 것이다.

그리스도가 새 언약의 중보로서(히 9:25; 12:24) 자기 백성을 위해 간구하시고, 대제사장으로서 자기 백성을 이끌고 하나님께 나아가는 개념 역시(히 4:16; 7:25; 10:22) 경배의 뜻으로 이해할 수 있다. 이처럼 히브리서는 "디아데케"의 개념을 중심으로 기독교의 첫째 되는 임무가 하나님을 올바로 경배하는 것이라고 설명한다.

---

51. H. Ridderbos, *Paul: An Outline of His Theology* (Grand Rapids: Eerdmans, 1975), p. 105.

둘째, 히브리서는 경배의 목적을 위해 성도들이 모이는 것을 중요하게 생각한다. 개인적으로 하나님을 경배하는 것보다 성도들이 단체적으로 하나님을 경배해야 한다는 것이다. 성도들이 모여서 하나님을 경배하는 것이 성도들의 의무인데 성도들이 모이지 않으면 하나님이 받아야 할 경배를 빼앗는 잘못을 범하게 된다. 여기서 하나님을 개인적으로 경배하는 것은 하나님이 받아야 할 완전한 경배에 미치지 못한다는 사실을 가르치고 있다.

구약은 "디아데케"의 개념을 통해 하나님이 많은 성도들의 경배를 좋아 하신다는 진리를 강조한다. 구약은 한 개인이 하나님을 섬기는 것보다 백성 전체가 하나님을 경배해야 한다고 거듭 강조한다. 하나님을 경배하는 일에 자기 백성의 참여를 강조한 것이다.

히브리서 역시 하나님의 백성을 경배의 개념과 연관시켜 설명하고 있다. 하나님의 백성은 인종적인 것을 가리키지 않고 하나님과 "디아데케"의 관계에 있는 백성을 말한다(히 2:17; 4:9; 11:25; 13:12). 여기서 "디아데케" 개념은 하나님의 백성이 단체적으로 하나님을 경배하는 일이 중요한 것이라고 지적한다. 하나님께서 제정해주신 자기 백성을 향한 "디아데케"는 이처럼 사회적인 요소를 내포하고 있는데 이는 하나님을 경배하는 데 개인주의적이기 보다는 단체적으로 하는 것이 더 올바르기 때문이다.

히브리서 저자는 성도들이 하나님의 가족이며 이 가족은 옛 언약(Old diatheke)에 속하든지 새 언약(New diatheke)에 속하든지 하나라고 선포한다(히 3:2-6). 이 하나의 가족은 하나님을 경배하기 위해 서로 결속되어야 하며 모이기를 힘써야 한다고 강조한다. 히브리서 저자는 "하나님의 집(τὸν οἶκον τοῦ θεοῦ) 다스리는 큰 제사장이 계시매 우리가 마음에 뿌림을 받아 악한 양심으로부터 벗어나고 몸은 맑은 물로 씻

음을 받았으니 참 마음과 온전한 믿음으로 하나님께 나아가자 또 약
속하신 이는 미쁘시니 우리가 믿는 도리의 소망을 움직이지 말며 굳
게 잡고 서로 돌아보아 사랑과 선행을 격려하며 모이기를 폐하는 어
떤 사람들의 습관과 같이 하지 말고 오직 권하여 그 날이 가까움을 볼
수록 더욱 그리하자"(히 10:21-25)라고 강조한다. 이처럼 히브리서는 하
나님과 "디아데케"의 관계에 있는 하나님의 백성이 단체적으로 결속
되어 하나님을 경배해야 한다는 사실을 명백히 하고 있다.

셋째, 그리스도의 사역을 묘사하는 데 히브리서와 바울 서신은 강
조점에서 차이가 있다. 바울 서신은 일반적으로 그리스도의 사역을
속죄(atonement), 화목(reconciliation), 칭의(justification), 영화(glorifi-
cation) 등의 용어로 설명하지만[52] 히브리서는 정결(purification), 성화
(sanctification), 완성(perfection), 희생제사(sacrifice), 속죄와 피(atonement
and blood) 등의 용어를 사용하여 그리스도의 사역을 설명한다.[53]

이상에 사용된 용어들의 성격을 살펴볼 때 히브리서가 사용한 용
어들은 하나님께 접근하고 또 그를 섬기기 위해 적합한 하나님의 백
성을 묘사하는 용어들이다. 보스(G. Vos)는 이를 가리켜 바울은 구속의
과정(process)을 묘사했지만 히브리서 저자는 구속의 목적(purpose)을
묘사했다고 말한다.[54] 이 두 개념은 서로 상충되지 않고 서로 보완하

---

52. cf. David F. Wells, *The Search for Salvation* (Downers Grove: IVP, 1978), p. 28. "Paul uses
   three additional word 'models' to give further precision to his over-arching concept of
   salvation. These words, redemption (apolutrosis), reconciliation (katallaso) and justifi-
   cation (dikaioo) are distinguished from Soteria but never separated from it."

53. J. Guhrt, "Covenant," *The New International Dictionary of New Testament Theology*, Vol.
   I (1975), p. 371; cf. W.G. Kummel, *Introduction to the New Testament*, 1966, p. 277; J.
   Behm, *op. cit.*, p. 132.

54. Vos, *The Teaching of the Epistle to the Hebrews*, p. 44. "The point of view is therefore,
   quite different from that of Paul. Paul describes the process of the atonement, whereas

는 역할을 한다. 한 사건이 강조의 차이에 따라서 다르게 묘사된 것뿐이다. 히브리서가 강조해서 묘사한 그리스도의 사역도 그의 백성으로 하여금 하나님을 올바르게 경배할 수 있도록 하는 것과 상통한다.

지금까지 히브리서에 나타난 "디아데케"의 용법을 연구한 것을 정리해 보면, "디아데케"가 히브리서에 빈번히 사용된 이유는 히브리서의 저작 목적에 따라 그리스도가 설립한 새로운 질서를 구약의 "디아데케"와 비교함으로써 종교적 형식주의에 빠져 있는 수신자들을 교정해 주기 위한 것이었다는 사실을 알게 되었다. 그리고 "디아데케"의 번역 상 문제는 우선 70인경(LXX) 번역자들이 구약의 "베리트"를 올바로 번역했고 히브리서 저자가 70인경(LXX)을 인용할 때에도 올바른 개념이 전달되었다. 히브리서 9:16-17에서 "디아데케"의 뜻을 유언으로 사용한 사실이 이를 증명한다(word play). 즉 현대 비평가들의 주장처럼 70인경(LXX)의 오역을 히브리서가 전수 받지 않았고 하나님의 영감으로 히브리서가 무오하게 기록되었다는 사실이 증명되었다.

히브리서에 나타난 "디아데케"의 개념중 중요한 것은 교회는 봉사의 직무가 우선이 아니요 경배의 직무가 우선이라는 점이다. 교회는 경배의 단체로서 하나님을 경배하는 것이 우선적인 임무요, 그 다음으로 형제들에게 봉사하는 봉사의 단체로서의 일을 감당해야 한다. 그리고 하나님께 드리는 경배도 개인이 아닌 하나님과 언약 관계에 있는 단체로서 경배해야 한다는 사실을 명백히 하고 있다.

---

the author of Hebrews describes the purpose of the atonement."

3. 히브리서에 나타난 새 언약 사상

신약 계시 중 히브리서의 위치는 매우 중요하다. 예수 그리스도가 멜기세덱의 반차를 따른 우리의 대제사장이라는 사실을 히브리서만큼 자세하고 구체적으로 기록하고 있는 책은 신약에 없다. 히브리서가 아니었더라면 그리스도의 대제사장 직에 대해 자세히 알 수 없었을 것이다. 이처럼 히브리서는 내용에 있어서 특이한 점이 있을 뿐만 아니라 형식과 문체에서도 신약의 다른 책과 다르다. 여기서 우리는 히브리서에서 발견할 수 있는 몇 가지의 특이한 주제들을 간단하게 다루려고 한다.

(1) 히브리서의 특이성

히브리서는 다른 서신과 비교할 때 그 형식과 내용 그리고 문체에 있어서 특이한 점을 가지고 있다.

① 형식의 특이성

히브리서는 신약 다른 서신들에서 찾아볼 수 없는 형식으로 기록되었다. 처음 시작은 서신 형식이 아니지만 마지막은 서신처럼 끝맺는다(히 13:22-25 참조). 히브리서의 내용 중에는 많은 권고와 호소가 나온다. 그래서 리스(Rees)는, "저자는 수필처럼 시작하고 설교처럼 진행하고 편지처럼 끝맺는다."[55]라고 말했다. 히브리서는 서두에 저자

---

55. T. Rees, "The Epistle to the Hebrews," *The International Standard Bible Encyclopaedia*, Vol. II, p. 1355. 마지막 편지체로 끝맺는 부분(히 13:23-25)에 대해 여러 가지 견해가 있다.

의 이름이 나타나지 않고 하나님이 나타난다. 어떤 이는 히브리서의 저자가 밝혀지지 않았기 때문에 히브리서를 고아서신(the orphan epistle)이라는 별명으로 부르기도 하지만 저자는 바로 하나님이시다. 이처럼 히브리서는 형식에 있어서 신약의 다른 서신들과 다른 특징을 지니고 있다. 비록 히브리서의 명제가 다른 서신들처럼 프로스 헤브라이우스(πρὸς ἑβραίους)라고 되어 있지만[56] 상기의 이유 때문에 히브리서가 편지냐 설교냐 하는 문제를 놓고 논란이 전혀 없는 것은 아니다.

히브리서는 편지보다는 설교의 형식을 취하는 것으로 생각된다. 문체가 연설식이어서 그 주장이 논리적이고 문장 구조가 구체적이다. 히브리서에는 권고가 많이 나온다. 이런 특징이 설교의 형식에 더 가까운 것들이다. "내게 시간이 부족하리로다"(히 11:32)라는 말은 히브리서가 편지보다는 설교였다는 증거라고 생각할 수 있다.

히브리서와 바울 서신을 비교해 보면 일반적으로 바울 서신은 서신 전체의 전반부가 교리적인 부분이요 후반부가 권고의 부분으로 되어 있는 반면(예. 로마서, 에베소서 등), 히브리서에는 교리적인 부분과 권고의 부분이 섞여 있음을 볼 수 있다. 교리적인 부분이 나오다가 권고가 뒤따르며 다시 교리적인 내용이 나오는 등 교리와 권고가 섞여서 나타나고 있다.[57]

---

a. 저자가 쓴 순수한 편지의 일부분으로 이는 저자 자신이 바울주의자임을 보이기 위해 썼다(참조. T.W. Manson, "The Problem of the Epistle to the Hebrews," *Studies in the Gospels and Epistles*, ed. M. Black, 1962, pp. 246f.).
b. 저자가 히브리서를 바울의 것으로 제시하려는 묘안으로 후에 첨가한 것이다.
c. 정경에 포함되기 전에 후대의 인물에 의해 첨가된 것이다(참조. W. Marxsen, *Introduction to the New Testament*, 1968, p. 218).

56. 바울 서신 모두 지명이나 인명 앞에 πρός를 첨가하여 표시하였다. 신약의 다른 책들 가운데 바울 서신과 같은 형식의 책명을 가진 것은 히브리서뿐이다.

57. George H. Guthrie, *The Structure of Hebrews: A Text-Linguistic Analysis* (Leiden. Lon-

사실상 히브리서는 학자들 간의 전쟁터가 되어 왔다. 왜냐하면 저자도 알려지지 않았고 또 히브리서를 쓰게 된 경위나 누가 수신자이냐 하는 문제에 대해서도 결정적인 답변을 할 수 없기 때문이다.

② 내용의 특이성

히브리서는 형식에 있어서 특이성이 있을 뿐만 아니라 내용에 있어서도 특이하다. 다른 성경책에서 찾을 수 없는 내용은 히브리서가 대제사장으로서의 그리스도에 대해서 명백하게 설명하고 있다는 사실이다. 비록 다른 성경책에 대제사장 개념이 없는 것은 아니지만 히브리서가 묘사한 그리스도의 대제사장 직은 특색이 있고 또 구체적이다. 칼빈(Calvin)은 "진실로 그리스도의 제사장 직에 대해 히브리서만큼 그렇게 명료하게 설명하는 다른 성경책이 없으며, 그의 죽음으로 바쳐진 그 유일한 참 희생의 미덕과 위엄을 히브리서만큼 그렇게 잘 다루는 책이 없다. 한마디로 말해서 그리스도가 율법의 마지막이라는 것을 히브리서만큼 그렇게 충분히 설명해 준 다른 성경책이 없다."[58]라고 말한다.

이처럼 히브리서는 그리스도를 대제사장이라고 명백히 설명하면서 그리스도의 탁월성을 공표한다. 그리스도는 천사들보다 탁월하시고(히 1:4-2:18), 모세보다도 탁월하시고(히 3:1-4:13), 아론보다도 탁월하

---

don: E.J. Brill, 1994), pp. 112-113.

58. John Calvin, *The Epistle of Paul the Apostle To the Hebrews and the First and Second Epistles of St. Peter*, trans. W.B. Johnston (Grand Rapids: Eerdmans, 1974), p. 1: "There is, indeed, no book in Holy Scripture which speaks so clearly of the priesthood of Christ, which so highly exalts the virtue and dignity of that only true sacrifice which He offered by His death, which so abundantly deals with the use of ceremonies as well as their abrogation, and in a word, so fully explains that Christ is the end of the Law."

시다(히 4:14-10:18). 그리스도는 자신의 새로운 생활 모습에서도 탁월하신 분이다(히 10:19-12:29). 그리스도는 멜기세덱의 반차를 따른 대제사장이시다(히 5:6-10).

③ 문체의 특이성

히브리서는 그 문체에 있어서도 특이하다. 히브리서의 문체는 훌륭한 헬라어(Greek) 문체이다. 다른 어느 신약성경보다도 더 아름다운 헬라어로 기록되어 있다. 이와 같은 사실은 히브리서 저자가 문법적이고 수사학적인 교육을 받았음을 시사해 준다.[59] 웨스트코트(Westcott)는, 히브리서의 언어는 "신약의 다른 어느 책보다도 어휘와 문장체에 있어서 더 순수하고 더 활기에 차 있다"[60]고 말했다. 모팟(James Moffatt)도 같은 어조로 히브리서의 문체를 극구 칭찬했다.[61]

---

59. F. Blass and A. Debrunner, *A Greek Grammar of the New Testament and other Early Christian Literature*, trans. by Robert Funk(Chicago and London: The University of Chicago Press, 1970), p. 2(section 3): "The Author of Rev writes in the most colloquial style and Luke in the most painstaking, especially in the prologues of the Gospel and Acts and in the speeches of Paul, as does the author of Hebrews." ... "Yet many a good classical form and construction and many a word from the cultured literary language indicate that Paul and Luke and the author of Hebrews must have had some kind of grammatical and rhetorical education." A. Deissmann (*The New Testament in the Light of Modern Research*, London: Hodder and Stoughton, 1929, pp. 51f.)은 히브리서의 고상한 문체를 근거로 그 당시의 기독교가 사회의 하급 층에 뿌리를 박고 있었는데 그것을 벗어나 상위 층으로 옮겨졌다고 생각한다. 그러나 Deissmann의 이런 주장은 Paul이나 Luke의 경우를 보더라도 꼭 그렇다고 생각할 수 없다. Paul과 Luke은 예수 믿기 전부터 사회의 상위 층에 속한 사람들이었다.

60. B.F. Westcott, *The Epistle to the Hebrews* (Grand Rapids: Eerdmans, 1950), p. xliv: "both in vocabulary and style purer and more vigorous than that of any other book of the N.T."

61. James Moffatt, *A Critical and Exegetical Commentary on the Epistle to the Hebrews* (Edinburgh: T.& T. Clark, 1924), p. lxiv: "He has a sense of literary nicety, which enters into his earnest religious argument without rendering it artificial or over-elaborate. He has an art of words, which is more than an unconscious sense of rhythm. He has the style of

　　그러나 히브리서의 문장이 아름답고 훌륭하지만 그렇다고 문학작품에서 흔히 찾을 수 있는 것처럼 구체적인 내용이 없고 추상적인 표현들로 가득 찬 것은 아니다. 히브리서 저자는 목적을 가지고 글을 썼으며 내용은 구체적이며 심각한 면을 줄곧 보여주고 있다.

　　히브리서의 문체와 관련된 문제로 히브리서가 본래 어느 말로 기록되었느냐 하는 문제가 있다. 어떤 이는 히브리서가 처음에 히브리어로 기록되었다가 헬라어로 번역되었다고 주장한다. 그러나 전통적인 입장은 히브리서가 헬라어로 직접 기록되었다는 설이다. 칼빈(Calvin)은 히브리서가 헬라어로 기록된 것이 명확한데 그 이유 중 하나는 히브리서 9장에 나오는 언약(διαθήκη: Testament)이라는 용어의 이중 개념이 헬라어로 기록했다는 증거가 된다는 것이다. 다른 언어로는 그것이 불가능하기 때문이다.[62] 칼빈의 평가는 히브리서 저자가 "디아데케"(διαθήκη)라는 용어를 "언어유희"(word play)를 통해 "언약"(covenant)과 "유언"(testament)이라는 이중 의미로 사용했는데(히 9:15-18) 이와 같은 언어유희는 히브리서가 헬라어로 직접 기록되었을 때에만 가능하기 때문에 나온 평가이다.[63]

---

a trained speaker: it is a style at the command of a devout genius."

62. Calvin, *Hebrews and I and II Peter*, trans. W.B. Johnston, pp. 1f.: "When he says of a *Testament*, in the ninth chapter, could not have been drawn from any other source than from the Greek word, for διαθήκη has two meanings in Greek, while ברית (berith) in Hebrew means only a covenant." 그리고 유대문학에 정통하기 때문에 Christian Talmudist 라고 불리는 Franz Delitzsch(1818-1890)도 같은 뜻으로 다음과 같이 말했다. "Also the train of thought which is made to depend on the twofold sense of the word διαθήκη(Ch. ix. 15-18), may be better understood as thought out and written in Greek, although דיתיקי(diathiki) in the Talmud signifies 'testament' and in the Peshito 'Covenant'(ברית)." 참조. F. Delitzsch, *Commentary on the Epistle to the Hebrews*, Vol. II (Edinburgh :T. and T. Clark, MDCCCLXX(1870), p. 411.

63. 이와 같은 현상은 모든 언어에 적용된다. 예를 들면 "내가 배(stomach)가 고파 배(boat)위에서 배(pear)를 먹었더니 이제는 배(stomach)가 부르다."의 문장을 영어나 다른 언어로

다른 서신들과 비교할 때 히브리서는 여러 가지 면에서 특이한 점을 내포하고 있다. 비록 이 특이성 때문만은 아니지만 히브리서는 교회 역사를 살펴볼 때 많은 수난을 거친 후 정경으로 인정되었다. 그러나 히브리서의 내용은 정경으로서 가치를 충분히 발휘하고 있으며 다른 성경에서 찾을 수 없는 귀한 자료들을 우리에게 전해주고 있다.

(2) 히브리서에 나타난 종말론

그리스도가 세상 끝에 나타나셔서 멜기세덱의 반차를 따라 영원한 대제사장이 되었다는 사상에서 히브리서의 종말론을 찾아볼 수 있다. 히브리서에 나타난 종말론은 그리스도의 사역과 밀접한 관계를 갖는다.

① 종말의 시작

히브리서 저자는 종말이 그리스도의 초림으로 시작되었다고 말한다. 히브리서 1:1-2에서 "옛적에 선지자들을 통하여 여러 부분과 여러 모양으로 우리 조상들에게 말씀하신 하나님이 이 모든 날 마지막에는 아들을 통하여 우리에게 말씀하셨으니"라고 했다. "이 모든 날 마지막에는"(ἐπ᾽ ἐσχάτου τῶν ἡμερῶν τούτων)이 본문에서 "옛적에"와 비교되는데 여기서 "옛적에"와 "이 모든 날 마지막에는"이 시간적인 선후를 분명히 할 뿐 아니라 "이 모든 날 마지막에는"은 메시아의 종말론적인 시대를 가리키는 것이 분명하다. 하나님이 이 모든 날 마지막에 "아들을 통하여 말씀하셨다"는 내용이 이를 증명한다. 메시아의 시대

번역하면 "언어유희"(word play)가 전혀 성립하지 않는다.

는 하나님이 인간에게 자비를 베푸실 마지막 시대이다.[64] "이 모든 날 마지막에는"의 "이"(τούτων)는 모든 날 마지막이 이미 시작된 것을 함축한다.

또한 히브리서 저자는 첫 언약과 둘째 언약을 비교하면서 둘째 언약이 더 좋은 언약이요, 그리스도는 더 좋은 언약인 새 언약의 중보로 아름다운 직분을 얻었다(히 8:6-13; 9:14-15)라고 말한다. 새 언약은 "날이 이르리니 내가 …… 새 언약을 맺으리라"(히 8:8)처럼 그리스도의 나타나심과 직결되어 있고 따라서 새 언약의 실행 시기는 세상 종말의 시작과 함께 라는 것을 알 수 있다.

히브리서가 그리스도의 초림으로 세상의 종말이 시작되었다고 선언하는 더 분명한 표현은 히브리서 9:26에서 찾을 수 있다. 히브리서 저자는 "그리하면 그가 세상을 창조할 때부터 자주 고난을 받았어야 할 것이로되 이제 자기를 단번에 제물로 드려 죄를 없이 하시려고 세상 끝에 나타나셨느니라."(히 9:26)라고 서술한다. 본문에서 사용된 나타나심을 표현하는 헬라어는 페파네로타이(πεφανέρωται)이다. 이 용어는 하나님의 아들이 성육신을 통해 인간들에게 표명될 때 쓰이는 용어이다. 십자가와 부활을 통해 속죄를 이루시기 위해 하나님의 아들이 인간들에게 표명된 것이다. 그런데 본문은 하나님의 아들이 인간들에게 나타난 시기가 "세상 끝"이라고 명백히 한다.[65]

64. John Brown, *Hebrews* (*A Geneva Series Commentary*, Carlisle: The Banner of Truth Trust, 1976), pp. 21f.

65. Kistemaker는 본문의 "세상 끝"이 시대의 마지막(the end of time)을 반드시 가리키지 않는다고 말한다. 그 이유는 히브리서 저자가 같은 문맥에서 그리스도의 두 번째 나타나심을 언급하기 때문이라고 지적한다. 키스터마커는 이 표현이 그리스도의 강림의 전체적인 영향과 그리스도의 속죄 사역의 효과를 가리킨다고 생각한다. cf. Simon J. Kistemaker, *Exposition of the Epistle to the Hebrews* (*New Testament Commentary*, Grand Rapids: Baker, 1984), p. 265.

이처럼 히브리서 1:1-2이나 9:26은 예수님의 성육신 개념이 명확하게 드러나며 또한 예수님의 성육신 사건이 세상 끝에 실행되었다는 의미도 확실하게 나타난다. 이처럼 히브리서 저자는 예수님의 초림으로 세상의 종말이 이미 시작되었다고 주장한다.

② 종말의 계속

히브리서 저자는 성도들이 예수님의 초림으로 시작된 종말 시대에 살고 있다고 말한다. 히브리서 3:13에 "오직 오늘이라 일컫는 동안에 매일 피차 권면하여 너희 중에 누구든지 죄의 유혹으로 완고하게 되지 않도록 하라"(히 3:13)라고 가르친다. 여기 본문에서 "오늘이라 일컫는 동안"은 예수님의 초림부터 재림하기 전까지의 기간을 가리키며 성도들은 이 기간 동안에 인내로써 믿음의 경주를 해 나가야 한다(히 12:1). 그리스도는 구속을 성취하시고 승천하셔서 성도들을 위해 간구하시려고 지금도 "하나님 앞에 나타나시고"(히 9:24) 계신다.[66] 그리스도는 승천하신 후 그의 교회를 통해 종말의 사역을 계속하고 계신다. 그리스도가 단번에 제사를 드리므로 영원한 대제사장이 되셨고(히 6:20; 7:3,24-28), 지금 하늘 우편에 앉아서(히 10:12), 하나님께 나아가는 자들을 위해 간구하고 계신다(히 7:25)는 사상은 성도들의 현재 생활이 종말론적이라는 사실을 지적하고 있다.

---

66. 샌드(Sand)는 히 9:24에서 "나타나시고"(ἐμφανισθῆναι)를 수동태로 처리한 것은 그리스도께서 구약의 대제사장처럼 지성소에 들어가시지 않고 "우리를 대신해서" 직접 하나님의 면전에 나타나심을 표현한다고 설명한다. Cf. A. Sand, "ἐμφανίζω" *Exegetical Dictionary of the New Testament*, Vol. 1 (Grand Rapids: Eerdmans, 1990), p. 447.

③ 종말의 완성

종말의 완성이 예수님의 재림으로 성취된다는 것을 히브리서 저자는 분명히 한다. 히브리서 9:28에 언급된 대로 "구원에 이르게 하기 위하여 죄와 상관없이 자기를 바라는 자들에게 두 번째 나타나시리라"(히 9:28)는 말씀은 그리스도의 재림의 확실성을 가르쳐 줄 뿐만 아니라 재림 때의 형편을 잘 묘사하고 있다. 본문의 "나타나다"(ὀφθήσεται)라는 용어는 가시적 성격을 강조한 용어이다. 본문은 틀림없이 예수님의 재림이 가시적으로 발생할 것이기 때문에 누구든지 볼 수 있도록 재림하실 것임을 강조하고 있는 것이다. 그리스도의 재림은 죄와 상관없는 재림으로 그때는 성도들에게 완전한 구원을 주시는 때이다(참고. 롬 8:23; 빌 3:21; 요일 3:2). 예수님의 재림은 완성된 구원으로 그리스도가 초림 때에 성취하신 모든 축복과 함께 성도들에게 적용되는 구원이다.

이사야 26:20(LXX: μικρὸν ὅσον ὅσον)을 인용한 히브리서 10:37의 "잠시 잠간 후면 오실 이가 오시리니"에 함축된 뜻은 이사야서의 내용이 구약시대의 성도들에게 메시아의 초림에 대해 예언하듯이, 히브리서에 인용된 같은 내용은 그리스도의 재림에 대해 히브리서의 수신자들에게 권고하고 있는 것이다. 본문은 앞으로 있을 메시아의 재림의 확실성을 초림의 확실성에 근거하여 설명하고 있다.

"오실 이"는 두 단계를 통해 강림하시게 된다. 첫 단계는 자기 백성의 죄 문제를 해결하시기 위해 자신을 대속의 희생 제물로 드리기 위해 오신 초림이요, 둘째 단계는 모든 사람의 주와 심판자로 세상 끝에 오실 재림을 가리킨다.[67] 그리스도가 두 번째 나타나실 때에는 바

---

67. P.E. Hughes, *A Commentary on the Epistle to the Hebrews* (Grand Rapids: Eerdmans,

라는 것들이 실제로 일어나는 때요(히 11:1), 완전한 안식에 들어갈 때
이다(히 4:3-11). 이 때는 성도들이 본향에 도달하는 때요(히 11:13-16;
13:14; 참고. 빌 3:20), 더 좋은 부활을 얻는 때요(히 11:35), 더 좋은 것의
완성을 받는 때이다(히 11:39,40). 히브리서 저자는 이처럼 그리스도 재
림의 때를 축복의 시기로, 죄와 상관없는 때로 묘사한다.

(3) 히브리서에 나타난 새 언약의 우월성

① 옛 언약과 새 언약의 비교

히브리서는 첫 언약과 둘째 언약을 비교하고 있다. 첫 언약은 옛
언약이요 둘째 언약은 새 언약이다. 히브리서는 옛 언약이라는 용어
대신 첫 언약이라는 용어를 사용한다(히 8:7; 9:15). 히브리서 저자가 새
언약을 설명할 때 대칭적으로 나타난 개념은 옛 언약에 관한 것이다
(히 8:6-9:22).

그러므로 여기서 첫 언약과 옛 언약을 동일시하는 것은 잘못이 없
다. 옛 언약은 주께서 이스라엘 "열조의 손을 잡고 애굽 땅에서 인도
하여 내던 날에 그들과 맺은 언약"(히 8:9)이다. 옛 언약은 하나님께서
이스라엘과 시내산에서 맺은 언약이다(참조. 히 9:1-22).

그런데 새 언약은 그리스도에 의해 제정된 언약이며 특히 그리스
도의 죽음을 기점으로 시작된 언약이다. 새로운 언약이 필요한 것은
제사장 제도가 바뀌었기 때문이다(히 7:11-12). 히브리서 9:15은 새 언
약이 오기 전에 그리스도의 죽음을 통해 속죄가 성취되어야 한다고
명시한다. 히브리서 저자는 그리스도가 "새 언약의 중보자시니 이는

1977), p. 435.

첫 언약 때에 범한 죄에서 속량하려고 죽으사 부르심을 입은 자로 하여금 영원한 기업의 약속을 얻게 하려 하심이라"(히 9:15)라고 설명한다.

옛 언약과 새 언약의 공통점은 무엇인가? 첫째, 두 언약의 설립자가 같다는 점이다. 옛 언약이나 새 언약이나 언약의 설립자는 하나님이시다. 둘째, 두 언약은 언약과 관계를 맺고 있는 당사자와의 관계가 같다는 점이다. 하나님과 자기 백성의 관계는 새 언약이나 옛 언약이 동일하다.

그러면 옛 언약과 새 언약의 차이점은 무엇인가? 옛 언약과 새 언약의 차이점은 공통점보다 더욱 두드러지게 나타난다.

첫째, 새로운 언약을 통해 사람의 동기가 변화된다. 새로운 언약은 옛 언약처럼 의무 부담이 포함되어 있지 않다. 새로운 언약은 순전히 하나님의 은혜로만 가능하다.

둘째, 새로운 언약은 하나님이 그의 법을 자기 백성의 생각에 두고 그들의 마음에 이것을 기록할 것이다(히 8:10; 참조, 렘 31:33). 옛 언약은 외적이고 정죄했으나 새 언약은 내적이며 마음을 변화시켜 하나님의 법을 진정으로 지킬 수 있게 한다.

셋째, 새 언약은 완전한 구속 위에 설립되었다. 옛 언약의 제사 제도가 반복적이라는 점은 불완전성을 내포하고 있다는 뜻이다. 그러나 새 언약은 그리스도의 단번에 드린 희생 제사에 근거한 것이기 때문에(히 9:26) 완전하다. 새로운 질서 속에서 하나님의 백성은 하나님의 뜻을 즐거이 순종하게 된다.

예수님께서 성만찬을 제정하실 때 자신의 십자가 사건을 내다보시면서 "이 잔은 내 피로 세우는 새 언약(ἡ καινὴ διαθήκη)이니 곧 너희를 위하여 붓는 것이라"(눅 22:20)라고 하신 말씀이나, 바울의 입을 통해 "이 잔은 내 피로 세운 새 언약(ἡ καινὴ διαθήκη)이니 이것을 행하여 마실 때마다 나를 기념하라"(고전 11:25)고 말씀하신 내용은 그리스도의 죽음으로 새 언약이 제정된 것을 증거할 뿐 아니라 히브리서의 개념과도 같은 것이다.

히브리서 저자는 둘째 언약은 더 좋은 언약이요(히 8:6), 영원한 언약이며(히 13:20), 새 언약(διαθήκην καινήν)이라고 말한다(히 8:8). 여기서 새 언약이라 함은 그 언약이 최근에 제정된 언약이란 뜻이 아니요, 옛 언약과 비교할 때 전적으로 새롭고, 놀랄 만한 언약이란 뜻이다. 이는 전에 없던 질적으로 새로운 언약을 말한다.[68]

히브리서 저자는 옛 언약과 새 언약을 두 세상 질서와 비교한다. 옛 언약은 현세상과 관계되는 언약이며 새 언약은 내세와 연관되는 언약이다. 그런데 여기서 언약과 세상은 시간적으로 동일한 기간을 말하고 있지 않다. 왜냐하면 새 언약은 예수님의 초림으로 시작된 새로운 세상과 같은 기간을 포함하지만 옛 언약은 모세 때부터 시작되는 세상과 상응하기 때문이다. 이 세상은 모세 이전 기간도 포함한다.[69]

히브리서 저자는 신자들이 내세와 실제로 관계를 맺고 있으며 현재 내세의 축복을 맛보고 산다고 말한다. 이 내세와 그 축복은 그리스도의 죽음으로 시작되었다. 히브리서 저자는 이렇게 내세를 시간적인 개념으로 설명했을 뿐만 아니라 장소적인 개념으로도 설명했다. "하나님이 우리가 말하는바 장차 올 세상을 천사들에게 복종하게 하심이 아니니라"(히 2:5)는 구절에서 "장차 올 세상"을 텐 오이쿠메넨 텐 멜루

---

68. H. Haarbeck, H. G. Link, and C. Brown, "New(καινός)," *The New International Dictionary of New Testament Theology*, Vol. 2 (Grand Rapids: Zondervan, 1977), p. 671.

69. G. Vos, *The Teaching of the Epistle to the Hebrews* (Nutley: The Presbyterian and Reformed Publ. Co., 1974), p. 50.

산(τὴν οἰκουμένην τὴν μέλλουσαν, an inhabited world to come)이라는 용어
로 표현했다. 히브리서 저자가 오는 세상을 말할 때 "오이쿠메넨"이
라는 용어를 사용한 것은 오는 세상의 장소적인 개념을 염두에 두고
말한 것임에 틀림이 없다. 결국 성도들은 현 세상에 발을 붙이고 살지
만 새로운 세상에 속한 사람들인 것을 명백히 한다. 바울 사도 역시
같은 말을 한다. "우리의 시민권은 하늘에 있는지라 거기로부터 구원
하는 자 곧 주 예수 그리스도를 기다리노니"(빌 3:20), "이 악한 세대에
서 우리를 건지시려고"(갈 1:4), "함께 일으키사 그리스도 예수 안에서
함께 하늘에 앉히시니"(엡 2:6) 등의 말씀은 성도들의 본향은 하늘나라
이지만 현재 이 땅 위에 잠시 거주를 정하고 있는 사람이라고 말한다.

히브리서 저자는 옛 언약과 새 언약을 비교하며, 두 세상 질서를
비교할 때 교리적인 차원에서 비교하기보다 실제적인 차원에서 비교
한다. 히브리서는 옛 언약을 악한 것으로 생각하지 않고 단지 준비적
이며 충족하지 못한 것으로 생각한다. 이 세상과 오는 세상을 비교할
때는 이 세상의 준비적인 성격과 오는 세상의 완전하고 최종적인 성
격을 비교하지 이 세상이 죄악 된 세상이냐 아니냐에 대해서는 언급
이 없다. 이는 히브리서 저자의 관심이 종교적 형식주의에 빠져있는
독자들을 바로 일깨워 주기 위한 것이기 때문이다.[70]

바울 사도는 이 세상을 악한 세상으로 묘사하며 오는 세상을 완전
한 세상으로 묘사한다. 히브리서 저자는 이 세상을 준비적인 성격을
가진 세상으로, 오는 세상을 최종적이며 완전한 성격을 가진 세상으
로 묘사한다. 이런 점에서 바울 서신과 히브리서의 강조점에 차이가
있다.

---

70. Vos, *The Teaching of the Epistle to the Hebrews*, p. 51.

② 히브리서에 나타난 표상과 실재의 관계

히브리서에서 말하는 그림자는 구약과 신약의 관계를 설명하는데 사용되기보다 하늘의 실재가 땅으로 내려온 것을 설명하는 데 사용된다. 히브리서 9:24에 "참 것의 그림자"는 안티튀파 톤 알레디논(ἀντίτυπα τῶν ἀληθινῶν)이다. 이 말씀은 "손으로 만든 성소," 즉 지상의 성소가 하늘에 있는 참 것의 그림자(antitype)라는 뜻이다.[71] 지상의 "성소"(antitype)에 상응하는 하늘의 "참 것"(Type:원형)이 있다는 뜻이며, 이 "참 것"은 바로 하늘의 실재를 가리킨다. 그런데 히브리서 저자는 모형(type)과 원형(antitype)을 설명할 때 바울이 사용하는 것처럼 구약의 모형(type)이 신약의 원형(antitype)을 가리키는 것으로 설명하지 않고, 지상의 그림자(antitype)가 하늘의 실재(type)를 근거로 존재한다고 가르친다. 이렇게 볼 때 바울 사도는 표상(type)과 원형(antitype)의 관계를 구약에서 신약으로 연결하는 반면, 히브리서 저자는 하늘의 실재를 "타이프"(type:원형)로 사용하고 지상의 그림자를 "앤티타이프"(antitype:모형)로 설명한다. 이는 히브리서 저자가 지상의 성소가 하늘의 본을 모방해서 만들어진 것이라는 의미를 강조한 결과이다.[72]

---

71. 히브리서 저자는 표상(type)과 원형(antitype)의 관계를 설명할 때 바울이 사용한 도식을 그대로 사용하지 않는다. 바울은 일반적으로 구약을 모형(type), 신약을 원형(antitype)으로 생각한다. 그러나 히브리서 저자는 "참 것"은 하늘에 있는 실재인데 땅에 있는 "손으로 만든 성소"를 가리켜 "참 것의 그림자"라고 설명하고 "그림자"를 ἀντίτυπα (antitype)라는 용어를 사용하여 설명한다. 땅에 있는 "그림자"(antitype)는 하늘에 있는 "참 것" 즉 원형(type)에 상응하는 것이다. 히브리서 저자는 손으로 만든 구약의 성소는 "그림자"(antitype)인데 이는 하늘의 실재를 본 따서 만든 것이다. "참 것"은 하늘의 원 모형(original type)을 가리킨다. cf. Vos, *The Teaching of the Epistle to the Hebrews*, p. 58.

72. 박형용, 『히브리서』(한국주석 총서) (서울: 도서출판 햇불, 2003), p. 234. Cf. Edmund Clowney, *The Message of 1 Peter* (The Bible Speaks Today) (Downers Grove: Inter-Varsity Press, 1988), p. 165.: "In the letter to the Hebrews, the typology is vertical. That is, the heavenly realities are called the 'type' and the earthly symbols the 'antitype', The tabernacle in the wilderness was therefore the antitype of the heavenly sanctuary. In Paul's

하늘의 실재(type)에서 지상의 그림자(antitype)로 연결되는 사상이 히브리서 8:5에도 나타난다. "그들이 섬기는 것은 하늘에 있는 것의 모형과 그림자라 모세가 장막을 지으려 할 때에 지시하심을 얻음과 같으니 이르시되 삼가 모든 것을 산에서 네게 보이던 본을 따라 지으라 하셨느니라"(히 8:5). 여기 모형과 그림자(ὑποδείγματι καὶ σκιᾷ)는 "하늘에 있는 것"의 모형과 그림자이다. 그리고 "하늘에 있는 것"은 "내게 보이던 본(τύπον)"이다. 이 말씀은 구약의 제사장들이 섬기는 것은 "하늘에 있는 것"의 모형과 그림자이다. 즉 구약의 제사장들이 섬기는 것은 하늘에 있는 실재(type: τύπον)의 그림자(antitype)인 것이다. 히브리서 저자는 여기서 "표상"과 "원형"의 관계를 지상의 그림자와 하늘의 본의 관계로 설명한다. 히브리서의 논리는 구약에서 신약으로 진전되는 표상과 원형의 관계가 아니라, 하늘의 원형인 실재가 지상으로 내려와 실현된 그림자의 관계이다. 히브리서 9:24의 "참 것의 그림자"(ἀντίτυπα τῶν ἀληθινῶν)는 지상에 만들어진 "손으로 만든 성소"이다. 여기서도 안티튜포스는 지상의 성소를 가리키는데 사용되었고 그에 상응하는 튜포스는 하늘의 실재가 된다.

보스(Vos)는 다음과 같은 도표로 표상과 실재의 관계를 묘사한다.[73]

---

letters and here in 1 Peter, the typology is horizontal in history: the Old Testament symbol is the type, and therefore Christ's fulfilment is the antitype."

73. G. Vos, *The Teaching of the Epistle to the Hebrews*, p. 57.

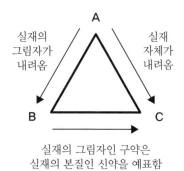

실재의 그림자인 구약은
실재의 본질인 신약을 예표함

A는 하늘의 실재를 가리킴

B는 하늘의 실재의 그림자인 구약을 가리킴

C는 하늘의 실재의 본질인 신약을 가리킴

B는 C를 예표함. 그 이유는 B는 A의 그림자요 C는 A와 동일하기 때문임.

히브리서에 나타난 모세의 장막과 천국의 실재는 다음과 같이 비교된다.

모세의 장막	하늘의 실재
땅에 있는 실재(히 8:4)	하늘에 있는 실재(히 8:1)
세상에 속한 성소(히 9:1)	
사람이 만든 성소(히 8:2)	주께서 만든 성소(히 8:2)
손으로 지은 성소(히 9:11)	손으로 짓지 아니한 성소(히 9:11)
이 창조에 속한 성소(히 9:11)	이 창조에 속하지 아니한 성소(히 9:11)
손으로 만든 성소(히 9:24)	손으로 만들지 않은 성소(히 9:24)
모형과 그림자(히 8:5)	참 장막(히 8:2)

그림자(히 9:24)	더 크고 온전한 장막(히 9:11)
	참 하늘(히 9:24)

그런데 히브리서는 예수님과 멜기세덱의 관계를 설명할 때는 하늘의 실재(type)가 지상의 그림자(antitype)로 이어지는 패턴을 사용하지 않고, 구약에서 신약으로 연결시키는 패턴을 사용한다. 히브리서 저자는 하늘의 실재에서 지상의 그림자로 이어지는 패턴과 구약에서 신약으로 연결하는 패턴을 필요에 따라 적재적소에 사용한다.

히브리서 저자는 "예수께서 멜기세덱의 반차를 따라 영원한 대제사장이 되었다"(히 6:20)라고 한다. 여기서 멜기세덱은 표상(type)이요 그리스도는 원형(antitype)이다. 그런데 멜기세덱은 "하나님의 아들과 닮은"(히 7:3) 사람으로 묘사된다. 이 말씀은 멜기세덱이 진정한 실재인 하나님의 아들을 가리키는 표상임을 증거한다. 멜기세덱은 하나님의 아들과 닮은 "표상"이요, 진정한 실재는 "하나님의 아들"이 된다. 이렇게 볼 때 히브리서 저자는 표상(type)과 원형(antitype)의 관계를 하늘의 실재(type)가 지상의 그림자(antitype)의 모본이 되는 것으로 설명하기도 하지만(히 9:24), 구약의 표상(type)이 신약의 원형(antitype)을 가리키는 것으로도 사용한다(히 6:20).[74] 히브리서는 튜포스와 안티튜포스의 용어를 대칭시킬 때는 지상의 그림자를 안티튜포스로 하늘의 본을 튜포스로 사용한다. 그러나 표상과 원형의 개념을 멜기세덱과 예수님에게 적용할 때는 구약에서 신약으로 연결하기도 한다.

히브리서 3장과 4장에 안식의 개념이 나타난다. 신약의 안식이 가

---

74. Mary Rose D'Angelo, *Moses in the Letter to the Hebrews* (SBL Dissertation Series 42, Missoula, Montana: Scholars Press, 1979), p. 252.

나안에 들어가는 안식과 비교된다(히 3:7-19). 이 관계 가운데서 나타난 것은 가나안에 들어가는 안식이 신약의 안식의 그림자라는 것이다. 그런데 히브리서 저자는 거기서 멈추지 않는다. 그는 계속해서 "안식할 때가 하나님의 백성에게 남아 있도다"(히 4:9)라고 하늘의 안식이 앞으로 있을 것을 말한다. 그리고 하늘의 안식은 그리스도를 통해 이 땅 위에 내려왔다. 즉 성도들이 들어갈 "그의 안식"(히 4:10)이 마련된 것이다. 이 말씀은 히브리서에 나타난 안식의 개념에서도 하늘의 안식에서 땅으로 내려오는 개념이 나타난다.

바울 사도는 일반적으로 표상과 원형을 연관시킬 때 구약에서 신약으로 움직이는 모형을 보여 준다. 구약은 표상이요 신약은 원형이된다. 그런데 히브리서에서는 이런 모형이 전혀 없는 것은 아니지만하늘에서 땅으로 내려오는 모형을 강조하는 것을 여기서 볼 수 있다. 하늘의 본질이 땅으로 내려온 것을 강조한다.

③ 히브리서에 나타난 새 언약의 우월성

히브리서에서 신구약을 비교하는 데 구약보다는 신약이 우월하다고 말한다.

첫째, 신약은 구약보다 그 영역에 있어서 우월하다. 구약 즉 옛 언약은 그 중심이 지상적이지만 신약 즉 새로운 언약은 그 중심이 하늘에 있다. 옛 언약의 제사장들은 지상의 제사장들이다. 그러나 그리스도는 하늘에 계신 대제사장이시다(히 8:1-4). 첫 언약은 세상에 속한 성소를 가지고 있다(히 9:1). 그러므로 첫 언약의 성소는 사람의 손으로만든 것이다. 새로운 언약의 성소는 참 장막이요 손으로 만들지 아니한 것이며 참 하늘인 것이다(히 8:2; 9:24). 여기서 우리는 히브리서에나타난 신약과 구약의 장소성에 의한 차이뿐 아니라 그 중요성의 차이를 찾을 수 있다.

둘째, 새 언약은 그 내용에 있어서 옛 언약보다 우월하다. 히브리서 저자는 구약을 가리켜 육체에 상관된 계명(ἐντολῆς σαρκίνης)이라고 말한다(히 7:16). 여기서 사용된 용어 살키노스(σάρκινος)는 살키코스(σαρκικός)보다 의미가 더 강하다. 살키코스(σαρκικός)는 "육체의 영역에 속한, 육체의 방법대로"라는 뜻이 있으며 살키노스(σάρκινος)는 "육체로 구성된"이라는 뜻이 있다.[75] 사랑을 예로 들어 설명하면 살키코스는 "사랑에 대한 언급"이라면 살키노스는 "사랑의 언급"이라고 말할 수 있다.

히브리서 저자는 구약의 제사 제도를 가리켜 육체로 되었다고 말하고 있다. 반대로 멜기세덱의 반차를 따른 제사 제도는 영으로 된 것이다. 히브리서 저자는 전 구약이 육체(σάρξ)로 되었다고 말한다.[76] 히브리서 저자는 육체라는 용어를 외형적인 뜻으로 사용할 뿐 바울처럼 육체의 개념에 도덕적 개념을 내포시켜 사용하지 않는다. 이는 역시 히브리서 저자가 종교적 형식주의에 빠져있는 수신자들을 염두에 둔 것 때문이다.

셋째, 새 언약은 그 효력에 있어서 옛 언약보다 더 우월하다. 히브리서 저자는 옛 언약은 육체로 된 것으로 연약하며 무익하다고 말한

---

75. A.C. Thiselton, "Flesh(σάρξ)," *The New International Dictionary of New Testament Theology*, Vol. I (Grand Rapids: Zondervan, 1975), p. 671. 바울 사도는 "육신에 속하여"(σάρκινος)의 대칭으로 "신령한"(πνευματικός)을 사용한다(롬 7:14). 바울은 비슷한 예로 "육신에 속한 자"(σαρκίνοις)의 대칭으로 "신령한 자들"(πνευματικοῖς)을 사용한다(고전 3:1). σάρκινος나 δερμάτινος(마 3:4) ἀκάνθινος(막 15:17)등과 같이 -ινος로 끝나는 단어들은 물체가 만들어진 재료를 가리키는데 사용되었다. 따라서 옛 언약은 육체의 요구에 필요한 준비와 연계되어 사용되었다. Cf. Ceslas Spicq, *Theologial Lexicon of the New Testament*, Vol. 3 (Peabody, MA: Hendrikson, 1994), pp. 240-241.

76. G. Vos, *The Teaching of the Epistle to the Hebrews*, p. 63.

다(히 7:18). 반면 새 언약은 무궁한 생명의 능력을 따라 된 것이라고 말한다. 여기 "생명의 능력을 따라"($\kappa\alpha\tau\grave{\alpha}\ \delta\acute{\upsilon}\nu\alpha\mu\iota\nu\ \zeta\omega\tilde{\eta}\varsigma$)라는 표현은 성령의 능력을 함의하고 있다. 신약에서 성령이 사용되어야 할 장소에 능력이 대신 사용되기도 한다(고전 6:14; 고후 13:4; 롬 1:4 참조). 옛 언약은 그 효력에 있어서 전혀 무익한 것이다. 왜냐하면 옛 언약은 완전하게 만들지 못하고 목적을 달성하지 못하기 때문이다. 옛 언약의 연약성은 정도의 차이에 그치는 것이 아니라 실제로 목적을 성취할 수 있는 능력이 없다. 반면 새로운 언약은 영원한 생명을 따라 된 것이기 때문에 능력이 있고 목적을 달성할 수 있다.

이와 같이 히브리서에 나타난 몇 가지 특이성을 고찰했다. 히브리서는 형식과 내용과 문체에 있어서 신약의 다른 책에 비해 특이하다. 히브리서는 또한 하나님의 아들 예수 그리스도 안에서 종말이 이미 시작되었고 그 종말이 그리스도의 재림으로 완성될 것이라고 가르친다. 그리스도의 죽음과 부활 사건은 종말론적인 사건이며 우리는 현재 종말의 때에 살고 있다. 히브리서는 또한 표상과 원형의 관계를 구약에서 신약으로 진전하는 관계로 설명하지 않고 하늘의 것이 지상으로 내려오는 것으로 설명한다. 히브리서의 성소 개념이나 안식 개념은 하늘의 실재로부터 지상의 그림자로 내려오는 논리이다. 이 경우 하늘의 실재는 표상이 되고 지상의 그림자는 원형이 된다. 이처럼 히브리서는 지상에 사는 순례자들의 눈을 하늘의 참 실재로 향하게 하는 역할을 한다. 히브리서는 여러 가지 면에서 깊은 사고와 통찰력을 필요로 한다.

야고보서, 베드로전후서, 유다서를 통해 계시된 하나님의 나라와 그 나라 안에서의 삶

1. 야고보서

야고보서의 저자는 예수님의 동생 야고보이며 그는 예수님이 지상에 계실 때는 예수님을 주님으로 믿지 않았지만(요 7:5) 예수님이 승천하신 후 예수님을 주님으로 믿었다(행 1:14). 야고보는 그의 편지를 시작하면서 "예수 그리스도의 동생 야고보"[1]라고 말하지 않고 "하나님과

---

1. 신약성경에 다섯 명의 야고보가 등장한다. 그들은 (1) 세베대의 아들이요 요한의 형제인 사도 야고보(마 4:21; 막 1:19; 눅 5:10; 행 1:13; 행 12:2), (2) 12 사도 중의 한 사람인 알패오의 아들 야고보(마 10:3; 막 3:13; 눅 6:15; 행 1:13), (3) 작은 야고보라 불리는 마리아의 아들 야고보(마 27:56; 막 15:40; 눅 24:10), (4) 유다의 아버지 야고보(눅 6:16; 행 1:13), 그리고 (5) 예수님의 육신의 동생 야고보(마 13:55; 막 6:3; 행 12:17, 15:13; 21:18; 약 1:1)이다. 이들 중 야고보서의 저자는 예수님의 육신의 동생 야고보임이 분명하다. 열두 사도중의 한 사람인 야고보는 AD 44년 경 헤롯 아그립바 1세의 핍박으로 순교했기 때문에(행 12:2)

주 예수 그리스도의 종 야고보"(약 1:1)라고 자신이 주님 되신 예수 그리스도의 종임을 확실하게 밝히고 있다. 야고보가 그의 서신에서 자신을 "예수 그리스도의 종"이라고 고백하고 있는 것은 그의 겸손을 드러내고 있다. 그는 자신이 "예수님의 동생"이면서도 "예수님의 종"이라고 주저하지 않고 밝힌다. 야고보는 예루살렘 공회가 모일 때 예루살렘 교회의 지도자 역할을 했다(행 15:13-21). 바울은 야고보를 가리켜 베드로와 요한과 함께 예루살렘 교회의 기둥이라고까지 표현했다(갈 2:9). 하지만 야고보는 자신이 교회의 리더라고 표현하지 않고 "예수 그리스도의 종"이라고 고백한다.

야고보서에 왕국 혹은 나라(βασιλεία)라는 용어는 오로지 1회 사용된다(약 2:5). 왕국이 나타나는 본문은 "내 사랑하는 형제들아 들을지어다. 하나님이 세상에서 가난한 자를 택하사 믿음에 부요하게 하시고 또 자기를 사랑하는 자들에게 약속하신 나라를 상속으로 받게 하지 아니하셨느냐"(약 2:5)라고 읽는다. 본문에서 야고보는 하나님이 "자기를 사랑하는 자들에게 약속하신 나라"(τῆς βασιλείας ἧς ἐπηγγείλατο τοῖς ἀγαπῶσιν αὐτόν)[2]를 상속해 주셨다고 말함으로, 그 나라는 인간의 노력으로 이룰 수 있는 나라가 아니요 하나님이 값없이 주셨다는 사실을 분명히 한다. 상속개념은 공로개념에 속하지 않고 은혜개념에 속한다. 상속은 받는 것이지 노력해서 획득하는 것이 아니다. 야고보는 이 사실을 분명히 한다.

야고보는 하나님 나라가 상속개념의 나라이기에 하나님 나라 안

야고보서의 저자일 수 없다. 그리고 다른 야고보들은 그 당시 영향력이 크지 못하여 야고보서의 저자라고 볼 수 없다.

2. πλουσίους ἐν πίστει καὶ κληρονόμους τῆς βασιλείας ἧς ἐπηγγείλατο τοῖς ἀγαπῶσιν αὐτόν; (약 2:5).

에서는 "부자"와 "가난한 자"의 구별이 있을 수 없음을 분명히 한다. 야고보서 2:5에서 야고보가 마치 부자를 경멸하고 가난한 자를 고양하는 것처럼 보이지만 실제로 야고보는 바로 전절인 야고보서 2:4에서 "너희끼리 서로 차별하며"라고 언급한 것처럼 부자들이 내세운 파벌과 파당을 지양하고 교회 공동체의 평강과 연합을 위해 말하고 있는 것이다.[3] 이와 같은 사상은 뒤 따라 나오는 야고보서 2:6-9에서도 분명하게 증언되고 있다. 야고보는 하나님 나라에서는 유대인과 이방인, 부자와 가난한 자, 남자와 여자의 차별이 있을 수 없고 삼위일체 하나님을 중심으로 사랑과 평강과 일치의 공동체만 있을 뿐임을 가르친다. 성도들은 이미 하나님 나라 안에서 사는 사람들이기에 하나님 나라의 삶의 특징을 구현하면서 살아야 한다.

야고보서는 성도들이 현재 천국의 삶을 살고 있으며 앞으로 예수님이 재림하시면 현재의 삶의 종말을 고하게 될 것임을 확실히 하고 있다. 야고보서는 예수님의 초림으로 실현된 하나님 나라를 경험하고 예수님의 재림으로 완성될 하나님 나라를 기대하며 사는 성도들의 현재의 삶을 강조하고 있다. 그래서 야고보서는 성도들이 하나님의 구속계획에 따라 구원은 온전하게 받았으나 타락한 세상과 접하면서 살아야 하는 형편에 있음을 설명한다. 야고보가 "행함이 없는 믿음은 그 자체가 죽은 것이라"(약 2:17)라고 행함을 강조하는 말씀이나 "영혼 없는 몸이 죽은 것같이 행함이 없는 믿음은 죽은 것이니라"(약 2:26)라고 계속해서 행함을 강조하는 말씀을 기록한 이유가 바로 여기에 있다. 야고보서는 성도들이 예수 그리스도를 믿음으로 천국 안에서 천국백

---

3. Bo Reicke, *The Epistles of James, Peter, and Jude* (*The Anchor Bible*)(Garden City, New York: Doubleday & Company, Inc., 1964), p. 28.

성으로 살고 있지만(참조, 요 1:12; 빌 3:20; 요일 3:2) 앞으로 예수님이 재림
하실 때 완성될 천국을 바라다보고 사는 구속적 긴장을 체험하고 있
음을 가르치고 있는 것이다. 야고보는 이런 구속적 긴장 속에서 사는
성도들은 완성될 하나님 나라를 소망하면서 믿음을 지키고, 모든 고
난과 고통을 인내하며, 선을 행하며 살아야 한다고 가르친다. 왜냐하
면 구속적 긴장을 인정하고 믿으면서 사는 성도들은 당연히 예수님께
서 지상에 계실 때 보여 주신 삶의 본을 따라서 살아야 하기 때문이
다. 로프스(Ropes)는 야고보가 믿음과의 관계에서 행위를 강하게 강조
하는 야고보서 2:14-26의 의미는 야고보가 여기서 교리적 논쟁을 하
는 것이 아니요, 도덕적 해이를 핑계하기 위해 바울의 이신칭의
(justification by faith) 교리를 잘못 적용하는 것을 반격하기 위해 행위를
강조한 것으로 이해해야 한다고 설명한다.[4] 칼빈(Calvin)은, "사람은
믿음으로만 의롭게 되지 않는다. 즉, 하나님에 대한 벌거벗고 공허한
인식만으로는 의롭다함을 받지 못한다. 그는 행함으로 의롭게 된다.
즉, 그의 의는 믿음의 열매에 의해 알려지고 지지를 받는다."[5]라고 살
아있는 믿음은 반드시 열매를 맺게 되어있다고 정리한다. 야고보가
행위를 강조하는 것은(약 2:17,22,24,26) 살아있는 믿음을 근거로 그렇게
말하는 것이다.[6] 그래서 야고보는 "믿음이 그 행함과 함께 일하고 행
함으로 믿음이 온전하게 되었느니라 이에 성경에 이른바 아브라함이

4. J. H. Ropes, *A Critical and Exegetical Commentary on the Epistle of St. James (ICC)* (Edin-burgh: T & T Clark, 1916), p. 35.

5. John Calvin, *A Harmony of the Gospels Matthew, Mark and Luke, Vol. III and The Epistle of James and Jude* (Grand Rapids: Eerdmans, 1975), p. 286.

6. Brad H. Young, *Paul The Jewish Theologian* (Peabody, MA.: Hendrickson Publishers, 2002), pp. 118-119.: "One does not earn one's salvation by good deeds, but true faith is accompanied by corresponding actions."

하나님을 믿으니 이것을 의로 여기셨다는 말씀이 이루어졌고 그는 하나님의 벗이라 칭함을 받았나니"(약 2:22-23)라고 가르치고 있다. 사람은 선한 행위로 구원을 받지 못하지만 진실한 믿음은 반드시 상응하는 행위를 수반(隨伴)하는 것이다. 야고보는 사람이 구원을 받을 수 있는 길은 오로지 하나님의 은혜로운 행위를 통해서만 가능함을 믿었다. 야고보는 이런 하나님의 행위에 대한 사람의 반응은 전인적(全人的)으로 회개하고 믿음을 가지고 새로운 삶의 적절한 행위와 열매로 나타나야 한다고 확신했다.[7]

성도는 믿음의 열매를 맺으면서 완성될 하나님의 나라를 바라보고 당당하게 살아야 한다. 윙클러(Winkler)는 야고보서 2:5의 "약속하신 나라"를 해석하면서 "이들 신실한 사람들에게 약속된 하나님의 왕국은 그리스도가 하늘로부터 장엄하게 재림하실 때 만물의 완전한 질서(perfect order of things)가 뒤따르게 될 것이다. 그 때는 죽은 자들이 생명으로 회복되는 때이며, 현재의 삶을 억누르는 모든 슬픔이 제거되는 때이며, 그리고 모든 하나님을 적대하는 세력이 정복되는 때이다."[8]라고 말한다. 야고보서의 하나님 나라 개념은 "이미 실현된 하나님 나라"와 "앞으로 완성될 하나님 나라"의 구도로 정리된다. 야고보는 성도들이 이미 하나님 나라에 속해 있기 때문에 예수님의 재림으로 완성될 하나님 나라를 고대하면서 살아야 할 것을 권면하고 있다.

---

7. Peter Davids, *The Epistle of James (The New International Greek Testament Commentary)* (Exeter: The Paternoster Press, 1982), pp. 51, 122.

8. Edwin T. Winkler, "Commentary on the Epistle of James," *An American Commentary on the New Testament* (Valley Forge: Judson Press, 1890), p. 35.

(1) 실현된 하나님 나라 안에서 실천되어야 할 성도들의 삶의 특징

야고보서는 구원받은 신실한 성도들이 예수님의 초림과 재림 사이에
서 구속적 긴장을 체험하며 살고 있음을 가르치고, 구원받은 성도들
이 어떤 삶의 특징을 나타내며 살아야 함을 가르친다. 이제 야고보서
가 제시하는 천국 백성들의 삶의 특징을 고찰하기로 한다.

① 인내(perseverance, 약 1:3,12)

인내(μακροθυμία)는 하나님의 속성이면서 성도들의 특성이다. 예
수님의 초림과 재림 사이에 살고 있는 성도들은 쉽게 끓어 오르는 분
노를 조종하는 인내의 삶을 살아야 한다.[9]

"이는 너희 믿음의 시련이 인내를 만들어 내는 줄 너희가 앎이라 인
내를 온전히 이루라 이는 너희로 온전하고 구비하여 조금도 부족함
이 없게 하려 함이라"(약 1:3-4)
"시험을 참는 자는 복이 있나니 이는 시련을 견디어 낸 자가 주께서
자기를 사랑하는 자들에게 약속하신 생명의 면류관을 얻을 것이기
때문이라"(약 1:12)

야고보도 성도들의 삶은 인내로 특징 지워져야 한다고 가르친다.
믿음을 가진 성도는 이 세상에서 살 때 시련이 뒤따를 수밖에 없고 성
도들은 그 시련을 통해 인내를 축적해 간다고 말한다(약 1:3). 바울 사

---

9. H. W. Hollander, "μακροθυμία," *Exegetical Dictionary of the New Testament*, Vol. 2 (Grand
Rapids: Eerdmans, 1991), p. 381.

도는 "그러므로 내가 한 법을 깨달았노니 곧 선을 행하기 원하는 나에게 악이 함께 있는 것이로다 내 속사람으로는 하나님의 법을 즐거워하되 내 지체 속에서 한 다른 법이 내 마음의 법과 싸워 내 지체 속에 있는 죄의 법으로 나를 사로잡는 것을 보는 도다. 오호라 나는 곤고한 사람이로다 이 사망의 몸에서 누가 나를 건져내랴"(롬 7:21-24)라고 고백한다. 이 말씀은 구원받은 성도가 죄악이 가득한 세상에서 경험해야 할 삶의 단면을 묘사하고 있다.

야고보도 죄악으로 물들어 있는 이 세상의 형편을 잘 알고 있었다. 야고보는 예수 그리스도를 믿는 성도들이 이 세상에서 예수님의 가르침을 따라 사는 것이 얼마나 힘든 일인지를 알고 있었다. 지상에서의 예수님의 삶을 가정에서 직접 목격한 야고보이기에 그는 예수님을 추종한 사람들이 어떻게 인내하며 살아야 할 것을 알았다. 그래서 야고보는 마치 농부가 씨를 뿌려 놓고 열매를 기다리는 인내로 "주께서 강림하시기까지 길이 참으라"(약 5:7)라고 권면하고 있다. "주님의 재림이 가까이 왔다(보라 심판주가 문 밖에 서 계시니라)(약 5:9)는 인식은 대적들에 대한 모든 분노의 느낌과 형제들에 대한 성급한 한숨과 불평을 억제하게 한다."[10] 야고보는 "시련을 견디어 낸 자"가 "생명의 면류관"을 얻을 것(약 1:12)이라고 인내의 중요성을 가르친다. 야고보가 "생명의 면류관을 얻을 것"이라는 표현을 미래시상($\lambda\acute{\eta}\mu\psi\varepsilon\tau\alpha\iota$)으로 처리한 것은 야고보가 종말론적 성취의 때를 생각한 것으로 볼 수 있다. 성도들은 예수님이 지상에 계실 때 우리를 사랑하시기 때문에 어떤 고난을 당해도 끝까지 참으신 것처럼 온유한 마음으로 참아야 한다.

---

10. J. Horst, "$\mu\alpha\kappa\rho\o\theta\upsilon\mu\acute{\iota}\alpha$," *Theological Dictionary of the New Testament*, Vol. IV (Grand Rapids: Eerdmans, 1973), p. 385.

드루먼드(Drummond)는, "사랑은 고난을 오래 참는다."라는 격언과 같은 말로 성도들의 삶을 묘사하고 있다.[11] 그렇게 참아야 하는 이유는 모든 것을 판단하실 주님의 재림이 확실하기 때문이다(약 5:8). 야고보는 성도들이 어떤 고난을 당할지라도 예수님의 재림 때까지 인내하면서 살아야 함을 강조하고 있다.

② **겸손**(humbleness, 약 4:6)

야고보는 하나님 나라 안에서의 성도의 삶은 겸손(ταπεινός)으로 특징 지어져야 한다고 말한다.

> "그러나 더욱 큰 은혜를 주시나니 그러므로 일렀으되 하나님이 교만한 자를 물리치시고 겸손한 자에게 은혜를 주신다 하였느니라"(약 4:6)

야고보는 "하나님이 교만한 자를 물리치시고 겸손한 자에게 은혜를 주신다"(약 4:6)라고 가르친다. 성도들은 예수님이 성취해 주신 천국에서 겸손한 삶을 살아야 한다. 하나님은 교만한 자를 미워하시고 겸손한 자를 사랑하신다. 성경은 "교만은 패망의 선봉이요 거만한 마음은 넘어짐의 앞잡이니라"(잠 16:18)라는 말씀과 "사람의 마음의 교만은 멸망의 선봉이요 겸손은 존귀의 길잡이니라"(잠 18:12; 참조, 잠 6:16-19; 8:13)라는 말씀으로 겸손에 대한 하나님의 뜻을 가르친다. 하나님이 독생자 예수 그리스도의 죽음을 통해 성취하신 구속의 방법도 겸

---

11. Henry Drummond, *The Greatest Thing in the World* (New York: Grosset and Dunlap, 1981), p. 20.: Drummond는 "Love suffers long; beareth all things; believeth all things; hopeth all things."라고 사랑을 구현하는 삶이 어떤 열매를 맺혀야 할 것인지를 설명한다.

손의 극치를 보여준다. 바울 사도가 빌립보서에서 묘사한 예수님의 성육신은 이를 잘 증거하고 있다. 바울은 "너희 안에 이 마음을 품으라 곧 그리스도 예수의 마음이니 그는 근본 하나님의 본체시나 하나님과 동등 됨을 취할 것으로 여기지 아니하시고 오히려 자기를 비워 종의 형체를 가지사 사람들과 같이 되셨고 사람의 모양으로 나타나사 자기를 낮추시고 죽기까지 복종하셨으니 곧 십자가에 죽으심이라"(빌 2:5-8)라고 성육신하신 예수님의 삶 속에 나타난 겸손을 증언한다. 십자가의 가르침은 겸손의 삶이며 예수님이 이를 친히 본으로 보여 주셨다(요 13:1-15). 기독교 개념의 겸손(ταπεινός)은 우선적으로 구약과 예수 그리스도의 삶에 그 뿌리를 두고 있다. 겸손은 가난함과 정숙함과 온유함을 모두 합친 것과 같다.[12] 예수님이 바로 이런 본을 보여 주셨다. 예수님은 "나는 마음이 온유하고 겸손(ταπεινός)하니 나의 멍에를 메고 내게 배우라"(마 11:29)라고 가르치신다. 칼빈(Calvin)은 요한복음 13:4-17에 기록된 예수님이 제자들의 발을 씻기는 행위를 해석하면서 예수님의 행위는 우리에게 발 씻는 의식(ceremony)을 명령한 것이 아니요, 우리들의 전 생애를 통해 형제들의 발을 씻을 마음의 준비가 되어 있어야 함을 가르친다고 설명한다.[13] 성도들은 예수님이 보여 주신 본을 따라 겸손의 삶을 살아야 한다. 겸손은 천국 백성의 삶의 특징이다.

---

12. Ceslas Spicq, *Theological Lexicon of the New Testament*, Vol. 3 (Peabody, MA.: Hendrickson Publishers, 1996), p. 370.

13. John Calvin, *The Gospel According to St. John 11-21 and the First Epistle of John,* trans. T. H. L. Parker (Grand Rapids: Eerdmans, 1974), p. 58.

③ 성결(purity, 약 3:17)

성결은 하나님나라의 백성이 실천해야 할 대단히 중요한 덕목이다. 성결한 성도는 하나님을 사랑하고 죄를 미워한다.

"오직 위로부터 난 지혜는 첫째 성결하고 다음에 화평하고 관용하고 양순하며 긍휼과 선한 열매가 가득하고 편견과 거짓이 없나니 화평하게 하는 자들은 화평으로 심어 의의 열매를 거두느니라"(약 3:17-18)

야고보가 본 절에서 사용한 "위로부터 난"(ἄνωθεν)것 들은 "빛들의 아버지께로부터 내려 온" 것들이다(약 1:17). "위로부터 난 지혜"라는 뜻은 하나님으로부터 난 지혜라는 것이다. 야고보는 야고보서 3:17에서 하나님 아버지가 기뻐하시는 천국 안에서 살고 있는 성도들의 삶을 간략하게 정리한다. 야고보서 3:17에 언급된 여덟 가지 삶의 특징 가운데 첫 번째인 "성결"(ἁγνή)은 성도들이 하나님과의 관계뿐만 아니라 사람들과의 관계에 대해서도 동시에 갖추어야 할 특징이다. 그리고 나머지 일곱 가지 특징은 일반적으로 성도들이 다른 사람과의 관계에서 필요로 하는 삶의 특징들이다.

야고보는 "성결"(pure)을 "위로부터 난 지혜" 중의 하나라고 명시하면서 "성결"이 천국에서의 삶의 특징 중 첫째라고 강조한다. 빈센트(Vincent)는 야고보가 "성결"을 첫째라고 강조한 것은 단순히 숫자적으로 첫째라는 의미가 아니요 본질적으로 첫째임을 강조한 것이라고 말한다. 빈센트는 다른 특징들은 첫째 특징인 "성결"로부터 생겨난 결과로서 부수적인 것이라고 해석한다.[14] 하나님은 성결한 분이시기 때문에 하나님 나라 안에서의 삶은 성결한 삶이 되어야 한다. 데이빗스

(Davids)는, "이 성결은 사람이 하나님의 성품에 참여하는 것을 뜻한다. 그는 순수한 동기를 가지고 하나님의 도덕적 법칙을 따른다."[15]라고 설명한다. "성결"은 순수함을 뜻한다. 100% 순수하면 그 자체가 거룩한 상태이다. 야고보는 "성결"을 언급하면서 "성결"과 "죄"를 대칭시켜 생각한 것이다.[16] 죄는 천국 안에서 용납될 수 없는 요소이다. 야고보는 독자들의 죄를 생각하면서 하나님 나라 안에서의 삶은 성결을 요구하고 있다고 말하고 있다. 성결은 온전하게 거룩하신 하나님이 그 기원이기 때문에 순수하고 흠이 없으며 또한 성결은 그것을 소유한 사람으로 하여금 거룩한 삶을 살고자 하는 열망을 갖게 한다.[17] 칼빈(Calvin)은 "성결"을 "위선과 이기심"(hypocrisy and selfishness)이 배제된 덕목으로 정의한다.[18]

④ **화평**(peaceableness, 약 3:17)

야고보가 사용하는 "화평하고"(εἰρηνική)는 비록 어근은 같지만 신약성경에서 92회 나타나는 일반적인 용어 "화평"(εἰρήνη)과는 달리 히브리서와 야고보서에 각각 한 번씩 오로지 2회 나타난다(히 12:11; 약

---

14. Marvin R. Vincent, *Word Studies in the New Testament*, Vol. I: *The Synoptic Gospels, Acts of the Apostles, Epistles of Peter, James, and Jude* (Grand Rapids: Eerdmans, 1975), p. 754: "The idea is not first *numerically*, but first *essentially*. The other qualities are secondary as outgrowths of this primary quality." (italics original).

15. Peter Davids, *Commentary on James (NIGTC)*, (1982), p. 154.

16. W. E. Oesterley, "The General Epistle of James," *The Expositor's Greek Testament*, Vol. IV (Grand Rapids: Eerdmans, 1980), p. 456.

17. Alexander Ross, *Commentary on the Epistles of James and John* (Grand Rapids: Eerdmans, 1970), p. 70.

18. John Calvin, *A Harmony of the Gospels Matthew, Mark and Luke*, Vol. III *and The Epistle of James and Jude*, p. 294.

3:17). 히브리서의 용도는 "화평하고"를 열매와 함께 사용하여 단련 (discipline)을 통해 연단 받는 자들은 "의와 평강(화평)의 열매"를 맺게 된다고 가르친다. 히브리서 저자가 "화평"을 명사(noun)대신 형용사 (adjective)로 사용한 것은 이미 연단 받는 전투가 끝나고 휴식과 편히 쉬는 모습을 암시하고 있다. 야고보가 "화평하고"를 사용한 의미는 이미 마음이 "성결"(pure)한 사람만이 화평을 이룬다는 의미이다.[19]

야고보는 "화평하고"(εἰρηνική)가 위로부터 난 지혜에 속한다고 말한다. 이 말씀은 화평이 성령의 열매 중의 하나임을 암시적으로 설명하고 있다(갈 5:22). 성령을 소유한 사람만이 화평을 이룰 수 있다. 칼빈은 화평의 뜻이 분쟁이나 충돌이나 불화와 연결되어 있지 않다는 의미라고 설명한다.[20] 성도들의 몸은 성령의 전이다(고전 3:16; 6:19). 성령이 성도들 안에 내주하고 계신다. 따라서 성도들은 분쟁을 일으키거나 충돌을 일삼는 그런 삶의 방식을 벗어나 다른 사람과 화평할 (peaceable) 뿐만 아니라 항상 "화평을 만드는 사람"(peace maker)이 되어야 한다. 이런 삶이 예수님을 구주로 믿고 그의 재림을 소망하며 현재 실현된 하나님 나라 안에서 사는 성도의 삶의 특징이다.

⑤ **관용**(considerateness, 약 3:17)

관용(ἐπιεικής)의 반대는 형제에게 관대함을 보이지 않는 혹독한 태도를 가리킨다. 에피에이케스(ἐπιεικής)는 사전적인 의미로 중용, 온

---

19. P. E. Hughes, *A Commentary on the Epistle to the Hebrews* (Grand Rapids: Eerdmans, 1977), p. 533. Cf. Marvin R. Vincent, *Word Studies in the New Testament,* Vol. IV (Grand Rapids: Eerdmans, 1975), p. 545.: "Perhaps with a suggestion of *recompense* for the longsuffering and waiting, since ἀποδίδομι often signifies 'to give back.'" (italic original)

20. John Calvin, *A Harmony of the Gospels Matthew, Mark and Luke,* Vol. III *and The Epistle of James and Jude,* p. 294.

건, 절제(moderation)의 뜻과 착함, 선량, 친절, 온순(goodness) 등의 뜻을 가지고 있고 또한 예의, 공손, 정중(courtesy)이나 관용, 아량, 인심이 좋음(generosity) 등의 뜻을 가지고 있다.[21] 스피크(Spicq)는 전체의 내용을 요약하여 관용을 "친절한 균형"(friendly equilibrium)으로 설명한다.[22] 야고보가 에피에이케스(ἐπιειχής)를 통해 표현하기를 원하는 하나님 나라 안에서의 성도들의 생활은 온건하고, 선량하며, 친절하고, 공손하며, 아량이 있는 균형 잡힌 태도를 가리킨다고 할 수 있다. 이와 같은 삶의 태도는 예수 그리스도께서 지상에 계실 때 인간들에게 보여 주신 태도이며 따라서 겸손하고 온유한 의미의 에피에이케스(관용)는 하나님 나라의 통치 법칙이기도 하다.[23]

하나님은 "우리가 아직 죄인 되었을 때에"(롬 5:8) 우리를 사랑하시고 우리의 죄를 용서하셨다. 그러므로 성도는 죄는 미워해야 하지만 사람은 미워해서는 안 된다. 그러므로 성도는 어떤 일을 판단할 때 항상 상대방의 형편을 생각하면서 판단해야 한다.

⑥ **양순**(submissiveness, 약 3:17)

양순(εὐπειθής)은 신약성경 다른 곳에서는 사용되지 않고 본 절에서만 나타나는 용어(hapax legomenon)이다.[24] 양순은 순종(obedient)의

---

21. Ceslas Spicq, *Theological Lexicon of the New Testament*, Vol. 2 (Peabody: Hendrickson, 1996), p. 38.

22. Spicq가 사용한 원래의 프랑스어(French)는 sympathique evquilibre이다. Spicq, *Theological Lexicon of the New Testament*, Vol. 2, p. 38.

23. W. Bauder, "Humility, Meekness," *The New International Dictionary of New Testament Theology*, Vol. 2 (Grand Rapids: Zondervan, 1977), p. 258.

24. J. B. Smith, *Greek-English Concordance to the New Testament* (Scottdale: Herald Press, 1974), p. 158 (section 2138).

뜻과 동일하게 사용된다. 일반적으로 양순은 어떤 권위에 굴종함으로 나타나는 특성이 아니요, 설득을 받음으로 결과적으로 나타나는 특성이다. 양순은 문자적으로 쉽게 설복된다는 뜻이지만 연약해서 설복된다거나 속기 쉬운 성질 때문에 설복되는 것이 아니요, 불변의 신학적 원리나 도덕적 원리가 희생되지 않을 때 설복되어 순종함으로 다른 사람들과의 차이를 나타내는 것을 뜻한다.[25] 양순은 성도의 삶의 특징으로 그 성도가 예수 그리스도가 주님 되심을 믿을 때 주님의 말씀을 순종하는 태도에서 나타나는 삶의 특징이다. 하나님 나라의 주인이신 예수님의 성품인 양순(εὐπειθής)이 하나님 나라에 속한 성도들이 실천해야할 삶의 특징이다.

⑦ 긍휼 혹은 자비(mercy, 약 3:17)

긍휼(mercy)과 은혜(grace)는 교대로 사용되기도 하지만 그 의미가 약간은 다르다. 은혜는 사람 편에서의 어떤 잘못이나 고난을 전제하지 않고 하나님의 무조건적인 사랑의 호의를 설명할 때 사용할 수 있는 용어이다. 하지만 긍휼은 사람 편에 어떤 잘못이 있는 것을 전제로 하나님의 호의를 구할 때 사용할 수 있는 용어이다. 마가(Mark)는 하나님이 인간 세상의 불행을 고치실 때 긍휼이라는 용어를 사용했다(막 5:19).[26] 긍휼(μεστὴ ἐλέους)은 상대방의 고난을 보면서 사랑으로 호의를 베풀어 주는 것이다.

예수님은 천국에서 종들이 결산할 때 어떤 호의를 받게 될 것인지

---

25. Douglas J. Moo, *James (Tyndale New Testament Commentaries)* (Grand Rapids: Eerdmans, 1990), p. 136.

26. F. Staudinger, "ἔλεος, ἐλεέω," *Exegetical Dictionary of the New Testament*, Vol. 1 (Grand Rapids: Eerdmans, 1990), p. 430.

를 설명하면서 어떤 임금의 행위를 예로 든다. 어떤 임금이 만 달란트 빚진 자에게 자비를 베푼다. 빚진 자의 형편이 갚을 능력이 없고 "엎드려 절하며 이르되 내게 참으소서 다 갚으리이다"(마 18:26)라고 주인에게 호소하자, 주인이 불쌍히 여겨 놓아 보내며 만 달란트 빚을 탕감하여 주었다. 그런데 이렇게 큰 빚을 주인으로부터 탕감받은 종이 자기에게 백 데나리온 빚진 동료가 "나에게 참아 주소서 갚으리이다"(마 18:29)라고 호소하지만 이를 허락하지 아니하고 그 동료를 옥에 가두어 버린다(마 18:30). 이를 전해 들은 주인이 그 종을 불러다가 "네가 빌기에 내가 네 빚을 전부 탕감하여 주었거늘 내가 너를 불쌍히 여김과 같이 너도 네 동료를 불쌍히 여김이 마땅하지 아니하냐 하고 주인이 노하여 그 빚을 다 갚도록 그를 옥졸들에게 넘기니라"(마 18:32-34)라고 말한다. 그리고 예수님께서 "너희가 각각 마음으로부터 형제를 용서하지 아니하면 나의 하늘 아버지께서도 너희에게 이와 같이 하시리라"(마 18:35)라고 가르치신다. 예수님은 우리가 불쌍히 여김을 받은 것과 같이 우리도 우리의 동료를 불쌍히 여겨야 한다고 말씀하신다. 하나님은 죄인인 우리를 불쌍히 여기셨다. 그것이 하나님 나라 안에서의 통치 원리요 방법이다. 우리도 형제를 불쌍히 여기며 살아야 한다. 본문의 "불쌍히 여김"(ἐλεῆσαι)이 바로 긍휼을 베푸는 것이다. 그러므로 긍휼 혹은 자비는 선한 마음과 호의적인 성질을 뜻한다.[27] 천국에서의 삶의 특징은 형제를 용서하고 긍휼과 자비를 베푸는 것이다.

---

27. Ceslas Spicq, *Theological Lexicon of the New Testament*, Vol. 1 (Peabody: Hendrickson, 1996), p. 475: "70인경(LXX)은 172회에 걸쳐 구약의 헤세드(*hesed*)를 번역할 때 엘레오스(*eleos*)로 번역했다. 엘레오스는 그 의미가 여러 가지이고 또 논란의 대상이 되지만 기본적인 뜻은 '선함,' '자선,' '호의적인 성질' 등으로 단순한 동정심이나 선행의 의미를 포함할 뿐만 아니라 자비나 관대함의 뜻도 모두 포함하고 있다."

⑧ 선한 열매(good fruits, 약 3:17)

"선한 열매"(약 3:17)는 화평하게 하는 자가 만들어 낼 수 있는 "의의 열매"(약 3:18)라고 할 수 있다. 칼빈은 야고보가 "선한 열매"(καρπῶν ἀγαθῶν)의 뜻으로 "선한 의도를 가진 사람들이 그들의 형제들에게 반드시 행해야 하는 모든 선한 역할들, 이는 한마디로 선한 행동의 가득함을 뜻하는 것이다."[28]라고 해석한다. "선한 열매"는 결국 믿음과 의의 열매로서 선한 행위를 가리킨다. 따라서 "선한 열매"는 예수님을 구주로 고백하는 성도들의 삶을 통해 나타나는 아름다운 행위를 가리킨다. 야고보가 말하는 "화평과 의"(약 3:18)는 하늘로부터 내려 온 참 지혜의 결과들이며, 쟁투와 악한 행동은 세상적인 지혜의 결과이다.[29] 렌스키(Lenski)는 "의의 열매"(καρπὸς δικαιοσύνης)라는 표현에 사용된 소유격을 "열매"가 "의" 자체라는 동격적 소유격(genitive as appositional)으로 생각하지 않는다. 즉 그는 열매가 "의" 자체가 아니라고 생각한다. 그래서 렌스키는 여기에 사용된 소유격을 "기원의 소유격"(the genitive of origin)으로 생각하여 "참 의가 생산하는 열매"로 해석한다.[30]

---

28. John Calvin, *A Harmony of the Gospels Matthew, Mark and Luke,* Vol. III *and The Epistle of James and Jude,* p. 294.: "By good fruits he suggests all the good offices that well-intentioned men owe to their brethren, as much as to say, in one word, full of well-doing."

29. Oesterley, "The General Epistle of James," p. 456.

30. R.C.H. Lenski, *The Interpretation of the Epistle to the Hebrews and the Epistle of James* (Minneapolis: Augsburg Publishing House, 1966), p. 620. 참고로 영어번역 ESV, RSV는 "And a harvest of righteousness is sown in peace by those who make peace."로 번역했고, NKJV는 "Now the fruit of righteousness is sown in peace by those who make peace."로 번역했으며, NIV는 "Peacemakers who sow in peace raise a harvest of righteousness."로 번역했다. 이상의 번역들은 본문에 충실하려고 했을 뿐이다.

⑨ 편견이 없음(impartiality, 약 3:17)

"편견이 없음"(ἀδιάκριτος)이라는 표현은 신약성경 말씀 중 본 절에서만 나타나는 표현이다(hapax legomenon). "편견이 없음"은 형제들의 언어와 행동을 나쁜 의미로 판단하지 않고 공평하게 평가하는 것이다. 하나님 나라 안에서는 억울함이 있을 수 없다. "편견이 없음"은 "의심하지 않는 것"(not doubting)이며, "파당을 만들지 않으며"(not given to party spirit), "단순하며"(simple), "조화를 이루며"(harmonious) 등의 뜻을 가지고 있다. 데이빗스(Davids)는 "이런 의미들은 비교적 서로 가까운 관계에 있다. 참된 지혜를 가진 사람은 분명하게 파당을 짓지 않는다. 반대로 그는 그의 생각과 행동에서 순수하고 절대적으로 신실하다. 이 표현은 '위선 없는,' '신실한'(ἀνυπόκριτος)의 뜻과 같은 의미이다. '위선 없음'(hypocrisy)은 베드로전서 1:22; 로마서 12:9; 고린도후서 6:6에서는 사랑에 적용되었고, 디모데전서 1:5; 디모데후서 1:5에서는 믿음에 적용되었다."[31]라고 해석한다.

"편견이 없음"은 어제는 자신에게 이득이 없었기 때문에 상대방을 나쁘게 말하고 오늘은 자신에게 이득이 생길 것 같으니 상대방을 좋게 말하는 일관성 없는 태도가 아니요 항상 일관되게 한 마음을 표현하는 것이다.

⑩ 거짓이 없음(sincerity, 약 3:17)

"거짓이 없음"(ἀνυπόκριτος)은 사실상 위선이 없다는 뜻이다. 위선이 없다는 뜻은 마음에 구김살이 없다는 뜻이기도 하다. 하나님 나라 안에서의 성도들의 삶은 순수한 마음으로 말과 행동을 실행하는 것이

---

31. Peter Davids, *The Epistle of James (NIGTC)* (1982), p. 154.

다. "거짓이 없는" 삶은 하나님으로부터 나온 지혜의 열매라고 할 수 있다.

야고보서가 성도들의 삶을 강조하고 행위를 강조하기 때문에 야고보서의 교훈이 바울의 교훈과 일치하지 않는다는 주장을 하는 학자들도 있다. 그들은 바울의 교훈과 야고보의 교훈이 정면으로 충돌한다고 생각한다. 그 이유는 바울 사도는 "사람이 의롭다 하심을 얻는 것은 율법의 행위에 있지 않고 믿음으로 되는 줄 우리가 인정하노라"(롬 3:28)라고 가르치는 반면, 야고보는 "사람이 행함으로 의롭다 하심을 받고 믿음으로만은 아니니라"(약 2:24)라고 가르치고 있기 때문이다. 이렇게 외형적으로 상충되는 것처럼 보이는 구절들은 바울 서신 전체와 야고보서 전체의 맥락에서 관찰할 때, 그리고 그 구절들이 사용된 맥락을 연구할 때 해결할 수 있다. 예레미아스(Jeremias)는 야고보가 공격하고 있는 믿음의 개념은 단순히 "단일신론을 지적으로 수용하는 것"을 가리키는 반면 바울 사도가 옹호하고 있는 믿음의 개념은 "그리스도께서 나의 죄를 위해 죽으셨다는 확신"이라고 그 차이점을 잘 정리해 준다.[32] 바울은 믿음과 칭의의 관계를 강조하여 가르치는 반면 야고보는 믿음과 행위의 관계를 강조하여 가르친다. 야고보는 예수님의 지상에서의 삶을 한 가족의 일원으로 친히 목격한 사람이다. 따라서 야고보가 예수님의 삶의 특징들인 인내, 겸손, 관용, 진실, 성결, 화평, 긍휼 등과 같은 삶의 행위들을 강조하는 것은 당연할 수밖에 없다.

---

32. J. Jeremias, "Paul and James," *Expository Times*, LXVI (1955), p. 370.; 참조, 박형용, 신약 개관 (서울: 아가페출판사, 2009), p. 229.

(2) 야고보가 이해하는 완성될 하나님의 나라

야고보는 바울이나 베드로처럼 예수님의 초림 때부터 "말세"가 시작된 것을 확실하게 증언한다. 베드로 사도는 오순절 사건을 설명하면서 요엘서 2:28-32을 사도행전 2:17-21에서 인용한다. 그런데 베드로는 요엘서의 "그 후에"(욜 2:28)를 "말세에"(행 2:17)로 바꾸어 요엘서의 예언이 말세에 오순절을 통해 성취되었음을 확인한다. 이 말씀은 예수님의 초림으로 말세가 이미 시작되었음을 알리는 것이다.[33] 바울은 성도들이 "말세를 만난"(고전 10:11) 사람들로서 그리스도의 사건을 되돌아보고, "죽은 자들 가운데서 다시 살리신 그의 아들이 하늘로부터 강림하심을 기다리는"(살전 1:10) 사람들이라고 말한다. 야고보는 "주께서 강림하시기까지 길이 참으라"(약 5:7)라고 말하고, "주의 강림이 가까우니라"(약 5:8)라고 말함으로 말세를 예수님의 초림부터 예수님의 재림까지의 기간으로 정리하고 성도들은 예수님의 재림을 바라다보면서 인내하는 삶을 사는 사람들이라고 가르친다. 야고보도 말세를 "이미와 아직"의 구도로 확실하게 이해하고 있다. 야고보가 "그(하나님)가 그 피조물 중에 우리로 한 첫 열매가 되게 하시려고 자기의 뜻을 따라 진리의 말씀으로 우리를 낳으셨느니라"(약 1:18)라고 말한 것

---

33. 신약성경은 예수님의 초림으로 말세가 시작된 것으로 설명한다. 성경을 심각하게 접근하는 독자는 예수님의 탄생과 예수님의 죽음과 부활 그리고 오순절이 약간의 시간적 차이를 가지고 있는데 언제가 정확한 말세의 기점인지에 대한 질문을 하게 된다. 그런데 예수님의 탄생과 예수님의 죽음과 부활 그리고 오순절 사건은 구속역사의 한 단위(unit)로 함께 취급해야 한다. 하지만 연구의 편의상 복음서를 연구할 때는 말세를 예수님의 탄생이나 공생애 시작으로 생각하고, 바울서신을 연구할 때는 예수님의 죽음과 부활을 말세의 시작점으로 생각하며, 사도행전을 연구할 때는 말세의 시작점을 오순절 사건으로 설명한다. 중요한 것은 예수님의 탄생, 죽음과 부활, 오순절을 구속역사 성취의 한 단위로 묶어서 예수님의 초림으로 표현한다는 사실이다.

은 성도들이 이미 시작된 말세의 기간에 어떻게 하나님의 자녀가 될수 있었는지를 설명하는 것이요, "시련을 견디어 낸 자가 주께서 자기를 사랑하는 자들에게 약속하신 생명의 면류관을 얻을 것이기 때문이라"(약 1:12)라고 말한 것은 예수님의 재림 때에 성도들이 받을 영광을생각하고 쓴 것이다. 우리는 야고보의 교훈에 예수님의 초림과 재림이 함축되어 있음을 본다. 바울은 선한 싸움을 싸우고 믿음을 지킨 성도들에게 "의의 면류관"이 기다리고 있다고 말한(딤후 4:7-8) 반면, 야고보는 성도들에게 "생명의 면류관"이 기다리고 있다고 말한다. 바울이 말한 "의의 면류관"이나 야고보가 말한 "생명의 면류관"은 사실상같은 것이다. 바울과 야고보는 예수님의 초림과 재림을 잇는 "이미와아직"의 구도로 말세를 이해하고 있다. 이와 같은 구속역사의 구도 속에 야고보는 성도들이 하나님의 자녀답게 생활해야 할 것을 강조하고있다.

야고보는 "너희가 말세에 재물을 쌓았도다"(약 5:3)라고 말함으로성도들은 이미 말세(ἐν ἐσχάταις ἡμέραις)에 살고 있음을 밝힌다. 야고보는 예수님이 이미 "하나님"과 "재물"을 겸하여 섬기지 못한다(마6:24; 눅 16:13)라고 가르치신 것처럼 성도들이 말세인데도 잘못된 선택을 했다고 지적하고 있다. 성도들은 예수님의 초림으로 이룩된 하나님의 나라에 속한 사람들로서 하나님의 자녀로(요 1:12) 영생을 보장받고(요 5:24) 부활생명을 사는 존재들이다. 따라서 성도들은 "재물"의 유혹에 빠져서는 안 된다.

야고보는 성도들에게 "주께서 강림(τῆς παρουσίας τοῦ κυρίου)하시기까지 길이 참으라"(약 5:7)라고 권면한다. 주님이 강림하시면 바로그날이 재림의 날이 된다. 이런 강조는 바울 서신에서도 찾을 수 있다. 데살로니가후서 1:10의 헬라어 표현은 "그가 강림할 때"(ὅταν ἐλθῃ)가 10절의 맨 처음에 위치하고 "그날"은 10절의 가장 마지막에 위치되었다. 그런데 한글 개역개정 번역은 "그날에 그가 강림하사"라고 "그날"을 가장 먼저 위치시켜 번역했다. 바울은 그날을 강조한 것이 아니요, 그가 강림하시는 때를 강조하고 있다. 바울 사도나 야고보나 예수님이 강림하시는 날이 바로 재림의 날인 "그날"이 되는 것을 확실히 한다.

야고보서는 이미 임한 하나님 나라에 속한 성도들이 앞으로 하나님 나라가 완성될 때까지 삶으로 보여 주어야 할 특성은 인내라고 가르친다. 즉 예수님의 초림과 재림 사이의 기간에 교회를 이루며 생활해야 할 성도들은 항상 인내하면서 살아야 한다. 성도들은 이미 실현된 하나님 나라에서 살면서 앞으로 완성될 하나님 나라를 소망하며 구속적 긴장 속에서 살고 있다. 따라서 성도들은 구약의 선지자들을 "고난과 오래 참음의 본"(약 5:10)으로 삼고 살아야 한다. 야고보는 믿음과 행위의 관계를 강조하면서 예수님의 초림과 재림 사이의 기간에 살고 있는 성도들이 예수님의 삶의 본을 따라 살 것을 가르치고 있다.[34]

2. 베드로전·후서

베드로 사도는 "왕국" 혹은 "나라"라는 용어를 자주 사용하지 않는다. 베드로전서와 후서에서 "왕국"이라는 용어는 단지 1회 사용될 뿐이다. 베드로 사도는 "우리 주 곧 구주 예수 그리스도의 영원한 나라에

---

34. 박형용, 『신약개관』 (서울: 아가페출판사, 2009), pp. 229-232.

들어감을 넉넉히 너희에게 주시리라"(벧후 1:11)라고 말함으로 "영원한 나라"가 그리스도의 나라임을 분명히 한다. "영원한 나라"(αἰώνιον βασιλείαν)는 신약의 다른 곳에서 나타나지 않는 표현(hapax legomenon)으로 본 절에서만 사용된다.[35] "영원한 나라"라는 표현은 하나님의 속성과 연계하여 표현된 것으로 "흔들리지 않는 나라"(히 12:28), "그의 천국"(his heavenly kingdom)(딤후 4:18)과 같은 용도로 사용되었다. 왕국은 하나님이 영원히 존재하시는 것처럼 영원한 나라이며, 하나님이 변함이 없으신 것처럼 흔들리지 않는 나라이고, 또한 하나님과 함께 하늘에 존재하는 나라이다. 그런데 베드로 사도는 "우리 주 곧 구주 예수 그리스도의 영원한 나라"[36]라는 표현을 통해 왕국의 주인이 예수 그리스도이시며 주님 되신 예수님이 구속자이심도 확실히 한다.

(1) 베드로전서

① 예수님의 초림과 재림으로 형성된 구속적 긴장의 삶

베드로는 예수님이 초림 하셔서 고난을 당하시고 죽으시고 부활 하심으로 죄 문제를 해결 하시고 성도들의 구원의 문을 열어 놓으셨다고 증언한다. 베드로는 말세(ἐν καιρῷ ἐσχάτῳ)에 예수 그리스도가 부활하심으로 성도들이 "산 소망"을 소유하게 되었다고 말하고(벧전 1:3), 따라서 성도는 "썩지 않고 더럽지 않고 쇠하지 아니하는 유업"을 받게 되었음을 분명히 밝힌다(벧전 1:4-5). 하나님은 성도들이 소유할 "산 소망"을 바로 하늘에 간직해 두셨다(벧전 1:3-4). 베드로 사도는 "이

---

35. R. H. Strachan, "The Second Epistle General of Peter," *The Expositor's Greek Testament*, Vol. V (Grand Rapids: Eerdmans, 1980), p. 128.

36. εἰς τὴν αἰώνιον βασιλείαν τοῦ κυρίου ἡμῶν καὶ σωτῆρος Ἰησοῦ Χριστοῦ.

말세에 너희를 위하여 나타내신바 되었으니"(벧전 1:20)라고 말함으로 본 절의 "말세"($\dot{\epsilon}\pi$' $\dot{\epsilon}\sigma\chi\dot{\alpha}\tau\sigma\upsilon$ $\tau\tilde{\omega}\nu$ $\chi\rho\acute{o}\nu\omega\nu$)가 예수님의 초림사건임을 확실히 한다. 베드로는 예수님의 초림으로 하나님 나라가 이미 시작되었음을 명시적으로 표현하고 있다. 예수님의 초림은 "창세전부터 미리 알린 바"(벧전 1:20)된 사건으로 말세에 실현된 것이다.

베드로 사도는 예수님의 재림을 "예수 그리스도의 나타나실 때"($\dot{\epsilon}\nu$ $\dot{\alpha}\pi\sigma\kappa\alpha\lambda\acute{\upsilon}\psi\epsilon\iota$ 'I$\eta\sigma\sigma\tilde{\upsilon}$ X$\rho\iota\sigma\tau\sigma\tilde{\upsilon}$)(벧전 1:7,13)라고 표현하여 "계시"($\dot{\alpha}\pi\sigma\kappa\dot{\alpha}\lambda\upsilon\psi\iota\varsigma$)라는 특별한 용어를 사용한다.[37] 예수님의 재림 사건은 하나님의 구속 사건의 마지막 계시 사건이다. 하나님의 이 마지막 계시 사건인 예수님의 재림이 있기 전까지 예수님의 초림으로 성취된 구속의 적용이 계속될 것이다. 그래서 베드로 사도는 "믿음의 결국이 곧 영혼의 구원"(벧전 1:9)이라는 표현으로 예수님의 초림의 기간에 성취하신 구속 사건이 성도들에게 어떤 영향을 미치게 될 것인지를 가르친다. 우리들의 믿음은 예수 그리스도께서 그의 십자가 죽음과 부활을 통해 성취하신 구속을 우리에게 전달하는 통로 역할을 하며 매개체 역할을 한다. 그래서 베드로는 "믿음의 결국"과 "영혼의 구원"(벧전 1:9)을 동일시하고 있다.

그런데 베드로 사도가 "예수 그리스도께서 나타나실 때"(벧전 1:7,

---

37. T. Holtz, "$\dot{\alpha}\pi\sigma\kappa\dot{\alpha}\lambda\upsilon\psi\iota\varsigma$," *Exegetical Dictionary of the New Testament*, Vol. 1 (Grand Rapids: Eerdmans, 1990), pp. 131-132.: "In 1 Pet 1:7, 13; 4:13 the noun denotes the *parousia*, and in 1:5; 5:1 the vb. designates the *unveiling* of eschatological salvation and its glory at the parousia." (italics original).; W. Mundle, "Revelation($\dot{\alpha}\pi\sigma\kappa\alpha\lambda\acute{\upsilon}\pi\tau\omega$)" *The New International Dictionary of New Testament Theology*, Vol. 3 (Grand Rapids: Zondervan, 1979), p. 316.: "Whenever 1 Pet. uses the word (apart from 1:12) it has the end revelation in view. The revelation of Christ is the revelation of his glory, in which Christians who are now led through suffering and manifold temptations will also have a share. They should therefore set all their hope on this salvation and grace (1 Pet. 1:5ff., 13; 4:13; 5:1)."

13)라는 표현을 쓴 사실이나 "만물의 마지막이 가까이 왔으니"(벧전 4:7), "그의 영광을 나타나실 때에"(벧전 4:12-13), "하나님의 집에서 심판을 시작할 때"(벧전 4:17), "목자장이 나타나실 때"(벧전 5:4), "영원한 영광에 들어가게 하신 이"(벧전 5:10) 등의 표현을 통해서 예수 그리스도의 재림을 설명하고 있다.

이처럼 베드로 사도가 비록 "왕국" 혹은 "나라"(βασιλεία)라는 용어를 자주 사용하지 않았지만 베드로전서와 후서에서 예수님의 초림과 재림을 분명하게 설명하고 있으며, 예수님의 고난과 죽음 그리고 부활을 포함한 초림을 통해서 시작된 하나님의 나라는 앞으로 재림을 통해 완성될 것임을 분명히 하고 있다.[38] 베드로 사도는 예수님의 초림을 통해 성취하신 구속이 얼마나 놀랄만한 사건인지를 설명하고 예수님의 초림과 재림 사이에 살고 있는 성도들이 어떻게 살아야 할 것을 제시하고 있다. 예수님은 그의 죽음과 부활을 통해 성도들에게 "산 소망"(벧전 1:3)을 주셨고, "썩지 아니할 씨"(벧전 1:23)를 주셨으며, 사랑을 실천할 능력을 주셨고(벧전 4:8), "시들지 아니하는 영광의 관"(the crown of glory)(벧전 5:4, 참조, 벧전 5:10)을 주셨다.

② 예수님의 지옥 방문에 대한 견해

베드로는 베드로전서 3:18-22에서 예수님이 부활 후에 지옥을 방문하신 것을 함축하는 난해한 구절을 기록한다. 얼핏 보면 예수님이

---

38. 오순절 때에 베드로는 요엘서 2:28-32을 사도행전 2:17-21에서 인용하고 오순절을 포함한 예수님의 초림이 말세임을 확실히 하고(행 2:17) 예수님의 재림을 내다보는 설명을 한다(행 2:19-20 참조). 그리고 예수님의 초림과 재림 사이에 구원의 역사가 계속될 것을 "누구든지 주의 이름을 부르는 자는 구원을 받으리라"(행 2:21)라는 말로 설명한다. 이처럼 베드로는 예수님의 초림과 재림을 선명하게 확신한 것이다. 참조, 박형용, 『사도행전 주해』 (수원: 합신대학원출판부, 2017), pp. 67-71 참조.

부활 후에 직접 지옥을 방문하여 거기에 있는 죄인들에게 복음을 선 포하신 것처럼 보인다. 하지만 본문을 자세히 연구하면 예수님이 부 활 후에 친히 지옥을 방문하여 지옥에 있는 사람들에게 복음을 전한 것이 아니요, 예수님이 부활하심으로 "살려주는 영"(the Life-giving Spirit)(고전 15:45)이 되셔서 편재하시게 된 효과를 설명하고 있는 것이 다. 즉 예수님의 죽음과 부활을 통해서 성취하신 구속성취가 지옥을 포함한 온 세상에 선포되었다는 뜻이다.

여기서 본문의 뜻을 바로 이해하기 위해 몇 가지 질문을 할 필요 가 있다. 예수님이 "육체로는 죽임을 당하시고 영으로는 살리심을 받 았다"(벧전 3:18)라는 말은 무슨 뜻인가? 이 말씀은 성육신하셔서 육체 를 입으신 예수님이 그의 죽음으로 육체를 벗게 되셨고 부활하셔서 신령한 몸을 입게 되셨다는 뜻이다(고전 15:44-45 참조). "옥에 있는 영" 은 누구를 가리키는가? 노아 시대에 불순종하여 홍수로 말미암아 죽 은 자들의 영을 가리킨다. 이 문제와 관련하여 "옥에 있는 영들"이 타 락한 천사들이라고 주장하는 견해가 있다. 그리고 "타락한 천사들"이 바로 창세기 6:2에 언급된 "하나님의 아들들"이라고 생각한다. 이 견 해는 문맥에 비추어 관찰할 때 받아들일 수 없는 견해이다. 창세기 6:2의 "하나님의 아들들"은 "사람의 딸들"의 아름다움을 보고 그들을 아내로 삼은 잘못을 범하여 하나님의 진노를 불러일으킨 존재들이다 (창 6:2-3).[39] "하나님의 아들들"은 경건한 백성들로서 경건하지 않은 여 인들을 자신들의 아내로 삼은 것이다. 그러므로 "옥에 있는 영들"이

---

39. 창세기 6:2의 "하나님의 아들들"은 경건한 백성들을 뜻하며, "사람의 딸들"은 불경건한 여 인들로 생각하는 것이 바르다. Cf. G. Ch. Aalders, *Genesis. Bible Student's Commentary*, Vol. 1 (Grand Rapids: Zondervan, 1981), pp. 153-154.; H. C. Leupold, *Exposition of Genesis*, Vol. I (Grand Rapids: Baker, 1977), p. 250.

"타락한 천사들"이라는 주장은 받아들이기 힘들다. 그러면 왜 베드로가 여기서 노아 시대에 멸망한 "옥에 있는 영들"을 언급했을까? 그 이유는 베드로가 베드로전서를 쓸 당시 유대인의 전통으로 천사의 타락에 관한 에녹서(1 Enoch 18:12)의 내용이 유포되고 있었기 때문이다. 또 한 가지 질문은 베드로가 어떻게 영감 되지 않은 에녹서의 내용을 영감 받아 기록한 성경에 사용할 수 있었는가?라는 질문이다. 이 질문의 답은 우리가 유기적 영감(Organic Inspiration)의 의미를 바로 알면 해결될 수 있다.[40]

우리는 이제 성경 본문으로 돌아가서 문제를 풀어야 한다. 우리가 베드로전서 3:18-22을 자세히 묵상해 보면 베드로는 예수님의 죽음과 부활을 베드로전서 3:18에서 언급하고 다시 예수 그리스도의 부활을 베드로전서 3:21에서 언급한다. 그리고 베드로전서 3:18과 3:21사이에 노아 시대에 멸망한 옥에 있는 영들을 언급한다(벤전 3:19-20). 베드로전서 3:19-20은 예수님의 부활로 둘러 쌓여있다. 그러므로 본문을 이해하기 위해서는 예수님의 부활의 관점에서 정리해야 한다.

베드로는 예수님의 부활을 설명하면서 예수님이 "영으로는 살리심을 받으셨으니"(ζῳοποιηθεὶς πνεύματι)라고 말한다. 예수님이 "영으로는 살리심을 받으셨다"는 말은 예수님의 부활 후의 상태를 언급하고 있다. 그런데 베드로전서 3:18에 사용된 "살림을 받았다"는 용어는 고린도전서 15:45에서 바울이 사용한 "살려주는 영"(πνεῦμα ζῳοποιοῦν)의 "살려주는"과 같은 용어이다. "살려주는 영"은 예수님이 부활 후에 편재하실 수 있는 상태로 다시 복귀하셨음을 증거한다. "살

---

40. 이 질문은 신약 저자들이 영감 되지 않은 칠십인경(LXX)을 인용하여 신약성경에서 사용한 것과 비슷하다. 신약저자들은 성령의 감동으로 자신들이 활용할 수 있는 자료들을 잘못 없게 사용할 수 있었다.

려주는"($\zeta\omega o\pi o\iota\acute{e}\omega$)이라는 용어는 특별히 하나님과 그리스도가 주어 역할을 하며 죽은 자로부터의 부활을 설명할 때 사용되는 전적으로 구원론적인 의미를 가지고 있다.[41] 그리고 베드로는 베드로전서 3:19 에서 "그가 또한 영으로 가서 옥에 있는 영들에게 선포하시니라"라고 말한다. 본 절의 "그가"는 헬라어에 "엔 호"($\acute{e}v$ $\acute{\omega}$)(in which 혹은 the Spirit, in whom)로 되어 있다. 본문을 자세히 관찰하면 베드로는 예수님이 부활 후에 "살림을 받은 존재" 즉 편재하실 수 있는 "살려주는 영"의 상태로 옥에 있는 영들에게 그의 구속 성취를 선포한 것이라고 생각할 수 있다. "영으로 가서"는 "살려주는 영"이 되신 예수님의 편재하심을 증거하고 있다.

그러므로 베드로전서 3:18-22은 예수님이 부활 후에 편재의 상태로 들어가셨기 때문에 그가 성취한 구속의 복음이 지옥에도 알려졌다는 뜻이다. 이와 같은 해석은 예수님이 공생애 기간 중 자신의 부활 후에 있을 일을 예언적으로 말씀하신 "내가 너희를 고아와 같이 버려두지 아니하고 너희에게로 오리라"(요 14:18)의 말씀의 뜻과 일치하며 또한 예수님이 부활하신 후 "볼지어다 내가 세상 끝날까지 너희와 항상 함께 있으리라"(마 28:20)의 개념과도 일치한다. 예수님은 부활 후에 어디에나 계실 수 있는 편재하실 수 있는 존재로 복귀하셨기 때문에 이런 말씀을 하실 수 있었고, 또한 그의 죽음과 부활 자체가 구속의 완성을 알리는 복음이라는 것을 세상 어디에서나 알게 된 것이다.

베드로는 예수님이 재림하시면 인간 누구에게나 적용되는 마지막 일반 심판이 있을 것임을 분명히 한다. 그래서 베드로는 "그들이 산

---

41. L. Schottroff, "$\zeta\omega o\pi o\iota\acute{e}\omega$," *Exegetical Dictionary of the New Testament*, Vol. 2 (Grand Rapids: Eerdmans, 1991), p. 110.

자와 죽은 자를 심판하기로 예비하신 이에게 사실대로 고하리라"(벧전 4:5)라고 말한다. "산 자"와 "죽은 자"가 모두 예수 그리스도가 성취하신 영생의 복음의 메시지를 들을 것이다(벧전 4:6). 아무도 하나님께서 많은 죄인들을 심판할 마지막 심판을 피해 갈 수 없을 것이다. 그리고 그 마지막 심판은 각 사람이 예수 그리스도와 어떤 관계를 가지고 있느냐에 따라 결정될 것이다. 따라서 모든 사람은 살아 있을 때 그리스도를 통한 구원의 메시지를 듣고 구원을 받아야 한다.[42] 이처럼 베드로는 예수님의 초림과 재림을 분명하게 설정하고 초림과 재림 사이의 기간 동안 "택하신 족속이요 왕 같은 제사장들이요 거룩한 나라요 그의 소유가 된 백성"(벧전 2:9)으로 살아가기를 권면하고 있다.

(2) 베드로후서

① "이미와 아직"의 구도에 위치한 성도

베드로후서는 이미 시작된 하나님의 나라와 앞으로 완성될 하나님의 나라의 구도를 분명하게 가르친다. 베드로 사도는 하나님의 나라가 이미 시작되었고 앞으로 완성될 것을 믿었다. 그래서 베드로는 "말세에 조롱하는 자들이 와서"(벧후 3:3)라고 이미 말세가 시작되었음을 밝히고, 조롱하는 자들이 "주께서 강림하신다는 약속이 어디 있느냐"(벧후 3:4)라고 예수님의 재림을 불신할 것을 예고하고 있다. 베드로는 하나님께서 현재는 "하루가 천년 같고 천 년이 하루 같이"(벧후 3:8) 기다리시지만 하나님 나라를 완성하는 날은 바로 "주의 날"(벧후 3:10)

---

42. Bo Reicke, *The Epistles of James, Peter, and Jude* (*The Anchor Bible*)(Garden City, New York: Doubleday & Company, Inc., 1964), p. 119.

이요, 그날은 도둑같이 올 것이며 "그 날에는 하늘이 큰 소리로 떠나 가고 물질이 뜨거운 불에 풀어지고 땅과 그 중에 있는 모든 일이 드러 나게"(벧후 3:10)될 것이라고 말한다.

베드로는 성도들이 "구주 예수 그리스도의 의를 힘입어 동일하게 보배로운 믿음을"(벧후 1:1) 받은 자들로 "신성한 성품에 참여하는 자"(θείας κοινωνοὶ φύσεως)(벧후 1:4)[43]들이기 때문에 예수님의 삶의 모본 을 따라 경건한 삶을 이어가야 한다고 권면한다. 키스터마커(Kiste- maker)는 "우리는 베드로가 정확하게 그의 용어를 선택했다는 것을 주 목하여야 한다. 그는 우리가 하나님의 존재에 참여한 것이 아니요, 하 나님의 성품에 참여한다고 말한다. 그가 성품(nature)이라는 용어를 선 택한 이유는 그 용어가 성장, 발전, 그리고 특성을 가리키고 있기 때 문이다. 대칭적으로 존재(being)라는 표현은 본질(essence)을 가리킨다. 우리는 결코 하나님의 본질에 참여할 수 없다. 왜냐하면 우리는 하나 님에 의해 창조된 인간이며 또한 인간으로 남아 있기 때문이다. 베드 로가 밝히고 있는 것은 우리들이 우리의 마음에 계시는 성령의 내주 하심을 통해 경험하는 하나님의 거룩에 참여하는 것이다(참고 고전 6:19)."[44]라고 바르게 설명한다. 성도들은 그리스도와 연합됨으로 "신

---

43. 한글 개역은 "신의 성품에 참예하는 자"로 번역하고 한글 개역개정은 "신성한 성품에 참 여하는 자"로 번역한다. 개역의 "신의 성품"보다는 개역개정의 "신성한 성품"이 더 나은 번역이라고 사료된다. "신의 성품"은 신의 본질(God's being)에 참여한다는 오해를 일으 킬 수 있으나 "신성한 성품"은 거룩과 같은 도덕적인 개념을 연상할 수 있기 때문이다. 그 리고 θείας κοινωνοὶ φύσεως는 "신의 성품에 참예"보다는 "신성한 성품에 참여"한다는 의 미가 더 분명하기 때문이다. 영어 번역본들은 본 구절을 "partakers of the divine nature" (NKJV, ESV, NASB), "participate in the divine nature" (NIV), "participants of the di- vine nature"(NRSV) 등으로 번역한다. Cf. H. Paulsen, "φύσις," *Exegetical Dictionary of the New Testament*, Vol. 3 (Grand Rapids: Eerdmans, 1993), p. 444.

44. Simon J. Kistemaker, *Peter and Jude* (*New Testament Commentary*) (Grand Rapids: Bak- er, 1987), p. 248. Cf. Richard J. Bauckham, *Jude, 2 Peter: Word Biblical Commentary*,

성한 성품"에 참여자가 되었다.[45]

그래서 하나님 나라에 속한 성도들은 노아 홍수 때에 멸망 받은 경건하지 않은 자들처럼 살아서는 안 되며(벧후 2:5), 또한 소돔과 고모라 시대에 경건하지 않게 살다가 멸망 받은 사람들처럼 살아서도 안 된다(벧후 2:6-8). 베드로는 완성될 하나님 나라를 바라다보며 사는 사람들 중 "경건한 자"와 "불의한 자"가 함께 살고 있다고 말한다. 그런데 "불의한 자"는 육체를 따라 살면서 정욕 가운데서 행하며(벧후 2:9-10), 음심이 가득하며, 굳세지 못한 영혼을 유혹하고, 탐욕에 빠진 자들로, 저주의 자식들이라고 설명한다(벧후 2:14). 그리고 "경건한 자"(the godly)는 "믿음에 덕을, 덕에 지식을, 지식에 절제를, 절제에 인내를, 인내에 경건을, 경건에 형제 우애를, 형제 우애에 사랑을 더하는"(벧후 1:5-7) 삶을 사는 사람들이다.

② 도둑같이 임할 주님의 날

예수님의 재림의 날은 누구에게도 알려지지 않았다. 그날은 오직 하나님만이 알고 계신다. 그러므로 도둑이 예고 없이 갑자기 임하는 것처럼 예수님의 재림도 갑자기 임할 것이다. 예수님의 초림과 재림은 두 사건이라기보다 한 사건의 두 국면이라고 할 수 있다. 성도는 예수님의 재림을 바라다보면서 사는 사람들이다. 그러므로 성도들의

Vol. 50 (Waco, TX: Word Books, 1983), p. 181. "it is not very likely that participation in God's own essence is intended. Not participation in *God*, but in the nature of heavenly, immortal beings, is meant." (italics original).

45. T. Holtz, "φθείρω, φθορά," *Exegetical Dictionary of the New Testament*, Vol. 3 (Grand Rapids: Eerdmans, 1993), p. 423. "In 2 Peter the φθορά as (active) *corruption* plays an important role. Christians will participate in the divine nature because they have escaped (aor. partc., referring to baptism) the corruption 'that is in the world because of passion'(1:4)."

삶은 거룩하며, 경건하며, 겸손하며, 성실한 삶을 이어가야 한다.

"경건한 자"는 "새 하늘과 새 땅을 바라보면서"(벤후 3:13) 성도의 삶을 이어가야 한다. 베드로는 예수님의 재림에 대한 소망을 분명히 가지고 있었다. 그는 "심판 때까지"(벤후 2:4), "멸망의 날까지 보존하여 두신 것"(벤후 3:7), "주의 날이 도둑같이 오리니"(벤후 3:10), "새 하늘과 새 땅을 바라보도다"(벤후 3:13) 등의 말씀을 사용하여 예수님의 재림을 확인하고 있다.

베드로는 예수님의 재림의 사건을 묘사하면서 "하늘과 땅은 그 동일한 말씀으로 불사르기 위하여"(벤후 3:7) 보존되고 있으며, "주의 날이 도둑같이 오리니 그날에는 하늘이 큰 소리로 떠나가고 물질이 뜨거운 불에 풀어지고 땅과 그 중에 있는 모든 일이 드러나리로다"(벤후 3:10)라고 말하며, 또한 "그날에 하늘이 불에 타서 풀어지고 물질이 뜨거운 불에 녹아지려니와 우리는 그의 약속대로 의가 있는 곳인 새 하늘과 새 땅을 바라보도다"(벤후 3:12-13)라고 설명한다.

베드로는 예수님이 재림하시면 세상이 새롭게 변화될 것을 확실히 한다. 이 말씀은 마태복음에서 "세상이 새롭게 되어 인자가 자기 영광의 보좌에 앉을 때에 나를 따르는 너희도 열두 보좌에 앉아 이스라엘 열두 지파를 심판하리라"(마 19:28 개역개정)라고 말한 말씀과 일치한다. 예수님이 재림하시면 인자이신 예수님이 영광의 자리에 앉으실 것이요, 세상은 완전히 새롭게 될 것이다.[46]

베드로는 예수님의 재림을 의심하는 사람들에게 예수님의 재림이

---

46. 마 19:28은 예수님의 재림 사건을 ἐν τῇ παλιγγενεσίᾳ (세상이 새롭게 되어)라는 표현으로 묘사한다. 여러 번역본들은 "세상이 새롭게 되어"(개역, 개역개정), "in the regeneration"(NKSV), "in the new world" (ESV), "at the renewal of all things" (NIV, NRSV)로 번역했다. Cf. Herman Ridderbos, *The Coming of the Kingdom* (Philadelphia: The Presbyterian and Reformed Publishing Co., 1969), pp. 119-120.

교묘히 만든 이야기가 아니라고 가르친다(벧후 1:16). 베드로가 예수님
께서 변모되신 변화산에서 "지극히 큰 영광 중에서" "이는 내 사랑하
는 아들이요 내 기뻐하는 자라"(벧후 1:17)는 소리가 있었다고 기록한
것은 예수님이 앞으로 영광 중에 재림하실 것을 예고하는 표지(sign)
로 이해할 수 있다.[47] 베드로는 변화산에서 예수님의 재림 후에나 볼
수 있는 광경을 미리 보는 특권을 누렸다.

베드로는 말세에 하나님의 심판이 있을 것을 믿지 못하고 자기의
정욕에 따라 생활하면서 "주께서 강림하신다는 약속이 어디 있느냐
조상들이 잔 후로부터 만물이 처음 창조될 때와 같이 그냥 있다"(벧후
3:4)라고 말세의 존재를 조롱하는 사람들이 있을 것을 말한다. 베드로
는 분명하게 말세가 이를 것인데 그 날은 "주의 날"(벧후 3:10)이요, "하
나님의 날"(벧후 3:12)이요, "새 하늘과 새 땅"(벧후 3:13)이 성도들을 위
해 마련되는 날이 될 것이라고 천명한다.

3. 유다서

유다서의 저자는 예수님의 육신의 동생 유다이다. "예수 그리스도의
종이요 야고보의 형제인 유다"(유 1:1)라는 말씀이 이를 증거한다. 그
런데 유다는 그의 서신을 시작하면서 예수님의 동생이라는 말 대신
"예수님의 종"이라는 표현을 사용하고 "야고보의 형제인 유다"라고
자신을 소개하고 있다(유 1:1). 유다가 자신이 "예수 그리스도의 종"이

---

47. Bo Reicke, *The Epistles of James, Peter, and Jude* (*The Anchor Bible*)(Garden City, New
York: Doubleday & Company, Inc., 1964), p. 157.

라고 말한 것은 예수님과의 육신적인 관계를 강조하지 않고 오히려 예수님의 메시아 되심과 예수님의 신성을 강조하고 자신의 겸손을 드러내고 있는 것이다. 그리고 유다는 "야고보의 형제"라고 말함으로 자신이 야고보서의 저자인 야고보와 형제 관계임을 밝히고 있다. 유다서는 1장으로 되어있고 25절로 구성된 짧은 서신이다.

(1) 마지막 때에 살고 있는 성도들

유다서에는 "왕국 혹은 나라"(βασιλεία)라는 용어가 나타나지 않는다. 유다는 암시적으로 예수님의 초림으로 "마지막 때"가 시작되었고, 이 마지막 때의 완성은 예수님의 재림 즉 큰 날의 심판(유 1:6)이 있을 때라고 말한다. 그래서 유다는 예수님의 재림 전 시대가 바로 "마지막 때"임을 분명히 하면서 성도들은 이 "마지막 때"에 "정욕대로 행하는"(유 1:18) 삶을 살지 않고 "믿음의 도를 위하여 힘써 싸우는"(유 1:3) 삶을 유지해야 한다고 권면한다.

유다는 "사랑하는 자들아 너희는 우리 주 예수 그리스도의 사도들이 미리 한 말을 기억하라"(유 17)라는 말씀을 통해 복음의 전승(transmission)이 예수님으로부터 사도들에게, 사도들로부터 교회에게 사도적 전통으로 이어져 갈 것임을 가르친다.[48] 이 말씀은 복음서에서 예수님이 가르치신 "하나님 나라"의 교훈이 계속적으로 전파되어야 함을 함축하고 있다.

유다서는 하나님 나라 안에서의 삶의 특징을 명백하게 가르치고 있다. 유다는 주님께서 "자기 지위를 지키지 아니하고 자기 처소를 떠

---

48. Bo Reicke, *The Epistles of James, Peter, and Jude* (*The Anchor Bible*), p. 195.

난 천사들을 큰 날의 심판까지 영원한 결박으로 흑암에 가두셨으며"(유 1:6)라고 말함으로 예수님의 재림 때에 있을 마지막 심판을 바라다보고 있다. 유다는 이렇게 마지막 심판을 기다리며 "마지막 때"를 사는(유 1:18) 성도들은 긴장을 늦추지 않고 바르게 살아야 한다고 권면한다. 키스터마커(Kistemaker)는, "신약 문헌 가운데 '마지막 때'라는 표현은 현재와 미래에 적용된다. 이 때는 그리스도가 오시고 복음을 가져오신 1세기에 시작되었고 그의 종국적인 재림 때까지 지속된다. 성경은 이 기간 동안 악의 세력이 점점 더 많이 보이고 들리게 될 것이라고 가르친다."[49]라고 설명한다. 칼빈(Calvin)도 "마지막 때"는 새롭게 된 교회의 질서를 안전하게 유지하는 기간으로 예수 그리스도의 처음 강림으로부터 시작하여 이 세상의 끝 날까지를 가리킨다고 해석한다.[50] 유다는 성도들이 예수님의 초림으로부터 예수님의 재림에 이르는 마지막 때에 살고 있음을 확실히 한다.

그래서 유다는 소돔과 고모라의 사건(유 1:7), 가인의 길, 발람의 어그러진 길, 고라의 패역(유 1:11)등을 예로 들어 마지막 심판을 기다리며 사는 성도들이 어떤 삶을 이어가야 할 것을 권면한다. 성도들은 거룩한 믿음 위에 자신을 세우며 성령으로 기도하며 하나님의 사랑을 실천하며 그리스도의 긍휼을 기다리며 살아야 한다(유 20-21).

49. Simon J. Kistemaker, *Peter and Jude* (*New Testament Commentary*) (Grand Rapids: Baker, 1987), p. 401.

50. John Calvin, *A Harmony of the Gospels Matthew, Mark and Luke* Vol. III *James and Jude*, trans. A. W. Morrison (Grand Rapids: Eerdmans, 1975), p. 333.

(2) 두 그룹으로 나누이게 될 마지막 심판

유다는 마지막 때에 두 가지 부류의 사람들이 있을 것을 사도들의 가르침으로 설명한다. 한 그룹은 "주 예수 그리스도를 부인하는 자들"(유 1: 4)로 자기들의 정욕대로 행하고 다른 사람을 조롱하는 사람들로서 분열을 조장하며, 육에 속한 일을 하며, 성령이 없는 자들이다(유 1:18-19). 성령이 없는 자들은 그리스도를 통한 구원과는 상관이 없는 사람들이다. 다른 그룹은 거룩한 믿음에 굳게 서 있고, 성령으로 기도하며, 하나님의 사랑 안에서 영생을 소망하며, 하나님의 긍휼을 기다리는 사람들이다(유 1:20-21). 후자의 사람들이 하나님의 백성들이요 하나님의 나라(the Kingdom of God)에 합당한 삶을 사는 사람들이다. 바울 사도는 "하나님의 나라는 먹는 것과 마시는 것이 아니요 오직 성령 안에 있는 의와 평강과 희락이라"(롬 14:17)라고 하나님 나라의 특징을 요약한다. 유다 역시 바울 사도가 가르친 교훈처럼 하나님 나라 안에서의 성도들의 삶이 오는 세상을 바라다보며 사는 삶이라고 가르친다.

유다서의 마지막 송영(doxology)은 특별한 것이다. 유다는 인간의 죄 문제 해결을 계획하시고 그리스도 안에서 그 계획을 실천하심으로 성도들로 하여금 하나님 앞에서 흠 없는 의인으로 서게 하신 능하신 이(τῷ δυναμένῳ)가 바로 "홀로 하나이신 하나님"(μόνῳ θεῷ)으로서 그분께 영광과 위엄과 권력과 권세가 있기를 소원하는 훌륭한 찬송을 올려 드린다. "능히 너희를 보호하사 거침이 없게 하시고 너희로 그 영광 앞에 흠이 없이 기쁨으로 서게 하실 이 곧 우리 구주 홀로 하나이신 하나님께 우리 주 예수 그리스도로 말미암아 영광과 위엄과 권력과 권세가 영원 전부터 이제와 영원토록 있을지어다."(유 1:24-25)라는 송영을 듣고 모든 유다서 독자들과 우리 모두가 한 마음으로 "아멘"으로 반응할 것이다.

지금까지 야고보서, 베드로전서, 베드로후서, 그리고 유다서의 내용을 예수님의 죽음과 부활을 통해 성취된 하나님 나라 안에서의 성도의 삶이 어떤 삶이 되어야 할 것인지를 고찰했다. 비록 각 책의 강조점이 다르기는 하지만 서로 일치하는 내용은 예수님의 초림으로 하나님 나라가 시작이 되었고 예수님의 재림으로 하나님 나라가 완성될 것을 확실하게 가르치고 있다는 것이다. 예수님의 초림은 말세의 시작을 알리며 예수님의 재림은 말세의 끝이 될 것이라고 가르친다. 성도들은 말세를 사는 하나님의 백성들이다. 그리고 성경의 다른 부분에서와 마찬가지로 하나님 나라에 속한 성도들이 하나님 나라의 완성을 바라다보면서 살 때 어떤 삶을 살아야 할 것을 가르치고 있다. 야고보서, 베드로전후서, 유다서 모두 예수님의 재림 때에 큰 심판이 있을 것을 확실하게 가르친다.

X

사도 요한을 통해 계시된 하나님 나라

요한복음에는 공관복음서에서 찾을 수 없는 여러 특징이 있다. 요한복음은 시작부터 예수님을 태초에 계신 말씀으로 묘사하고(요 1:1-2; 요일 1:1), 예수님은 예루살렘 성전을 자신의 몸에 비유해서 설명하신다(요 2:19-22). 그리고 요한복음은 "하나님 나라"나 "천국"과 같은 용어를 즐겨 쓰지 않는다. 오히려 우리는 요한복음에서 영생(요 4:14; 5:24; 6:54; 17:3; 요일 5:20), 생명(요 5:26; 6:31-35, 48), 생수(요 7:37-38), 자유(요 8:32), 겸손(요 13:1-20), 평안(요 16:33), 사랑(요 1:5; 요일 3:14; 4:7-8, 11, 16, 19), 새 계명(요 13:31-35; 요일 2:8)과 같은 용어들을 쉽게 발견하게 된다. 그러면 요한복음은 하나님 나라에 관심이 없는 것일까? 사도 요한이 요한계시록에서 하나님 나라와 세상 나라를 극명하게 비교하여 설명하는 것을 보면 사도 요한이 하나님 나라에 관심이 없다고 할 수 없다. 사도 요한이 하나님 나라 대신 영생이나 자유, 그리고 겸손 등과 같은 용어를 자주 사용한 것은 이런 용어들이 하나님 나라의 삶의 특징을 보여 주기 때문이다. 이제 사도 요한을 통해 계시된 하나님 나라를 고찰하고자 한다.

1. 하나님 나라의 실현

히브리서 저자는 "옛적에 선지자들을 통하여 여러 부분과 여러 모양으로 우리 조상들에게 말씀하신 하나님이 이 모든 날 마지막에는 아들을 통하여 우리에게 말씀하셨으니 이 아들을 만유의 상속자로 세우시고 또 그로 말미암아 모든 세계를 지으셨느니라"(히 1:1-2)라고 히브리서를 시작한다. 이 서두의 말씀의 중요성은 "하나님이 이 모든 날 마지막에는(ἐπ' ἐσχάτου τῶν ἡμερῶν τούτον) 아들을 통하여 우리에게 말씀하셨다"는 데 있다. 그런데 요한 사도는 "태초에 말씀이 계시니라 이 말씀이 하나님과 함께 계셨으니 이 말씀은 곧 하나님이시니라"(요 1:1)라고 선언하고 "이 말씀이 육신이 되어 우리 가운데 거하신다"(요 1:14)라고 증언한다. 요한복음의 첫 말은 태초에 하나님과 함께 계셨던 "말씀"이 어떻게 시간, 역사 그리고 유형의 모습으로 세상에 들어오게 되었는지를 요약한다.[1] 하나님은 인간 세계의 사건 속에 개입해 오셨으며, 죄의 장벽을 허물기 위하여 예수 그리스도를 "죄 있는 육신의 모양"(롬 8:3)을 입게 하셔서 이 세상에 보내셨다. 예수 그리스도의 동정녀 탄생은 새로운 세계의 시작이며 하나님 나라 실현의 시작이다. 사도 요한이 하나님 나라의 완성을 설명하면서 십자가를 통해 구속을 성취하신 예수님을 "하나님의 말씀"(ὁ λόγος τοῦ θεοῦ)으로 묘사한 것은, 하나님 나라가 말씀이신 예수 그리스도에 의해 시작되

---

1. Frank Kermode, *Journal for the Study of the New Testament* 28, 1986, pp. 3-16.

고, 진행되고, 그리고 완성될 것임을 시사한다(계 19:13).

사도 요한이 요한복음을 시작하면서 창조의 사건과 창세기의 창조기록을 회상한 것은 예수님의 사역을 통해 새로운 세계가 시작되었음을 암시한다.

첫째, 사도 요한은 창세기처럼 "태초에"로 그의 복음서를 시작한다(요 1:1; 요일 1:1-3 참조). 요한복음 서두의 "태초에"는 우리의 생각을 창세기의 "태초에"와 연결시킨다. "말씀"에 관한 요한 사도의 선언들은 창세기 1장에서 하나님의 계시의 기초를 형성하는 것, 즉 하나님의 천지창조를 반영한다.[2] 사도 요한은 "말씀"으로 성육신하신 예수님이 창조 시에 활동하고 계셨을 뿐만 아니라 성육신하신 그 "말씀"으로 새로운 세계가 시작되었음을 암시한다. 요한 사도는 "태초부터 있는 생명의 말씀"(요일 1:1)이 예수 그리스도임을 밝힌다. 예수님은 "아버지와 함께 계시다가 우리에게 나타내신 바 된 자"(요일 1:2)이다. 그가 우리 가운데 오심으로 우리가 "영원한 생명"을 보았고, 하나님과 사귐을 갖게 되었으며, 죄 문제 해결의 길을 얻게 되었다(요일 1:7-10).

둘째, 사도 요한은 하나님이 6일 동안 창조하시고 7일째 쉬신 창세기의 일주일 패턴을 사용하면서 요한복음을 시작한다. 사도 요한은 요한복음 서언(요 1:1-18)을 기록한 직후 세례 요한의 사역을 전개시키면서 첫째 날 사건을 요한복음 1:19-28, 둘째 날 사건을 요한복음 1:29-34, 셋째 날 사건을 요한복음 1:35-42, 넷째 날 사건을 요한복음 1:43-51에서 설명한다. 그리고 가나의 혼인 잔치는 일곱째 날에 발생했음을 요한복음 2:1에서 밝힌다.

사도 요한은 "이튿날"을 세 번 사용하고(요 1:29,35,43), 그리고 "사

---

2. Herman Ridderbos, *The Gospel of John* (Grand Rapids: Eerdmans, 1997), p. 23.

흘째 되던 날"(요 2:1)을 사용함으로 창세기의 일주일을 연상하게 하는 7일의 시간 표식을 분명히 한다.[3] 이는 예수님의 사역이 새로운 창조의 시작임을 암시하고 있는 것이다.

셋째, 사도 요한은 예수님이 처음 표적(ἀρχήν τῶν σημείων)을 가나의 혼인 잔치에서 물로 포도주를 만드셨음을 증거한다(요 2:1-11). 가나의 혼인 잔치 표적은 역사적으로 발생했을 뿐 아니라 예수님의 자기 계시를 드러낸 표적이다.[4] 이 사실은 창세기의 에덴동산에서 아담과 하와의 결혼을 유추하게 한다(창 2:7, 21-25). 처음 창조도 결혼으로 시작되었고, 예수님의 사역도 결혼을 축복하시는 것으로 시작되었으며, 그리고 앞으로 완성될 새 하늘과 새 땅에서도 신랑이신 예수님과 신부인 교회가 결혼식을 갖게 될 것이다(계 19:6-10). 구약의 선지자들은 메시아 시대가 도래하면 단 포도주가 넉넉하게 제공될 것을 예언했다(욜 3:18; 암 9:13-15). 사도 요한이 예수님의 첫 표적으로 결혼식에서 물로 포도주를 만드신 축복을 언급한 것은 예수님의 사역을 통해 예언된 종말이 시작되었음을 암시한다. 가나의 혼인 잔치는 종국적으로 그리스도가 그의 신부를 맞이하는 혼인의 날에 성도들(교회)이 누릴 행복과 기쁨을 예견하게 한다. 가나의 혼인 잔치에서 그리스도가 제공한 포도주는 예수님께서 마지막 혼인날에 제공해 주실 가장 좋은 포도주를 미리 맛보게 하신 것이다.[5]

넷째, 사도 요한은 가나의 혼인 잔치 표적을 기록한 직후 예수님께서 성전을 정화하신 사건을 기록한다(요 2:12-22). 창세기의 에덴동

---

3. D. A. Carson, *The Gospel According to John* (Grand Rapids: Eerdmans, 1991), p. 168.

4. Herman Ridderbos, *The Gospel of John*, p. 101.

5. Cornelis P. Venema, *The Promise of the Future* (Carlisle: The Banner of Truth Trust, 2000), p. 474.

산은 하나님과 사람이 자유롭게 만날 수 있는 장소였다. 그런데 죄가 세상에 들어온 이후(창 3장) 사람이 하나님을 만나는 것이 쉽지 않게 되었다. 그러나 하나님은 은혜로우셔서 성전을 만드시고 거기서 사람이 하나님을 만날 수 있게 해 주셨다. 그래서 제사장들이 성전에서 하나님께 제사를 드림으로 백성들의 죄가 용서함을 받았다. 그런데 예수님은 사역 초기에 성전을 정화하시면서 성전과 자신의 몸을 연계하신다(요 2:21). 이 말씀은, 예수님의 사역의 목적이 죄 문제를 해결하시고 성전의 의미를 완성하시는 것임을 가르쳐 주며, 종국적으로 예수님의 죽음과 부활을 통해 에덴동산에서 단절된 하나님과 사람과의 관계가 그리스도를 통해 회복되었음을 가르쳐 준다. 예수님께서 성전을 자신과 연계하신 사실은, 왜곡된 창조 질서가 예수님의 사역을 통해 바로 세워질 것임을 예상하게 한다.

2. 하나님 나라의 확장

요한복음에는 "하나님 나라"(ἡ βασιλεία τοῦ θεοῦ)라는 표현이 두 번 나오고(요 3:3, 5), "내 나라"(ἡ βασιλεία ἡ ἐμή)라는 표현이 세 번 나온다(요 18:36). 공관복음서에서 자주 사용한 것과는 달리 요한복음에는 "나라," 혹은 "왕국"이라는 표현을 모두 합쳐 5회 사용하였다.[6] "나라" 혹은 "왕국"(βασιλεία)이라는 용어가 요한서신에는 나타나지 않으며, 요한계시록에 7회(계 1:9; 11:15; 12:10; 16:10; 17:12,17,18) 나타난다.

---

6. J. B. Smith, *Greek-English Concordance to The New Testament* (Scottdale: Herald Press, 1947), p. 62 (section 932 참조).

요한복음 18:36에서 세 번 사용한 "내 나라"는 빌라도가 "네가 왕이냐" 라고 질문할 때 예수님께서 긍정적으로 대답하시면서 예수님의 왕권은 빌라도가 생각하는 왕권과 다르다는 것을 밝히는 가운데 나온 표현이다. 본문의 "나라"(βασιλεία)는 "통치," 혹은 "왕권"이라는 뜻으로 사용되었다. 리델보스(Ridderbos)는, "그 용어(나라)가 여기서 왕권(kingship)을 뜻하지 왕국(kingdom)을 뜻하지는 않는다는 것은, 요한복음 18:37에서 그리스도가 그에게 복종하는 자들의 마음을 통치하는 것으로 되어 있다는 사실에서 분명하게 나타난다. 그러므로 우리는 영적 통치 개념(spiritual-dominion concept)을 다루고 있는 것이다."[7]라고 설명한다. 예수님은 "내 나라는 이 세상에 속한 것이 아니라"(요 18:36a)라고 말함으로 예수님의 나라가 빌라도가 말한 것과는 달리 다른 질서에 속한 기원과 본질이 있다고 천명하신다(참조. 요 8:23,38). 예수님은 "내 나라"가 이 세상 질서에 속해 있다면 내 군대가 나를 보호해서 붙잡히지 않게 했을 것이라고 말씀하신다(요 18:36b). 예수님이 "내 나라는 여기에 속한 것이 아니니라"(요 18:36c)라고 말씀하신 것은 "내 나라가 세상에 속하지 않은 나라"라는 뜻이 있다.[8] 본문에서 확실하게 밝혀진 것은 예수님의 나라는 "이 세상에 속하지 않은" 나라요, "하늘로부터 온 나라"이며, 예수님의 나라는 예수님을 떠나서는 존재할 수 없는 예수님 중심적인 나라라는 사실이다. 요한복음 18:36에서도 공관복음서에서 사용한 추상적 왕국 개념을 근접하게 사용하고 있음을 볼 수 있다.

---

7. William Hendriksen, *The Gospel of John* (NTC, Grand Rapids: Baker, 1975), p. 408; Herman Ridderbos, *The Gospel of John*, pp. 593-594.

8. 본문의 ἐντεῦθεν은 ἐκ τοῦ κόσμου τούτου와 동의어이다.

그런데 요한복음 3:3,5에서 사용한 "하나님 나라"는 구체적인 왕국 개념을 포함하고 있다. 이미 복음서에서도 언급한 것처럼 왕국 개념은 추상적이고 역동적인 의미로 사용되기도 하며 또한 구체적이고 정적인 의미로 사용되기도 한다.[9] 요한복음 3:3에 "사람이 거듭나지 아니하면 하나님의 나라를 볼 수 없느니라"고 설명한 것이나, 요한복음 3:5에 "사람이 물과 성령으로 나지 아니하면 하나님의 나라에 들어갈 수 없느니라"고 설명한 것은 왕국의 구체적인 개념을 강조하고 있다. 하나님 나라를 "보고" 그리고 하나님 나라에 "들어간다"는 말씀은 하나님 나라의 실재가 있고 그 존재하는 나라로 들어간다는 뜻이다. 따라서 하나님 나라에 들어간다는 표현은 구체적인 하나님 나라 개념을 강조하는 것이다.

이처럼 요한복음에서는 "나라" 혹은 "왕국"(ἡ βασιλεία)이라는 용어를 추상적인 의미로도 사용하였고(요 18:36), 구체적인 의미로도 사용하였다(요 3:3,5). 추상적인 왕국개념과 구체적인 왕국개념은 서로 배타적이지 않다. 왕국은 "통치자"의 "통치"가 있어야 하지만 "통치 영역"이 있어야 진정한 왕국이다. 요한복음은 예수님을 통치자로 하고 그 통치 영역이 계속 확대됨을 증거한다.

(1) 하나님 나라와 중생

예수님은 니고데모와 대화하시면서 하나님 나라에 들어가는 조건으로 "거듭남"(요 3:3)과 "물과 성령으로 남"(요 3:5)을 제시하신다. 여기서

---

9. 왕국이 "가까이 왔다"(마 4:17), "임한다"(마 12:28)는 말은 추상적인 의미이지만, 왕국에 "들어간다"(마 8:11), 왕국을 "상속 받는다"(마 25:34)는 말은 구체적인 의미이다.

"거듭난다"(γεννηθῇ ἄνωθεν)와 "물과 성령으로 난다"(γεννηθῇ ἐξ ὕδατος καὶ πνεύματος)는 말을 같은 뜻으로 사용하였음에 틀림이 없다. 예수님께서 니고데모에게 "내가 하나님께로부터 온 선생"인 것을 아는 것이나 "내가 행한 표적을 보고 놀라는 정도"(요 3:2)로는 하나님 나라를 볼 수(들어 갈 수) 없다고 말씀하시면서 제시한 조건이 "거듭남"과 "물과 성령으로 남"이기 때문이다. 예수님은 니고데모에게 하나님 나라에 들어가기 위해서는 삶의 방향을 완전히 전환해야 한다고 말씀하신다.[10] 예수님은 하나님 나라를 보기 위해서는 영적으로 거듭나야 한다고 말씀하신다.

그런데 예수님께서 "거듭난다"는 말을 이해하지 못하고 어리둥절해 하는 니고데모에게 "거듭난다"는 뜻을 설명해 주시면서 "물과 성령으로" 태어나지 아니하면 하나님 나라를 볼 수 없다고 말씀하신다. "물과 성령으로"라는 의미에 관해 여러 가지 견해들이 있다.[11] 하지만 "물과 성령으로 난다"는 뜻은 문맥에 비추어 상고할 때 큰 어려움이 없이 그 뜻을 찾을 수 있다. 우리는 그 뜻을 찾기 위해 다음 사항을 유의해야 한다. 첫째, "물과 성령으로 나는 것은"(요 3:5) "거듭나는"(위로부터 나는, 요 3:3) 것과 병행적인 뜻이며 따라서 하나의 출생을 뜻한다. 둘째, "물과 성령"(ἐξ ὕδατος καὶ πνεύματος)의 표현 중 전치사 "엑스"(ἐξ)가 물과 성령을 같이 묶고 있기 때문에 물과 성령은 개념적인 통일성을 나타내고 있다. 셋째, 예수님이 그 뜻을 이해하지 못하는 니

---

10. Herman Ridderbos, *The Gospel of John*, p. 125.

11. George R. Beasley-Murray, *John: Word Biblical Commentary*, Vol. 36 (Waco: Word Books, 1987), pp. 48-49; Leon Morris, *The Gospel of John* (NICNT, Grand Rapids: Eerdmans, 1971), pp. 216-218; 박형용,『사복음서 주해』(수원: 합신대학원출판부, 2015), pp. 123-124.

고데모를 나무라셨다. 예수님은, 니고데모가 "이스라엘의 선생"(요 3:10)임에도 불구하고 그 뜻을 알지 못한다고 꾸짖은 것이다. 예수님의 이런 태도는 우리의 시선을 구약으로 인도한다. 예수님은 구약을 알고 있으면 물과 성령으로 거듭난다는 의미를 알 수 있을 텐데 어찌하여 알지 못하느냐고 이스라엘의 선생인 니고데모를 꾸짖은 것이다.[12]

구약에서 "물"이 상징적으로 쓰이면 재생 혹은 깨끗하게 한다는 뜻이 있고, 특히 이 말이 성령과 함께 사용되면 더욱 그렇다(참조, 민 19:17-19; 시 51:9-10; 사 44:3-5; 55:1-3; 겔 47:9; 욜 2:28-29). 특히 에스겔 36:25-27은 물을 불결에서 정결해지는 것을 뜻하는 것으로 사용한다. 에스겔 36:25-27의 경우나 신약의 디도서 3:3-5의 경우 모두 죄 씻음과 성령의 새롭게 하심을 언급하고 있다. 예수님은 죄를 깨끗이 씻음받을 필요성과 성령을 통한 새로운 삶의 필요성을 말씀하고 계신다. 이는 하나님의 백성들이 하나님을 전적으로 섬기는 마음을 새로이 하는 것을 뜻한다. 이렇게 볼 때 예수님께서 "물과 성령으로 난다"는 말을 구약의 선지자들을 통해 약속된 새롭게 태어남, 깨끗하게 함, 중생, 종말적인 새로움의 의미로 사용하셨다고 생각할 수 있다. 예수님은 니고데모에게 중생한 자만 하나님 나라에 들어갈 수 있고 구약에서 약속한 종말론적인 때가 예수님 자신의 사역을 통해 이미 시작되었음을 가르치고 있는 것이다. 하나님 나라는 죄인들이 계속 깨끗함을 받고 새롭게 태어남으로 확장될 수 있다. 요한 사도는 그리스도 안에서만 거듭날 수 있고 깨끗하게 될 수 있음을 강조한다.

---

12. Carson, *The Gospel According to John*, p. 194.

(2) 땅의 일과 하늘의 일

예수님은 중생의 문제를 잘 이해하지 못하는 니고데모에게 "내가 땅의 일을 말하여도 너희가 믿지 아니하거든 하물며 하늘의 일을 말하면 어떻게 믿겠느냐"(요 3:12)라고 책망하신다. 문맥에 비추어 볼 때 "땅의 일"은 예수님께서 지금까지 언급한 대화의 주제인 중생(regeneration)을 가리킨다. 어떤 이는 물과 성령으로 나는 중생이 "위로부터" 나는 것이기 때문에 "땅의 일"이 될 수 없다고 주장한다. 그러나 "땅의 일"이라고 할 때 "땅의"라는 말이 지상에서 발생하는 행위를 가리킨다면, 중생 역시 지상에 있는 사람에게 발생하는 것이므로 중생을 "땅의 일"이라고 해석할 수 있다.[13]

그러면 "땅의 일"과 대칭되는 "하늘의 일"은 무엇을 가리키는가? 니고데모가 들었어도 이해하지 못한 "땅의 일"은 요한복음 3:3-8에 기록한 "위로부터의 태어남," 즉 중생을 가리킨다. 반면 "하늘의 일"은 구세주께서 십자가를 통해 이루실 구원의 종말론적 차원의 전모를 가리킨다.[14] 중생은 구원 문제에 있어서 기본적인 것이다(히 6:1-2 참조). 예수님은 사람이 하나님 나라에 들어가기 위해서는 절대적으로 중생이 필요하다고 말씀하신다. 예수님께서는 니고데모가 이스라엘의 선생으로 구원과 같은 이런 기본적인 것을 알지 못한다면, 그리스도가 보신 것(요 3:11), 하늘에 올라간 자만 알 수 있는 것(요 3:13), 즉 구원의

---

13. Hendriksen, *The Gospel of John*, p. 136. 칼빈[John Calvin, *The Gospel According to St. John* (part one 1-10), (Grand Rapids: Eerdmans), 1974, p. 71]은 "땅의 일"을 "교훈의 형식"(the form of teaching)을 가리킨다고 해석한다. 칼빈의 이런 해석은 "중생"을 "땅의 일"로 규정하기를 꺼려하는 태도에서 나온 결과이다.

14. Beasley-Murray, *John: Word Biblical Commentary*, p. 50.

종국적인 영광과 장엄함을 어떻게 깨달을 수 있겠느냐고 말씀하신 것이다. 예수님은 본문에서 "하늘에서 내려온 자 곧 인자 외에는 하늘에 올라간 자가 없느니라"(요 3:13)라고 자신의 기원을 암시적으로 밝히고 있다.

예수님은 인자 외에는 아무도 하늘에 올라간 자가 없지만 인자는 하늘에서 왔기 때문에 "하늘의 일"을 이미 알고 있다고 말씀하신다. 인자는 "하늘의 일"을 알기 위해 하늘로 올라갈 필요가 없다. 왜냐하면 인자는 하늘에서 오셨기 때문이다(참고, 단 7:13-14). 그래서 예수님은 "내가 땅의 일을 말하여도 너희가 믿지 아니하거든 하물며 하늘의 일을 말하면 어떻게 믿겠느냐"(요 3:12)라고 "하늘의 일"의 경이로운 상태를 말씀하실 수 있었다. 그러므로 "하늘의 일"은 "하나님 나라의 완성된 상태의 화려함과 그 안에서 사는 삶의 지고한 모습"을 가리킨다.[15] 예수님은 요한복음 3:12에서 "땅의 일"과 "하늘의 일"을 비교하심으로 지금까지 니고데모와 대화한 내용과 앞으로 보여 주시고자 하는 영광스러운 영생(요 3:14-15)을 비교하신다. 사실상 예수님은 여기서 하나님 나라의 시작과 하나님 나라의 완성된 상태를 동시에 말씀하신다.

(3) 하나님 나라와 참된 예배

예수님은 사마리아 여인에게 "아버지께 참되게 예배하는 자들은 영과 진리(개역: 신령과 진정)로 예배할 때가 오나니 곧 이때라"(요 4:23)라고 말씀하신다. 예수님의 마음에는 현재와 미래가 연결되어 있다. 예수님

---

15. Carson, *The Gospel According to John*, p. 199.

의 죽음과 부활 그리고 높아지심이 가져다 줄 예배의 절정이 이미 예수님의 인격과 사역 속에 나타나고 있다.[16] 요한은 예수 그리스도 안에서 미래가 이미 현재에 들어와 있으며, 또 현재 속에서 미래를 볼 수 있다고 말한다. 그래서 우리는 그리스도 안에서 하나님 나라가 현재 실현되었으나 그 완성은 미래로 남아있다고 말할 수 있고, 우리의 구원과 영생도 현재 100% 완전하지만, 완전한 형태의 구원과 영생은 미래로 남아있다고 말하게 된다. 그러므로 구원 받은 성도, 즉 영과 진리로 예배하는 자는 마음 전체를 쏟아 하나님께 경배해야 하며 또 성경 말씀에 계시된 하나님의 진리를 근거로 해서 예배해야 한다.[17]

요한 사도는 "하나님은 영이시니"(πνεῦμα ὁ θεός)(요 4:24)라는 말씀을 통해 하나님이 어떤 존재인지를 설명하고 있다. 렌스키(Lenski)와 칼슨(Carson), 그리고 모리스(Morris)는[18] 본문의 영(πνεῦμα)을 소문자 영(spirit)으로 해석한다. 따라서 "하나님은 영이시다"라는 말은 단지 하나님의 본질을 설명하는 것일 뿐이라고 말한다. 즉 이 표현은 "하나님은 빛이시다," "하나님은 사랑이시다"(요일 1:5; 4:8)와 같은 표현으로 하나님의 본질적 품성을 가리킨다는 것이다. 하나님은 영이시기 때문에 예배하는 자가 영과 진리로 예배를 해야 하는 것이다.

예배하는 자가 영과 진리로(ἐν πνεύματι καὶ ἀληθείᾳ) 예배할 때, 하나님께 어떻게 해야 하는지에 대한 렌스키(Lenski)의 말은 유익이 많다. 렌스키는 "다행히도 예수님은 평범한 여인에게 말씀하신다. 평범

16. Beasley-Murray, *John: Word Biblical Commentary*, p. 62.

17. Hendriksen, *Gospel According to John*, Vol. Ⅰ, p. 167.

18. R.C.H. Lenski, *The Interpretation of St. John's Gospel* (Minneapolis: Augsburg Publishing House, 1943), pp. 324-325; D.A. Carson, *The Gospel According to John*, pp. 224-225; Leon Morris, *Commentary on the Gospel of John* (NICNT, Grand Rapids: Eerdmans, 1971), pp. 271-272.

한 여인에게 진리(truth)는 (하나님의 말씀인) 진리(truth)를 뜻한다. 더욱이 하나님 아버지에게 진정한 접촉이 이루어져야 한다면, 그리고 예배의 진정한 대상에게 접근해야 한다면, 이 두 가지 즉 예배자 자신의 영(spirit)과 하나님 자신이 계시하신 진리(truth)가 연합하여(χαί)함께 예배하는 영역(분위기, sphere)을 형성해야(ἐν) 한다는 뜻이 아닌가? 이런 분위기가 없는 모든 예배는 가짜 예배인 것이다. 영(spirit)을 생략해 보라. 비록 진리가 있더라도 그 예배는 형식적 예배, 단순히 의식을 지키는 예배에 지나지 않는다. 진리(truth)를 생략해 보라. 전체 영혼이 예배에 몰두하더라도 그 예배는 하나님이 싫어하시는 예배가 될 수밖에 없다. 그러므로 '영과 진리'(spirit and truth)는 하나의 단위를 이루며, 예배의 모든 행위에 함께 속하는 양면을 이룬다."[19]라고 해석한다. 그러므로 참 예배는 예배자들의 마음과 뜻과 정성이 합일된 상태여야하고 진리의 말씀이 선포되어야 한다. 참 예배를 통해 성도들은 소생하는 능력을 하나님에게서 끊임없이 제공받는다. 성도들의 예배는 정체성(identity)과 사명(mission)을 확인하는 역할도 한다. 하나님의 나라는 성도들의 예배와 삶의 증거와 선교를 통해 확장된다.

(4) 이 세상과 오는 세상

사도 요한은 "태초부터 계신 이"(요일 2:13-14)를 설명한 후 "이 세상이나 세상에 있는 것들을 사랑하지 말라"(요일 2:15)라고 권고한다. 그런데 사도 요한은 계속해서 세상을 사랑하지 않는 자는 예수님의 재림을 기대하면서 살아야 한다고 말한다(요일 2:18,28). 같은 관점으로 요

---

19. Lenski, *The Interpretation of St. John's Gospel*, p. 323.

한 사도는 요한일서 3:2에서 "우리가 지금은 하나님의 자녀라"고 말
한 직후 "그가 나타나시면 우리가 그와 같을 줄을 아는 것은 그의 참
모습 그대로 볼 것이기 때문이니"라고 말한다. 이와 같은 사도 요한의
말은 성도들이 현재 하나님의 자녀로서 구원을 받았지만 예수님의 재
림을 내다보면서 살아야 할 존재임을 밝힌다. 이는 성도들이 "이 세
상"과 "오는 세상"이 공존하는 시대에 살고 있음을 증거한다.

사도 요한은 성도들의 현재적 삶이 영생을 소유한 삶임을 확실히
한다. 즉 영생과 관련해서 "이 세상"과 "오는 세상"이라는 구도는 여
전히 유지된다. 사도 요한은 "내 말을 듣고 또 나 보내신 이를 믿는 자
는 영생을 얻었고 심판에 이르지 아니하나니 사망에서 생명으로 옮겼
느니라"(요 5:24)라고 예수님의 말씀을 전한다. 여기서 영생을 얻는 조
건은 예수님의 말씀을 듣고 하나님을 믿는 자이다. 예수님은 베데스
다 연못가에서 38년 된 병자를 말씀으로 고치신 것처럼 같은 말씀으
로 영생을 주실 수 있는 분이시다(요 6:68 참조). 본문의 "영생을 얻었
고"(ἔχει ζωὴν αἰώνιον)는 현재시상으로 표현되어 믿는 자가 현재 영생
을 소유했으며 사망에서 생명으로 옮긴 상태에 있음을 뜻한다. 사도
요한이 "옮겼느니라"(μεταβέβηκεν)를 완료시상으로 사용하여 믿는 자
들이 사망에서 생명으로 옮겨진 상태에서 살고 있음을 강조한다. 칼
슨은 "아마 이것이(믿는 자는 영생을 얻었고 사망에서 생명으로 옮겼느니라) 네
번째 복음서에 나오는 시작된 종말론(inaugurated eschatology)을 가장 강
력하게 확언하는 것이다. 그럼에도 불구하고 그 뜻은 저자가 부활이
이미 지나갔다고 주장하는 후메내오와 빌레도(딤후 2:17-18)의 잘못을
받아들인다는 뜻은 아니다. 뒤 따라 오는 구절들(요 5:28-29)은 요한 사
도가 아직도 마지막 부활을 기대하고 있음을 증거하고 있다. 그러나

실현된 종말론의 강조는 요한 문헌의 특징이다."[20]라고 해석한다.

린다스(Lindars)도 "마치 일반 부활이 이미 발생하고 미래의 심판이 이미 지나 버린 것처럼, 영생의 즐거움이 이미 존재할 수 있다. … 이는 미래의 심판자가 예수님 안에 이미 존재하는 사실과 상응하는 예견된 종말론이다."[21]라고 본 구절을 해석한다. 리델보스(Ridderbos)는, "그의 말을 듣고 그를 보내신 하나님을 믿는 자를 위해 영생은 이미 시작되었고, 믿는 자에게는 하나님의 심판에 대한 두려움이 없어졌고, 죽음은 무용화되었다."[22]라고 해석한다.

공관복음서와 달리 요한복음은 예수님의 죽음과 부활을 묘사하는 데 가장 페이지를 많이 할애한다. 이 사실은 사복음서 중 요한복음이 예수님의 죽음과 부활을 가장 많이 강조한다는 증거이다. 요한복음은 12장에서 예수님의 예루살렘 입성을 기록한 후 계속해서 예수님의 십자가 처형 직전 사건들과 부활 후의 사건들을 기록한다(요 12-21장). 이는 요한복음의 약 50% 정도가 예수님의 죽음과 부활과 관계가 있는 약 3주간 동안 일어난 사건들을 취급하고 있음을 증거한다. 이 사실은 그리스도의 죽음과 부활을 통해 성도들이 빛과 생명을 소유했고(요 11:25), 길과 진리를 얻었으며(요 6:35,48,51), 하나님의 자녀가 되었으며(요 1:12), 생명의 떡을 먹게 되었음을(요 6:31-51) 확인하는 것이다.[23] 여기서 중요한 것은 종말론적인 언어가 미래에서 현재로 전환되

---

20. Carson, *The Gospel According to John*, p. 256.

21. Barnabas Lindars, *The Gospel of John* (*The New Century Bible Commentary*, Grand Rapids: Eerdmans, 1981), p. 224.

22. Herman Ridderbos, *The Gospel of John: A Theological Commentary* (Grand Rapids: Eerdmans, 1997), p. 197.

23. 예수님은 만나를 수사학적 도구로 사용하여 더 많은 떡을 얻기를 원하는 그의 토론자들에게 수사학적 쿠데타(a rhetorical coup d'état)를 행사한 것이다. 예수님은 만나를 기독

었다는 것이다. 하지만 현재와 미래의 구분이 없어진 것은 아니지만 영생은 현재 이미 질적으로 시작되었다. 요한복음은 예수님의 죽음과 부활을 통해 시작된 오는 세상이 이 세상에 침입하여 그 세력을 확장하고 있음을 증거하고 있다.

3. 하나님 나라의 완성

하나님 나라는 예수님의 재림으로 완성된다. 예수님은 지상에 계실 때 재림 후에 있을 하나님 나라에 관해 설명하셨다. 예수님은 "인자가 자기 영광으로 모든 천사와 함께 올 때에 자기 영광의 보좌에 앉으리니 모든 민족을 그 앞에 모으고 각각 구분하기를 목자가 양과 염소를 구분하는 것같이 하여 양은 그 오른편에 염소는 왼편에 두리라 그 때에 임금이 그 오른편에 있는 자들에게 이르시되 내 아버지께 복 받을 자들이여 나아와 창세로부터 너희를 위하여 예비된 나라를 상속받으라"(마 25:31-34)라고 가르치신다. 여기서 구원 받은 성도들이 천국을 상속받을 때는 예수님의 재림의 때이다. 그 때는 천국 복음이 모든 민족에게 전파된 때이기도 하다(마 24:14). 그 때는 하나님의 택하신 자들이 모두 모인 때이기도 하다(마 24:31). 리델보스는, "창세로부터 즉 영원부터 준비된 택하신 자들을 위한 하나님의 계획이 결국 완성에 도달했다. 진실로 이는 위대한 목적으로 온 세상이 이를 위해 창조되었다."[24]라고 말한다. 성도들은 인자가 영광으로 온 후에야 천국을 상

론적으로 설명하고 있다. cf. Paul N. Anderson, *The Christology of the Fourth Gospel: Its Unity and Disunity in the Light of John 6* (Valley Forge: Trinity Press International, 1996), p. 216.

속받을 수 있다(마 25:31). 렌스키(Lenski)는 "예수님 재림 후에 설립되는 왕국에서 우리는 그리스도와 함께 통치하게 될 것이다."[25]라고 설명한다.

(1) 요한계시록 20:1-6에 사용한 천년의 의미

완성된 하나님 나라, 즉 신천신지(οὐρανὸν καινὸν καὶ γῆν καινήν)의 도래 과정을 설명하는 여러 다른 견해들이 주장되어 왔다. 이는 요한계시록 20:1-6과 관계된 성경 구절들을 어떻게 해석하느냐에 따라 견해가 나누이기 때문이다.

우리는 사도 요한이 성령의 감동으로 기록한 요한계시록 20:1-6의 "천년"을 어떤 의미로 사용했는지를 밝힘으로 신천신지 도래에 대한 이해를 돕고자 한다. 요한계시록 20:1-6에 "천년"(τὰ χίλια ἔτη)이라는 용어를 무려 5회나 사용한다. 이 "천년"을 어떻게 해석하느냐에 따라 역사적 전천년설, 후천년설, 무천년설로 견해가 나누어진다. 이제 요한계시록 20-22장의 맥락에서 이 "천년"의 의미를 밝히도록 해보자.

① 역사적 전천년설(Premillennialism)

역사적 전천년설은 그리스도가 하늘의 군대들을 대동하고 재림하여(계 19:11-16) 말씀으로 악의 통치자를 "유황 불 붙는 못"(계 19:20)에 던지고, 악의 통치자를 따르는 자들을 죽이고(계 19:17-21), 그리고 마

---

24. H. N. Ridderbos, *Matthew* (*Bible Student's Commentary*, Grand Rapids: Zondervan, 1987), p. 467.

25. R. C. H. Lenski, *The Interpretation of St. Matthew's Gospel* (Minneapolis: Augsburg Publishing House, 1964), p. 990.

지막으로 마귀요 사탄인 "용"을 잡아 무저갱(bottomless pit)에 천 년간 감금시켜 만국을 미혹하지 못하게 할 것(계 20:1-3)으로 믿는다. 역사적 전천년주의자들은 왕국이 단계적으로 이루어진다고 믿는다. 래드 (G.E. Ladd)는 "부활한 성도들이 그리스도와 함께 통치하는 천년 동안의 '시간적 왕국'(temporal Kingdom)이 먼저 있고 그 다음으로 소위 우리가 신천신지라고 부르는 영원한 왕국(eternal Kingdom)이 뒤따른다."[26]라고 해석하므로 하나님 나라의 완성이 단계적으로 이루어질 것을 말한다.

역사적 전천년설에 의하면 하나님 나라의 두 단계는 각각 부활로 시작한다. 그리스도의 지상 천년 왕국이 시작되기 전에 있을 부활은 "첫째 부활"이며(계 20:5), 지상의 천년이 끝나고 하나님의 영원한 왕국이 시작되기 전에 있을 부활은 "둘째 부활"이다(계 20:11-15). 역사적 전천년설은 "첫째 부활"과 "둘째 부활"을 모두 육체 부활로 생각한다. 래드는 "죽은 자들의 부활은 두 번 있다. 첫 번째는 그리스도의 천년 통치 전에 있는 부활이고, 두 번째는 그리스도의 천년 통치 후에 있는 부활이다. 천 년 전에 부활한 자들은 지상에서 그리스도의 통치에 참여하고 그 기간 동안 사탄은 결박되어 무저갱에 감금된다. 나머지 죽은 자들은 그리스도와 성도들의 천년 통치 기간이 끝나기까지 부활하지 못한다."[27]라고 설명한다. 래드는 "첫째 부활"과 그리스도의 지상 천년 통치에 참여하는 성도들을 세 그룹으로 나눈다. 첫째 그룹은 "보좌들에 앉아 심판할 권세를 받은 자들"(계 20:4a)로서 "부활하여 그리스

---

26. George Eldon Ladd, *A Theology of the New Testament* (Grand Rapids: Eerdmans, 1974), p. 628.

27. George E. Ladd, *Crucial Questions about the Kingdom of God* (Grand Rapids: Eerdmans, 1968), pp. 141-142.

도의 통치에 참여하게 되는 모든 성도들"이며, 둘째 그룹은 "예수의 증거와 하나님의 말씀을 인하여 목 베임을 받은 자의 영혼들"(계 20:4b) 즉 순교자들이며, 셋째 그룹은 "짐승과 그의 우상에게 경배하지도 아니하고 이마와 손에 그의 표를 받지도 아니한 자들"(계 20:4c)로서 그리스도의 재림 때 살아 있으면서 고난의 핍박을 견디어 낸 자들이다.[28] 이 세 부류의 성도들이 모두 "살아서"(ἔζησαν) 천년 동안 그리스도와 함께 통치할 것이다(계 20:4d). 역사적전천년설은 "살아서"를 육체 부활로 생각한다. 그리스도는 이 천년 기간에 부활체의 몸으로 지상에 임재하여 왕으로서 온 세상을 다스리실 것이다. 그리스도와 성도들의 천년 통치가 끝날 때 그동안 결박되어 있던 사탄이 풀려나 잠시(계 20:3) 땅의 사방 백성들 즉 곡과 마곡을 모아 하나님과 성도들에 대항하여 최후 전쟁을 시작한다(계 20:7-9). 그러나 사탄은 "짐승"과 "거짓 선지자"가 던져진(계 19:20) 유황 불 못에 던져지고 그의 추종 세력들은 하늘에서 내려 온 불로 소멸될 것이다(계 20:9).[29] 이 최후 전쟁이 끝나면 "그 나머지 죽은 자들"이 살아나(ἔζησαν)는데(계 20:5,12-13), 그 때 온 인류에 대한 최후의 심판이 열려서 그들의 행위와 그리스도와의 관계를 근거로 심판을 받고, 사망과 음부도 극복된다(계 20:11-15). 이것은 새 하늘과 새 땅에서 하나님 나라의 완성으로 이어진다(계 21:1-22:5).

요약해 보면 역사적 전천년주의자들은 예수님이 재림하셔서(계 19:11-21) 마귀와 사탄을 일천년 동안 결박하여 무저갱에 던져 잠그고 (계 20:1-3) 육체로 부활한 세 그룹의 성도들과 함께 일천년 동안 지상

---

28. G. E. Ladd, *A Theology of the New Testament*, pp. 628-629.

29. Leon Morris, *Revelation* (*Tyndale New Testament Commentaries*, Grand Rapids: Eerdmans, 1990), pp. 232-233.

에서 통치하신다(계 20:4). 그리고 천년 통치의 기간이 차면 그 나머지 죽은 자들, 즉 불신자들이 부활하게 되고 온 인류에 대한 최후의 심판이 있게 된다(계 20:5-6). 최후의 심판과 함께 사망이 정복되고(계 20:14) 이어서 새 하늘과 새 땅에서 하나님 나라가 완성된다(계 21:1-22:5). 이 때 예수 그리스도를 믿는 자들은 영원한 세계로 들어가게 될 것이다.[30]

② 후천년설(Postmillennialism)

후천년설은 복음 전파와 성령의 구원사역을 통해 많은 사람들이 기독교로 개종함으로 하나님의 나라가 확장되고 있다고 주장한다. 그리고 이 세상은 결국 기독교화 될 것이요 "천년 왕국"이라 불리는 의와 평강의 오랜 기간이 지난 후에 그리스도의 재림이 있을 것이며 그리스도의 재림 직후 일반 부활과 심판이 있고 신천신지가 시작될 것이라고 생각한다. 그러므로 후천년설은 문자적인 천년을 믿지 않는다. 후천년설의 특징은 현 교회 시대가 복음의 영향으로 영적인 번영의 황금기를 이룰 때를 고대하는 것이다. 후천년설은 사람들의 마음과 생활이 변혁될 수 있는 효과적인 복음전파를 강조한다.[31] 후천년설을 지지하는 학자들은 다음과 같은 성경적인 근거를 제시한다.

첫째로, 후천년설 지지자들은 전도 대명령(마 28:18-20)이 현 세상에서 실질적으로 성취될 것을 확신한다. 그들은 예수님께서 "하늘과 땅의 모든 권세"(마 28:18)를 받았기 때문에 교회의 복음전도는 효과적

---

30. 역사적 전천년설 지지자들은 John A. Bengel, Frederic L. Godet, J.P. Lange, Henry Alford, Theodor Zahn, John Newton, Richard C. Trench, G.E. Ladd, 박형룡, 박윤선 등이다.

31. Loraine Boettner, "Postmillennialism," *The Meaning of the Millennium*, ed. Robert G. Clouse (Downers Grove: IVP, 1977), p. 118.

으로 성취될 것이라고 생각한다.

둘째로, 후천년설 지지자들은 예수님께서 가르치신 비유들을 근거로 하나님 나라가 점차 진전될 것이라고 확신한다. 후천년설 지지자들은 겨자씨 비유나 누룩의 비유(마 13:31-33)는 하나님 나라가 온 세상을 충만하게 채워질 것을 가르치고 있다고 해석한다. 그들은 이와 같은 하나님의 말씀을 근거로 역사 낙관주의를 주장한다. 후천년설 지지자들은 일부 구약의 예언들(사 2:2-4; 11:6-9)도 자신의 입장을 지지한다고 주장한다. 그들은 그리스도의 통치가 이룩되었으므로 성도들이 그리스도의 통치에 참여함으로 세계의 복음화가 계속 진전되고, 기독교적 문화의 변혁을 통해 그리스도의 재림까지 "천년 간"(상징적)의 황금기가 이 지상에 펼쳐질 것으로 생각한다.[32] 킥(J. M. Kik)은 "후천년설은 성령의 능력으로 복음의 전파를 통해 지상에 영광스러운 교회 시대가 있으리라는 구약 예언들의 성취를 바라본다. 후천년설은 모든 민족이 그리스도인이 될 것과 서로 서로 평화스럽게 살아갈 것을 바라본다. 후천년설은 예언들을 역사와 시간에 연결시킨다. 지상 전역에서 기독교가 승리한 후에 요한계시록 20장에서 언급한 핍박이 잠시 있을 것을 바라보며 그런 후에 그리스도의 재림이 있을 것을 내다본다."[33]라고 주장한다. 킥(Kik)의 이와 같은 해석은 셰퍼드(N. Shepherd)의 계 20:4~6의 해석과 일맥상통한다. 하지만 사실상 본문(계 20:4-6)에서는 앞으로 지상에서 펼쳐질 미래 "천년" 간의 황금기에 대한 언급을 전혀 찾을 수 없다.

---

32. 후천년설 지지자들은 Coccejus, Alting, David Brown, A.H. Strong, C. Hodge, B.B. War-field, J.H. Thornwell, M. Kik, L. Boettner, R.J. Rushdoony 등이다.

33. Unpublished manuscript. cf. Morton H. Smith, *Systematic Theology*, Vol. Two (Greenville: Greenville Seminary Press, 1994), p. 798.

후천년설 지지자들인 킥이나 셰퍼드는 요한계시록 20:4에서 언급한 성도들을 지상의 교회로 이해하고, 요한계시록 20:6의 "첫째 부활"을 지상에서의 성도들의 중생으로 해석한다. 그러므로 "살아서 그리스도로 더불어 천년 동안 왕 노릇"한다는 요한계시록 20:4을 성도들이 현재 지상에서 부활하신 예수 그리스도와 함께 통치에 참여하는 것으로 이해한다. 그들은 요한계시록 20:4a의 "보좌들"이나 "심판," 요한계시록 20:4b의 "왕 노릇 함" 등을 실제 진행되는 사실로 인정하지 않고 모두 그림으로 이해한다. 반면 같은 후천년설 지지자인 뵈트너(Loraine Boettner)나 워필드(B.B. Warfield)는 요한계시록 20:4-6을 무천년설자들과 동일하게 "살아서"(첫째 부활)를 죽은 성도들의 영혼들이 현재 하늘에서 그리스도와 함께 살면서 그의 통치에 참여하는 것으로 이해한다. 일반적으로 워필드는 후천년설자로 구분된다. 워필드는 요한계시록 20:1-6이 현 교회시대 기간에 사탄이 매여 있는 것과 현 시대 기간에 죽은 성도들의 영혼이 하늘에서 그리스도와 함께 통치하고 있는 것을 묘사하고 있다고 해석한다.[34]

하지만 요한계시록 20:4-6을 자세히 관찰하면 현재 요한 사도는 천상의 "보좌들"을 보고 있다(계 20:1, 4). 요한계시록 20:4의 "예수를 증언함과 하나님의 말씀 때문에 목 베임을 당한 자들의 영혼들과 또 짐승과 그의 우상에게 경배하지 아니하고 그들의 이마와 손에 그의 표를 받지 아니한 자들"은 이미 죽은 순교자들을 가리킴에 틀림없고, 따라서 요한계시록 20:4의 "살아서"(ἔζησαν)는 그들이 "살아있음"을 증거하고, 요한계시록 20:5의 "부활"은 죽은 자들의 살아남을 의미한

---

34. Benjamin B. Warfield, "The Millennium and the Apocalypse," *Biblical Doctrines* (New York: Oxford University Press, 1929), pp. 648-50.

다. 이렇게 볼 때 요한계시록 20:4-6에 대해 킥이나 셰퍼드는 잘못 해석했고, 뵈트너와 워필드는 바르게 해석했다.

후천년설은 세 가지 점에서 무천년설과 견해가 같다. 첫째, 후천년설은 그리스도의 재림이 "천년기" 후에 있을 것으로 믿는다. 둘째, 후천년설은 요한계시록 20:1-6에서 언급하는 천년을 문자적인 천년으로 받아들이지 않는다. 셋째, 후천년설은 "천년기" 동안 그리스도가 지상의 가시적 보좌에서 통치할 것으로 생각하지 않는다.[35]

후천년설 지지자들은 "하늘과 땅의 모든 권세"를 받으신 예수님의 전도 대명령(마 28:18-20)을 근거로, 복음이 효과적으로 전파되어 사람들의 마음과 생활이 변혁됨으로써 복음 전도의 황금기가 도래할 것으로 믿는다. 그러나 마태복음 28:18-20은, "하늘과 땅의 모든 권세"를 받은 예수님이 세상 인류를 대부분 회개시키시리라는 메시지는 담고 있지 않다. 그리고 예수님이 받으신 "권세"는 "하나님의 능력이 무한하다"는 것과 뜻이 통하며 하나님은 선택하신 백성만 회개시킬 것이다. 또 후천년설 지지자들이 예수님이 가르치신 비유들을(마 13:31-33) 근거로 하나님 나라가 점차 확장될 것이라고 주장하는 것은 어느 정도 인정할 수 있지만 그 비유의 교훈들은 하나님 나라가 어느 정도 확장될 것인지 그 범위는 명확하게 가르치지 않고 있다. 그리고 후천년설 지지자들 간에 요한계시록 20:1-6의 해석이 서로 상충되는 것은 후천년설의 허약한 부분을 드러낸다.

③ 무천년설(Amillennialism)

무천년주의자들은 하나님의 나라가 현재 이 세상에 임한 것으로

---

35. Anthony A. Hoekema, *The Bible and the Future* (Grand Rapids: Eerdmans, 1979), p. 175.

생각한다. 그리고 그들은 십자가의 구속을 이루시고 부활하신 승리의 그리스도께서 말씀과 성령으로 그분의 백성을 현재 다스리고 계신다고 믿는다. 동시에 무천년주의자들은 비록 그리스도께서 십자가에서 죽으심으로 죄와 악에 대해 결정적으로 승리하셨지만 악이 하나님 나라와 함께 세상 끝 날까지 존재한다고 생각한다. 후크마(Hoekema)의 간결한 설명이 무천년주의자들의 입장을 잘 요약해 준다. 후크마는 "무천년주의자들은 그리스도의 재림이 두 국면으로 나뉜 한 사건이 아니라, 단일의 사건으로 이해한다. 그리스도의 재림 때에 신자들과 불신자들의 일반 부활이 있을 것이다. 부활 후에 그때까지 살아 있는 신자들은 변화하여 영화롭게 될 것이다. 그 때에 이 두 그룹 즉 부활한 신자들과 변화한 신자들은 구름 속으로 끌어 올려 공중에서 주님을 만나게 된다. 모든 신자들의 휴거(rapture) 후에 그리스도는 지상 강림을 완성하시고 마지막 심판을 시행하실 것이다. 심판 후에 불신자들은 영벌에 처해지고, 신자들은 신천신지의 영원한 축복을 즐길 것이다."[36]라고 주장한다.

무천년주의자들은 요한계시록 20장에서 언급한 천년이 예수님의 초림에서 재림에 이르는 신약시대의 기간을 상징한다고 생각한다.[37] 무천년주의자들은 요한계시록 20:1-3의 말씀이 그리스도의 죽음과 부활로 말미암아 사탄이 이미 결박되었음을 가르친다고 주장한다(요 12:31; 골 2:15; 계 12:9; 마 12:29). 창세기 3:15은 "내가 너로 여자와 원수가 되게 하고 네 후손도 여자의 후손과 원수가 되게 하리니 여자의 후손은 네 머리를 상하게 할 것이요 너는 그의 발꿈치를 상하게 할 것이니

---

36. Hoekema, *The Bible and the Future*, p. 174.

37. G. K. Beale, *The Book of Revelation* (*NIGTC*, Grand Rapids: Eerdmans, 1999), p. 992.

라"고 예언한다. 여자의 후손인 메시아는 십자가의 죽음과 부활을 통해 사탄의 "머리를 상하게" 함으로 사탄에게 치명적인 타격을 입혔다. 이는 요한계시록의 표현대로 사탄을 일천년 동안 결박하는 행위이다. 하지만 사탄은 예수님의 재림이 임박할 때 잠시 결박에서 풀려나와 성도들을 미혹할 것이다(계 20:3,7-10). 사탄이 잠시 풀려나 모든 나라를 미혹하는 것은 사탄의 마지막 발악이요 결국 영원한 멸망을 뜻하는 것이다(계 20:7-10; 참조, 살후 2:3,7-8).[38] 성경은 그리스도의 현재의 통치가 천년(millennial)과 무 천년(non-millennial)으로 나뉘어져 각각 오는 세대와 구별되는 것으로 가르치지 않는다. 현 시대와 오는 시대를 통치하는 그리스도의 통치 사이에 다른 어느 시대도 존재하지 않는다.[39]

사도 요한은 지금 천상의 장면을 바라보고 있다. 요한의 시선은 요한계시록 20:4-6에서도 같은 천상에 머물러 있다. 요한계시록 20:1

---

38. 계 12:7-11과 20:1-6의 비교는 서로의 내용을 이해하는데 도움을 준다(참조, G. K. Beale, *The Book of Revelation*, p. 992).

계 12:7-11	계 20:1-6
① 하늘의 장면(7절)	① 하늘의 장면(1절)
② 천사들과 사탄과의 싸움(7-8절)	② 천사들과 사탄과 싸움(2절)
③ 사탄이 땅으로 내어 쫓김(9절)	③ 사탄이 무저갱에 던져짐(3절)
④ 사탄을 큰 용, 옛 뱀으로 부름(9절)	④ 사탄을 용, 옛 뱀으로 부름(2절)
⑤ 마귀가 자기의 때가 얼마 못된 줄을 알아 분냄(12절)	⑤ 사탄이 갇혀 있다 잠시 놓임(3절)
⑥ 그리스도의 나라로 인해 사탄의 멸망(10절)	⑥ 그리스도의 나라로 인해 사탄의 멸망(4절)
⑦ 그리스도의 승리로 성도들이 왕노릇 함(11,12)	⑦ 그리스도의 승리와 성도들의 신실성으로 성도들이 왕노릇함(4절)

39. Cornelis P. Venema, *The Promise of the Future* (Carlisle: The Banner of Truth Trust, 2000), p. 344.

의 "천사가 … 하늘로부터 내려와서"와 요한계시록 20:4의 "내가 보좌
들을 보니"가 이를 증명해 준다. 요한계시록 20:1-3의 사건과 요한계
시록 20:4-6의 사건은 같은 기간에 발생한 사건이다.[40] 사도 요한은
"심판하는 권세를 받은" 성도들과 천사들이 앉아 있는 것을 보았다(계
20:4a). "심판하는 권세를 받은 자"들은 천사들을 가리킨다. 요한계시
록 11:15-17은 보좌에 앉아 심판하는 권세를 받은 자들이 성도들과
천사들을 가리킴을 증거해 준다(참조. 계 4:4). 하지만 요한계시록 20:4
은 성도들이 심판하는 권세를 받은 사실에 초점을 맞추고 있다. 요한
은 보좌에 앉아 있는, 심판하는 권세를 받은 성도들을 두 그룹으로 나
누어 설명한다. 첫째 그룹은 "예수를 증언함과 하나님의 말씀 때문에
목 베임을 당한 자들의 영혼들"(계 20:4b)이며, 둘째 그룹은 "짐승과 그
의 우상에게 경배하지 아니하고 그들의 이마와 손에 그의 표를 받지
아니한 자들"(계 20:4c)이다. 첫째 그룹은 순교자들을 가리키고[41] 둘째
그룹은 순교 이외의 다른 방법으로 죽음을 맞이한 성도들을 가리킨
다. 첫째 그룹과 둘째 그룹의 구분은 이미 요한계시록 17:6에 언급한
"성도들의 피"와 "예수의 증인들의 피"의 구분과 같다.[42] 하지만 여기
서 중요한 것은 그리스도 안에서 죽음을 맞이한 모든 성도들이 "살아
서"(ἔζησαν) 그리스도로 더불어 천년동안 왕노릇 한다는 사실이다(계
2:26-27; 3:21). 성도들이 "살아서"라는 말은 성도들의 몸은 죽었지만 영
혼은 죽지 않고 살아 있다는 뜻이다. 그리스도 안에서 죽음을 맞이한

---

40. Beale, *The Book of Revelation*, p. 995.

41. "목 베임을 당한 자들의 영혼들"(τὰς ψυχὰς τῶν πεπελεκισμένων)은 몸과 영혼의 구분을
하고 있는 표현이며 따라서 순교자들을 가리킴이 확실하다.

42. P. E. Hughes, *The Book of the Revelation: A Commentary* (Grand Rapids: Eerdmans,
1990), p. 212.

성도들은 살아 있으면서 그리스도와 함께 왕노릇하는 특권을 누리고 있다.

그리고 요한계시록 20:5의 "그 나머지 죽은 자들"은 불신자들을 가리킨다. 불신자들은 예수님의 재림 때까지 죽은 상태로 남아 있게 된다. 불신자들은 그들의 죽음과 부활 사이의 기간에 위로나 행복을 누릴 수 없다. 성도들은 살아서 그리스도와 함께 왕 노릇하지만 불신자들은 예수님의 재림 때까지 살아 있지 못하다가(계 20:5) 마지막 일반 부활 때 심판을 받기 위해 부활할 것이다.

"살아서"(ἔζησαν)는 성도들이 그리스도 안에서 새로운 생명을 소유한 것을 뜻한다(계 20:4; 롬 6:8-11; 골 3:1-4; 엡 2:6). 성도가 그리스도 안에서 새로운 생명을 갖는 것을 본문은 "첫째 부활"이라고 말한다(계 20:5). 본문을 성도들이 "살아서 그리스도와 더불어 천 년 동안 왕 노릇 하니 이는 첫째 부활이라"(계 20:4-5)라고 읽으면 위의 해석과 잘 조화를 이룬다. "살아서"가 육체 부활이 아니라는 사실은 요한계시록 20:12이 증거한다. 요한계시록 20:12의 "죽은 자들"은 "생명 책"에 수록된 성도들을 포함한다. 그런데 사도 요한이 요한계시록 20:4에서는 성도들이 이미 육체 부활한 것으로 기술하고 요한계시록 20:12에 와서는 다시 "죽은 자들" 속에 넣었다는 전천년설 지지자의 주장은 서로 조화를 이루지 못한다. "살아서"(계 20:4)를 육체부활로 이해하고 그들을 다시 생명책에 기록된 "죽은 자들"(계 20:12)로 이해하는 역사적 전천년설의 주장은 일관성이 없다. 오히려 요한계시록 20:4의 "살아서"는 성도들이 예수를 믿을 때 "새로운 생명"을 소유하는 것으로 이해하고, 요한계시록 20:11-13의 "생명책에 기록된 죽은 자들의 심판"은 성도들과 불신자들을 포함하는 모든 죽은 자들의 부활, 곧 일반 부활을 말한다고 생각해야 한다. 그렇다면 요한계시록 20:4의 "살아서"(ἔζησαν)는 육체적 부활이 아닌 다른 어떤 것을 뜻하며 종말에 있을 육체 부활 이전에 어떤 "삶"의 단계로 들어가는 것을 뜻한다. 즉 "살아서"는 죽은 성도들이 그리스도 안에서 "생명 얻음"을 가리킨다 (계 20:4; 롬 6:8-11; 골 3:1-4; 엡 2:6). "생명 얻음"을 다른 표현으로 "영적 부활"(spiritual- resurrection)이라고 할 수 있다.[43]

또한 마태복음 22:31-32(막 12:26-27; 눅 20:37-38)에서 예수님이 죽은 자들의 부활을 부인하는 사두개인들에게 "죽은 자의 부활을 논할진대 하나님이 너희에게 말씀하신 바 나는 아브라함의 하나님이요 이삭의 하나님이요 야곱의 하나님이로라 하신 것을 읽어보지 못하였느냐 하나님은 죽은 자의 하나님이 아니요 살아 있는 자의 하나님이시니라"(마 22:31-32)라고 설명하신다. 이 말씀은 이미 죽은 아브라함과 이삭과 야곱이 현재 어떤 모양으로든 살아 있음(ζώντων)을 뜻한다. 그들은 현재 살아 있으면서 영광스러운 육체 부활을 기다리고 있다. 이 사실은 "자오"(ζάω) 동사가 죽은 자들에게 적용될 때 반드시 육체 부활만 뜻하지 않고, 육체 부활 이전에 성도들이 살아 있는 상태에 있음을 증거한다.[44] 첫째 부활은 둘째 부활을 예시하고, 둘째 사망은 첫째 사망을 전제로 한다. 성경의 일반적 교훈에 비추어 볼 때 첫째 사망은 육체적인 사망을 가리킨다(고전 15:22; 히 9:27). 그리고 둘째 사망은 악인들의 마지막 처소인 지옥에 갇히는 것이다(계 20:14-15). 둘째 사망은

---

43. 휴즈(Hughes, p. 215)는 첫째 부활을 육체 부활로 생각하며 첫째 부활은 예수 그리스도의 부활을 가리킨다고 해석하는 반면, 둘째 사망(계 20:14)은 "불 못에 던져지는 것"으로 상징적으로 해석한다. 휴즈는 둘째 사망은 총체적인 죽음으로 완고한 하나님의 대적들을 심판하는 최종심판의 철저한 멸망이라고 해석한다.

44. I. Howard Marshall[Commentary on Luke (NIGTC, Grand Rapids: Eerdmans, 1978), p. 743]은 눅 20:37-38이 "그리스도 안에 있는 믿는 자들의 현재 감추어진 영적 삶을 가리킨다."라고 해석한다.

몸의 부활을 수반한다. 신자는 생명의 부활로, 불신자는 심판의 부활로 부활할 것이다(요 5:28-29).

휴즈(Hughes)는, "첫째 부활"(계 20:5-6)이 그리스도의 육체 부활을 가리키기 때문에 성도들이 그리스도의 육체 부활에 참예함으로 복이 있고 거룩하게 된다(계 20:6)고 해석한다. 휴즈의 이런 해석은 둘째 부활이 육체적 부활이라면 그와 상응하는 첫째 부활도 육체 부활이어야 한다는 데 근거를 둔다.[45] 휴즈는 성도들이 그리스도의 육체 부활 즉 첫째 부활에 연합되었으므로(고전 15:20) 그리스도와 함께 일으킴을 받았으며(엡 2:6), 따라서 첫째 부활과 둘째 부활 사이 기간에 주님 안에서 죽은 성도들의 영혼들이(계 14:13) 그리스도와 함께 살아서 왕노릇하고 있는 것으로 해석한다.

섬머즈(Summers)는 요한계시록 20:4-6의 천년을 상징적인 표현이라고 해석한다. 그는 "순교자들의 이 승리가 '첫째 부활'이라 불린다. 언급은 없지만 함축되어 있는 '둘째 부활'은 신약에서 자주 논의된 일반 부활임에 틀림없다. 역시 언급은 없지만 함축되어 있는 '첫째 죽음'은 육체적인 사망임에 틀림없다. 여기서 언급한 '둘째 사망'은 영원한 분리 즉 불 못에 넣는 영원한 심판을 가리킨다. 승리한 것으로 묘사된 순교자들은 복되다. 왜냐하면 그들은 첫 사망(육체적)을 지나쳤고 이 둘째 사망(하나님과 영원한 분리)이 그들을 지배할 권한이 없기 때문이다."[46]라고 해석한다. 휴즈(Hughes)도 섬머즈처럼 "둘째 부활"을 이 세대의 마지막에 있을 일반 부활(the general resurrection)로 이해한다.[47]

---

45. Hughes, *The Book of the Revelation*, p. 214.

46. Ray Summers, *Worthy is the Lamb* (Nashville: Broadman Press, 1951), p. 205.

47. Hughes, *The Book of the Revelation*, p. 213.

예수님은 제자들에게 "이를 놀랍게 여기지 말라 무덤 속에 있는 자가 다 그의 음성을 들을 때가 오나니 선한 일을 행한 자는 생명의 부활로, 악한 일을 행한 자는 심판의 부활로 나오리라"(요 5:28-29)라고 말씀하셨다. 이 말씀은 무덤 속에 있는 모든 자들이 인자이신 그리스도의 음성을 들을 그 때에 무덤에서 나올 것이라는 말씀이다. 그 때에 의로운 자와 불의한 자가 함께 부활하되 의로운 자는 생명의 부활로, 불의한 자는 심판의 부활로 동시에 나오게 될 것이다(참조, 마 16:27; 25:31-33; 행 24:15; 고후 5:10; 살후 1:6-10; 계 20:11-15).[48] 첫째 사망은 예비적이요, 둘째 사망은 최종적이다. 첫째 사망과 둘째 사망은 첫째 부활과 둘째 부활을 이해하는 데 큰 도움을 준다. 첫째 부활은 첫째 사망과 같이 예비적이요, 둘째 부활은 둘째 사망과 같이 최종적이다.[49] 첫째 부활은 둘째 사망을 무효화한다. 그래서 요한계시록 20:6은 "이 첫째 부활에 참예하는 자들은 복이 있고 거룩하도다"(계 20:6)라고 선언한다. 첫째 부활에 참여한 자는 둘째 사망을 두려워할 필요가 없다. 요한 사도가 서머나 교회에게 "이기는 자는 둘째 사망의 해를 받지 아니하리라"(계 2:11)라고 말씀한 내용도 맥을 같이 한다. 즉 성도들은 둘째 사망을 두려워할 필요가 없다. 그래서 바울은 "사망을 삼키고 이기리라고 기록된 말씀이 이루어지리라 사망아 너의 승리가 어디 있느냐 사망아 너의 쏘는 것이 어디 있느냐"(고전 15:54-55)라고 감탄한다.[50]

지금까지의 논의를 근거로 볼 때 역사적 전천년설이나 후천년설

---

48. Cornelis P. Venema, *The Promise of the Future*, p. 333.

49. Vern S. Poythress, 『요한계시록 맥잡기』(*The Returning King*), 유상섭 옮김(서울: 크리스챤 출판사, 2002), pp. 199-203.

50. 무천년설 지지자들은 A. Kuyper, H. Bavinck, S. Greydanus, G. Vos, William Hendriksen, Louis Berkhof, John Murray, C. Van Til, 신복윤, 박형용 등이다.

보다는 무천년설의 입장이 성경 전반의 교훈을 더 잘 종합한 것으로 사료된다.

(2) 완성된 천국: 새 하늘과 새 땅

아무도 하나님 나라의 최종적 상태를 정확하게 설명할 수 없다. 아무도 부족한 인간의 언어로 하나님이 계획하신 그 복된 상태를 다 묘사할 수 없다. 하지만 성경은 새 하늘과 새 땅의 영광과 찬란함을 들여다 볼 수 있는 창문을 제공해 준다. 우리는 성경의 이 창문을 통해 우리들이 궁극적으로 들어갈 하나님 나라의 완성된 모습을 바라보기 원하는 것이다.

완성된 하나님의 나라는 새 하늘과 새 땅이다(계 21:1-22:5). 구약의 선지자들도 하나님 나라를 구속받은 새 땅으로 묘사했다(사 11:6-9; 65:17-25; 66:22; 욜 3:18; 암 9:13-15). 하지만 점진적 계시의 특성 때문에 이사야 선지자는 새 하늘과 새 땅에도 죽음이 있는 것으로 묘사한다(사 65:20).[51] 하나님의 창조원리는 인간이 궁극적으로 거할 곳이 지구를 연상하게 하지만 완전히 새롭게 된 장소라는 것이다(참조, 행 1:9-11). 사람은 피조물이며 하나님은 피조물들이 존재할 장소로 지구를 창조하셨다. 따라서 인간 존재의 육체적 측면으로 볼 때 인간의 구속에는 몸의 부활이 필요하듯 물리적인 창조 세계 구속에는 완전한 존재가 된 사람이 활동할 무대인 새롭게 된 땅이 필요한 것이다(참조, 롬 8:20-

---

51. 이사야가 새 하늘과 새 땅에 아직도 죽음이 있는 것으로 묘사한 것은 구속 역사적인 관점에서 이해해야 한다. 구약적인 관점에서 볼 때 예수 그리스도 안에서 새 하늘과 새 땅(하나님 나라)이 실현되었지만, 예수님의 재림 때까지는 그 완성이 미래로 남아 있다. 그러므로 이사야의 관점에서는 예수님이 그의 죽음과 부활을 통해 성취하신 새 하늘과 새 땅(하나님 나라)에 죽음이 있을 것으로 묘사할 수 있다.

21).[52] 새 하늘과 새 땅은 부활체를 입은 성도들이 살기에 가장 적합한 장소가 될 것이다.

완성된 천국에는 "주 하나님 곧 전능하신 이와 및 어린 양이 그 성전"(계 21:22)이시기 때문에 성전이 없고, "하나님의 영광이 비치고 어린 양이 그 등불이 되며"(요 21:23) "주 하나님이 저희에게 비치시기"(계 22:5) 때문에 등불과 햇빛이 쓸데없고, "밤이 없기 때문에"(계 21:25) 성문들을 닫을 필요가 없고, "생명책에 기록된 자들"만 들어갈 수 있기 때문에(계 21:27) 불결한 자나 거짓말하는 자가 없다.

요한계시록의 마지막 이상들은 성경의 다른 부분에서 가르치는 교훈과 잘 일치한다. 우리가 주목할 주제들은 새 하늘과 새 땅의 창조(계 21:1), 거룩한 성 새 예루살렘(계 21:2), 결혼 이미지로 표현한 하나님과의 친밀한 교제(계 21:2), 하나님이 성도들과 함께 거하시는 장막과 성전(계 21:3), 하나님의 백성인 성도들(계 21:3), 고통과 사망의 종결(계 21:4), 만물을 새롭게 하신 하나님의 구원 사역(계 21:5), 생명수 샘물을 값없이 주심(계 21:6), 하나님의 아들이 됨(계 21:7), 악한 자들의 최종적 심판(계 21:8) 등이다.[53] 장차 성도들이 유업으로 받을 왕국은 하늘에 속한 것으로서, 더러운 것이나 악한 것이 전혀 없고 흠이라고는 찾을 길이 없으며, 결코 없어지지 아니하는 영원한 축복의 왕국이 될 것이다.[54] 이 모든 주제들은 성경의 다른 곳에서도 예수님 재림 때에 나타날 현상으로 언급한 것들이다.

완성된 신천신지에서 성도들이 누릴 축복은 "거룩의 완성"(계 3:4,5;

---

52. G.E. Ladd, *A Theology of the New Testament*, p. 631.

53. Vern S. Poythress, 「요한계시록 맥잡기」 p. 206.

54. William J. Grier, *The Momentous Event* (재림과 천년 왕국), 명종남 역 (서울: 새순출판사, 1987), p. 111.

7:14; 19:8; 21:27)이요, "양자됨의 온전한 기쁨과 특권을 경험하는 것"(롬 8:15,23; 갈 4:5; 엡 1:5)이요, "죄에서부터 완전한 구원을 받는 것"(롬 13:11; 살전 5:9; 히 1:14; 5:9)이요, "모든 성도들과 더불어 삼위일체 하나님과 깨어질 수 없는 교제를 하는 것"(요 17:24; 고후 5:8; 빌 1:23; 계 21:3; 22:3)이요, "그리스도를 닮는 것"(롬 8:29; 요일 3:2; 계 22:4)이요, "영생을 소유하는 것"(마 19:16,29)이요, "구속의 충만한 영광을 누리는 것"(눅 24:26; 롬 2:10; 8:18,21; 살후 1:10)이다. [55] 무엇보다도 성도들은 완성된 천국에서 살아계신 하나님과 온전한 교통을 즐기면서 살게 될 것이다. "이 삶의 충만함은 하나님과 교통을 즐기는 것이다. 그것은 실제로 영생의 본질이다."[56] 신천신지에서 성도들은 아담이 에덴동산에서 하나님과 교제를 즐기던 것 이상으로 하나님과 완전한 교제를 누리게 될 것이다. "의심할 것 없이 이것이(하나님과 교통함) 새 예루살렘의 축복됨의 원리요 원인이다."[57]

하나님의 구속의 대하 드라마는 여기서 결국을 맞이한다. 하나님의 역사 진행은 긍정적으로 시작하여 긍정적으로 끝맺는다. 하나님의 구속의 드라마는 하나님의 완벽한 창조로 시작하여(창 1:10,12,18, 21,25,31) 하나님의 완벽한 신천신지로 끝맺는다(계 22:1-5). 비록 드라마의 중간에 사탄의 장난이 있었지만, 사탄의 장난은 하나님의 구속 역사의 진행을 방해할 수 없고, 그 결국을 자기가 원하는 대로 이끌 수 없다. 하나님의 온전하신 계획이 하나님의 뜻대로 성취되는 것이다.

55. H. Bavinck, *The Last Things* (Carlisle: The Paternoster, 1996), p.161; Cornelis P. Venema, *The Promise of the Future*, p. 470.

56. Louis Berkhof, *Manual of Christian Doctrine* (Grand Rapids: Eerdmans, 1973), p. 361.

57. Herman Hoeksema, *Behold He Cometh: An Exposition of the Book of Revelation* (Grand Rapids: Reformed Free Publishing Association, 1969), p. 673.

하나님의 구속의 드라마는 하나님의 영광을 위한 것이다(엡 1:6, 12, 14; 갈 1:5). 완성된 신천신지에서는 하나님이 중심에 계실 것이다. 삼위일체 하나님을 중심으로 수많은 천사들과 구속 받은 성도들이 찬송하며 하나님께 영광 돌리는 삶이 영원히 이어질 것이다. 회복된 창조의 세계는 "만물이 주에게서 나오고 주로 말미암고 주에게로 돌아감이라 그에게 영광이 세세에 있을지어다 아멘"(롬 11:36)이라고 외치는 찬송소리가 충만한 하나님 중심적인 왕국이 될 것이다.

참고문헌

Aalders, G. Ch., *Genesis. Bible Student's Commentary*, Vol. 1. Grand Rapids: Zondervan, 1981.

Aalen, S. "'Reign' and 'House' in the Kingdom of God in the Gospels," *New Testament Studies* 8. 1962: 215-240.

Anderson, Paul N. *The Christology of the Fourth Gospel: Its Unity and Disunity in the Light of John 6.* Valley Forge Trinity Press International, 1996.

Arndt, W. F. and Gingrich, F. W. *A Greek-English Lexicon of the N.T. and other Early Christian Literature.* Chicago: The University of Chicago Press, 1969.

Austin, Bill. *Austin's Topical History of Christianity.* Wheaton: Tyndale House Publishers, 1983.

Baird, J. Arthur. *The Justice of God in The Teaching of Jesus.* Philadelphia: The Westminster Press, 1963.

Barnabas, Lindars. *The Gospel of John: The New Century Bible Commentary.* Grand Rapids: Eerdmans, 1981.

Barr, James. *Biblical Words for Time. Studies in Biblical Theology.* Naperville: Alec R. Allenson Inc., 1969.

Bavinck, H. *The Last Things.* Carlisle: The Paternoster, 1996.

Bauckham, Richard. *The Climax of Prophecy: Studies on the Book of Revelation.* Edinburgh: T & T Clark, 1993.

Bauckham, Richard J., *Jude, 2 Peter: Word Biblical Commentary*, Vol. 50. Waco, TX: Word Books, 1983.

Bauder, W. "Humility, Meekness," *The New International Dictionary of New Testament Theology*, Vol. 2. Grand Rapids: Zondervan, 1977, pp. 256-259.

Beale, G. K.. *The Book of Revelation, NIGTC*. Grand Rapids: Eerdmans, 1999.

Beasley-Murray, G. R. *Jesus and the Kingdom of God*. Grand Rapids: Eerdmans, 1986.

Beasley-Murray, G.R. *John: Word Biblical Commentary*. Vol. 36. Waco: Word Books, 1987.

Behm, J., "αἷμα," *Theological Dictionary of the New Testament*. Vol. I. Grand Rapids: Eerdmans, 1972: 172-176.

_____. "διαθήκη," *Theological Dictionary of the New Testament*. Vol. II. Grand Rapids: Eerdmans, 1971: 124-134.

Bengel, John A. *Bengel's New Testament Commentary*. Vol I(Gnomon of New Testament). Grand Rapids: Kregel Publications, 1981.

Berkhof, Louis. *Manual of Christian Doctrine*. Grand Rapids: Eerdmans, 1973.

Bertram, G., "θάμβο," *Theological Dictionary of the New Testament*. Vol. III. Grand Rapids: Eerdmans, 1972: 4-7.

Blass, F. and Debrunner, A. *A Greek Grammar of the New Testament and other Early Christian Literature*. trans. by Robert Funk. Chicago and London: The University of Chicago Press, 1970.

Blomberg, Craig L. *Interpreting the Parables*. Downers Grove: IVP, 1990.

Boers, Hendrikus. *What is New Testament Theology?* Philadelphia: Fortress Press, 1979.

Boice, James M. *The Parables of Jesus*. Chicago: Moody Press, 1983.

Bornkamm, G., "μυστήριον," *Theological Dictionary of the New Testament*. Vol, IV. Grand Rapids: Eerdmans, 1973: 802-828.

Borsch, Frederick Houk. *Many Things in Parables*. Philadelphia: Fortress Press, 1988.

Bousset, Wilhelm. *Kyrios Christos*. Nashville: Abingdon Press, 1970.

Broadus, John A. *Commentary on The Gospel of Matthew*. Philadelphia: American Baptist Publication Society, 1886.

Bromiley, Geoffrey W. "Theology," *Baker's Dictionary of Theology*. ed. Everett F. Harrison. Grand Rapids: Baker Book House, 1975: 518-520.

Brown, C. "σῴζω, σωτηρία," *The New International Dictionary of New Testament Theology*, Vol. 3. Grand Rapids: Zondervan, 1979, pp. 205-213.

Brown, F., Driver, S. R. and Briggs, C. A. *A Hebrew and English Lexicon of the Old Testament*. Boston and New York: Houghton, Mifflin and Co., 1891.

Brown, John. *Hebrews. A Geneva Series Commentary*. Carlisle: The Banner of Turth Trust, 1976.

Bruce, Alexander Balmain. *The Expositor's Greek Testament*. Vol. I, ed. W. Robertson Nicoll. Grand Rapids: Eerdmans, 1980.

Bruce, F. F. *The Epistle to the Hebrews (NICNT)*. Grand Rapids: Eerdmanns, 1973.

Bruce, F. F. *The Gospel of John*. Grand Rapids: Eerdmans, 1983.

Bultmann, Rudolf. *History and Eschatology*. Edinburgh: The University Press, 1957.

_____. *Jesus and the Word*. New York: Charles Scribner's Son, 1934.

_____. *Theology of the New Testament*. Vol. I . New York: Charles Scribner's Sons, 1951.

_____. *Theology of the New Testament*. Vol. II . New York: Charles Scribner's Sons, 1955.

Calvin, John. *The Epistle of Paul the Apostle To the Hebrews and the First and Second Epistles of St. Peter*. trans. W.B. Johnston. Grand Rapids: Eerdmans, 1974.

_____. *A Harmony of The Gospels Matthew, Mark and Luke*. Vol. III. Edinburgh: The Saint Andrew Press, 1972.

_____. *The Gospel According to St. John* (Part One 1-10). Grand Rapids: Eerdmans, 1974.

Calvin, John. *The Gospel According to St. John* (Part Two 11-21) *and the First Epistle of John*, trans. T. H. L. Parker. Grand Rapids: Eerdmans, 1974.

Calvin, John. *A Harmony of the Gospels Matthew, Mark and Luke,* Vol. III *and The Epistle of James and Jude*. Grand Rapids: Eerdmans, 1975

Carson, D. A. *The Farewell Discourse and Final Prayer of Jesus: An Exposition of John 14-17*. Grand Rapids: Baker, 1980.

_____. *The Gospel According to John*. Grand Rapids: Eerdmans, 1991.

Chantry, Walter J. *God's Righteous Kingdom*. Carlisle: The Banner of Truth Trust, 1980.

Clowney, Edmund P. *Preaching and Biblical Theology*. London: Tyndale Press, 1962.

_____. *The Church*. Downers Grove: IVP, 1995.

Cole, R. A. *The Gospel According to St. Mark*. Grand Rapids: Eerdmans, 1970.

Conzelmann, Hans. *An Outline of the Theology of the New Testament*. New York, 1969.

Conzelmann, Hans. *Jesus*. Philadelphia: Fortress Press, 1973.

_____. 『신약 성서신학』. 김철손, 박창환, 안병무 공역. 서울: 한국신학연구소, 1982.

Cullmann, Oscar. *Christ and Time*. rev. ed. London. Philadelphia: The Westminster Press, 1964.

_____. *Salvation in History*. New York and Evanston: Harper and Row, Publishers, 1967.

_____. *The Christology of The New Testament*. Philadelphia: The Westminster Press, 1963.

_____. *The Early Church*. London: SCM Press, 1956.

D'Angelo, Mary Rose. *Moses in the Letter to the Hebrews*. SBL Dissertation Series 42. Missoula, Montana: Scholars Press, 1979.

Davids, Peter. *Commentary on James (NIGTC)*. Grand Rapids: Eerdmans, 1982.

Davidson, A. B. *The Theology of the Old Testament*. Edinburgh: T and T Clark, 1976.

Deissmann, A. *Light from the Ancient East*. Grand Rapids: Baker Book House, 1978.

_____. *The New Testament in the Light of Modern Research*. London:

Hodder and Stoughton, 1929.

Delitzsch, F. *Commentary on the Epistle to the Hebrews.* Vol. II. Edinburgh: T.and T. Clark, MDCCCLXX(1870).

Delling, G. "ἀρχηγός," *Theological Dictionary of the New Testament.* Vol. I. Grand Rapids: Eerdmans, 1972: 487-488.

_____. "ἡμέρα," *Theological Dictionary of the New Testament.* Vol. II. Grand Rapids: Eerdmans, 1971: 948-953.

_____. "καιρός," *Theological Dictionary of the New Testament.* Vol. III. Grand Rapids: Eerdmans, 1972: 455-464.

Dennison, Jr., James T. "A Bibliography of the Writings of Geerhardus Vos(1862-1949)," *The Westminster Theological Journal.* Vol. XXXVIII, No. 3(Spring, 1976): 350-367.

Dodd, C. H. *The Interpretation of the Fourth Gospel.* Cambridge, 1953.

_____. *The Parables of the Kingdom.* New York: Charles Scribner's Sons, 1961.

Drummond, Henry. *The Greatest Thing in the World.* New York: Grosset and Dunlap, 1981.

Dunn, James D. G. *Christology in the Making.* 2nd ed., London: SCM Press, 1992.

_____. *Jesus and the Spirit.* London: SCM Press, 1975.

_____. *The Theology of Paul the Apostle.* Edinburgh: T&T Clack, 1998.

Dunn, James D. G. and Mackey, James P. *New Testament Theology in Dialogue: Christology and Ministry.* Philadelphia: The Westminster Press, 1987.

Edwards, Jonathan. *Jonathan Edwards on Knowing Christ.* Carlisle: The Banner of Truth Trust, 1990.

Filson, Floyd V. *A New Testament History.* London: SCM Press, 1964.

Fitzmyer, Joseph A. "The New Testament Title 'Son of Man' Philologically Considered(Chapter 6)" of "A Wandering Aramean," *The Semitic Background of the New Testament.* Grand Rapids: Eerdmans, 1997: 143-160.

Geldenhuys, Norval. *Commentary on the Gospel of Luke. NICNT*. Grand
Rapids: Eerdmans, 1956.

Gesenius, William. *A Hebrew and English Lexicon of the Old Testament*.
Trans by F. Brown, S.R. Driver and C.A. Briggs. Oxford: Clarendon
Press, 1976.

Goppelt, Leonhard. *Theology of the New Testament*. Vol. I. Grand Rapids:
Eerdmans, 1981.

_____. *Typos*. Grand Rapids: Eerdmans, 1982.

Gould, Ezra P. *A Critical and Exegetical Commentary on The Gospel
According to St. Mark. ICC*: Edinburgh: T.&.T. Clark, 1969.

Grant, Frederick C. *The Interpreter's Bible*. Vol. VII. New York and Nashville:
Abingdon, 1951.

Green, J. B., Mcknight, S. and Marshall, I. H.(eds.) *Dictionary of Jesus and the
Gospels*. Downers Grove: IVP, 1992.

Green, Joel B. *The Gospel of Luke (NICNT)*. Grand Rapids: Eerdmans, 1997.

Gregg, Steve(ed.). *Revelation: Four Views*. Nashville: Thomas Nelson
Publishers, 1997.

Grudem, Wayne. *Systematic Theology*. Grand Rapids: Zondervan, 1994.

Guthrie, D. *New Testament Theology*. Downers Grove: IVP, 1981.

Guhrt, J. "Covenant," *The New International Dictionary of New Testament
Theology*. Vol. I. ed. C. Brown. Grand Rapids: Zondervan, 1975: 365-
372.

Gunton, Colin E. *Yesterday and Today: A Study of Continuities in Christology*.
Grand Rapids: Eerdmans, 1983.

Haarbeck, H., Link, H. G. and Brown, C. "New(καινός)," *The New
International Dictionary of New Testament Theology*. Vol.2. Grand
Rapids: Zondervan, 1977: 670-674.

Hagner, Donald A. *Matthew 1-13: Word Biblical Commentary*. Vol. 33A.
Dallas: Word Books, 1993

_____. *Matthew 14-28: Word Biblical Commentary*. Vol. 33b. Dallas: Word
Books, 1995.

Hahn, H. C., "Time"(καιρός), *The New International Dictionary of New Testament Theology*. Vol.3. Grand Rapids: Zondervan, 1979: 833-839.

Hanko, Herman C. *The Mysteries of the Kingdom*. Grand Rapids: Reformed Free Publishing Association, 1975.

Harkness, Georgia. *Understanding the Kingdom of God*. Nashville, New York: Abingdon press, 1974.

Harnack, Adolf. *What is Christianity*. New York: Harper and Row Publishers, 1957.

Harrington, W. J. *The Path of Biblical Theology*. Dublin, 1973.

Harrison, E. F. *Acts: The Expanding Church*. Chicago: Moody Press, 1975.

Harrison, E. F. *Jesus and His Contemporaries*. Grand Rapids: Baker, 1970.

Harvey, Van A. *A Handbook of Theological Terms*. New York: Macmillan, 1974

Hasel, Gerhard. *New Testament Theology: Basic Issues in the Current Debate*. Grand Rapids: Eerdmans, 1978.

Hatch, Edwin and Redpath, Henry A. *A Concordance to the Septuagint and The Other Greek Versions of the Old Testament. Including The Apocryphal Books*. Vol. I. Graz-Austria: Akademische Druck-U. Verlagsanstalt, 1954.

Hauck, Friedrich, "παραβολὴ," *Theological Dictionary of the New Testament*. Vol. V. Grand Rapids: Eerdmans, 1973: 744-761.

Hendriksen, W. *The Gospel of Matthew. NTC*. Grand Rapids: Baker, 1973.

_____. *The Gospel of Luke. New Testament Commentary*. Grand Rapids: Baker, 1978.

_____. *The Gospel of John*. Vol. 1. NTC. Grand Rapids: Baker,1975.

Hengel, Martin. *The Charismatic Leader and His Followers*. Edinburgh: T & T Clark, 1996.

Hodge, Charles. *Systematic Theology*. Vol. II. London: James Clarke and Co., Ltd., 1960.

Hoekema, Anthony A. *The Bible and the Future*. Grand Rapids: Eerdmans, 1979.

Hoeksema, Herman. *Behold He Cometh: An Exposition of the Book of Revelation*. Grand Rapids: Reformed Free Publishing Association, 1969.

Hollander, H. W. "μακροθυμία," *Exegetical Dictionary of the New Testament*, Vol. 2. Grand Rapids: Eerdmans, 1991, pp. 380-381.

Holtz, Traugott, "ἀποκάλυψις," *Exegetical Dictionary of the New Testament*, Vol. 1. Grand Rapids: Eerdmans, 1990, pp. 130-132.

Holtz, Traugott, "φθείρω, φθορά," *Exegetical Dictionary of the New Testament*, Vol. 3. Grand Rapids: Eerdmans, 1993, pp. 422-423.

Horst, J. "μακροθυμία," *Theological Dictionary of the New Testament*, Vol. IV (Grand Rapids: Eerdmans, 1973), pp. 374-387.

Hoskyns, E. C. *The Fourth Gospel*. ed. F.N Davey. Faber and Faber, 1954.

Hughes, P. E. *A Commentary on the Epistle to the Hebrews*. Grand Rapids: Eerdmans, 1977.

_____. *No Cross, No Crown: The Temptations of Jesus*. Wilton: Morehouse-Barlow, 1988.

_____. *The Book of the Revelation: A Commentary*. Grand Rapids: Eerdmans, 1990.

Jansen, John F. *The Resurrection of Jesus Christ in New Testament Theology*. Philadelphia: The Westminster Press, 1980.

Jeremias, J. *Jerusalem in the Times of Jesus*. Philadelphia: Fortress Press, 1978.

_____. *New Testament Theology: The Proclamation of Jesus*. New York: Charles Scribner's Sons, 1971.

_____. *The Parables of Jesus*. New York: Charles Scribner's Sons, 1963.

_____. *The Problem of the Historical Jesus*. Trans. Norman Perrin, Philadelphia: Fortress, 1964.

_____. "νυμφίος," *Theological Dictionary of the New Testament*. Vol. IV. Grand Rapids: Eerdmans, 1973: 1099-1106.

Jeremias, J. "Paul and James," *Expository Times*, LXVI, 1955.

Kaiser, Jr. Walter C. *Toward an Old Testament Theology*. Grand Rapids:

Zondervan, 1978.

Kant, I. *Religion Within the Limits of Reason alone*(1960). Part 3.

Käsemann, Ernst. *The Testament of Jesus according to John 17*. Philadelphia: Fortress Press, 1978.

Kermode, Frank. *Journal for the Study of the New Testament* 28: 3-16.

Kertelge, K. "ἀπολύτρωσις," *Exegetical Dictionary of the New Testament*, Vol. 1. Grand Rapids: Eerdmans, 1990, pp. 138-140.

Kim, Seyoon. *"The 'Son of Man'" as the Son of God*. Tübingen: J.C. Mohr, 1983.

Kistemaker, Simon J. *Exposition of the Epistle to the Hebrews. New Testament Commentary*. Grand Rapids: Baker, 1984.

_____. *The Parables of Jesus*. Grand Rapids: Baker, 1980.

Kistemaker, Simon J., *Peter and Jude: New Testament Commentary*. Grand Rapids: Baker, 1987.

Kittel, G. "λέγω," *Theological Dictionary of the New Testament*. Vol. IV. Grand Rapids: Eerdmans, 1973: 100-136.

Klappert, B. "King, Kingdom," *The New International Dictionary of New Testament Theology*. Vol. 2. ed. C. Brown. Grand Rapids: Zondervan, 1977: 372-389.

Kline, Meredith G. *By Oath Consigned*. Grand Rapids: Eerdmans, 1968.

Knox, John. *The Humanity and Divinity of Christ: A Study of Pattern in Christology*. Cambridge: Cambridge University Press, 1967.

Knudsen, R. E. *Theology in the New Testament*. Valley Forge: The Judson Press, 1964.

Kreitzer, L. Joseph. *Jesus and God in Paul's Eschatology (Journal For the Study of the New Testament*. Supplement Series 19). Sheffield: JSOT Press, 1987.

Kuhn, Karl G. "מַלְכוּת שָׁמַיִם in Rabbinic Literature," *Theological Dictionary of the New Testament*. Vol. I. Grand Rapids: Eerdmans, 1972: 571-574.

Kümmel, W. G. "Review of A. Richardson," *Theologische Literaturzeitung* 85 (1960): 922.

493

_____. *The Theology of the New Testament According to its Major Witnesses: Jesus-Paul-John*. Nashville: Abingdon Press, 1973.

_____. 『신약성서신학』 박창건 역. 서울: 성광문화사, 1985.

Ladd, G. E. *A Theology of the New Testament*. Grand Rapids: Eerdmans, 1974.

_____. *Crucial Questions about the Kingdom of God*. Grand Rapids: Eerdmans, 1968.

_____. *The Pattern of New Testament Truth*. Grand Rapids: Eerdmans, 1968.

_____. *The Presence of the Future*. Grand Rapids: Eerdmans, 1974.

Lane, William L. *The Gospel According to Mark*. NICNT. Grand Rapids: Eerdmans, 1974.

LaSor, S. *The Dead Sea Scrolls and the New Testament*. Grand Rapids: Eerdmans, 1972.

Lehman, Chester K. *Biblical Theology: New Testament*. Vol. 2. Scottdale: Herald Press, 1974.

Lenski, R. C. H. *The Interpretation of St. Matthew's Gospel*. Minneapolis: Augsburg Publishing House, 1964.

_____. *The Interpretation of St. Luke's Gospel*. Minneapolis: Augsburg Publishing House, 1961.

_____. *The Interpretation of St. John's Gospel*. Minneapolis: Augsburg Publishing House, 1943.

_____. *The Interpretation of the Acts of the Apostles*. Minneapolis: Augsburg Publishing House, 1961.

_____. *The Interpretation of the Epistle to the Hebrews and the Epistle of James*. Minneapolis: Augsburg Publishing House, 1966.

Leupold, H. C., *Exposition of Genesis*, Vol. I. Grand Rapids: Baker, 1977.

Lietzmann, H. *Der Menschensohn: Ein Beitrag zur neutestamentlichen Theologie*. Freiburg im B. /Leipzig: Mohr, 1896.

Machen, J. Gresham. *The Virgin Birth of Christ*. Grand Rapids: Baker, 1967.

_____. *The Origin of Paul's Religion*. Grand Rapids: Eerdmans, 1965.

Maddox, Robert. *The Purpose of Luke - Acts*. Edinburgh: T & T Clark, 1982.

Manson, T. W. "The Problem of the Epistle to the Hebrews," *Studies in the Gospels and Epistles*. ed. M. Black, 1962.

Marshall, I.H. *Commentary on Luke. New International Greek Testament Commentary*. Grand Rapids: Eerdmans, 1978.

_____. *The Origins of New Testament Christology*. Downers Grove: IVP., 1976.

_____. *Eschatology and the Parables*. London: Theological Students' Fellowship, 1973.

_____. "Jesus as Lord: The Development of the Concept," *Eschatology and the New Testament*. ed. W. Hulitt Gloer. Peabody, MA.: Hendrickson Publishers, 1988.

_____. "Kingdom of God, of Heaven," *The Zondervan Pictorial Encyclopedia of the Bible*. Vol. 3. Grand Rapids; Zondervan, 1975: 801-809.

Marxsen, Willi. *Introduction to the New Testament*. Oxford: Blackwell, 1968.

_____. *The Beginnings of Christology*. Philadelphia: Fortress Press, 1979.

Moffatt, James. *A Critical and Exegetical Commentary on the Epistle to the Hebrews*. Edinburgh: T&T Clark, 1924.

_____. *An Introduction to the Literature of the New Testament*. Edinburgh: T and T Clark, 1961.

Moo, Douglas J. *James (Tyndale New Testament Commentaries)*. Grand Rapids: Eerdmans, 1990.

Morgan, Campbell G. *The Gospel According to Matthew*. Old Tappan: Fleming H. Revell Co., 1929.

Morgan, R. *The Nature of New Testament Theology*. London: SCM, 1973.

Morris, Leon. *Revelation, Tyndale New Testament Commentaries*. Grand Rapids: Eerdmans, 1990.

_____. *Commentary on the Gospel of John*. NICNT. Grand Rapids: Eerdmans, 1971.

_____. *New Testament Theology*. Grand Rapids: Academie Books, 1986.

_____. *Expository Reflections on the Gospel of John*. Grand Rapids: Baker,

1988.

Moule, C. F. D. *The Origin of Christology*. Cambridge: Cambridge University Press, 1978.

Muller, Richard A. *Dictionary of Latin and Greek Theological Terms*. Grand Rapids: Baker, 1985.

Mundle, W., "Revelation (ἀποκαλύπτω)" *The New International Dictionary of New Testament Theology*, Vol. 3. Grand Rapids: Zondervan, 1979, pp. 309-316.

Murray, John. *Redemption Accomplished and Applied*. Grand Rapids: Eerdmans, 1968.

Murray, John. "Systematic Theology," *Westminster Theological Journal*. Vol.26 (1963-64): 33-46.

Nairne, A. *The Epistle to the Hebrews. Cambridge Greek Testament*. Cambridge: Cambridge University Press, 1917.

Neil, William. *The Life and Teaching of Jesus*. Philadelphia and New York: Lippincott Co.,1965.

Neill, Stephen. *Jesus Through Many Eyes: Introduction to The Theology of The New Testament*. Philadelphia: Fortress Press, 1976.

Nicholson, Godfrey C. *Death as Departure: The Johannine Descent-Ascent Schema*. Chico: Scholars Press, 1983.

Oepke, Albrecht. "βαπτίζω," *Theological Dictionary of The New Testament* Vol. I. Grand Rapids: Eerdmans, 1972: 529-546.

Oesterley, W. E., "The General Epistle of James," *The Expositor's Greek Testament*, Vol IV. Grand Rapids: Eerdmans, 1980.

Paulsen, H. "φύσις," *Exegetical Dictionary of the New Testament*, Vol. 3. Grand Rapids: Eerdmans, 1993, p. 444.

Perrin, Norman. *A Modern Pilgrimage in New Testament Christology*. Philadelphia: Fortress Press, 1974.

Perrin, Norman. *Jesus and the Language of the Kingdom*. Philadelphia: Fortress Press, 1976.

Perrin, Norman. *The Kingdom of God in the Teaching of Jesus*. Philadelphia:

The Westminster Press, 1963.

Perrin, Norman. *Rediscovering the Teaching of Jesus.* New York: Harper and Row, Publishers, 1967.

Plummer, A. *A Critical and Exegetical Commentary on The Gospel According to St. Luke. I.C.C.* Edinburgh: T and T Clark, 1956.

Pryor, John W. *John: Evangelist of the Covenant People.* Downers Grove: IVP., 1992.

Rabinowitz, Louis Isaac, "Parable," *Encyclopedia Judaica.* Vol. 13. New York: The McMillan Company, 1971.

Rees, T. "The Epistle to the Hebrews," *The International Standard Bible Encyclopaedia.* Vol. II. Grand Rapids: Eerdmans, 1939: 1355-1362.

Reicke, Bo. *The Epistles of James, Peter, and Jude (The Anchor Bible).* Garden City, New York: Doubleday & Company, Inc., 1964.

Rengstorf, Karl H. "διδαχή," *Theological Dictionary of the New Testament.* Vol. II. Grand Rapids: Eerdmans, 1971: 163-165.

Richardson, Alan. *An Introduction to the Theology of the New Testament.* London: SCM, 1958.

Ridderbos, H. N., *Paul: An Outline of His Theology.* Grand Rapids: Eerdmans, 1975.

_____. *The Coming of the Kingdom.* Philadelphia: The Presbyterian and Reformed Publishing Co., 1969.

_____. *When the Time Had Fully Come.* Ontario: Paideia Press, 1982.

_____. *Matthew's Witness to Jesus Christ.* Seoul: Korea Scripture Union, 1979.

_____. *Matthew. Bible Student's Commentary.* Grand Rapids: Zondervan, 1987.

_____. *The Gospel of John.* Grand Rapids: Eerdmans, 1997.

Robinson, W. C. *The Theology of Jesus and the Theology of Paul.* Bulletin of Columbia Theological Seminary. Vol. xxx, No. I, Feb., 1937.

Ross, Alexander. *Commentary on the Epistles of James and John.* Grand Rapids: Eerdmans, 1970.

Rottenberg, I. C. *The Promise and the Presence*. Grand Rapids: Eerdmans, 1980.

Sabourin, Leopold. *Priesthood*. Leiden: E.J Brill, 1973.

Sanders, E. P. *Paul and Palestinian Judaism: A Comparison of Patterns of Religion*. Philadelphia: Fortress Press, 1977.

Schelkle, Karl H. *Theology of the New Testament. I : Creation: World-Time-Man*. Collegeville, Minn., 1971

_____. *Theology of the New Testament. II : Salvation History-Revelation*. Collegeville, Minn., 1976.

_____. *Theology of the New Testament. III: Morality*. Collegeville, Minn., 1973.

_____. *Theology of the New Testament. IV: The Rule of God-Church-Eschatology*. Collegeville, Minn., 1978.

Schep, J. A. *The Nature of the Resurrection Body*. Grand Rapids: Eerdmans, 1964.

Schippers, R. "Fullness," *The New International Dictionary of New Testament Theology*. Vol. I. Grand Rapids: Zondervan, 1975: 733-741.

Schlatter, Adolf. *The History of the Christ*. Grand Rapids: Baker Books, 1997.

Schottroff, L. "ζωοποιέω," *Exegetical Dictionary of the New Testament*, Vol. 2. Grand Rapids: Eerdmans, 1991, p. 110.

Schottroff, L. "Humility, Meekness," *The New International Dictionary of New Testament Theology*, Vol. 2. Grand Rapids: Zondervan, 1977, pp. 256-259.

Schweitzer, Albert. *The Mysticism of Paul The Apostle*. London: Adam and Charles Black, 1967.

Schweitzer, Albert. *The Quest of the Historical Jesus*. New York: MacMillan Company, 1968).

Smith, J. B. *Greek-English Concordance to the New Testament*. Scottdale: Herald Press, 1974.

Smith, Morton H. *Systematic Theology*. Vol. 1. Greenville: Greenville Seminary Press, 1994.

Sneed, R. J. "The Kingdom of God is within you"(Lk.17:21), *Catholic Biblical Quarterly*. 24(1962): 363-382.

Spicq, Ceslas, *Theological Lexicon of the New Testament*, Vol. 1. Peabody: Hendrickson, 1996.

Spicq, Ceslas, *Theological Lexicon of the New Testament*, Vol. 2. Peabody: Hendrickson, 1996.

Spicq, Ceslas, *Theological Lexicon of the New Testament*, Vol. 3. Peabody, MA: Hendrikson, 1996.

Stalker, James. "Kingdom of God," *The International Standard Bible Encyclopedia*. Vol. III. Grand Rapids: Eerdmans, 1939: 1805-1806.

Staudinger, F. "ἔλεος, ἐλεέω," *Exegetical Dictionary of the New Testament*, Vol. 1. Grand Rapids: Eerdmans, 1990, pp. 429-431.

Stauffer, Ethelbert. *New Testament Theology*. London: SCM Press, 1955.

Stein, Robert H. *An Introduction to the Parables of Jesus*. Philadelphia: The Westminster Press, 1981.

Stendahl, K. "Biblical Theology, Contemporary," *The Interpreter's Dictionary of the Bible*. I. Nashville: Abingdon Press, 1962: 418-432.

Stonehouse, Ned B. *The Witness of the Synoptic Gospels to Christ*. Grand Rapids: Baker, 1979.

Strachan, R. H., "The Second Epistle General of Peter," *The Expositor's Greek Testament*, Vol. V. Grand Rapids: Eerdmans, 1980.

Strauss, David F. *The Life of Jesus Critically Examined*. Philadelphia: Fortress Press, 1972.

Summers, Ray. *Worthy is the Lamb*. Nashville: Broadman Press, 1951.

Summers, Ray. *Commentary on Luke*. Waco: Word Books, 1972.

Tasker, R. V. G. "Parable," *The New Bible Dictionary*. ed. J.D. Douglas. Grand Rapids: Eerdmans, 1962.

Tenney, Merrill C. *John: The Gospel of Belief*. Grand Rapids: Eerdmans, 1980.

Thiselton, A. C. "Flesh(σάρξ)," *The New International Dictionary of New Testament Theology*. Vol. I. Grand Rapids: Zondervan, 1975: 671-682.

Trench, R. C. *Studies in the Gospels*. 3rd ed., Grand Rapids: Baker, 1979.

VanGemeren, Willem. *The Progress of Redemption: The Story of Salvation From Creation to the New Jerusalem*. Grand Rapids: Academie Books, 1988.

Venema, C. P. *The Promise of the Future*. Carlisle: The Banner of Truth Trust, 2000.

Vincent, Marvin R., *Word Studies in the New Testament*, Vol. I: The Synoptic Gospels, Acts of the Apostles, Epistles of Peter, James, and Jude. Grand Rapids: Eerdmans, 1975.

Vincent, Marvin R., *Word Studies in the New Testament*, Vol. IV. Grand Rapids: Eerdmans, 1975.

Vos, G. *Biblical Theology*. Grand Rapids: Eerdmans, 1968.

_____. *The Kingdom of God and the Church*. Nutley: Presbyterian and Reformed Publ. Co., 1972.

_____. *The Pauline Eschatology*. Grand Rapids: Eerdmans, 1966.

_____. *Redemptive History and Biblical Interpretation*. ed. Richard B. Gaffin, Jr. Phillipsburg: Presbyterian and Reformed Publishing Co., 1980.

_____. *The Self-Disclosure of Jesus*. New York: George H. Doran Company, 1926.

_____. *The Teaching of the Epistle to the Hebrews*. Nutley: The Presbyterian and Reformed Publ. Co., 1974.

Vos, Geerhardus. *Reformed Dogmatics*, Vols. 1-5. Bellingham, WA: Lexham Press, 2012-2016.

Webster, Ransom Lewis. "Geerhardus Vos(1862-1949): A Biographical Sketch," *The Westminster Theological Journal*. Vol. XL, No. 2(Spring, 1978): 304-317.

Weiser, A. "ἀγαλλίασις," *Exegetical Dictionary of the New Testament*. Vol. 1. Grand Rapids: Eerdmans, 1990: 7-8.

Weiss, Johannes. *Jesus' Proclamation of The Kingdom of God*. Philadelphia: Fortress, 1971.

Wells, David F. *The Search for Salvation*. Downers Grove: IVP, 1978.

Wenham, David. *The Parables of Jesus: Pictures of Revolution*. London: Hodder and Stoughton, 1993.

Westcott, B. F. *The Epistle to the Hebrews*. Grand Rapids: Eerdmans, 1950.

Westcott, B. F. *The Gospel according to St John: The Greek Text with Introduction and Notes*. Vol. 2. John Murray, 1908.

Wink, W. *John the Baptist in the Gospel Tradition*. Cambridge: CUP, 1968.

Winkler, Edwin T. "Commentary on the Epistle of James," *An American Commentary on the New Testament*. Valley Forge: Judson Press, 1890.

Wright, J. H. *Knowing Jesus Through the Old Testament*. Downers Grove: InterVarsity Press, 1992.

Wright, N. T. *The Climax of the Covenant*. Minneapolis: Fortress Press, 1992.

Young, Brad H., *Paul The Jewish Theologian*. Peabody, MA.: Hendrickson Publishers, 2002.

Young, Edward J. *The Prophecy of Daniel*. Grand Rapids: Eerdmans, 1970.

Zahn, T. *Evangelium des Matthaeus*. Wuppertal: Brockhaus, 1984.

박윤선, 『공관복음 주석』. 서울: 영음사, 1981.

박윤선, 『성경신학』. 서울: 영음사, 1977.

박형용, 『사도행전 주해』. 수원: 합신대학원출판부, 2017.

박형용, 『바울신학』. 수원: 합신대학원출판부, 2016.

박형용, 『신약개관』. 서울: 아가페출판사, 2009.

박형용, 『히브리서』. 서울: 도서출판 횃불, 2003.

이기문 감수, 『새국어 사전』. 서울: 동아출판사, 1997.

이상근, 『갈라디아 히브리서』. 서울: 총회교육부, 1977.

인맨, V. 케리, 『신약에 나타난 천국 계시의 발전』. 이길상 역. 서울: 나침반사, 1986.

파이퍼, 찰즈 F., 『신구약중간사』. 조병수 역. 서울: 한국기독교교육연구원, 1982.

Poythress, V.S. 『요한계시록 맥잡기』(The Returning King). 유상섭 옮김. 서울: 크리스챤출판사, 2002.

찾아보기_ 인명

찾아보기_ 주제

ㄱ

요한복음